ACCESO GRATIS *a la Lectura en la Nube*

Para visualizar el libro electrónico en la nube de lectura envíe junto a su nombre y apellidos una fotografía del código de barras situado en la contraportada del libro y otra del ticket de compra a la dirección:

ebooktirant@tirant.com

En un máximo de 72 horas laborables le enviaremos el código de acceso con sus instrucciones.

La visualización del libro en **NUBE DE LECTURA** excluye los usos bibliotecarios y públicos que puedan poner el archivo electrónico a disposición de una comunidad de lectores. Se permite tan solo un uso individual y privado.

LA TRIBUTACIÓN SIMPLIFICADA DE LOS AGRICULTORES

Aspectos problemáticos de la estimación objetiva y soluciones del derecho comparado

Procedimiento de selección de originales, ver página web:

www.tirant.net/index.php/editorial/procedimiento-de-seleccion-de-originales

LA TRIBUTACIÓN SIMPLIFICADA DE LOS AGRICULTORES

Aspectos problemáticos de la estimación objetiva y soluciones del derecho comparado

DANIEL MARTÍN MORENO

tirant lo blanch
Valencia, 2025

EDITA: TIRANT LO BLANCH
C/ Artes Gráficas, 14 - 46010 - Valencia
TELFS.: 96/361 00 48 - 50
FAX: 96/369 41 51
Email:tlb@tirant.com
www.tirant.com
Librería virtual: www.tirant.es
DEPÓSITO LEGAL: V-3363-2025
ISBN: 979-13-7010-467-2

Si tiene alguna queja o sugerencia, envíenos un mail a: *atencioncliente@tirant.com*. En caso de no ser atendida su sugerencia, por favor, lea en *www.tirant.net/index.php/empresa/politicas-de-empresa* nuestro Procedimiento de quejas.

Responsabilidad Social Corporativa: http://www.tirant.net/Docs/RSCTirant.pdf

Agradecimientos

El presente trabajo procede de una tesis realizada a lo largo de muchos años por su difícil compatibilización con el exigente ejercicio de la actividad profesional de abogado tributarista.

Quisiera dar las gracias, primeramente, a los miembros del Tribunal de mi tesis, los Profesores D. José Antonio Sánchez Galiana, Dña. María Teresa Mories Jiménez, D. César García Novoa, D. Jesús Ramos Prieto y Dña. Mónica Arribas León, no sólo por sus acertadas observaciones sino por el gran recuerdo que me dejaron ese día para toda la vida con sus amables comentarios a la tesis, que fueron sin duda un gran acicate para intentar publicarla.

Seguidamente quisiera dar las gracias a las personas más cercanas que me han apoyado, con sus ánimos y su acompañamiento a lo largo del periodo, sin los que no hubiera podido finalizar el trabajo.

Dar las gracias por ello a mi tutor, director y buen amigo, el Profesor D. Francisco David Adame Martínez que no se cansó de animarme y motivarme. Sin él ni siquiera hubiera mantenido la matricula en el programa de Doctorado. A mi admiración por su enorme capacidad intelectual y docente, debo añadir su paciencia infinita y, sobre todo, su actitud positiva que siempre ayuda a seguir.

Dar las gracias a mi mujer Lourdes y a mis dos hijos, Daniela y Luis. Son los que han sufrido la falta de tiempo para desarrollar la tesis y su prolongación durante tantos años, privando del disfrute de tantos y tantos fines de semana. Mi admiración por aguantar, por su paciencia, pero también por animarme a seguir.

Y, por último, dar las gracias a mis compañeros de despacho, especialmente mi admiración por mi padre Ángel y mi hermana Marina, porque sin su esfuerzo no hubiera sido posible dedicar todas esas tardes que necesitaba el despacho al presente trabajo.

ÍNDICE

Capítulo III

LA CORRIENTE DOCTRINAL A FAVOR DE LA ELIMINACIÓN DE LA ESTIMACIÓN OBJETIVA

Capítulo IV

MEDIDAS DE SIMPLIFICACIÓN Y DE PROTECCIÓN ADOPTADAS EN EL DERECHO COMPARADO PARA EXPLOTACIONES AGRÍCOLAS, GANADERAS Y FORESTALES EN IRPF

PRÓLOGO

Con enorme satisfacción procedo a redactar estas líneas a modo de Prólogo al presente libro que tiene su origen en la tesis doctoral brillantemente defendida por Daniel Martín Moreno en la Facultad de Derecho de la Universidad de Sevilla en noviembre de 2024. Esa satisfacción deriva en primer lugar de la propia publicación de la obra porque estoy segurísimo que va a ser de gran utilidad para los estudiosos y profesionales que se ocupan de los temas de tributación de las actividades agrarias y ganaderas. Y en segundo lugar porque trae causa de la quinta tesis doctoral que he dirigido a lo largo de mi carrera universitaria. Aceptar la dirección de un trabajo de estas características supone sin duda un esfuerzo y un compromiso, pero de nuevo en este caso se ha visto recompensado por lo mucho que he aprendido. Además debo reconocer que ha sido muy fácil dirigirla, gracias al profundo conocimiento de la materia atesorado por su autor durante sus más de veinte años de ejercicio de la abogacía y el asesoramiento fiscal.

El Tribunal que juzgó la tesis estuvo presidido por el Profesor José Antonio Sánchez Galiana, Catedrático de Derecho Financiero y Tributario de la Universidad de Granada y al que sobre todo considero mi segundo Maestro. Actuó como Secretaria la Profesora María Teresa Mories Jiménez, con la que tengo la fortuna de coincidir en el día a día del Departamento pues somos vecinos de despacho y como Vocales mi querido y admirado amigo el Profesor César García Novoa, de la Universidad de Santiago de Compostela y los Profesores Jesús Ramos Prieto y Mónica Arribas León, ambos de la Universidad Pablo de Olavide y para mi verdaderos hermanos académicos. Quiero aprovechar esta ocasión para manifestar públicamente mi afectuoso agradecimiento a todos ellos por aceptar la invitación para formar parte del mismo, por el interés demostrado en la lectura del trabajo así como por las acertadas observaciones que todos formularon y que en su mayoría se han incorporado en la redacción definitiva de la obra que ahora se publica. Por último, no puedo dejar de expresar mi agradecimiento a los Profesores de la Universidad de Granada Juan López Martínez y José Manuel Pérez Lara, Directores de la Colección Tirant Tributario por su apoyo para la publicación y por supuesto a la Editorial Tirant lo Blanch, por su receptividad hacia los trabajos que se le remiten desde la Universidad.

Al lector le corresponde enjuiciar la obra que tiene entre sus manos que desde luego tiene la virtud de no eludir ninguna de las cuestiones nucleares que plantea el régimen actual de tributación de los rendimientos derivados de la actividad agraria y ganadera en IRPF e IVA. En ella el autor se propone y como se podrá comprobar lo consigue, ofrecer una visión nueva de los problemas que plantea la tributación de dichas actividades sobre todo con el objetivo de formular propuestas de reforma. No se limita por tanto a una mera recopilación de las posiciones mantenidas por la doctrina, sino que a la luz de un magnífico análisis de la situación en Derecho comparado plantea soluciones que atienden a las particularidades del sector agrario y a la variabilidad de los ingresos en dicho sector.

La obra viene a cubrir un importante hueco en la bibliografía sobre fiscalidad de las actividades agrarias, donde ciertamente abundan sobre todo artículos que defienden con cierta beligerancia la eliminación del régimen de estimación objetiva en el IRPF (más conocidos como módulos agrarios) y su sustitución por la tributación en estimación directa como régimen general. Con indudable acierto el autor sostiene que esta doctrina no menciona las particularidades del sector, no propone medidas específicas para el mismo, ni tiene en cuenta la variabilidad de los ingresos agrícolas ni tampoco el impacto que tiene un tipo progresivo en la misma, haciendo tributar a estas actividades por encima de su capacidad económica. El agricultor depende para sus ingresos de condiciones naturales, sequía, inundaciones, heladas, incendios o plagas, de los mercados internacionales y en el momento actual también de los aranceles que pueda imponer la Administración Trump y de la subida del precio de insumos derivada de la guerra de Ucrania. Pero junto a estas circunstancias excepcionales, en su actividad ordinaria, la agricultura produce variabilidad de ingresos que sólo se pueden corregir tomando un periodo superior al impositivo del IRPF de un año. Este es el caso por ejemplo de la vecería de los árboles frutales, también llamada contrañada o alternancia, que implica que tras un año de producción abundante la cosecha siguiente sea escasa o nula.

El autor apuesta por la necesidad, podríamos decir que a contracorriente, de proteger mediante un régimen específico al sector agrario, no sólo porque constituye un mandato constitucional contenido en el artículo 130 de nuestra Constitución atender a la modernización y desarrollo de la agricultura y la ganadería, sino también por el pleno convencimiento de esa necesidad adquirido de su experiencia profesional. La protección de la agricultura no sólo debe vincularse a la protección del medio ambiente y de los recursos naturales, sino también y sobre todo a algo tan importante como es no depender de terceros países para el alimento de nuestra población. Durante la época de restricciones motivadas por la pandemia de la COVID 19, de la que se cumplen cinco años en el momento de redactar estas líneas, el sector de la agricultura contribuyó de forma decisiva a que no faltaran alimentos en España. Y de hecho entre los objetivos de la PAC se encuentra el de mejorar la productividad agrícola asegurando un suministro estable de alimentos asequibles.

Las normas reguladoras del ámbito de aplicación de los regímenes simplificados en IRPF e IVA para actividades agrícolas, ganaderas y forestales se caracterizan por una excesiva complejidad, por lo que el autor aboga por una simplificación de las mismas y su regulación a través de una norma con rango legal para evitar las contradicciones que se han ido produciendo en las sucesivas normas de rango inferior que se han ido aprobando. En la regulación actual para saber qué actividades se incluyen en la estimación objetiva la Ley del IRPF se remite al Reglamento, el Reglamento se remite a la Orden Ministerial y la Orden Ministerial se remite para las principales actividades agrícolas, ganaderas y forestales, esto es, las coordinadas con el Régimen especial de la agricultura, ganadería y pesca en el IVA (en adelante REAGP), a la normativa del IVA, y son los artículos 44 y 46 del Reglamento del IVA los que transponen el listado de actividades y servicios accesorios contenidos en los Anexos VI y VII de la Directiva del IVA. La regulación es ciertamente confusa pues además de las continuas remisiones para el mismo límite se usan distintos conceptos (rendimientos, operaciones e ingresos).

Uno de los conceptos que más dudas ha generado sobre su inclusión en el límite del volumen de ingresos es la compensación a tanto alzado del REAGP, que para la Dirección General de Tributos debe incluirse en el límite, pero que, en opinión del autor, no debería formar parte del mismo. Al no mencionarse en la Orden Ministerial la exclusión del límite de la compensación a tanto alzado del REAGP de IVA, pero sí del IVA en régimen general y el recargo de equivalencia, la doctrina administrativa de la Dirección General de Tributos consideró que la compensación debía incluirse en el límite de volumen de ingresos. El autor se muestra muy crítico en este punto apoyándose en abundante jurisprudencia de Tribunales Superiores de Justicia. Básicamente son tres los motivos en los que basa su posición: en primer lugar no se puede incluir la compensación por la propia literalidad de la norma; en segundo lugar, porque la compensación no mide la dimensión de la explotación y en tercer término porque incluir la compensación como ingreso iría en contra de su naturaleza y del Derecho de la UE, pues supondría que parte de la carga tributaria de IVA soportada por los agricultores no sea recuperada al tener que tributar por IRPF, lo que va en contra del principio de neutralidad del IVA. Felizmente la realidad ha terminado dándole la razón porque pocos días después de la defensa de la tesis se aprobó la Orden

HAC/1347/2024, de 30 de noviembre, por la que se desarrollan para el año 2025 el método de estimación objetiva del Impuesto sobre la Renta de las Personas Físicas —IRPF— y el régimen especial simplificado del IVA, que elimina a efectos de dicho cómputo la compensación del REAGP.

También se muestra crítico el autor con la previsión contenida tanto en la Ley de IRPF (art. 31.1.3ª.b) como en el Reglamento del IVA (art. 43.2), conforme a la cual cuando la actividad se hubiera iniciado en el año inmediato anterior el volumen de ingresos se elevará al año. Con la elevación al año se consigue equiparar una empresa que ha estado todo el año funcionando con una empresa que sólo ha desarrollado la actividad parte del año. Ahora bien, como bien razona el autor, tal comparación sólo es posible si los ingresos de la actividad son generados a lo largo de todo el año, pero si como se produce en determinados cultivos los ingresos se concentran en determinados periodos del año, la norma puede dar lugar a sobredimensionar una explotación y excluirla sin motivo del régimen de módulos. La norma de la elevación al año del volumen de ingresos no puede estar pensada para actividades que no obtengan ingresos regulares durante todo el ejercicio. En estos casos la aplicación estricta de la norma produciría el efecto contrario, esto es, dejar fuera actividades que no tienen posibilidad de superar el límite legal porque son actividades que generan ingresos vinculados a cosechas o recolecciones de determinados productos que sólo se generan en un período del año. En mi opinión en este tipo de actividades sería contrario al espíritu de la norma la elevación al año de unos ingresos que son los previsibles por el tipo de explotación al año. La norma no puede interpretarse en el sentido de entender que por el mero hecho de iniciar la actividad a lo largo del año automáticamente debe elevarse al año el volumen de operaciones para excluirla de la aplicación del régimen de estimación objetiva en el IRPF o del especial de la agricultura, ganadería y pesca en el IVA. Pensemos por ejemplo en una explotación que concentre su recolección y venta en los últimos meses del año como sería el caso de una explotación de naranjas de una variedad que concentre su recolección y comercialización en los meses de octubre a diciembre. En los meses de enero a septiembre, por el tipo de cultivo y en definitiva por la propia naturaleza de las cosas, no es posible obtener ingresos salvo que procedan de campañas anteriores. El autor concluye mostrándose a favor de una interpretación finalista de la norma de manera que la misma sea modificada para contemplar la específica realidad agrícola.

Por otra parte y en relación también con el ámbito de aplicación se defiende que la norma debería definir mejor y ampliar las actividades accesorias que puede realizar el agricultor. Uno de los principales problemas que plantea la regulación actual es que al agricultor no se le permite realizar una actividad en estimación directa por muy residual que sea bajo la excusa de que si cumple obligaciones formales en otra actividad no queda justificada la simplificación de obligaciones formales que supone el módulo. Esto no se justifica con las actividades residuales, pero entiende el autor que incluso tampoco con actividades principales pues el módulo sirve también para nivelar la variabilidad de los ingresos. En el REAGP, sin embargo, no hay incompatibilidad con otras actividades en régimen general, siempre que el resto de actividades no superen los 250.000 euros. En este sentido al autor le convence el concepto de actividad agrícola establecido en Italia, donde ejercer otras actividades fuera de los límites no excluye la aplicación a la actividad agrícola del régimen simplificado por renta catastral, sino que a esas otras actividades se les aplica otro régimen, incluso simplificado con un coeficiente de rentabilidad sobre los ingresos reales.

En relación con los conceptos computables a efectos del límite de exclusión se advierte que deberían medir el tamaño de la explotación y en este sentido se proponen modelos a tener en consideración para una futura reforma legal el francés, donde los límites de ingresos se aplican sobre la media de los tres años anteriores y el portugués, donde para corregir la variabilidad se aplica un régimen de tarjeta amarilla y tarjeta roja de manera que se deben sobrepasar al menos dos ejercicios seguidos el límite. En esta misma línea se propone la eliminación del límite de compras para las actividades agrícolas pues en éstas no se compra sino que se cultiva o cuida y se obtienen productos naturales, por lo que este indicador no mide el tamaño de la explotación, sino que provoca distorsiones y situaciones injustas.

Otra de las principales propuestas que se formulan es ampliar el importe del volumen de ingresos de la estimación objetiva en IRPF mientras que no se modifique el régimen de estimación directa en el sentido antes apuntado. En Italia no se limita el crecimiento del agricultor pues el precitado régimen simplificado es aplicable cualquiera que sea el volumen de ingresos del agricultor. El legislador español ha reducido el importe del límite de ingresos para que más explotaciones tributen por la diferencia de los ingresos y gastos reales, sin que en paralelo, como se ha hecho en Francia se aprueben otras medidas que suavicen la variabilidad de los ingresos agrarios y que capitalicen al agricultor como la promediación de beneficios de tres años, la deducción por ahorro preventivo, la imputación en 7 de años de beneficios ordinarios excepcionales, un régimen especial para explotaciones forestales y la aplicación de un ejercicio económico agrícola que no coincide con el año natural.

El importe del límite es de 250.000 euros desde 2016. El anterior límite de 300.000 euros estuvo en vigor desde 2003, sustituyendo al límite de 50.000.000 pesetas (300.506,05 euros) que había estado vigente desde el inicio del régimen en 1995. Sin embargo, con anterioridad a 1995, otros regímenes simplificados aplicables a las actividades agrícolas o ganaderas también tenían 50.000.000 pesetas de límite. Si actualizamos los anteriores 300.000 euros según IPC desde enero de 1995 a enero de 2024 el límite se situaría en 594.900,00 euros, cerca por ejemplo de los 600.000 euros de la tarifa plana parcial de Austria.

En la obra se analizan críticamente los tres argumentos que viene utilizando la doctrina que se muestra contraria al régimen de estimación objetiva: supone una bolsa de fraude fiscal, se tributa por una renta ficticia inferior a la real y no existe la ausencia de medios que justifica el régimen. En relación con el segundo de estos argumentos, se insiste en que el método de estimación objetiva no permite una tributación cercana a la realidad y produce una discriminación con un proteccionismo fiscal contrario a la Constitución española por tributarse por debajo de la capacidad económica. Pero resulta que en el Derecho comparado y más concretamente en países competidores directos de España hay un mayor proteccionismo. Por ejemplo en Marruecos se ha venido aplicando una exención permanente de hasta 5 millones de dírhams (493.653,06 euros) y en Italia sorprendentemente entre 2017 y 2023 se aplicó una exención para profesionales de la agricultura como bien explica el autor. Por otra parte, hay países que aplican regímenes más alejados de la realidad. Este es el caso de Bélgica, donde se utiliza un beneficio por hectárea, pactado con las organizaciones agrarias y de otros países que utilizan una renta fijada catastralmente, como el régimen de tarifa plana completa de Austria, el de rentas presuntas de Chile o el ya citado de renta catastral de Italia.

Para los asesores fiscales resulta de especial utilidad el capítulo dedicado al estudio de la determinación del rendimiento neto en estimación objetiva en el IRPF de las actividades agrícolas, ganaderas y forestales, puesto que se trata de un régimen utilizado desde su implantación a partir del año 1995 por cerca de un millón de declarantes. Al hilo de dicho análisis se efectúan interesantes propuestas teniendo siempre presente las soluciones ofrecidas por el Derecho comparado. Resulta verdaderamente abrumador el dominio que tiene el autor de la regulación de la fiscalidad de los agricultores en el Derecho comparado. Y ese dominio, que ciertamente se plasma a lo largo de toda la obra, se condensa especialmente en el último capítulo donde con indudable acierto se proponen una serie de medidas de simplificación y protección del sector agrario que se podrían adoptar en España a partir de las experiencias de otras países, algo que nunca se había hecho hasta ahora y que le otorga sin duda un valor añadido a este trabajo. Para ello se analiza el régimen vigente en países que presentan cierta disparidad, pero que tienen en común la importancia en términos económicos de dicho sector. En concreto se analiza exhaustivamente el régimen tributario del sector en Alemania, Australia, Bélgica, Brasil, Canadá, Chile, Estados Unidos, Francia, India, Italia, Marruecos, México, Nueva Zelanda, Países Bajos y Portugal.

Entre las medidas que se proponen para una futura reforma legal destacaría ahora las siguientes: introducción de un mecanismo de promediación de ingresos, por ejemplo de los tres últimos ejercicios, con el fin de corregir la aplicación de tipos progresivos a la variabilidad de los ingresos tributarios; la no tributación de beneficios depositados en cuentas especiales o reservados procedentes de años de altos ingresos y tributación de los mismos en el año en que se retiren; regulación de un ejercicio económico distinto al año natural, lo que permitiría una mejor correlación de ingresos y gastos, pudiendo distinguir por sectores o la compensación retroactiva de pérdidas recuperando el impuesto pagado en años anteriores de bonanza económica.

Y concluyo ya, porque me estoy excediendo de la extensión que considero razonable para un prólogo, animando al lector a que se adentre en esta obra, advirtiéndole que no le defraudará y felicitando de nuevo a Daniel Martín por el magnífico trabajo que ahora ve la luz.

Francisco Adame Martínez
Catedrático de Derecho Financiero y Tributario, Universidad de Sevilla

ABREVIATURAS

ESPAÑA

AEAT: Agencia Estatal de la Administración Tributaria.
Art.: artículo.
BOE: Boletín Oficial del Estado.
BOICAC: Boletín Oficial del Instituto de Contabilidad y Auditoría de Cuentas.
CC: Código Civil.
CE: Constitución Española.
DGT: Dirección General de Tributos.
FJ: Fundamento Jurídico.
IAE: Impuesto sobre Actividades Económicas.
ICAC: Instituto de Contabilidad y Auditoría de Cuentas.
IIEE: Impuestos Especiales.
IEF: Instituto de Estudios Fiscales.
IIVTNU: Impuesto sobre el Incremento de Valor de Terrenos de Naturaleza Urbana.
IRPF: Impuesto sobre la Renta de las Personas Físicas.
IVA: Impuesto sobre el Valor Añadido.
IVMDH: Impuesto sobre la Venta Minorista de Determinados Hidrocarburos.
LGT: Ley General Tributaria.
LIS: Ley del Impuesto sobre Sociedades.
PAC: Política Agraria Común.
PGC: Plan General de Contabilidad.
REAGP: régimen especial de la agricultura, ganadería y pesca del IVA.
Rec.: recurso.
RIS: Reglamento del Impuesto sobre Sociedades.
STC: Sentencia del Tribunal Constitucional.
STS: Sentencia del Tribunal Supremo.
STSJ: Sentencia del Tribunal Superior de Justicia.
STJUE: Sentencia del Tribunal de Justicia de la Unión Europea.
TC: Tribunal Constitucional.
TEAR: Tribunal Económico-Administrativo Regional.

TS: Tribunal Supremo.
TSJ: Tribunal Superior de Justicia.
TJUE: Tribunal de Justicia de la Unión Europea.

DERECHO COMPARADO

OCDE: Organización para la Cooperación y el Desarrollo Económico (OECD Organisation for Economic Co-operation and Development).

ALEMANIA

AO: Abgabenordnung (Código Tributario).
BewG: Bewertungsgesetz (Ley de Valoración).
BMF: Bunderministerium der Finanzen (Ministerio de Hacienda de Alemania).
EStDV: Einkommensteuer-Durchführungsverordnung (Reglamento del Impuesto sobre la Renta de Alemania).
EStG: Einkommensteuergesetz (Ley del Impuesto sobre la Renta de Alemania).
ForstSchAusglG: Gesetz zum Ausgleich von Auswirkungen besonderer Schadensereignisse in der Forstwirtschaft (Ley de Compensación de Daños Forestales).
HGB: Handelsgestzbuch (Código de Comercio).
UStG: Umsatzsteuergesetz (Ley del IVA).
VE: Vieheinheiten (unidades ganaderas).

AUSTRALIA

ATO: Australian Taxation Office (Administración Tributaria Australiana).
FMD: The Farm Management Deposit (el Depósito de Gestión Agrícola).

AUSTRIA

EStG: Einkommensteuergesetz (Ley del Impuesto sobre la Renta de Austria).

BÉLGICA

CIR 92 o WIB 92: Code des impôts sur les revenus o Wetboek Van De Inkomstenbelastingen 1992 (Ley del Impuesto sobre la Renta de 1992).

CHILE

CPT: capital propio tributario.
DDAN: Registro de diferencias entre la depreciación normal y acelerada.

IDPC: Impuesto de primera categoría.
IGC: Impuesto global complementario
LIR: Ley del Impuesto sobre la Renta.
LIVS: Ley sobre el Impuesto a las Ventas y Servicios.
RAI: Registro de rentas afectas a impuestos finales.
REX: Registro de rentas exentas.
SAC: Registro de saldo acumulado de créditos.
SII: Servicio de Impuestos Internos.
UF: Unidades de Fomento.
UT: Unidades Tributarias.

EEUU

ADS: Alternative Depreciation System (sistema alternativo de depreciación).
AMT: Alternative Minimum Tax (Impuesto Mínimo Alternativo).
EFI: Elected Farm Income (rendimiento agrario elegido).
GDS: General Depreciation System (sistema general de depreciación).
IRS: Internal Revenue Service (Administración Tributaria).
MACRS: Modified Accelerated Cost Recovery System (sistema de recuperación de costes acelerado modificado).

FRANCIA

BA: bénéfices de l'exploitation agricole (beneficios de las actividades agrícolas).
BIC: bénéfices industriels et commerciaux (beneficios industriales y comerciales).
CGI: Code général des impôts (Código General Tributario).
DEP: déduction pour épargne de précaution (deducción por ahorro preventivo).
DGFiP: Direction Gênérale des Finances Publiques (Dirección General de Finanzas Públicas).
GAEC: groupements agricoles d'exploitation en commun (agrupaciones agrícolas de explotación en común).

INDIA

ITA: Income-tax Act, 1961 (Ley del Impuesto sobre la Renta de 1961).
ITR: Income-tax Rules 1962 (Reglas del Impuesto sobre la Renta de 1962).

ITALIA

DPR: Decreto del Presidente della Repubblica (Decreto del Presidente de la República).
IAP: imprenditore agricolo professionale (empresario agrícola profesional).
IRES: Imposta Sul Reddito Delle Societa' (Impuesto sobre Sociedades).
IRPEF: Imposta Sul Reddito Delle Persone Fisiche (Impuesto sobre la Renta de las Personas Físicas).
TUIR: Testo Unico Delle Imposte Sui Redditi (Texto Refundido del Impuesto sobre la Renta).

MARRUECOS

CGI: Code général des impôts (Código General Tributario).

MÉXICO

ISR: Impuesto sobre la Renta.

NUEVA ZELANDA

EQU: income equalisation account (cuentas de nivelación de ingresos).
ERA: environmental restoration accounts (cuentas de restauración medioambiental).
ITA: Income Tax Act 2007 (Ley del Impuesto sobre la Renta de 2007).
TAA: Tax Administration Act 1994 (Ley de Administración tributaria de 1994).

PORTUGAL

CIRS: Código do Imposto sobre o Rendimento das Pessoas Singulares (Código del Impuesto sobre la Renta de las Personas Físicas).
IAS: Indexante dos Apoios Sociais (Índice de Apoyo Social).

INTRODUCCIÓN

La agricultura como sector primario y estratégico es tratada de manera especial por los Estados a nivel nacional e internacional por, entre otros motivos, su importancia para la alimentación de sus ciudadanos y lo desaconsejable de depender demasiado de Estados terceros para ello, el mantenimiento de la población en las zonas rurales poco habitadas y la adecuada explotación de los recursos naturales.

Su importancia se demuestra, por ejemplo, en la intervención de la totalidad de las Administraciones con distintas competencias en este sector[1] siendo la única política común de la Unión Europea para garantizar una renta agraria viable y la seguridad alimentaria.

Esa intervención se traduce en límites y restricciones a las facultades del derecho de propiedad de las fincas rústicas al amparo del art. 33.2 de la Constitución Española (en adelante CE)[2], pero también en el establecimiento de medidas de fomento al amparo del art. 130 de la CE según el cual:

"*1. Los poderes públicos atenderán a la modernización y desarrollo de todos los sectores económicos y, en particular, de la agricultura, de la ganadería, de la pesca y de la artesanía, a fin de equiparar el nivel de vida de todos los españoles.*

2. Con el mismo fin se dispensará un tratamiento especial a las zonas de montaña."

De dicho artículo "*se deduce que el legislador tributario tiene el deber constitucional de proteger el sector agrario*", siendo "*objetivo esencial de la política de fomento en el sector agrario incrementar el nivel de vida de los ciudadanos cuya actividad se centra en dicho sector a fin de equipararlo al del resto de la población*" y que en esa acción de fomento para la promoción y apoyo del sector agrario la figura tributaria "*juega un papel central*"[3].

---

1 Vid. Palma Hernández, J. L. (2013). *Derecho Administrativo Agrario*. Ministerio de Agricultura, Alimentación y Medio Ambiente. P. 33 y siguientes.

2 Vid. Fundamentos Jurídicos 2 y 13 de la STC 37/1987, de 26 de marzo (*Tol 79746*).

3 VVAA (2003). *Libro blanco de la agricultura y el desarrollo rural*. Ministerio de Agricultura, Pesca y Alimentación.

Esto se traduce en menciones específicas para este sector en la práctica totalidad de los tributos.

Su regulación suele tener dos objetivos: el establecimiento de beneficios fiscales para una menor tributación y la simplificación de las obligaciones formales.

En la declaración de los rendimientos obtenidos de las actividades agrícolas, ganaderas y forestales ese objetivo de simplificación de las obligaciones formales lo cumple el método de estimación objetiva de IRPF que vamos a analizar en el presente trabajo. En este sentido, no hay ninguna norma de simplificación para estas actividades en el Impuesto sobre Sociedades o en el Impuesto sobre la Renta de No Residentes.

El método de estimación objetiva de IRPF es el régimen de determinación de los rendimientos más utilizado por los agricultores desde su implantación a partir del año 1995, con cerca de un millón de declarantes[4].

Consiste en declarar los ingresos reales estimando todos los gastos salvo las amortizaciones. Esto hace que las obligaciones formales se limiten a llevar libros de ingresos y de inversiones, suponiendo un alivio en los costes de gestión dado que la mayoría de los asientos contables se corresponden con los gastos.

A esto hay que sumar que normalmente se les exime también de presentar pagos fraccionados a cuenta del IRPF[5] pues siendo sector primario la mayoría de sus ventas están sometidas a retención al ser realizadas a empresas obligadas a retener.

---

4 De acuerdo con las estadísticas de IRPF de la AEAT para el ejercicio 2021, hubo 826.693 autoliquidaciones con rendimientos de actividades económicas en estimación objetiva agrícola, a los que habría que sumar los rendimientos procedentes de entidades en atribución de rentas:
https://sede.agenciatributaria.gob.es/AEAT/Contenidos_Comunes/La_Agencia_Tributaria/Estadisticas/Publicaciones/sites/irpf/2021/jrubik7c7ab0c957be-40d543f81e2e61b61b7b35387223.html

5 De acuerdo con el art. 109.3 del Reglamento del Impuesto sobre la Renta de las Personas Físicas aprobado por el Real Decreto 439/2007, de 30 de marzo (en adelante Reglamento del IRPF) que dispone que no estarán obligados a efectuar pago fraccionado si en el año anterior al menos el 70% de los ingresos procedentes de la explotación, con excepción de subvenciones corrientes y de capital y de las indemnizaciones, fueron objeto de retención o ingreso a cuenta.

Asimismo, el método de estimación objetiva de IRPF está coordinado con el régimen especial de la agricultura, ganadería y pesca (en adelante REAGP) en IVA que exime a los agricultores de las obligaciones de liquidación, repercusión o pago del impuesto y de las de registro y contabilización (art. 129 de la Ley 37/1992, de 28 de diciembre, del Impuesto sobre el Valor Añadido, en adelante Ley del IVA).

Con ello, para el agricultor en estimación objetiva en IRPF y REAGP en IVA, sus obligaciones formales, a parte de las que se corresponden con los trabajadores donde no hay particularidades, se suelen limitar a la presentación de una sola declaración al año, la del IRPF, que se elabora prácticamente sólo con sus ingresos reales.

Esa sencillez de la aplicación del sistema contrasta con el complejo ámbito de aplicación según analizaremos.

Doctrinalmente se le achaca al régimen que el objetivo de la simplificación no es hoy en día necesario y que lo que se está consiguiendo es otro objetivo distinto, una menor tributación que no se entiende justificada con el principio de capacidad económica.

Entendemos que, como medida de fomento y respetando los límites fijados a las ayudas estatales en la Unión Europea, ningún problema tendría que se produjera una menor tributación dadas las particularidades del sector.

No obstante lo anterior, lo cierto es que la simplificación no tiene por qué provocar una menor recaudación si los estudios aplicados para determinar los distintos índices se acercan a la realidad.

Para ello, tenemos no ya el Ministerio de Hacienda sino los distintos estudios de cuentas de explotación de los distintos tipos de cultivos que elaboran tanto el Ministerio de Agricultura como las distintas Consejerías de Agricultura de las Comunidades Autónomas.

En este estudio analizaremos cómo anualmente, en un esfuerzo loable de las distintas Administraciones y de las organizaciones agrarias, los índices son modificados para acercarlos a la realidad. Se trata, por tanto, de que las Administraciones de forma coordinada usen sus recursos en beneficio del agricultor.

Asimismo, analizaremos cómo la práctica totalidad de la doctrina al realizar esa crítica al régimen no propone alternativas al mismo.

En nuestra opinión esta postura resulta criticable pues lo que iría en contra de la capacidad económica del agricultor sería tributar sin tener en cuenta las particularidades de su actividad y, especialmente, la variabilidad de los ingresos agrícolas, que hace que no sea aconsejable aplicarle sin más la estimación directa con un tipo progresivo.

Efectivamente, del análisis que haremos de las medidas adoptadas para la declaración de los rendimientos agrícolas, ganaderos y forestales en el Derecho comparado resulta que el establecimiento de regímenes especiales que protejan al sector agrario no es la excepción sino la regla general.

Esas medidas no sólo van encaminadas a corregir la variabilidad de los ingresos agrícolas y el resto de particularidades del sector agrario sino, en ocasiones también, a una menor o nula tributación en países de nuestro entorno que son, como productores, directos competidores de nuestros agricultores.

Capítulo I

ÁMBITO DE APLICACIÓN DE LOS REGÍMENES SIMPLIFICADOS EN IRPF E IVA PARA ACTIVIDADES AGRÍCOLAS, GANADERAS Y FORESTALES

La intención del legislador de coordinación de los regímenes simplificados aplicables a los distintos Impuestos parece evidente: desea que sea aplicable conjunta y coordinadamente la estimación objetiva en IRPF con el REAGP o con el régimen simplificado en IVA.

Entendemos por ello conveniente un estudio conjunto del ámbito de aplicación de los distintos regímenes simplificados aplicables a actividades agrícolas, ganaderas y forestales en IRPF e IVA.

Como apunta DEL HOYO ORTIGOSA[6] la definición del ámbito de aplicación, para el colectivo de pequeños empresarios al que va dirigido, debería ser un asunto de fácil comprensión, circunstancia que, sin embargo, no se produce siendo la regulación normativa de este ámbito un asunto excesivamente complejo y, en algunos casos, de difícil comprensión.

Efectivamente, en el estudio del ámbito de aplicación y de los supuestos de falta de coordinación entre los distintos regímenes de ambos impuestos, nos encontramos con una normativa que utiliza distintos conceptos jurídicos indeterminados, con desarrollos normativos que contradicen a la norma habilitante, con plazos y supuestos de exclusión diferentes y, en definitiva, una normativa con una falta de claridad suficiente para favorecer el error del que la debe aplicar.

---

6 Del Hoyo Ortigosa, C. (2011). "El método de estimación objetiva: análisis de su ámbito de aplicación". *Carta Tributaria* número 1/2011.

1. ACTIVIDADES INCLUIDAS EN EL RÉGIMEN DE ESTIMACIÓN OBJETIVA Y EN EL REAGP O EL RÉGIMEN SIMPLIFICADO EN IVA

Sobre el ámbito de aplicación objetivo, la Ley 35/2006, de 28 de noviembre, del Impuesto sobre la Renta de las Personas Físicas (en adelante Ley del IRPF) sólo establece (art. 31.1.4ª) que se fijará *"entre otros extremos...por la naturaleza de las actividades y cultivos"*.

A su vez, el Reglamento de IRPF establece que el método de estimación objetiva se aplicará a cada una de las actividades económicas, aisladamente consideradas, que determine el Ministerio de Hacienda y Administraciones Públicas (art. 32.1 del Reglamento del IRPF) y que la determinación de las operaciones económicas incluidas en cada actividad deberá efectuarse de acuerdo con las normas del IAE, en la medida en que resulten aplicables (art. 38.2 del Reglamento del IRPF).

En consecuencia, para cada ejercicio el Ministerio de Hacienda y Función Pública en la Orden por la que desarrolla el referido método fija las actividades a las que les será aplicable, que para el año 2025 es la Orden HAC/1347/2024, de 28 de noviembre (BOE 30/11/2024)[7].

La citada Orden HAC/1347/2024, reiterando en esto el mismo contenido incluido en las distintas Órdenes desde la Orden de 7 de febrero de 2000 (BOE 10/02/2000), recoge las nueve actividades agrícolas, forestales y ganaderas que están incluidas en el método de estimación objetiva del IRPF y, simultáneamente, bien en el REAGP del IVA (art. 2) o bien en el régimen especial simplificado del IVA (art. 1), compartiendo el conjunto de ellas el mismo límite de ingresos (art. 3.1.b).

1.1. ACTIVIDADES INCLUIDAS EN EL RÉGIMEN DE ESTIMACIÓN OBJETIVA Y EN EL REAGP

Se trata de las dos actividades en las que se encuadra a la mayor parte del sector y en las que más vamos a incidir a lo largo de este trabajo.

---

7 En el caso de las Órdenes Ministeriales, para facilitar al lector su búsqueda se incluirán sus fechas de publicación en el BOE.

Las dos actividades que recogen los artículos 2 de la Orden son:

Agrícola o ganadera susceptible de estar incluida en el régimen especial de la agricultura, ganadería y pesca del Impuesto sobre el Valor Añadido.

Y Actividad forestal susceptible de estar incluida en el régimen especial de la agricultura, ganadería y pesca del Impuesto sobre el Valor Añadido.

Se produce con estas actividades una total remisión a la regulación en IVA del REAGP para delimitar el ámbito objetivo de la estimación objetiva en IRPF.

El régimen de estimación objetiva y el REAGP, con ello, serán aplicables a los titulares de explotaciones agrícolas, forestales o ganaderas (art. 124 de la Ley del IVA) que obtengan directamente productos naturales, vegetales o animales de sus cultivos o explotaciones para su transmisión a terceros (art. 125 de la Ley) teniendo dicha consideración en particular las siguientes producciones (art. 44 del Reglamento del Impuesto sobre el Valor Añadido aprobado por el Real Decreto 1624/1992, de 29 de diciembre, en adelante Reglamento del IVA[8]):

"1. Las que realicen actividades agrícolas en general, incluyendo el cultivo de plantas ornamentales, aromáticas o medicinales, flores, champiñones, especias, simientes o plantones, cualquiera que sea el lugar de obtención de los productos, aunque se trate de invernaderos o viveros.

2. Las dedicadas a la silvicultura.

3. La ganadería, incluida la avicultura, apicultura, cunicultura, sericultura y la cría de especies cinegéticas, siempre que esté vinculada a la explotación del suelo."

Aun siendo intensiva la explotación de colmenas, la actividad de apicultura no constituye, de acuerdo con el criterio de la DGT, un supuesto de ganadería

---

8 Trasponiendo a la normativa nacional el Anexo VII de la Directiva 2006/112/CE del Consejo, de 28 de noviembre de 2006, que recoge la siguiente lista de actividades de producción agrícola a que se refiere el art. 295.1.4 de la Directiva:
1) Cultivos: a) agricultura general, comprendida la viticultura; b) arboricultura frutícola (comprendida la oleicultura) y horticultura y cultivo floral y ornamental, incluso en invernaderos; c) producción de setas y especias, producción de semillas y plantas; d) explotación de viveros.
2) Ganadería vinculada a la explotación del suelo: a) cría de animales; b) avicultura; c) cunicultura; d) apicultura; e) sericicultura; f) helicicultura;
3) Silvicultura;

no vinculada a la explotación del suelo al no alimentarse las abejas con piensos, siéndole, por tanto, aplicable el REAGP (CDGT 12/03/1999, 0314-99; 10/06/2020, V1869-20; 14/12/2021, V3106-21).

El régimen de estimación objetiva y el REAGP se aplican también a los servicios accesorios a dichas explotaciones prestados a terceros con los medios ordinariamente utilizados en dichas explotaciones si no exceden del 20 por 100 del volumen total de operaciones de las explotaciones agrícolas, forestales o ganaderas principales (art. 127 de la Ley del IVA) considerándose servicios accesorios, entre otros, los siguientes (art. 46 del Reglamento del IVA)[9]:

"1. Las labores de plantación, siembra, cultivo, recolección y transporte.

2. El embalaje y acondicionamiento de los productos, incluido su secado, limpieza, descascarado, troceado, ensilado, almacenamiento y desinfección.

3. La cría, guarda y engorde de animales.

4. La asistencia técnica.

Lo dispuesto en este número no se extenderá a la prestación de servicios profesionales efectuada por ingenieros o técnicos agrícolas.

5. El arrendamiento de los útiles, maquinaria e instalaciones normalmente utilizados para la realización de sus actividades agrícolas, forestales, ganaderas o pesqueras.

---

9 Trasponiendo el Anexo VIII de la Directiva 2006/112/CE del Consejo, de 28 de noviembre de 2006 que establece la siguiente lista indicativa de las prestaciones de servicios agrícolas a que se refiere el art. 295.1.5 de la Directiva:

1) Trabajos de cultivo, de recolección, de trilla, de empacado, de recogida y siega, incluidas la siembra y la plantación;

2) Embalaje y acondicionamiento, tales como el secado, la limpieza, la trituración, la desinfección y el ensilado de productos agrícolas;

3) Almacenamiento de productos agrícolas;

4) Custodia, cría o engorde de animales;

5) Arrendamiento, para fines agrícolas, de los medios normalmente utilizados en las explotaciones agrícolas, silvícolas o pesqueras;

6) Asistencia técnica;

7) Destrucción de plantas y animales nocivos, tratamiento de plantas y tierras por pulverización;

8) Explotación de instalaciones de riego y drenaje;

9) Tala de árboles, corte de madera y otros servicios de la silvicultura.

6. La eliminación de plantas y animales dañinos y la fumigación de plantaciones y terrenos.

7. La explotación de instalaciones de riego o drenaje.

8. La tala, entresaca, astillado y descortezado de árboles, la limpieza de los bosques y demás servicios complementarios de la silvicultura de carácter análogo."

Para que sea aplicable el REAGP, los servicios accesorios deben contribuir a la realización de las producciones agrícolas, forestales y ganaderas de sus destinatarios.

Por este motivo los servicios de eliminación de plantas y animales dañinos y fumigación de plantaciones y terrenos en unos terrenos rústicos en los que está instalada una planta de energía solar no están incluidos en el REAGP, aunque se presten con los medios utilizados para la actividad agraria (CDGT 24/11/2009, V2603-09).

Hay, no obstante, supuestos que quedan por este motivo extrañamente fuera del régimen por la redacción del artículo.

Sería el caso de los servicios de los agricultores a los laboratorios de semillas.

En estos casos el agricultor se compromete a colaborar en los ensayos de estas empresas utilizando sus semillas y cultivando las variedades que a la empresa le interesa probar, por ejemplo, en unas condiciones climáticas diferentes a las que suele utilizarse.

Aunque el agricultor cultive esas semillas y, por tanto, ejerza con ello la actividad agrícola, el destinatario no es un agricultor sino un laboratorio que no se queda con la cosecha, pues ésta queda en beneficio del agricultor.

Esto hace que no se produzca una entrega de producto natural sino un servicio, el ensayo, por el que se satisface una contraprestación. En la medida en que el servicio no contribuye a la *producción agrícola de su destinatario*, pues el destinatario es un laboratorio y no un agricultor, con la literalidad de la Ley, el servicio queda fuera del REAGP.

En este sentido interpreta este supuesto la Consulta de la DGT de 07/05/2019 (V0952-19)[10].

---

10 En el mismo sentido, la CDGT 18/05/2020 (V1453-20) para ensayos sobre cultivos en distintas variedades realizadas por un ente público con competencias de investigación y experimentación que también desarrolla tareas agrícolas sobre sus propias fincas.

En nuestra opinión, si a un agricultor se le ofrece una contraprestación por ejercer la actividad agraria de una determinada manera, por ejemplo, usando un determinado producto de un proveedor o realizando unas prácticas beneficiosas para el medio ambiente[11], no debería excluirse del régimen. El ingreso es contraprestación del ejercicio de la actividad agraria, el agricultor se ha limitado para prestarlo a realizar tareas puramente agrícolas como son la preparación del suelo, la siembra, su cuidado y la recolección, no a labores ajenas a la actividad agraria por lo que no entendemos esa exclusión.

Por otro lado, el concepto de titular de una explotación necesario para que sea aplicable el régimen fue delimitado de forma negativa tratando los supuestos excluidos con el art. Primero.Treinta de la Ley 28/2014, de 27 de noviembre que le da nueva redacción al art. 124.Uno de la Ley del IVA.

Con la modificación se incorporaba a la Ley el contenido del art. 43.5 del Reglamento del IVA que era suprimido y se recogía una nueva aclaración con los resineros.

Desde 1 de enero de 2015 no se consideran titulares de explotaciones agrícolas, forestales o ganaderas:

a) Los propietarios de fincas o explotaciones que las cedan en arrendamiento o en aparcería o que de cualquier otra forma cedan su explotación, así como cuando cedan el aprovechamiento de la resina de los pinos ubicados en sus fincas o explotaciones.

b) Los que realicen explotaciones ganaderas en régimen de ganadería integrada.

Serán los arrendatarios o aparceros los titulares de la explotación a estos efectos y, por tanto, a los que les será aplicable el REAPG. A los cedentes en aparcerías les será aplicable también el régimen de estimación objetiva conjuntamente con el régimen simplificado.

Asimismo, la exclusión que se hace de los que cedan el aprovechamiento de la resina de los pinos es una excepción a la regla general en la que el titular de la explotación forestal se considera al propietario aunque la entrega del producto forestal se realice sobre el terreno y sea el adquirente el que realice las labores de corta (CDGT 29/12/2010, V2825-10).

---

[11] Como fue el caso de la CDGT 21/01/2010 (V0083-10).

Hasta dicha modificación legislativa, el criterio de la Administración era que el resinero adjudicatario del derecho de aprovechamiento de la resina cedido por el titular del monte que lleva a cabo la extracción y venta de la resina tributaba por IVA en régimen general y por estimación directa en IRPF (CDGT 26/09/2014, V2525-14). La CDGT 23/03/2015 (V0870-15) con la nueva normativa recoge ya la aplicación del REAGP a quien extraiga la resina.

La excepción contenida en la modificación legislativa atendía a una reivindicación del sector de resineros que no entendía la exclusión del régimen especial.

MENÉNDEZ MORENO[12] se hacía eco de esa reivindicación y defendía que no se justificaba la distinta tributación cuando el resinero era el titular del monte y cuando no.

Para este autor el concepto *titular de la explotación* contenido sin aclaración alguna en la anterior redacción del art. 124.Uno de la Ley del IVA no tenía por qué coincidir con el concepto jurídico privado de nuestro ordenamiento, como ocurre con otros conceptos de la Ley del IVA al provenir de las Directivas reguladoras del Impuesto.

Entendía este autor que una interpretación con criterios lógicos y teleológicos llevaba a la conclusión de que la actividad resinera es sustancialmente idéntica para todos aquellos que con título suficiente llevan a cabo las tareas agrícolas propias de extracción de resina y posterior comercialización. Destacaba el autor también el criterio sociológico de interpretación pues precisamente se estaban excluyendo a los resineros con medios y recursos más escasos.

Para la STSJ de Castilla y León, sede de Burgos de 17/02/2017 (rec. 98/2016, (*Tol 6029640*)) y, en el mismo sentido, la de 07/04/2017 (rec. 95/2016, (*Tol 5898347*)), la modificación implica sólo una aclaración de la Ley e, incluso con anterioridad, se podía considerar al resinero como titular de la explotación forestal pues *"difícilmente cabe considerar como titular de la explotación al mero propietario o titular del monte, cuando no realiza ninguna actividad agrícola o forestal en el mismo y se limita a cederlo en arrendamiento"* (Fundamento de Derecho Tercero de la Sentencia).

No comparte este criterio la AEAT, que en su Consulta Informa 107958 considera que hasta el 31/12/2014 no podían acogerse al REAGP.

---

12 Menéndez Moreno, A. (2014). "De la anécdota a la categoría (a propósito de las consultas vinculantes y del régimen de estimación objetiva". *Quincena Fiscal* núm. 12/2014.

1.2. ACTIVIDADES NO INCLUIDAS EN EL RÉGIMEN DE ESTIMACIÓN OBJETIVA POR ESTAR EXCLUIDAS DEL REAGP Y NO INCLUIDAS EN EL RÉGIMEN SIMPLIFICADO

El art. 126 de la Ley del IVA recoge la exclusión de determinadas actividades del REAGP.

Algunas de las actividades excluidas, que luego desarrollaremos, no van a suponer la exclusión a su vez del régimen de estimación objetiva en IRPF al quedar incluidas en el régimen simplificado en el art. 1 de las Órdenes Ministeriales.

Las siguientes actividades, sin embargo, están excluidas expresamente del REAGP y no incluidas en el régimen simplificado por lo que no pueden acogerse a la estimación objetiva:

– La comercialización de los productos naturales obtenidos, mezclados con otros productos adquiridos a terceros, aunque sean de naturaleza idéntica o similar, salvo que estos últimos tengan por objeto la mera conservación de aquéllos.

Se entiende esta exclusión pues, de otra manera, se correría el riesgo de que se aplicara el régimen a productos adquiridos a terceros.

Piénsese, como en el caso de la CDGT 26/12/2012 (V2538-12), en un agricultor que venda hortalizas y verduras de su explotación y que adquiera de otro agricultor parte de la producción.

En ese caso, el producto tercero será adquirido a un tipo del 4% si el agricultor tercero está en régimen general (art. 91.Dos.1.1º.f Ley del IVA) o del 0%, sin repercusión alguna de IVA o de compensación a tanto alzado de IVA, en caso del estar el agricultor tercero en el REAGP (art. 130.3.1º.a Ley del IVA).

Sin embargo, al vender el producto repercutiría el 12% de compensación a tanto alzado por lo que, dicha compensación, no realizaría su cometido de recuperación del IVA soportado en la explotación.

No obstante, en ocasiones, como pasa con los productos ecológicos, la comercialización con productos de terceros complementa y fomenta la venta de la producción propia. En consecuencia, nos parece más acertado establecer un porcentaje en lugar de prohibirlo completamente[13].

---

[13] Para Abella Poblet, E. y Del Pozo López, J. en (1986), *Manual del IVA*, Publicaciones Abella, página 704, este criterio legal es excesivamente restrictivo al no admitir excep-

– La comercialización de los productos naturales obtenidos efectuada de manera continuada en establecimientos fijos situados fuera del lugar donde radique la explotación agrícola, forestal, ganadera o pesquera.

Así por ejemplo, no puede un agricultor aplicar el REAGP al vender parte de su producción en su propia frutería o un ganadero en su carnicería (Resolución DGT 21/11/1986[14]).

En ese caso el producto vendido tributará como un sector diferenciado en régimen general en IVA y estimación directa en IRPF.

Aunque al resto de la producción le sea aplicable el REAGP en IVA, la tributación obligada en estimación directa de esa parte de la producción provocará que no se pueda aplicar la estimación objetiva a toda la producción.

Si se aplicara un proceso de transformación al producto propio vendido en establecimientos fijos, sin embargo, se permitiría aplicar el régimen simplificado en IVA como luego veremos, lo que determinaría mantener la estimación objetiva en IRPF para ambas actividades.

El caso del ganadero que quiere vender al por menor en un establecimiento fijo parte de su producción es tratado en la CDGT 02/06/2010 (V1239-10). Precisamente por tratarse de ventas en establecimientos fijos entiende la DGT que no le es aplicable el REAGP.

La DGT aclara también que al tratarse de productos obtenidos de la explotación no es aplicable tampoco el régimen de recargo de equivalencia, que se aplica cuando el producto vendido se adquiere a terceros (art. 149.Uno.1º Ley del IVA).

Ahora bien, considera la DGT que tampoco se realiza un proceso de transformación en los casos del ganadero-carnicero a efectos de aplicar el régimen simplificado. Para ello se remite a su Resolución vinculante de 26/06/1986[15] según la cual *"no se considerarán operaciones de transformación a efectos de la aplicación del régimen especial del recargo de equivalencia, las de sacrificio de ganado para autoabastecimiento de las carnicerías que venden carne fresca sin someter previamente dicho producto a procesos de curado u otros análogos que determinen su*

---

ciones en función del porcentaje que representen los productos adquiridos para mezclar respecto de los productos obtenidos.

[14] BOE 10/12/1986.

[15] BOE 07/07/1986.

transformación, siempre que concurran los demás requisitos establecidos en el Reglamento del Impuesto".

Así pues, la charcutería en la medida que el producto se someta a un proceso de curado sí tributaría en régimen simplificado en IVA (Consulta Informa 107935) pero la carnicería no, considerando la DGT aplicable el régimen general en IVA como sector diferenciado del REAGP aplicable a los productos no comercializados en el establecimiento fijo y para ambas actividades (ganadería/carnicería) la estimación directa en IRPF.

Distinta es la venta ambulante en mercadillos municipales en la que será aplicable el REAGP en IVA y la estimación objetiva en IRPF al no estar ante un establecimiento fijo (Consulta Informa AEAT 107947). Concretamente, el criterio de la DGT es que no se consideran establecimientos fijos la venta de forma ambulante en mercadillos municipales que se celebran en lugar y día señalado con periodicidad semanal o más dilatada en el tiempo, ya que la "venta ambulante" excluiría la existencia de un establecimiento fijo y, además, el carácter periódico y discontinuo de este tipo de "mercadillos" determina también la imposibilidad de la realización de una actividad continuada de comercialización en los mismos (CDGT 17/10/2000, 1791-00; de 10/06/2020, V1869-20; y 14/12/2021, V3106-21).

En este caso, para la CDGT 17/10/2000 (1791-00) en IRPF se realizan dos actividades, la agrícola y la de comercio al por menor fuera de establecimiento permanente (epígrafe IAE 663.1), ambas susceptibles de tributar en el régimen de estimación objetiva. Para la DGT por la actividad agrícola deberá tributarse aplicando los índices correspondientes sobre el volumen total de ingresos, que en este caso será el valor de mercado de la producción (precio normal de venta de agricultor a comerciante). Y por la actividad de comercio al por menor fuera de establecimiento permanente de productos alimenticios aplicando los módulos de la Orden en función de su dedicación o utilización efectiva.

Por otro lado, la DGT no considera comercializados en establecimientos fijos los productos naturales que son vendidos a consumidores finales en la propia explotación o vendidos a hosteleros transportándole el producto a sus establecimientos (CDGT 05/07/2016, V3126-16). En este caso, no considera que se desarrolle una actividad distinta a la agrícola o ganadera.

La venta a consumidores finales provocaría, eso sí, que no se genere derecho a la compensación a tanto alzado del REAGP (art. 130.Tres de la Ley del IVA) y, por tanto, que no se recupere el IVA soportado por esos productos.

– La comercialización de los productos naturales obtenidos efectuada en establecimientos en los que el sujeto pasivo realice además otras actividades empresariales o profesionales distintas de la propia explotación agrícola, forestal, ganadera o pesquera.

– Las explotaciones cinegéticas de carácter deportivo o recreativo.

1.3. ACTIVIDADES INCLUIDAS EN EL RÉGIMEN DE ESTIMACIÓN OBJETIVA Y EN EL RÉGIMEN SIMPLIFICADO

Se trata de actividades que no son actividades agrícolas propiamente dichas, pero están muy relacionadas y suelen ser desarrolladas por agricultores por lo que se permiten hasta que se convierten en principal (las prestaciones de servicios accesorios) o de actividades que tienen algún componente que las deja entre la actividad agrícola y la industrial (ganadería independiente y procesos de transformación).

Ciertamente, proporcionan al agricultor la posibilidad de aumentar sus márgenes, bien aplicando economía de escala al utilizar su inmovilizado no sólo para sí mismo sino también para prestar servicios a terceros, bien para obtener mayores márgenes que los que ofrece el producto sin transformar o en una explotación menos industrializada.

Los artículos 1 de las distintas Órdenes Ministeriales que desarrollan el régimen simplificado recogen las siguientes:

Ganadería independiente

Como destaca MARTÍN GARCÍA[16] desde los años 50 se inició un proceso evolutivo que ha conducido a que la ganadería española se estructure en dos modelos de explotación: uno más industrial caracterizado por la alimentación mediante piensos y forrajes comerciales en estabulación permanente y otro más tradicional en el que el ganado aprovecha la vegetación herbácea o arbustiva del terreno. Como rara vez se puede prescindir de un complemento de piensos comerciales, se producen distintos grados de intensificación entre ambos modelos.

---

16 Martín García, M. (2000). "Algunos aspectos de la tributación de la ganadería en España". *Revista Española de Estudios Agrosociales y Pesqueros* nº 188. P. 165 y siguientes.

Ese modelo más industrial está excluido de la aplicación del REAGP por la propia Directiva 2006/112/CE, del Consejo al establecer dentro del listado de actividades consideradas para dicho régimen como de producción agrícola a la ganadería *vinculada a la explotación del suelo* (Anexo VII de la Directiva, traspuesto a nuestra normativa en el art. 44.3 del Reglamento del IVA).

MARTÍN GARCÍA critica que si la existencia del REAGP se basa en la supuesta incapacidad del agricultor o ganadero para cumplir las obligaciones formales, el criterio de exclusión debería basarse solamente en la dimensión económica y no en los métodos o técnicas empleadas. Asimismo, destaca que en la exclusión del REAGP para explotaciones agrícolas sólo se aplica el criterio de la dimensión económica y en cambio para las ganaderas se utiliza, además, el del método de explotación, preguntándose qué diferencia hay, por ejemplo, entre producir leche en una granja u obtener hortalizas en cultivo de invernadero.

La Ley del IVA en su art. 126.Dos.3º, que excluye expresamente a la ganadería independiente del REAGP, se remite al concepto de la normativa del IAE al decir:

"A estos efectos, se considerará ganadería independiente la definida como tal en el Impuesto sobre Actividades Económicas, con referencia al conjunto de la actividad ganadera explotada directamente por el sujeto pasivo".

Como destaca GÓMEZ ARAGÓN[17] en el IAE el carácter de actividad ganadera independiente se determina por separado en relación con cada uno de los conjuntos de cabezas de ganado que de manera independiente explota un mismo empresario agrario, de tal manera que un mismo empresario puede tener simultáneamente actividades de ganadería independiente y dependiente. En IVA, sin embargo, se opta por un criterio diferente y la norma se refiere *al conjunto de la actividad ganadera explotada directamente por el sujeto pasivo* por lo que considerándose ganadería independiente es el conjunto de su actividad ganadera la que queda excluida, sin que quepa simultanear ganadería dependiente e independiente.

De acuerdo con el art. 78.2 Texto Refundido de la Ley de Haciendas Locales *"tendrá la consideración de ganadería independiente el conjunto de cabezas de ganado que se encuentre comprendido en alguno de los casos siguientes*:

---

17 Gómez Aragón, D. (2001). "El régimen especial de la agricultura, ganadería y pesca". *Carta Tributaria* núm. 13/2001.

a) Que paste o se alimente fundamentalmente en tierras que no sean explotadas agrícola o forestalmente por el dueño del ganado.

b) El estabulado fuera de las fincas rústicas.

c) El trashumante o trasterminante.

d) Aquel que se alimente fundamentalmente con piensos no producidos en la finca en que se críe."

Esta definición de ganadería independiente de la actual normativa está copiada literalmente del art. 15.2 del Decreto 2230/1966, de 23 de julio, por el que se aprueba el Texto Refundido de la Contribución Territorial Rústica y Pecuaria.

Explica MARTÍN GARCÍA[18] que con la reforma de 1964 se sustituyó el anterior sistema de recargo sobre fincas rústicas por un tributo directo y autónomo sobre las rentas del ganado que, a estos efectos, quedaba clasificado en ganado de labor, dependiente e independiente. El primero, esto es, el utilizado en labores agrarias antes de la llegada del tractor mecánico, quedaba gravado como elemento de la explotación por los correspondientes cultivos. El dependiente tampoco generaba problemas al quedar englobados sus rendimientos en las fincas de la que dependían. Y el independiente quedaba sujeto a la Contribución.

A su juicio *"la aparente simplicidad del sistema dibujado se complicaba a la hora de definir qué había de entenderse por «ganado dependiente» y por «ganado independiente»"*

Para este autor esta enumeración taxativa de criterios definidores de la ganadería independiente recogidos hoy en el art. 78.2 del TRLHL *"tenía su razón de ser con el sistema fiscal del momento"* en el que *"los rendimientos de la ganadería dependiente, esto es, sustentada en el seno de una explotación agrícola, cuyo titular también lo era del ganado, se gravaban juntamente con el rendimiento agrícola de las tierras"* por lo que había que buscar *"un procedimiento para someter a tributación los rendimientos de la ganadería de renta que no dependía, fundamentalmente, de las explotaciones agrícolas de su titular o que incluso constituía una actividad llevada a cabo por personas no titulares de explotaciones agrícolas"*.

MARTÍN GARCÍA añade que *"resulta incomprensible que, casi veinte años después, se cometan los mismos errores que ya obligaron entonces a precisar, mediante Orden Ministerial, los criterios definidores de la ganadería independiente"*.

---

18 Martín García, M. (2000). "Algunos aspectos...", op. cit. P. 166 y siguientes.

Efectivamente, los criterios definidores de la ganadería independiente se precisaron en la Norma 2ª de la Orden de 29 de diciembre de 1965 por la que se regula la cuota fija en la Contribución Territorial Rústica y Pecuaria por el ejercicio de la actividad ganadera independiente, con contradicciones entre su contenido y el del Texto Refundido.

De igual manera el Real Decreto Legislativo 1259/1991, de 2 de agosto, por el que se aprueban las tarifas y la Instrucción del Impuesto sobre Actividades Económicas, correspondientes a la actividad ganadera independiente ha venido a precisar la definición legal en su Regla 3ª.1 y 2.

Concretamente:

a) Sobre *que paste o se alimente fundamentalmente en tierras que no sean explotadas agrícola o forestalmente por el dueño del ganado* se establece que, a estos efectos, se entenderá en todo caso que las tierras están explotadas por el dueño del ganado cuando concurra alguna de las circunstancias siguientes:

1.ª Que éste sea el titular catastral o propietario de la tierra.

2.ª Cuando realice por su cuenta a cualquier título, actividades tales como abonado de pastos, siegas, henificación, ensilaje, empacado, barbecho, recolección, podas, ramoneo, aprovechamiento a diente, etc., necesarias para la obtención de los henos, pajas, silos o piensos con que se alimenta fundamentalmente el ganado.

Como destaca el precitado autor con ello *"se amplía hasta el límite de lo razonable el significado de lo que se entiende por explotar agrícola o forestalmente la tierra, para no atribuir la consideración de independiente a toda la ganadería extensiva que pasta en tierras ajenas al dueño del ganado"*.

b) Sobre *el estabulado fuera de las fincas rústicas*, se matiza no considerándose como tal el ganado que sea alimentado fundamentalmente con productos obtenidos en explotaciones agrícolas o forestales de su dueño, *aun cuando las instalaciones pecuarias se encuentren situadas fuera de las tierras.*

Con ello, el criterio de estabulación se ha anulado.

c) Sobre *el trashumante o trasterminante*, matizándose que no se considera como tal el ganado que se alimente fundamentalmente con pastos, silos, henos o piensos obtenidos en tierras explotadas por el dueño del ganado.

Dada la ampliación del concepto de explotación sobre todo con el *aprovechamiento a diente* este criterio también queda prácticamente sin efecto.

d) Sobre *que se alimente fundamentalmente con piensos no producidos en la finca en que se críe* se aclara que se considerará cuando la proporción de éstos sea superior al 50 por 100 del consumo total de henos, pajas, silos o piensos, expresados en kilogramos.

Por tanto, con la reducción del resto de criterios por sus matizaciones, sólo se considera ganadería independiente la que cumple este último criterio.

De conformidad con la Consulta Informa AEAT 107946 puede aplicar el REAGP el ganadero cuyo ganado se alimente de los pastos comunales regulados en el Decreto 1256/1969, de 6 de junio, por el que se aprueba el reglamento de pastos, hierbas y rastrojeras.

La ganadería independiente se recoge en la División 0 de la Sección Primera de la Tarifa del IAE.

La ganadería independiente incluye toda la ganadería intensiva pero también ganadería extensiva lo que parece en sí una contradicción.

En consecuencia, el concepto de ganadería independiente es más amplio que el de ganadería intensiva.

Ganadería extensiva se entiende a la explotación realizada con disposición total o parcial de una base territorial con aprovechamiento de pastos o prados para alimentar el ganado (3ª nota común de la División 0).

De lo anterior se deduce que un ganadero con ganado que paste en una finca de su propiedad puede, no obstante, quedar excluido del REAGP al alimentar a su ganado con piensos adquiridos de terceros en más del 50%.

Entendemos en estos casos que la prueba, tanto para la Administración como para el contribuyente, resulta compleja.

Efectivamente, por las facturas de adquisición se puede saber cuánto pienso se ha adquirido de terceros pero conocer cuántos kilogramos se ha consumido directamente de la finca parece más complicado.

La dificultad es adicional teniendo en cuenta que determinado ganado como el porcino no engorda en todas las fases del crecimiento lo mismo por kilogramo consumido[19]. Por este motivo no se estimó la pericial de la Administración en

---

19 Véase, por ejemplo, cuadro 1 en página 38 de Campabadal, C. (2009). *Guía técnica para alimentación de cerdos*. Ministerio de Agricultura y Ganadería del Gobierno de Costa Rica.

la STSJ Castilla y León, sede de Burgos, de 18/01/2005 (rec. 408/2003, (*Tol 577273*)).

Es por esto que para GÓMEZ ARAGÓN[20] *"este criterio deberá ser aplicado necesariamente de una manera flexible y según criterios lógicos apropiados a cada caso concreto, renunciando de antemano a cualquier pretensión de exactitud matemática"*.

Entendemos, asimismo, que para estos casos de ganadería extensiva con consumo de piensos de terceros, debería haber algún tipo de excepción para situaciones excepcionales como las de sequía. Como destaca MARTÍN GARCÍA *"en los años escasos de pastos o henos es fácil que muchas se vean obligadas a adquirir piensos, de fuera, en proporción superior al límite"*.

Efectivamente, el motivo de que se alimente de piensos puede ser por una ganadería más industrial pero también por la falta de lluvia que provoque la ausencia puntual de pastos en una finca, por lo que al perjuicio que supone para el ganadero el sobrecoste ese año por la adquisición de mayor pienso que sustituya a esos pastos se sumaría el perjuicio de la normativa tributaria que, sin contemplar ese caso excepcional, le excluye del REAGP.

Esta norma hay que ponerla en relación también, como luego veremos, con el índice de piensos adquiridos a terceros aplicable para calcular el rendimiento neto de módulos en estimación objetiva de IRPF en el que la proporción se realiza por el valor de mercado en lugar de por el peso.

Si la prueba por kilogramos era compleja, lógicamente por valor de mercado lo será más.

Servicios de cría, guarda y engorde de ganado

Dichos servicios se incluyen expresamente (art. 46.3 del Reglamento del IVA) entre los servicios de carácter accesorio incluidos en el REAGP siempre que se presten con los medios ordinariamente empleados en la explotación ganadera y no excedan del 20% del volumen de operaciones de la explotación principal.

Sobrepasando esos límites tributarán por el régimen simplificado.

No se considera una actividad mercantil sino que se integra entre las actividades agrícolas, ganaderas y forestales por lo que si se desarrolla a través de

[20] Gómez Aragón, D. (2001). "El régimen ..." op. cit.

una sociedad civil no implicará su tributación por el Impuesto sobre Sociedades (CDGT 21/06/2016, V2805-16).

La regla 3ª.3 de la Instrucción recogida en el referido Real Decreto Legislativo 1259/1991, de 2 de agosto establece:

"Los titulares de explotaciones ganaderas que bajo cualquier forma de retribución acojan, como «ganaderos integrados», ganado propiedad de terceros, no tributarán en este Impuesto por dicha actividad, la cual tendrá la consideración de ganadera dependiente".

En consonancia con lo anterior la 2ª nota común a la División 0 establece que *cuando la actividad ganadera se ejerza en el régimen denominado «ganadería integrada», las cuotas correspondientes serán satisfechas por el «ganadero integrador» o dueño del ganado* y el epígrafe 911 de IAE "*Servicios agrícolas y ganaderos*" excluye expresamente a la integración de ganado.

Otros trabajos, servicios y actividades accesorios realizados por agricultores o ganaderos que estén excluidos o no incluidos en el régimen especial de la agricultura, ganadería y pesca del Impuesto sobre el Valor Añadido.

Otros trabajos, servicios y actividades accesorios realizados por titulares de actividades forestales que estén excluidos o no incluidos en el régimen especial de la agricultura, ganadería y pesca del Impuesto sobre el Valor Añadido.

La prestación de servicios distintos de los previstos como accesorios en el art. 127 de la Ley del IVA está excluida del REAGP (art. 126.Dos.4º de la Ley).

Las actividades recogidas en el art. 1 de las Órdenes Ministeriales de "otros trabajos, servicios y actividades accesorios" realizados por agricultores y/o ganaderos y por titulares de actividades forestales excluidas o no incluidas en el REAGP del IVA por no cumplir los requisitos previstos en el art. 127 de la Ley del IVA sólo quedarán sometidas al régimen especial simplificado de IVA y, por tanto, al método de estimación objetiva de IRPF si el volumen de ingresos conjunto imputable a ellas resulta inferior al correspondiente a las actividades agrícolas y/o ganaderas o forestales principales (art. 3 de las Órdenes).

Al tratarse de trabajos y servicios accesorios realizados por agricultores y ganaderos no es aplicable al titular de una explotación cinegética que cede los derechos de caza pero que no desarrolla directamente la actividad agrícola, ganadera o forestal en la finca (CDGT 30/12/1998, 2003-98).

Aunque no hay una definición de actividad *no incluida* en el REAGP las Órdenes al determinar el rendimiento establecen en sus notas los siguientes ejemplos: agroturismo, artesanía, caza, pesca y, actividades recreativas y de ocio, en las que el agricultor o ganadero participe como monitor, guía o experto, tales como excursionismo, senderismo, rutas ecológicas, etc.

Se ha considerado actividad accesoria por la DGT, el citado agroturismo (CDGT 08/04/2002, 0555-02), la retirada de enjambres de abejas de la vía pública para un Ayuntamiento por un apicultor (CDGT 21/03/2011, V0705-11), la organización de visitas guiadas, talleres de micología, avistamiento de aves, etc., por la zona donde está ubicada la explotación agrícola (CDGT 26/04/2023, V1033-23) o la cesión de un contrato de licencia de producción de variedad protegida previamente adquirido para su explotación agrícola (CDGT 21/10/2019, V2905-19).

No se ha entendido por la Administración que se incluyen, tributando por tanto por el régimen general, la realización de talleres sobre abejas en colegios (CDGT 10/06/2020, V1869-20), la realización de cursos de fruticultura (CDGT 10/11/2021, V2743-21), la venta de agua sobrante del pozo (CDGT 05/07/2018, V2014-18) o la organización de jornadas de degustación de productos ecológicos, con la realización de cursos pues la actividad epígrafe 989.2 *"servicios de organización de congresos, asambleas y similares"* no está incluida en la Orden (CDGT 15/07/2015, V2184-15).

La Consulta de la DGT de 07/05/2019 (V0952-19)[21] que hemos citado anteriormente, considera que los servicios de los agricultores a los laboratorios de semillas al colaborar en sus ensayos cultivando sus variedades son servicios excluidos del REAGP al no ser el destinatario agricultor e incluidos en el régimen simplificado[22].

---

21 En el mismo sentido, la CDGT 18/05/2020 (V1453-20) siendo el destinatario un ente público con competencias de investigación y experimentación que desarrolla tareas agrícolas sobre sus propias fincas.

22 En contra parece pronunciarse, aunque sin definir los servicios a los que se refiere, la CDGT 07/05/2021 (V2193-21) en la que se prestan servicios agrícolas a una empresa que no se dedica a la agricultura y, entre las opciones de tributación, la DGT cita que el volumen de operaciones por los servicios no exceda del 20% del volumen de la actividad principal, para incluirla dentro de la actividad agrícola o ganadera.

En sentido similar, para un agricultor contratado por una empresa para realizar acciones medioambientales en su finca (adaptación de la cosecha a la biología de las aves, mejora del barbecho tradicional, establecimiento de parcelas para siembra sin recolección destinadas a la alimentación de las aves, restablecimiento de lindes con vegetación herbácea y mejora del hábitat para aves esteparias) a cambio de una cuantía por hectárea y año, la CDGT de 21/01/2010 (V0083-10) considera que dicha actividad está excluida del REAGP e incluida en el régimen simplificado.

Como decíamos anteriormente, al no dejar de ejercer el agricultor la actividad agraria en estos casos sino recibir una contraprestación por ejercerla de una determinada manera no entendemos la exclusión del REAGP.

Piénsese que al considerarse servicio excluido su ingreso debe ser inferior al de la actividad agrícola principal. En este sentido, si se utiliza la semilla de un laboratorio y la misma no termina funcionando puede que se pierda o no haya cosecha y que la remuneración del servicio sea la principal, excluyéndose por tanto de la estimación objetiva en IRPF. No entendemos esto.

Igual que la indemnización de un seguro, la remuneración del laboratorio viene a compensar esa posible pérdida de la producción al usar la semilla objeto de ensayo, por lo que no tiene sentido que esa remuneración pueda excluir al agricultor que se ha limitado a ejercer la actividad agraria.

Aprovechamientos que correspondan al cedente en las actividades agrícolas desarrolladas en régimen de aparcería.

Y Aprovechamientos que correspondan al cedente en las actividades forestales desarrolladas en régimen de aparcería.

Para estos casos será el aparcero el que se considere titular de la explotación y tribute en el REAGP (art. 124.Uno Ley del IVA y Consulta AEAT 107945).

De acuerdo con el art. 28 de la Ley 49/2003, de 26 de noviembre, de Arrendamientos Rústicos, *"por el contrato de aparcería, el titular de una finca o de una explotación cede temporalmente su uso y disfrute o el de alguno de sus aprovechamientos, así como el de los elementos de la explotación, ganado, maquinaria o capital circulante, conviniendo con el cesionario aparcero en repartirse los productos por partes alícuotas en proporción a sus respectivas aportaciones"*.

La Ley de 2003 ya no exige como hacía su predecesora, la Ley 83/1980, de 31 de diciembre, la aportación de como mínimo el 25% del valor total del ganado, maquinaria y capital circulante.

Efectivamente, en la anterior Ley se distinguía entre el llamado arrendamiento parciario en el que el cedente sólo aporta la tierra y no otros elementos de la explotación o lo hacía en una proporción inferior al 25% (art. 101) y el contrato de aparcería (art. 102 a 106). En la actual Ley ya no se distingue entre una figura u otra, regulándose en los art. 28 a 32.

Sin embargo, para la AEAT esa distinción se mantiene en la actualidad a efectos tributarios de acuerdo con el criterio de su Consulta del Informa nº 125499 que considera que al cedente en un arrendamiento parciario le es aplicable el régimen general de IVA por ser un contrato distinto al de aparcería y referirse la Orden de módulos sólo al cedente en régimen de aparcería.

Entendemos que, aunque el arrendamiento parciario se debe considerar aparcería con la actual Ley de 2003, no sería aplicable el régimen simplificado de IVA.

La razón no es que no figure en la Orden de módulos sino que para tributar en régimen simplificado es necesario (art. 37.1 del Reglamento del IVA) que la actividad tribute en IRPF en el régimen de estimación objetiva y el arrendamiento parciario no va a suponer con el criterio de la DGT una actividad económica sino que va a generar rendimientos del capital inmobiliario.

Como destacaba DE LA PEÑA VELASCO[23], con el contrato de aparcería se pueden presentar *"mayores problemas en orden a la determinación de los rendimientos que obtenga el propietario puesto que en función del contenido de aquél podrían ser del capital inmobiliario o de la actividad económica"*.

Para la DGT, en aplicación del actual art. 27.1 de la Ley de IRPF, los contratos de aparcería generarán rendimientos de actividades económicas cuando el cedente intervenga en la ordenación de medios de producción y/o de recursos humanos con la finalidad de intervenir en la producción de bienes, siendo su calificación, en el caso contrario, de rendimientos del capital inmobiliario como rentas percibidas de la titularidad de un bien inmueble (CDGT 10/03/2000, 0545-00; 29/09/2004, 1825-04 y 1827-04; 21/09/2006, V1877-06; 07/06/2006, V1056-06) o de rendimientos del capital mobiliario si se arrienda con el resto de elementos de la explotación constituyendo una unidad patrimonial con vida

23 De La Peña Velasco, G. (1999). "Los rendimientos del capital inmobiliario en el nuevo IRPF". *Revista Impuestos* D-122, Tomo 2.

propia susceptible de ser inmediatamente explotada por el arrendatario (CDGT 06/03/2015, V0730-15).

La DGT también ha considerado la percepción de las ayudas de la PAC en calidad de titular de la explotación como elemento determinante para considerar los rendimientos como de actividades económicas (CDGT 28/04/2003, 0577-03). En ese caso en el que el cedente de aparcería percibe la PAC, para la RTEAC de 13/12/2018 (08/07768/2015/00/00) las subvenciones de la PAC tienen la calificación de frutos industriales incluidos en el concepto de productos de la explotación por lo que, en caso de haberse pactado el reparto en partes alícuotas de los productos, habrá que incluir la PAC también como ingreso en el aparcero.

En función de esa ordenación de medios o consideración como titular de explotación el ingreso será: un rendimiento de actividades económicas que podrá tributar en estimación objetiva en IRPF y en régimen simplificado en IVA emitiéndose por el ingreso una factura con IVA y retención a cuenta de IRPF del 2% (art. 101.5.b y c Ley del IRPF), un rendimiento del capital inmobiliario en IRPF exento de IVA (art. 20.Uno.23° Ley del IVA) y sin retención a cuenta de IRPF (art. 75 Reglamento del IRPF) o, incluso, si constituye un arrendamiento de negocio, un rendimiento del capital mobiliario en IRPF, por el que se emitirá factura con IVA y retención del 19% (art. 101.4 Ley del IRPF).

Entendemos que por esto la aparcería ofrece problemas prácticos en la facturación.

Si el pago de la cesión mediante un porcentaje de la producción se acuerda que se realice de forma dineraria, siendo el cesionario el que vende la producción y liquidando luego en dinero al cedente, entendemos que no ofrece problemas.

Ahora bien, cuando el pago se produce en especie mediante parte de los productos y el cedente vende los mismos a un tercero, no queda muy claro cómo tiene que actuar éste, pues normalmente el cliente ante la compra del producto aplicará una retención del 2% y declarará el ingreso del vendedor como rendimiento de actividades agrícolas en el modelo 190.

Para la CDGT 18/10/2001 (1866-01), que trata un arrendamiento parciario estando en vigor la Ley 83/1980, al margen de que lo que perciba el cedente sea un porcentaje de lo cosechado en especie, *"al no asumir riesgo alguno, pues se limita a ceder el terreno, procedería calificar los rendimientos obtenidos como procedentes del capital inmobiliario"*.

El riesgo, ciertamente, se está asumiendo al tratarse de renta variable, tanto porque no se sabe qué producción se tendrá como qué precio tendrá el producto en el momento de la venta. Es más la ausencia de ordenación de medios lo que justifica su tratamiento como rendimiento de capital inmobiliario.

A efectos de IVA, para la DGT estamos ante una cesión exenta de IVA por el art. 20.Uno.23º de la Ley del IVA pero, al vender los productos el cedente, esas ventas serían *en el desarrollo de una actividad empresarial de comercio a efectos de dicho Impuesto* de acuerdo con el art. 5.Dos de la Ley del IVA debiendo repercutir el IVA del producto tributando por el régimen general del Impuesto.

No aclara la DGT en dicha Consulta la ausencia de retención de esa venta que debe declararse como rendimiento del capital inmobiliario.

A esta dificultad hay que unir la similitud de la aparcería con los contratos en los que un agricultor presta servicios a otro agricultor realizando determinadas labores y percibiendo su remuneración en especie, esto es, con una parte de la producción.

En estos supuestos no hay aparcería pues no se produce la cesión de la posesión de la finca y, en la aparcería, "*en ningún caso el aparcero presta al cedente servicio agrícola alguno sujeto al Impuesto sobre el Valor Añadido*" (CDGT 17/06/2008, V1281-08).

El supuesto lo analiza la CDGT de 31/07/1997 (1749-97).

El agricultor que recibe los servicios, al no ceder la posesión de la explotación, no deja de ser titular de la misma, por lo que puede acogerse al REAGP. El agricultor que presta el servicio podrá acogerse al REAGP o al régimen simplificado, en la medida que sean accesorios a su explotación principal cumpliendo los requisitos y, en otro caso, al régimen general. Para la DGT en dicha consulta el carácter de explotación conjunta excluye la práctica de retenciones entre ambos.

Procesos de transformación, elaboración o manufactura de productos naturales, vegetales o animales, que requieran el alta en un epígrafe correspondiente a actividades industriales en las Tarifas del Impuesto sobre Actividades Económicas y se realicen por los titulares de las explotaciones de las cuales se obtengan directamente dichos productos naturales.

La transformación, elaboración y manufactura, directamente o por medio de terceros para su posterior transmisión de los productos naturales obtenidos de las explotaciones está expresamente excluida del REAGP en el art. 126.Uno.1º de la Ley del IVA e incluida en el régimen simplificado por los artículos 1 de las distintas Órdenes Ministeriales.

Como destaca ROMERO GARCÍA[24] se exige la posterior transmisión del producto transformado, por lo que siempre que el agricultor destine exclusivamente los productos transformados a su consumo propio o a ser utilizados en su explotación, sin transmitirlos a terceros, será aplicable el REAGP sin que, obviamente, proceda satisfacerse a sí mismo la compensación por dichos productos.

Sería el caso frecuente de la entrega de aceituna a la cooperativa para su transformación en aceite para consumo propio en las que la única operación sujeta es el servicio de molturación (CDGT 09/07/2014, V1789-14). Distinto es el caso, también frecuente, en el que la aceituna molturada no es sólo la propia, sino que se mezcla con las demás sin distinguir entre aceituna propia y ajena, en cuyo caso se producen dos entregas, una de aceituna por REAGP y otra de aceite por la cooperativa (CDGT 17/11/2010, V2471-10).

A.- Delimitación positiva.

Se presume en todo caso transformación toda actividad para cuyo ejercicio sea preceptiva el alta en un epígrafe correspondiente a actividades industriales de las tarifas del IAE.

La transformación tiene que ser de los productos naturales obtenidos de las explotaciones por su titular.

B.- Delimitación negativa.

No se consideran procesos de transformación y, por tanto, pueden mantenerse en el REAGP (art. 45 del Reglamento del IVA):

"a) Los actos de mera conservación de los bienes, tales como la pasteurización, refrigeración, congelación, secado, clasificación, limpieza, embalaje o acondicionamiento, descascarado, descortezado, astillado, troceado, desinfección o desinsectación.

b) La simple obtención de materias primas agropecuarias que no requieran el sacrificio del ganado.

Para la determinación de la naturaleza de las actividades de transformación no se tomará en consideración el número de productores o el carácter artesanal o tradicional de la mecánica operativa de la actividad".

---

24 VVAA Coord. Romero García, F. (2007). *La fiscalidad de la Agricultura y la Ganadería*. CISS. P. 186.

El descascarado de la almendra, aunque cáscara y almendra se vendan por separado, no tiene la consideración de transformación del producto natural obtenido (CDGT 21/10/2021, V2548-21).

El envasado de la producción láctea, sin someterla a ningún proceso de transformación, no se considera un proceso de manufactura que excluya del REAGP (CDGT 05/07/2016, V3126-16).

De importancia para el sector de la aceituna de mesa es la CDGT de 13/03/2002 (0410-02). En dicha Consulta se analiza si constituye transformación el procedimiento artesanal denominado *"entamado"* que consiste en cocer la aceituna en una inmersión en agua con una débil proporción de sal para evitar la degeneración del fruto.

Para la DGT el entamado de la aceituna tiene naturaleza análoga a los procesos de merca conservación de bienes por lo que no constituye una actividad de transformación.

Distinto es el aderezo de la aceituna, que consiste en tratar el fruto con una solución de sosa cáustica, un posterior lavado con agua y, finalmente, sumergirlo en salmuera para su fermentación láctica, que es considerada transformación (CDGT 13/03/2002, 0414-02 y 04/07/2017, V1719-17).

Evidentemente, la transformación en aceite es proceso de transformación, aunque se subcontrate a terceros y tributa por régimen simplificado.

La dificultad vendrá para el oleicultor que decide dejar parte de la cosecha para transformarla en aceite y luego venderla en que no se aplica en estos casos la norma de autoconsumo por paso del REAGP al régimen simplificado, sino que se deberá distinguir desde el primer momento qué aceitunas destinará a ese otro sector diferenciado y cuales al REAGP a efectos de deducción de gastos (CDGT 10/03/2022, V0465-22).

El concepto de transformación, elaboración y manufactura contenido en el art. 45 del Reglamento del IVA en desarrollo del art. 126.Uno.1º de la Ley del IVA para el REAGP difiere al contenido en el art. 54 del Reglamento del IVA en desarrollo del art. 149.Uno.1º de la Ley del IVA para la aplicación del recargo de equivalencia.

El concepto de transformación recogido en el art. 45 del Reglamento coincide con la transformación necesaria para que un producto sea considerado transformado o derivado de acuerdo con el Código Alimentario y, en este sentido, no le sea aplicable el tipo para productos naturales del 4% establecido en el art. 91.Dos.1º.f de la Ley del IVA (CDGT 15/11/2016, V4937-16).

Por su parte, el art. 54 del Reglamento del IVA para la aplicación del recargo de equivalencia considera que no se consideran operaciones de transformación:

"1. Las de clasificación y envasado de productos, que no impliquen transformación de los mismos.

2. Las de colocación de marcas o etiquetas, así como las de preparación y corte, previas a la entrega de los bienes transmitidos.

3. El lavado, desinfectado, molido, troceado, descascarado y limpieza de productos alimenticios y, en general, las manipulaciones descritas en el artículo 45, letra a) de este Reglamento.

4. Los procesos de refrigeración, congelación, troceamiento o desviscerado para las carnes y pescados frescos.

5. La confección y colocación de cortinas y visillos.

6. La simple adaptación de las prendas de vestir confeccionadas por terceros".

A efectos de aplicar el régimen simplificado para procesos de transformación, elaboración o manufactura aplicados a sus productos por agricultores, ganaderos y titulares de explotaciones forestales, la DGT acude, no entendemos muy bien con qué criterio, al concepto recogido en el art. 54 del Reglamento para el recargo de equivalencia.

Efectivamente, como hemos visto, no considera operaciones de transformación a efectos de aplicar el régimen simplificado a las de sacrificio de ganado para autoabastecimiento de las carnicerías que vendan carne fresca sin someter previamente dicho producto a procesos de curado u otros análogos (CDGT 02/06/2010, V1239-10[25]) cuando el sacrificio del ganado está expresamente previsto como transformación para la exclusión del REAGP en el art. 45.b del Reglamento.

---

25 Basándose en la Resolución de 26 de junio de 1986 de la DGT (BOE 07/07/1986) que trataba un supuesto de recargo de equivalencia.

2. EXCLUSIÓN DEL RÉGIMEN DE ESTIMACIÓN OBJETIVA EN IRPF POR DETERMINAR OTRA ACTIVIDAD POR EL RÉGIMEN DE ESTIMACIÓN DIRECTA

La aplicación del método de estimación objetiva para un contribuyente es incompatible con la aplicación del método de estimación directa y, así, no se aplica al contribuyente que determine el rendimiento neto de alguna actividad económica por el método de estimación directa, debiendo determinar por este motivo todas sus actividades por dicho método (art. 31.1.3ª.a Ley del IRPF y 35 del Reglamento del IRPF).

El sentido de la norma es claro: la estimación objetiva tiene como objetivo eximir de obligaciones formales al contribuyente por lo que si ya se tienen esas obligaciones formales por otra actividad en estimación directa no tiene sentido mantener un régimen simplificado.

Sin embargo, esta causa de exclusión no se regula en función de la importancia de las actividades ni del volumen de las mismas.

Así, piénsese en el supuesto común de un ingeniero agrícola que sea a la vez agricultor y, por tanto, que desarrolle una actividad profesional excluida del régimen de estimación objetiva por no considerarse servicio accesorio acogido al REAGP (art. 46.4 Reglamento del IVA) ni al régimen simplificado (Anexo de la Orden).

Si en su actividad profesional de ingeniero emitiera, por ejemplo, únicamente un informe técnico, esto le supondría una sola factura emitida a declarar en régimen general en IVA y estimación directa en IRPF, con un solo apunte en los libros registros. Sin embargo, esa única factura supondrá la total exclusión de la actividad agrícola del método de estimación objetiva y la contabilización de todas las facturas de gastos de la actividad agrícola.

Entendemos, por ello, que la norma debería contemplar la exclusión a partir de un mínimo de volumen pues en otro caso no se justifica la causa de exclusión.

Asimismo, no existe esa incompatibilidad en el IVA, al menos con el REAGP, pudiendo un contribuyente tributar por dicho régimen para la actividad agrícola y por el régimen general para alguna otra actividad como sector diferenciado de acuerdo con el art. 128 de la Ley del IVA (CDGT 13/09/2017, V2313-17).

Esto cuando se pretende una coordinación entre ambos impuestos no se comprende.

Esas otras actividades que el contribuyente puede realizar en otros regímenes en IVA tienen el límite conjunto de operaciones del mismo importe que el de las operaciones del REAGP (art. 43.2.b del Reglamento del IVA), con lo que aquí sí se establece un mínimo de volumen para su exclusión.

Parece coherente, en el mismo sentido en IRPF, establecer el mismo volumen de operaciones en estimación directa que no sea incompatible con la estimación objetiva.

En IVA donde sí existe incompatibilidad es en el régimen simplificado. Para acogerse a este régimen no se puede estar excluido del régimen de estimación objetiva en IRPF (Art. 36.1.d Reglamento del IVA) por lo que el tener una actividad en estimación directa supondrá también la exclusión de este régimen. El régimen simplificado es sólo compatible con otras actividades incluidas en el propio régimen simplificado, en el REAGP o en el recargo de equivalencia, así como, si se realizan sólo operaciones exentas del art. 20 o el arrendamiento de bienes inmuebles que no suponga el desarrollo de una actividad económica de acuerdo con la normativa del IRPF (art. 122.Dos.1º Ley del IVA y 36.1.d y e del Reglamento del IVA).

La incompatibilidad estimación objetiva-directa, sin embargo, no se aplica con las entidades en atribución de rentas en las que participe el contribuyente (art. 31.3 y 39.3 del Reglamento del IRPF).

Así, no existe inconveniente en que el contribuyente esté en estimación objetiva y la entidad en atribución de rentas en estimación directa o viceversa. En este sentido, la Consulta del Informa de la AEAT de 125725 y las Consultas de la DGT de 03/11/2008 (V2009-08), de 18/05/2007 (V0973-07), de 16/01/2012 (V0024-12) y de 05/09/2014 (V2291-14).

3. EXCLUSIÓN POR SOBREPASAR EL LÍMITE POR VOLUMEN DE INGRESOS DE 250.000 EUROS DEL RÉGIMEN DE ESTIMACIÓN OBJETIVA EN IRPF Y DEL REAGP Y EL RÉGIMEN SIMPLIFICADO EN IVA

3.1. EL VOLUMEN DE INGRESOS EN LAS DISTINTAS NORMATIVAS

Si hay una causa de exclusión de la que no se puede entender lo compleja y contradictoria que es su regulación ésa es el límite por volumen de ingresos.

Efectivamente, las leyes de IRPF e IVA y su normativa de desarrollo en lugar de establecer una normativa clara común con una remisión a la misma norma, establecen un juego de remisiones que a veces se cortan, con un límite que, según la norma, lo será de rendimientos íntegros, operaciones o ingresos, estableciéndose dos conceptos (rendimientos e ingresos) incluso para el mismo impuesto (IRPF), con una regulación a veces por Ley de los conceptos computables en el límite (IVA) y a veces en un desarrollo que parece contradecir a la Ley (IRPF), lo que provoca contradicciones.

El esquema que vamos a pasar a desarrollar sería:

NORMATIVA	RÉGIMEN	LÍMITE VOLUMEN DE	DESARROLLA LOS CONCEPTOS COMPUTABLES
LEY DE IRPF	ESTIMACIÓN OBJETIVA	RENDIMIENTOS ÍNTEGROS	NO
REGLAMENTO DE IRPF	ESTIMACIÓN OBJETIVA	RENDIMIENTOS ÍNTEGROS	NO
ORDEN	ESTIMACIÓN OBJETIVA	INGRESOS	SÍ
LEY DEL IVA	REAGP	OPERACIONES	SÍ
REGLAMENTO IVA	REAGP	OPERACIONES	SÍ, DE LAS ACTIVIDADES COMPATIBLES
ORDEN	REAGP	NO DESARROLLA ESTE RÉGIMEN	NO
LEY DEL IVA	SIMPLIFICADO	INGRESOS	SÍ
REGLAMENTO IVA	SIMPLIFICADO	INGRESOS	SÍ
ORDEN	SIMPLIFICADO	INGRESOS	SÍ

3.1.1. El volumen de rendimientos íntegros en la Ley del IRPF que no excluye expresamente subvenciones e indemnizaciones

Con anterioridad a la Ley 35/2006, 28 de noviembre, las distintas Leyes del IRPF nada decían sobre los límites excluyentes de la aplicación de la estimación objetiva, remitiéndose a su desarrollo por el Reglamento y las distintas Órdenes Ministeriales.

Efectivamente, los artículos 69 de la Ley 18/1991, de 6 de junio, y 29 de la Ley 40/1998, de 9 de diciembre, y del Texto Refundido aprobado por el Real Decreto Legislativo 3/2004, de 5 de marzo, nada decían sobre el límite del volumen de ingresos y, por tanto, no regulaban ni siquiera de forma general el ámbito de aplicación. Tampoco los artículos 18 y 22 de la Ley 44/1978, de 8 de septiembre, decían nada del anterior régimen de estimación objetiva singular sino sólo que sería aplicable *a "rendimientos de pequeña cuantía"* y que tenía un carácter renunciable.

Esto podía considerarse una infracción de la reserva de ley tributaria recogida en el art. 8.a y, más concretamente, el 50.3 de la Ley 58/2003, de 17 de diciembre, General Tributaria (en adelante LGT) en cuanto no se delimitaban por ley los supuestos a los que le son de aplicación la estimación objetiva[26].

Con la Ley 35/2006, de 28 de noviembre se corrige dicho defecto recogiendo, esencialmente, la redacción que tenía el art. 30 del Reglamento del IRPF por entonces vigente, aprobado por el Real Decreto 1775/2004, de 30 de julio.

En su redacción actual dada por la Ley 26/2014, de 27 de noviembre, la Ley del IRPF dispone al respecto en su art. 31.1.3ª.b':

"1. El método de estimación objetiva de rendimientos para determinadas actividades económicas se aplicará, en los términos que reglamentariamente se establezcan, con arreglo a las siguientes normas:

3.ª Este método no podrá aplicarse por los contribuyentes cuando concurra cualquiera de las siguientes circunstancias, en las condiciones que se establezcan reglamentariamente:

b) Que el volumen de rendimientos íntegros en el año inmediato anterior supere cualquiera de los siguientes importes:

b') Para el conjunto de sus actividades agrícolas, ganaderas y forestales, 250.000 euros anuales.

---

26 La falta de regulación por la ley de los elementos esenciales de la estimación objetiva ha sido denunciado por parte de la doctrina. Así, Navarro Faure, A. (1993). "La adecuación del método de estimación objetiva de la base imponible por signos, índices y módulos a los principios de Justicia Tributaria". *Revista Valenciana de Hacienda Pública* nº 21, páginas 77 y siguientes, o Pérez Arraiz, J. (2007). *Problemas que plantea el método de estimación objetiva en la cuantificación del Impuesto sobre la Renta de las Personas Físicas a la luz de la Constitución Española.* https://www.aedf-ifa.org/ficherosvisiblesweb/doctrinas/archivodoctrina10.pdf. Recuperado el 5 de abril de 2025. P. 18.

A estos efectos, sólo se computarán las operaciones que deban anotarse en el Libro registro de ventas o ingresos previsto en el artículo 68.7 del Reglamento de este Impuesto."

Lo primero que llama la atención es el límite de 250.000 euros.

Efectivamente, dicho límite supuso una rebaja con respecto al anterior límite de 300.000 euros para estas actividades que fue introducida por la Ley 26/2014, de 27 de noviembre, con efectos desde 1 de enero de 2016.

Dicho límite pudo ser incluso inferior si tenemos en cuenta que el Anteproyecto remitido para información pública el 23 de junio de 2014 lo fijaba en 150.000 euros, el Proyecto remitido por el Congreso al Senado lo fijó en 200.000 euros[27] y no fue hasta el texto remitido por el Senado de nuevo al Congreso cuando se incorporó la elevación a 250.000 euros[28].

El anterior límite de 300.000 euros había permanecido vigente desde el 1 de enero de 2003 (Orden HAC/225/2003, de 11 de febrero).

No obstante, con anterioridad el límite había sido de 50.000.000 de Ptas., o su equivalencia en euros de 300.506,05 euros, por lo que, salvando el redondeo, desde el 1 de enero de 1995 en el que se incluye por primera vez a las actividades agrícolas y ganaderas en la modalidad de signos, índices o módulos del método de estimación objetiva por la Orden de 29 de noviembre de 1994 el límite permaneció inalterado.

Pero es que con anterioridad también tenían como límite de 50.000.000 de Ptas. los anteriores regímenes simplificados aplicables a actividades agrícolas o ganaderas, como fueron la estimación objetiva por coeficientes (art. 29.Uno.A del Reglamento del IRPF aprobado por el Real Decreto 1841/1991, de 30 de diciembre) y la estimación objetiva singular, si bien después se limitó a 10.000.000 Ptas por el art. Primero.1 de la Orden de 23 de marzo de 1979.

Esta última estimación objetiva singular debía ser aplicable a *"rendimientos de pequeña cuantía"* (art. 22.Tres de la Ley 44/1978).

Con ello los 50.000.000 de Ptas. de rendimientos íntegros considerados de pequeña cuantía en 1978, en 2014 esto es, 36 años después, se consideraban rendimientos excesivos, reduciendo el importe del límite.

---

27 BOCG Congreso de los Diputados de 6 de agosto de 2014.

28 BOCG Senado 20 de noviembre de 2014.

Asimismo, no se entiende esa remisión al desarrollo reglamentario (*en las condiciones que se establezcan reglamentariamente*) cuando podría regularse plenamente dicho límite en la propia Ley.

Sin tener en cuenta esas *condiciones* reglamentarias, los rendimientos íntegros de actividades económicas (art. 27 de la Ley de IRPF), en contraposición con los rendimientos netos, lo componen la totalidad de los ingresos computables, esto es, la totalidad de los conceptos recogidos en el Grupo 7 *"ventas e ingresos"* del Plan General de Contabilidad (en adelante PGC) exceptuando los ingresos financieros, que constituyen rendimientos del capital mobiliario (art. 25 Ley del IRPF), y los beneficios de activos no corrientes que constituyen ganancias o pérdidas patrimoniales de elementos afectos a actividades económicas (art. 28.2 y 37.1.n Ley del IRPF).

La Ley establece, asimismo, que sólo se deben computar las operaciones que deban anotarse en el libro registro de ventas o ingresos previsto en el art. 68.7 del Reglamento del IRPF cuyo contenido se desarrolla por Orden Ministerial.

La Orden HAC/773/2019, de 28 de junio (BOE 17/07/2019), por la que se regula la llevanza de los libros registros en el IRPF, como ya hiciera su antecesora la Orden de 4 de mayo de 1993 (BOE 06/05/1993), no restringe los ingresos a anotar en el libro registro.

Concretamente, el libro incluye la *totalidad de los ingresos* (art. 2 de la Orden) y, para actividades *empresariales* en estimación objetiva, además *las subvenciones corrientes y de capital incluyendo los criterios de imputación y las indemnizaciones* (art. 7 de la Orden). Aunque hable la Orden de actividades empresariales debemos entender que se trata de un descuido y se ha querido referir al concepto más amplio de actividades económicas que incluye las agrícolas, pues en otro caso no tendría sentido la mención a la consignación separada del importe reintegrado de compensación del régimen especial de agricultura, ganadería y pesca de su art. 7.b.

En consecuencia, el concepto amplio usado por la Ley incluye junto a las ventas de los productos agrarios, otros ingresos tan comunes como las subvenciones de la PAC y las indemnizaciones de seguros agrarios.

3.1.2. El volumen de rendimientos íntegros en el Reglamento del IRPF que tampoco excluye expresamente subvenciones e indemnizaciones

El art. 32.2.a.b') del Reglamento del IRPF aprobado por el Real Decreto 439/2007, de 30 de marzo, se limita a estos efectos a reproducir el contenido de la Ley sin aportar nada y mantiene el concepto amplio de rendimiento íntegro de actividades económicas y la remisión a las operaciones que deban anotarse en el libro registro, esto es, a todas.

Los predecesores, esto es, los artículos 30.2.a del Reglamento aprobado por el Real Decreto 1775/2004, de 30 de julio, y 30.2 del Reglamento aprobado por el Real Decreto 214/1999, de 5 de febrero, hablaban también de rendimientos íntegros si bien con la salvedad *en los términos que determine la Orden ministerial que desarrolla el método de estimación objetiva.*

En consecuencia, en la anterior normativa sí cabría la duda de si esa delegación a la Orden permitía delimitar el concepto de rendimiento íntegro y, por tanto, limitarlo excluyendo conceptos como subvenciones e indemnizaciones.

El Reglamento también incluye en su art. 39.3 el tratamiento de las entidades en atribución de rentas estableciendo que la aplicación *"deberá efectuarse con independencia de las circunstancias que concurran individualmente en los socios, herederos, comuneros o partícipes"* salvo en los supuestos de la norma antielusión que veremos posteriormente en la que se computan los ingresos familiares. Con ello, salvando la norma antielusión, la entidad en atribución de rentas tendrá un límite distinto al de sus miembros y al de otras entidades en atribución de rentas en las que participen sus miembros (CDGT 11/05/2009, V1042-09), consiguiendo una coordinación con el IVA donde cada entidad en atribución de rentas es un sujeto pasivo.

En nuestra opinión, hubiera sido preferible, como se hace en Francia con las GAEC, considerar el número de miembros de la entidad en atribución de rentas para el límite de ingresos. Esto permitiría la unión de agricultores fomentando una economía de escala. Asimismo, permitiría el fomento de una figura poco utilizada como es la explotación agraria de titularidad compartida, compuesta por un matrimonio o una pareja de hecho, que constituyen entidades en atribución de rentas conforme al art. 9.1 de la Ley 35/2011, de 4 de octubre, sobre titularidad compartida de las explotaciones agrarias. Si el objetivo de la Ley es otorgar visibilidad a la mujer en el medio rural (Exposición de Motivos), reconociendo jurídica y económicamente la participación en la actividad agraria de la mujer rural (art. 1 de la Ley), un incentivo entenderíamos que sería multiplicar por dos el límite de ingresos del marido o pareja[29].

---

29 BANACLOCHE PÉREZ considera por la beneficiosa regulación de esta figura que *parece poco discutible que el régimen tributario de las explotaciones agrarias de titularidad*

3.1.3. El volumen de ingresos sin computar subvenciones e indemnizaciones en las Órdenes Ministeriales que desarrollan el método de estimación objetiva en IRPF y el régimen simplificado en IVA

Las sucesivas Órdenes Ministeriales tenían un concepto muy diferente al genérico de rendimiento íntegro de Ley y Reglamento, limitando los ingresos computables.

Los art. 3.1.b de las distintas Órdenes[30] que desarrollaban el régimen de estimación objetiva de IRPF y el régimen simplificado de IVA establecían un límite de *volumen de ingresos* para el conjunto de actividades agrícolas, forestales

---

compartida discrimina contra otras explotaciones económicas realizadas por los cónyuges. En Banacloche Pérez, J. (2012). "Fiscalidad de la familia rural". *Revista Impuestos* nº 1, Sección Editorial.

30 Decía el art. 3.1.b de la Orden HFP/1359/2023, de 19 de diciembre (BOE 21/12/2023) como hacían sus predecesoras:
"1. No obstante lo dispuesto en los artículos 1 y 2 de esta Orden, el método de estimación objetiva del Impuesto sobre la Renta de las Personas Físicas y el régimen especial simplificado del Impuesto sobre el Valor Añadido no serán aplicables a las actividades o sectores de actividad que superen las siguientes magnitudes:
b) Magnitud en función del volumen de ingresos para el conjunto de actividades agrícolas, forestales y ganaderas:
250.000 euros anuales de volumen de ingresos en las siguientes actividades:
«Ganadería independiente».
«Servicios de cría, guarda y engorde de ganado».
«Otros trabajos, servicios y actividades accesorios realizados por agricultores o ganaderos que estén excluidos o no incluidos en el régimen especial de la agricultura, ganadería y pesca del Impuesto sobre el Valor Añadido».
«Otros trabajos, servicios y actividades accesorios realizados por titulares de actividades forestales que estén excluidos o no incluidos en el régimen especial de la agricultura, ganadería y pesca del Impuesto sobre el Valor Añadido».
«Aprovechamientos que correspondan al cedente en las actividades agrícolas desarrolladas en régimen de aparcería».
«Aprovechamientos que correspondan al cedente en las actividades forestales desarrolladas en régimen de aparcería».
«Agrícola o ganadera susceptible de estar incluida en el régimen especial de la agricultura, ganadería y pesca del Impuesto sobre el Valor Añadido».
«Forestal susceptible de estar incluida en el régimen especial de la agricultura, ganadería y pesca del Impuesto sobre el Valor Añadido».
«Procesos de transformación, elaboración o manufactura de productos naturales, vegetales o animales, que requieran el alta en un epígrafe correspondiente a actividades industriales

y ganaderas, esto es, para las 9 actividades (dos en REAGP y siete en régimen simplificado en IVA).

Pero no todos los ingresos eran computables, sino que se excluyen las subvenciones y las indemnizaciones.

No se entiende que la Ley al incorporar el límite de ingresos no incluyera los mismos conceptos computables que se recogían en las distintas Órdenes Ministeriales y, más concretamente en ese momento, en la vigente entonces Orden EHA/3718/2005, de 28 de noviembre (BOE 01/12/2005).

En su lugar la Ley 35/2006, de 28 de noviembre, se remitió al desarrollo reglamentario, pero el desarrollo reglamentario aprobado por el Real Decreto 439/2007, de 30 de marzo, a su vez, no se remitió como hacían sus predecesores a *los términos que determine la Orden ministerial*. En estas condiciones, entendemos que no existe habilitación normativa al Ministerio para fijar los conceptos computables, excluyendo determinados tipos de ingresos, extralimitándose las Órdenes en este punto, por lo que, por seguridad jurídica, debería ser modificada la Ley.

Lógicamente, se trata de un incumplimiento a favor de los contribuyentes que no podría, entendemos, alegarse por la AEAT para aplicar el límite establecido por la Ley, tanto porque se estaría incumpliendo una Orden del Ministro lo que casaría poco con el ejercicio de su potestad de forma reglada y jerarquizada,

---

en las Tarifas del Impuesto sobre Actividades Económicas y se realicen por los titulares de las explotaciones de las cuales se obtengan directamente dichos productos naturales».

A estos efectos, sólo se computarán las operaciones que deban anotarse en el Libro registro de ventas o ingresos previsto en el apartado 7 del artículo 68 del Reglamento del Impuesto sobre la Renta de las Personas Físicas, aprobado por el Real Decreto 439/2007, de 30 de marzo, o en los libros registro previstos en el tercer párrafo del apartado 1 del artículo 40 y en el apartado 1 del artículo 47 del Reglamento del Impuesto sobre el Valor Añadido, aprobado por el Real Decreto 1624/1992, de 29 de diciembre [....]

Cuando en el año inmediato anterior se hubiese iniciado una actividad, el volumen de ingresos se elevará al año.

A efectos de lo dispuesto en las letras a) y b) anteriores, el volumen de ingresos incluirá la totalidad de los obtenidos en el conjunto de las mencionadas actividades, no computándose entre ellos las subvenciones corrientes o de capital ni las indemnizaciones, así como tampoco el Impuesto sobre el Valor Añadido y, en su caso, el recargo de equivalencia que grave la operación, para aquellas actividades que tributen por el régimen simplificado del Impuesto sobre el Valor Añadido."

como porque dado que el incumplimiento es del propio Estado iría contra los principios de confianza legítima y buena administración.

Por otro lado, llama la atención la mención al IVA y al recargo de equivalencia.

Entendemos que para las subvenciones y las indemnizaciones sí hacía falta su exclusión expresa pues entrarían en el concepto de ingreso de la actividad agrícola, ganadera o forestal, pero que dicha mención no era necesaria para el IVA y el recargo de equivalencia pues no se trata de ingresos.

Concretamente, de acuerdo con la 12ª Norma de Registro y Valoración del PGC el *"IVA repercutido no formará parte del ingreso derivado de las operaciones gravadas por dicho impuesto o del importe neto obtenido en la enajenación o disposición por otra vía en el caso de baja en cuentas de activos no corrientes"* regla que es aplicable *"a cualquier otro impuesto indirecto que grave las operaciones realizadas por la empresa y que sea recibido por cuenta de la Hacienda Pública"*.

Asimismo, llama la atención que refiriéndose al IVA y al recargo de equivalencia ninguna mención se hiciera de la compensación a tanto alzado del REAGP del IVA que en nuestra opinión tampoco supone un ingreso sino una recuperación del IVA soportado.

Esto ha sido corregido, tras una gran insistencia de la patronal ASAJA, por la reciente Orden HAC/1347/2024, de 28 de noviembre por la que se desarrolla el método de estimación objetiva para el ejercicio 2025 (BOE 30/11/2024) con la siguiente redacción del, último párrafo del referido art. 3.1:

"A efectos de lo dispuesto en las letras a) y b) anteriores, el volumen de ingresos incluirá la totalidad de los obtenidos en el conjunto de las mencionadas actividades, no computándose entre ellos las subvenciones corrientes o de capital, ni las indemnizaciones ni la compensación del régimen especial de la agricultura, ganadería y pesca del Impuesto sobre el Valor Añadido, así como tampoco el Impuesto sobre el Valor Añadido y, en su caso, el recargo de equivalencia que grave la operación, para aquellas actividades que tributen por el régimen simplificado del Impuesto sobre el Valor Añadido".

La razón para que no se mencionara anteriormente entendemos que puede ser que se redactara la exclusión por el volumen de ingresos pensando en el régimen simplificado de IVA y no en el REAGP. De hecho, como veremos posteriormente, el art. 122.Dos.2º *in fine* de la Ley del IVA establece la misma redacción sobre los conceptos computables en el volumen de ingresos que tenían las Órdenes.

Esta falta de mención ha generado los problemas en la interpretación que analizaremos posteriormente.

3.1.4. El volumen de operaciones en la Ley del IVA

3.1.4.1. El volumen de operaciones en el REAGP en la Ley del IVA

El art. 124.Dos.3º de la Ley del IVA establece la exclusión del régimen especial para:

"*Los empresarios o profesionales cuyo volumen de operaciones durante el año inmediatamente anterior hubiese excedido del importe que se determine reglamentariamente*".

En consecuencia, la Ley del IVA se remite al Reglamento sólo en cuanto a la determinación del importe del volumen de operaciones, no sobre los conceptos computables.

En cuanto a los conceptos computables en el volumen de operaciones la propia Ley del IVA regula los mismos en su art. 121 bajo el título "*determinación del volumen de operaciones*"[31].

---

[31] Dice el art. 121:
"*Uno. A efectos de lo dispuesto en esta Ley, se entenderá por volumen de operaciones el importe total, excluido el propio impuesto sobre el Valor Añadido y, en su caso, el recargo de equivalencia y la compensación a tanto alzado, de las entregas de bienes y prestaciones de servicios efectuadas por el sujeto pasivo durante el año natural anterior, incluidas las exentas del Impuesto.*
En los supuestos de transmisión de la totalidad o parte de un patrimonio empresarial o profesional, el volumen de operaciones a computar por el sujeto pasivo adquirente será el resultado de añadir al realizado, en su caso, por este último durante el año natural anterior, el volumen de operaciones realizadas durante el mismo período por el transmitente en relación a la parte de su patrimonio transmitida.
Dos. Las operaciones se entenderán realizadas cuando se produzca o, en su caso, se hubiera producido el devengo del Impuesto sobre el Valor Añadido.
Tres. Para la determinación del volumen de operaciones no se tomarán en consideración las siguientes:
1.º Las entregas ocasionales de bienes inmuebles.
2.º Las entregas de bienes calificados como de inversión respecto del transmitente, de acuerdo con lo dispuesto en el artículo 108 de esta Ley.
3.º Las operaciones financieras mencionadas en el artículo 20, apartado uno, número 18.º de esta Ley, incluidas las que no gocen de exención, así como las operaciones exentas relati-

Con la redacción del art. 121 serán las ventas de los productos obtenidos de sus explotaciones agrícolas, ganaderas y forestales (entregas de bienes) y los servicios realizados los que integrarán el volumen de operaciones, sin incluir, por tanto, las subvenciones de la PAC al no estar vinculadas al precio (art. 78.Dos.3º de la Ley del IVA), las indemnizaciones de seguros agrarios (art. 78. Tres.1º de la Ley del IVA) y por expresa exclusión las entregas de bienes inmuebles o de bienes de inversión (ganancias patrimoniales en IRPF) y las operaciones financieras (rendimientos del capital mobiliario en IRPF) en un concepto que se asimila mucho, en nomenclatura de IVA, al rendimiento íntegro en IRPF excluyendo subvenciones e indemnizaciones.

Asimismo, se excluyen expresamente el IVA y el recargo de equivalencia como hacían las Órdenes, pero también la compensación a tanto alzado del REAGP.

3.1.4.2. El volumen de operaciones y, después, de ingresos en el régimen simplificado en la Ley del IVA

El art. 122.Dos de la Ley del IVA dispone:

"Dos. Quedarán excluidos del régimen simplificado:

2.º Aquellos empresarios o profesionales en los que concurra cualquiera de las siguientes circunstancias, en los términos que reglamentariamente se establezcan:

Que el volumen de ingresos en el año inmediato anterior, supere cualquiera de los siguientes importes:

...

– Para el conjunto de las actividades agrícolas, forestales y ganaderas que se determinen por el Ministro de Hacienda y Administraciones Públicas, 250.000 euros anuales.

Cuando en el año inmediato anterior se hubiese iniciado una actividad, el volumen de ingresos se elevará al año.

A efectos de lo previsto en este número, el volumen de ingresos incluirá la totalidad de los obtenidos en el conjunto de las actividades mencionadas, no computándose entre ellos las subvenciones corrientes o de capital ni las indemnizaciones, así como

---

vas al oro de inversión comprendidas en el artículo 140 bis de esta Ley, cuando unas y otras no sean habituales de la actividad empresarial o profesional del sujeto pasivo".

tampoco el Impuesto sobre el Valor Añadido y, en su caso, el recargo de equivalencia que grave la operación."

El límite para el conjunto del resto de actividades empresariales o profesionales es el de 150.000 euros elevado desde su entrada en vigor a 250.000 euros.

El artículo sorprende porque ya no se usa el concepto *operaciones* que engloba los conceptos de *entrega de bienes* y *prestaciones de servicios* propios de la Ley del IVA sino el de *ingreso* que sólo es utilizado como *operación* y no como *ingreso* de la deuda tributaria en dos ocasiones en la Ley (art. 5.c y 91.Dos.1.2º.c de la Ley del IVA).

Lo cierto es que la redacción original del artículo sí hablaba de *volumen de operaciones*.

Es con la incorporación a la Ley del IVA del contenido de la Orden Ministerial que desarrolla el método, entonces la Orden de 28 de noviembre de 2001 (BOE 30/11/2001), cuando se incorpora el concepto de ingreso y las aclaraciones en cuanto a subvenciones, indemnizaciones, IVA y recargo de equivalencia. Concretamente, con la modificación que del art. 122 realizó el art. 4.Diecinueve de la Ley 53/2002, de 30 de diciembre.

Asimismo, la mención al conjunto de actividades agrícolas, ganaderas y forestales que determine el Ministro implica las 9 actividades, dos en REAGP y 7 en régimen simplificado, a las que le son aplicables la estimación objetiva de acuerdo con los art. 3 de las distintas Órdenes Ministeriales.

3.1.5. El volumen de operaciones en el Reglamento del IVA

3.1.5.1. El volumen de operaciones en el REAGP en el Reglamento del IVA

El Reglamento no se limita a determinar el importe, esto es, la cifra del volumen de operaciones. En su lugar añade mayor confusión a las actividades y conceptos computables.

Concretamente las letras a y b del apartado 2 y el apartado 3 del art. 43 del Reglamento del IVA[32] regulan el límite y establecen:

---

32 Con la siguiente redacción:
"2. *Quedarán excluidos del régimen especial de la agricultura, ganadería y pesca:*
a) Los sujetos pasivos que superen, para el conjunto de las operaciones relativas a las actividades comprendidas en aquél, un importe de 250.000 euros durante el año inmediato ante-

– Un límite para las actividades acogidas al REAGP (apartado 2.a).

Se determina así el importe del volumen de operaciones de las actividades agrícolas, ganaderas y forestales *comprendidas* en el *régimen especial de la agricultura, ganadería y pesca* en 250.000 euros pero salvando que la normativa reguladora del IRPF establezca *otra cifra a efectos de la aplicación del método de estimación objetiva para la determinación del rendimiento de las actividades a que se refiere el apartado anterior, en cuyo caso se estará a esta última.*

Esta salvedad nos parece del todo criticable. Si se quiere se puede realizar una remisión a una normativa concreta y no regular el límite, pero lo que no entendemos es que se regule el límite estableciendo expresamente el importe como solicitaba la Ley del IVA pero estableciendo una excepción a la regulación que es del todo menos concreta y al tratarse de una remisión parcial es difícil de interpretar. Más parece una salvaguarda del legislador para sus posibles olvidos por si modifica la norma en un Impuesto pero no en el otro.

---

rior, salvo que la normativa reguladora del Impuesto sobre la Renta de las Personas Físicas estableciera otra cifra a efectos de la aplicación del método de estimación objetiva para la determinación del rendimiento de las actividades a que se refiere el apartado anterior, en cuyo caso se estará a esta última.

b) Los sujetos pasivos que superen para la totalidad de las operaciones realizadas, distintas de las referidas en el párrafo a) anterior, durante el año inmediato anterior el importe establecido en dicho párrafo.[...]

3. La determinación del importe de operaciones a que se refieren los párrafos a) y b) del apartado 2 anterior se efectuará aplicando las siguientes reglas:

a) En el caso de operaciones realizadas en el desarrollo de actividades a las que hubiese resultado aplicable el régimen especial de la agricultura, ganadería y pesca y el régimen simplificado para el conjunto de las actividades agrícolas, forestales y ganaderas que se determinen por el Ministro de Hacienda y Administraciones Públicas, se computarán únicamente aquellas que deban anotarse en los libros registro a que se refieren el tercer párrafo del apartado 1 del artículo 40 y el apartado 1 del artículo 47, ambos de este Reglamento.

b) En el caso de operaciones realizadas en el desarrollo de actividades que hubiesen tributado por el régimen general del Impuesto o un régimen especial distinto de los mencionados en el párrafo a) anterior, éstas se computarán según lo dispuesto en el artículo 121 de la Ley del Impuesto. No obstante, no se computarán las operaciones de arrendamiento de bienes inmuebles cuya realización no suponga el desarrollo de una actividad económica de acuerdo con lo dispuesto en la normativa reguladora del Impuesto sobre la Renta de las Personas Físicas".

Lo cierto es que la reducción de la cifra de 300.000 a 250.000 euros fue modificada en IRPF y simultáneamente en IVA por lo que se podría entender que la salvedad del artículo nunca se aplicaría.

Asimismo, se hace mención a las actividades a las que se refiere el apartado anterior (43.1 del Reglamento) cuando en dicho apartado no se establece una relación de actividades sino simplemente que el REAGP será aplicable *"a los titulares de explotaciones agrícolas, forestales, ganaderas o pesqueras en quienes concurran los requisitos señalados en la Ley del Impuesto y en este reglamento, siempre que no hayan renunciado a él conforme a lo previsto en el artículo 33 de este último"*.

De ello se deduce que las actividades del apartado anterior deben ser necesariamente las acogidas al REAGP.

El primer problema, por tanto, que plantea la salvedad es que la *normativa reguladora* de IRPF no establece una cifra para las actividades acogidas a estimación objetiva y al REAGP sino que lo que recoge la Ley y el Reglamento es una cifra para el *conjunto* de las actividades agrícolas, ganaderas y forestales, incluyendo por Orden Ministerial la misma cifra para el conjunto de las acogidas al REAGP y al régimen simplificado de IVA.

Con ello, la remisión podría afectar no sólo a la cifra sino también a las actividades incluidas en ese límite de 250.000 euros, esto es, ya no serían sólo las del REAGP (art. 43.1 del Reglamento del IVA) sino las 7 actividades restantes que la Orden Ministerial incluye en el régimen simplificado como agrícolas, ganaderas y forestales.

El segundo problema que plantea es cómo se aplica esa salvedad a los sujetos pasivos en el REAGP a los que no les es de aplicación la estimación objetiva bien porque su actividad no está incluida (como en el caso de la pesca) bien porque su forma jurídica se lo impide (como en el frecuente caso de las Entidades Locales), sin que quede claro en caso de que la cifra sea distinta si a estos sujetos les puede afectar la cifra regulada para la estimación objetiva.

En consecuencia, entendemos que se debería realizar una mayor concreción y establecer la salvedad sólo para los casos en que el sujeto pasivo tribute a su vez en estimación objetiva delimitando qué actividades concretas hay que incluir en el límite.

– Límite para el resto de actividades (apartado 2.b).

Se determina así el importe del volumen de operaciones del resto de actividades no acogidas al REAGP en 250.000 euros o, más concretamente, en *el importe establecido* en el *párrafo a) anterior* que dispone ese límite en 250.000 euros.

Efectivamente, el art. 128 de la Ley del IVA declara la compatibilidad de otras actividades con el REAGP, especificando que constituyen siempre sectores diferenciados.

Al establecer un importe para el resto de actividades, entendemos que se acoge al mandato de desarrollo del art. 124.Dos.3º de la Ley del IVA que habla de determinar el importe del volumen de operaciones de empresarios o profesionales, sin limitarlo sólo al volumen de las acogidas al régimen especial. Con ello, se trata de medir la capacidad del contribuyente para asumir las obligaciones formales del régimen general, capacidad que se puede mostrar por otras actividades.

Lo que no queda claro, dada la redacción de ambas letras *a* y *b*, es si las 7 actividades que la Orden Ministerial incluye en el régimen simplificado como agrícolas, ganaderas y forestales están o no en este segundo límite.

Efectivamente, la redacción del art. 43 parece indicar que la letra *a* se refiere a 250.000 euros de actividades incluidas en el REAGP y la letra *b* a otros 250.000 euros del resto de actividades en otros regímenes.

Sin embargo, tanto el ámbito de aplicación del régimen simplificado (art. 3 de las Órdenes Ministeriales por remisión de los artículos 122 Ley del IVA y 36 del Reglamento) como el de la estimación objetiva (art. 3 de las Órdenes Ministeriales sin habilitación legal o reglamentaria) incluyen a esas 7 actividades con el mismo límite de 250.000 euros.

En consecuencia, las 7 actividades en régimen simplificado pueden incluirse en la letra *a* por su remisión a la normativa de IRPF y, simultáneamente, incluirse en la letra *b* por la propia redacción del artículo reglamentario.

El importe actual de la letra *b* desde el 01/01/2019 se remite a la letra *a* con lo que se aplica el mismo importe de 250.000 euros (art. Primero.Cinco Real Decreto 1512/2018, de 28 de diciembre).

El legislador tiene aquí la cautela de remitirse al importe del *párrafo a) anterior* para evitar olvidos.

Con anterioridad se fijaba un límite adicional de 450.000 euros que era aplicable no sólo para las otras actividades no acogidas al REAGP sino para la totalidad de las operaciones realizadas por el contribuyente.

Con el art. Primero.Nueve del Real Decreto 1073/2014, de 19 de diciembre, con efectos desde 01/01/2016 se fijaba un límite exclusivo para el resto de actividades en 150.000 euros.

Ese límite coincidía con el límite de compras de 150.000 euros para todas las actividades ejercidas por el contribuyente recogido en el régimen simplificado (art. 122.Dos.3º Ley del IVA), en el REAGP (art. 124.Uno.6º Ley del IVA) y en estimación objetiva (art. 31.1.3º.c de la Ley del IRPF).

Asimismo, el límite coincidía con el de 150.000 de ingresos para actividades que no fueran agrícolas, forestales y ganaderas acogidas al régimen simplificado (art. 122.Dos.2º de la Ley del IVA) y a estimación objetiva (art. 31.1.3º.b.a' de la Ley del IRPF).

A diferencia de esos límites, el límite de ingresos de otras actividades recogido en el art. 43.2.b del Reglamento del IVA no figura en la Ley.

En lo que parece un olvido, se elevan para 2016 y 2017 esos límites que sí figuran en la Ley de 150.000 a 250.000 euros (artículos 61 y 70 de la Ley 48/2015, de 29 de octubre) pero no se desarrolla a nivel reglamentario por lo que no se eleva el límite de operaciones del resto de actividades del REAGP.

Para el ejercicio 2017 sí se elevan los límites a 250.000 a nivel reglamentario, incluyendo el de operaciones del resto de actividades del REAGP mencionándose expresamente el art. 43.2.b en la nueva D.T. 3ª del Reglamento introducida por el art. Primero.Dieciséis del Real Decreto 596/2016, de 2 de diciembre.

Para el ejercicio 2018 se vuelven a elevar los límites que figuran en la Ley (artículos 2 y 3 del Real Decreto-ley 20/2017, de 29 de diciembre) pero no se desarrolla a nivel reglamentario por lo que, nuevamente, no se eleva dicho límite.

Con ello llegamos al absurdo de que el límite, por dejadez en el desarrollo reglamentario, ha sido de 150.000 euros en 2016 y 2018 y de 250.000 euros en 2017.

Con la nueva redacción y la remisión que se hace, desde 2019 no será necesario acordarse de ese límite.

– Conceptos computables (apartado 3).

Las operaciones que deben anotarse en los libros registros a las que se refiere el apartado son las *operaciones comprendidas* en el REAGP (47.1 del Reglamento del IVA) y las *operaciones efectuadas en desarrollo* de actividades acogidas al régimen simplificado cuyos índices o módulos operen sobre el volumen de operaciones realizado (art. 40.1), esto es, las 7 actividades agrícolas, ganaderas y forestales acogidas al régimen simplificado. Por tanto, se trata de todas las operaciones acogidas a ambos regímenes especiales, por lo que nada se aporta.

Sí se aclara que dentro de las otras actividades no acogidas a estos regímenes especiales no hay que incluir los arrendamientos de inmuebles sin actividad económica en IRPF.

3.1.5.2. El importe en el régimen simplificado en el Reglamento del IVA

El Reglamento en su art. 36.1.b[33] ya no habla de *volumen de ingresos* sino directamente de haber superado *importes* y es, posteriormente, cuando se dice que sólo se computarán las operaciones que deban anotarse como hemos visto en los libros registros (del 40.1 operaciones de actividades con régimen simplificado por volumen de operaciones y del 47.1 operaciones del REAGP).

Se recoge el límite para el conjunto del resto de actividades empresariales o profesionales de 150.000 euros elevado desde su entrada en vigor a 250.000 euros aclarando que incluye todas las operaciones, con independencia de que exista obligación o no de expedir factura.

Se permite compatibilizar (art. 36.1.e) actividades acogidas al régimen simplificado, al REAGP, al recargo de equivalencia, actividades por las que se realice operaciones exclusivamente exentas en virtud del art. 20 de la Ley del IVA y arrendamientos de bienes que no supongan actividad económica conforme la normativa del IRPF (art. 36.1.e del Reglamento del IRPF).

---

33 De acuerdo con el art. 36.1.b del Reglamento del IVA son circunstancias determinantes de la exclusión del régimen simplificado las siguientes:
"b) Haber superado en un año natural cualesquiera de los siguientes importes:
[...]
b') Para el conjunto de sus actividades agrícolas, forestales y ganaderas que se determinen por el Ministro de Hacienda y Administraciones Públicas: 250.000 euros anuales.
A estos efectos, solo se computarán las operaciones que deban anotarse en los libros registro previstos en el tercer párrafo del apartado 1 del artículo 40 y en el apartado 1 del artículo 47 de este Reglamento.
Cuando en el año inmediato anterior se hubiese iniciado una actividad, dichos importes se elevarán al año.
Los efectos de esta causa de exclusión tendrán lugar en el año inmediato posterior a aquel en que se produzca. Los sujetos pasivos previamente excluidos por esta causa que no superen los citados límites en ejercicios sucesivos quedarán sometidos al régimen especial simplificado, salvo que renuncien a él".

3.2. CONCEPTOS COMPUTABLES EN EL LÍMITE DE INGRESOS

La confusa regulación que hemos visto provoca una dificultad añadida para que el agricultor que se supone con pocos medios pueda saber qué conceptos son los computables en el límite de *rendimientos íntegros*, *operaciones* o *ingresos*.

Pasamos a tratar supuestos problemáticos.

3.2.1. *Las subvenciones e indemnizaciones*

Como decíamos anteriormente, están expresamente excluidas del cómputo *las subvenciones corrientes o de capital* y *las indemnizaciones* por las sucesivas Órdenes Ministeriales que desarrollan el método.

Aunque después será objeto de desarrollo en el capítulo sobre la determinación del rendimiento, entendemos que hay que mencionar aquí el criterio de la Consulta de la DGT de 11/07/2019 (V1788-19).

La Consulta trata de un agricultor en estimación objetiva que ha percibido de Red Eléctrica de España, determinadas cantidades por una servidumbre permanente de paso aéreo de energía eléctrica, ocupación permanente para la instalación de apoyos y ocupación temporal de los terrenos necesarios para la ejecución de las obras.

Sobre dichas cantidades considera que:

"... el artículo 3 de la Orden HAC/1264/2018 recoge, en su artículo 3, las magnitudes excluyentes de la aplicación del método de estimación objetiva, estableciendo en su letra b) que para el conjunto de las actividades agrícolas, forestales y ganaderas será de 250.000 euros anuales, no computándose, entre ellos, las subvenciones corrientes o de capital ni las indemnizaciones.

Al no tratarse las cantidades percibidas de indemnizaciones, sino de rendimientos de la actividad económica, se computarán a efectos de la determinación del volumen de ingresos de la actividad".

No entendemos cómo la indemnización por una servidumbre permanente puede considerarse a efectos del límite de ingreso.

Se trata de un ingreso aislado que en nada mide la explotación.

De cualquier forma, en nuestra opinión como desarrollaremos posteriormente:

- La indemnización por la ocupación temporal del terreno, al resarcirse la falta de cultivo en el terreno ocupado, entendemos que es una indemnización y que, por tanto, está excluida por la propia Orden Ministerial.
- La indemnización por la servidumbre de paso implica contraprestación por la cesión de uso obligatoria y permanente del terreno que debe calificarse como rendimientos del capital inmobiliario, al no utilizarse una persona laboral a tiempo completo para esa cesión de uso ni realizarse ninguna ordenación de medios para esa actividad.

3.2.2. La inclusión en el límite de la compensación a tanto alzado del REAGP

Uno de los conceptos que ha provocado más dudas sobre su inclusión en el límite de ingresos es la compensación a tanto alzado del REAGP que, para la DGT, debía incluirse en el límite pero que, en nuestra opinión, no debería haber formado parte del mismo.

Como hemos visto, para el ejercicio 2025 la reciente Orden HAC/1347/2024, de 28 de noviembre la excluye expresamente del límite.

Con la redacción anterior, la DGT tenía una doctrina consolidada en sus Consultas de 22/02/2007 (V0339-07), de 19/06/2007 (V1303-07), de 27/09/2007 (V2047-07), de 20/01/2009 (V0119-09), de 16/05/2017 (V1159-07), de 02/12/2020 (V3499-20), de 29/03/2021 (V0742-21), de 19/04/2021 (V0960-21) y de 14/02/2022 (V0264-22), entre otras, en las que consideraba la compensación a tanto alzado del REAGP un mayor importe de la contraprestación que, al no tratarse de una subvención o indemnización, ni tampoco del IVA repercutido, incluido el recargo de equivalencia, debía incluirse en el volumen de ingresos de la actividad a los efectos del límite de exclusión.

Asimismo, al tratar a la compensación como un ingreso tributable en IRPF, consideraba que debía practicarse la retención del 2% (CDGT 10/03/2009, V0474-09 y de 09/09/2010, V1952-10)[34].

---

34 Frecuentemente en la doctrina se menciona que la compensación se incluye en el límite de ingresos sin plantearse ninguna duda al respecto.
Sería el caso, por ejemplo, de DEL HOYO ORTIGOSA al decir *"por lo que se refiere al IVA repercutido, éste no deberá computarse cuando se trate de actividades que tributen por el régimen simplificado, pero se computará, siempre que se compute el principal de la ope-*

La Orden HAC/1347/2024, de 28 de noviembre la excluye del límite, pero lo que no aclara es si se trata de un ingreso tributable, por lo que la cuestión en parte sigue pendiente de resolverse[35].

La DGT se basaba para su doctrina, sin mencionar apenas la normativa prevista en las Leyes y los Reglamentos de IRPF e IVA, en la redacción que tenían los artículos 3.1.b de las sucesivas Órdenes Ministeriales en las que, como hemos visto, no se excluía expresamente a la compensación hasta el ejercicio 2025.

Concretamente, la normativa recogida en las Leyes y los Reglamentos ni siquiera se mencionaban en las consultas de 19/06/2007 (V1303-07), de 20/01/2009 (V0119-09), de 02/12/2020 (V3499-20), de 29/03/2021 (V0742-21), de 19/04/2021 (V0960-21) y de 14/02/2022 (V0264-22) que directamente resolvían las contestaciones a las consultas con el citado art. 3.1.b de las Órdenes.

Sólo hay dos consultas que mencionaban la Ley.

En la primera de ellas, la consulta de 22/02/2007 (V0339-07) se dividía la respuesta entre IRPF e IVA.

En el primer apartado en IRPF citaba el art. 3.1.b de la Orden Ministerial y con ello resolvía en el mismo sentido del resto de Consultas.

En el segundo apartado en relación al IVA citaba los artículos 124 de la Ley del IVA y 43.2.a del Reglamento del IVA que regulan el ámbito subjetivo de aplicación del REAGP, sin mencionar el art. 121 de la Ley del IVA que regula *la determinación del volumen de operaciones*.

---

ración, el IVA teóricamente repercutido, cuando el contribuyente esté en el régimen especial del recargo de equivalencia, o la compensación recibida, si el contribuyente se encuentra en el régimen especial de la agricultura, ganadería y pesca" en Del Hoyo Ortigosa, C. (2011). "El método de estimación..." op. cit.

O de BENGOCHEA SALA que se limita a decir al tratar el límite: "*Pero sí se computa la compensación del IVA percibida en el supuesto de estar acogido, en IVA, al REAGP*" (nº 5780) para después reproducir el contenido de las consultas (nº 5813) en Bengochea Sala, J. M. (2018): *Memento Experto. Tributación de las actividades agrícolas, ganaderas y forestales*. Francis Lefebvre, páginas 191 y 193.

35 De hecho, el MANUAL DE RENTA 2024 de la AEAT lo sigue considerando ingreso tributable como luego veremos.

Como hemos visto, el art. 43.2.a establece una salvedad que es del todo criticable por su falta de concreción en los términos de la remisión parcial a la normativa de IRPF.

Efectivamente, en un desarrollo reglamentario en el que debía fijar la cifra del volumen de operaciones se decía que la misma era de 250.000 euros *"salvo que la normativa reguladora del Impuesto sobre la Renta de las Personas Físicas estableciera otra cifra a efectos de la aplicación del régimen de estimación objetiva para la determinación del rendimiento de las actividades a que se refiere el apartado anterior, en cuyo caso se estará a esta última"*.

Esa salvedad en la cifra, que no en los conceptos computables, era tomada por la DGT para considerar que dado que a las actividades consultadas les resultaba aplicable el método de estimación objetiva en IRPF *"se estará a lo previsto en la normativa reguladora de este último tributo"* con lo que se remite al primer apartado de la Consulta que sólo citaba el art. 3.1.b de la Orden.

El mismo desarrollo hacía la DGT en su Consulta de 27/09/2007 (V2047-07) en la que era preguntada por un supuesto en el que se superaba el límite si se incluía la compensación, pero esta vez exclusivamente por la aplicación del REAGP.

Nuevamente citaba la DGT los artículos 124 de la Ley y 43.2.a del Reglamento del IVA para terminar con *lo previsto en la normativa reguladora del IRPF*, esto es, el texto del art. 3.1.b de la Orden Ministerial.

Las dos consultas de la DGT en la que se citaba la Ley y el Reglamento resolvían aplicando *lo previsto en la normativa reguladora del IRPF* porque el consultante estaba en estimación objetiva.

Lo que no aclaraba la DGT es si el límite cambiaba cuando el contribuyente estuviera en el REAGP pero no en estimación objetiva.

En este sentido, salvo la actividad de producción de mejillón en batea que se incluyó en el régimen de estimación objetiva con la Orden HAC/701/2003, de 27 de marzo, para atender a las demandas del sector por ejercerse por pequeñas empresas de carácter familiar, la pesca no está incluida en el régimen de estimación objetiva pero sí en el REAGP.

Parece del texto de las Consultas que si ese régimen de estimación objetiva no fuera aplicable no habría que acudir a la normativa de IRPF, pero ningún sentido le vemos a que en función del régimen en IRPF se tengan dos límites distintos para dos actividades acogidas al mismo régimen especial en IVA.

Apenas teníamos pronunciamientos jurisprudenciales al respecto pero, recientemente, se han producido unos pronunciamientos recurridos en casación por lo que el Tribunal Supremo resolverá la cuestión.

En el mismo sentido que la DGT incluyendo la compensación como ingreso en el límite se pronuncian las Sentencias del TSJ de Andalucía, sede de Granada, de 12/04/2016 (rec. 985/2011, (*Tol 5762739*)) y de 09/03/2023 (rec. 1859/2019, (*Tol 9556823*)).

En sentido contrario, considerando que no son ingresos, que no son contraprestación por las entregas sino un medio para recuperar las cuotas soportadas, un mecanismo al servicio de la neutralidad del IVA y que, por tanto, no deben incluirse en el límite las Sentencias del TSJ de Andalucía, sede de Sevilla, de 10/02/2023 (rec. 91/2021, (*Tol 9472060*)), de 17/02/2023 (rec. 92/2021, (*Tol 9503015*)), de 18/09/2023 (rec. 93/2021, (*Tol 10007406*)) y de 02/11/2023 (rec. 135/2022, (*Tol 10077429*)) y la STSJ de Castilla y León, sede de Burgos, de 7 de febrero de 2023 (rec. 97/2022, (*Tol 9416048*)).

Por su parte, de las Sentencias del TSJ de Castilla y León, sede de Burgos, de 25/01/2022 (rec. 118/2021, (*Tol 8807139*)), de 01/02/2022 (rec. 115/2021, (*Tol 8808368*)), de 18/03/2022 (rec. 116/2021, (*Tol 8914833*)) y de 25/03/2022 (rec. 117/2021, (*Tol 8920465*)) se deriva que el criterio del TEAR de Castilla y León era que se excluyera a la compensación del REAGP del límite. Concretamente, en los Fundamentos de Derecho Quinto de dichas Sentencias se dice que la Resolución del TEAR consideraba que se debía excluir la compensación del límite.

Ha sido, como decíamos, admitida la cuestión a casación en Autos del Tribunal Supremo de 03/10/2024 (rec. 6173/2023, (*Tol 10218712*)), de 06/11/2024 (rec. 9048/2023, (*Tol 10261656*)) y de 05/02/2025 (rec. 1529/2024, (*Tol 10391916*)).

Pasamos a analizar los motivos por los que consideramos que no se podía incluir a la compensación en el volumen de ingresos.

3.2.2.1. No se puede incluir la compensación por la propia literalidad de la norma

Ningún artículo decía expresamente que la compensación del REAGP formara parte del límite del volumen de ingresos.

El apartado 1 del art. 3 de las sucesivas Órdenes Ministeriales en los que se basaba la DGT no regulaba directamente los límites del REAGP sino los del *"método de estimación objetiva del Impuesto sobre la Renta de las Personas Físicas y el régimen especial simplificado del Impuesto sobre el Valor Añadido"* y, sólo por remisión, el del REAGP.

La redacción de esa norma coincidía exactamente con la del art. 122 de la Ley del IVA en la redacción dada, como hemos visto, por el art. 4.19 de la Ley 53/2002, de 30 de diciembre. La norma regulaba la exclusión del régimen simplificado y no la del REAGP que se regula en el 124 Ley del IVA.

Esto es, teniendo en cuenta que en el régimen simplificado no hay compensación del REAGP su falta de mención cobraba todo el sentido al regular el régimen simplificado.

Con ello, sin incluirse expresamente en el límite, no consideramos que el solo hecho de que no se excluyera expresamente fuera un motivo suficiente para incluirlo en el límite.

En este sentido, ni se citaba ni se cita en la actualidad expresamente al IVA soportado por el art. 3.1.c de las Órdenes al regular el límite en función del volumen de compras de bienes y servicios del *método de estimación objetiva del Impuesto sobre la Renta de las Personas Físicas y el régimen especial simplificado del Impuesto sobre el Valor Añadido*.

Sin embargo, sí se cita al IVA repercutido para el volumen de ingresos en el art. 3.1.b de las Órdenes, por lo que podría interpretarse que el IVA soportado se incluye en el volumen de compras.

El IVA soportado tampoco se cita en los artículos 31.1.3ª.c de la Ley del IRPF y 32.2.b del Reglamento del IRPF.

Sin embargo, sí se cita para excluirlo expresamente del límite en el art. 122. Dos.3º para el régimen simplificado y en el art. 124.Dos.6º de la Ley del IVA para el REAGP, razón por la que en una interpretación, ahora sí, sistemática la AEAT para este caso (Consulta Informa 125704) considera que debe excluirse al IVA soportado del límite de compras por *coordinación* con el régimen de estimación objetiva en IRPF.

Esa coordinación no parecía necesaria para la AEAT en el volumen de ingresos (Consulta Informa 127635).

Lo cierto es que la Ley del IRPF no detalla qué conceptos se deben incluir en el volumen de rendimientos íntegros, pero sí lo hace la Ley del IVA que establece un límite para la aplicación del REAGP que, necesariamente, debe coincidir con el de estimación objetiva en IRPF. Efectivamente, el solo hecho de que simultáneamente se modificaran los límites de IRPF (Ley 26/2014, de 27 de noviembre) e IVA (Real Decreto 1073/2014, de 19 de diciembre) de 300.000 a 250.000 euros indica que estamos ante el mismo límite.

Para el REAGP el art. 124.Dos.3º de la Ley del IVA establece la causa de exclusión para empresarios que sobrepasen el *volumen de operaciones* remitiéndose al desarrollo reglamentario la fijación del concreto importe (250.000 euros de acuerdo con el art. 43.2.a del Reglamento del IVA).

Bajo el título *"determinación del volumen de operaciones"*, el art. 121.Uno de la Ley del IVA excluye el IVA *y* también *el recargo de equivalencia y la compensación a tanto alzado* si son aplicables a la operación.

La expresión de la norma *"en su caso"* aclara que el recargo de equivalencia y la compensación a tanto alzado se excluyen en la medida en que resulten aplicables por proceder los regímenes especiales en sustitución del régimen general de IVA.

Con ello, ningún artículo incluye a la compensación a tanto alzado expresamente en el límite y la propia Ley del IVA la excluye clara y expresamente del volumen de operaciones.

Entendemos, por tanto, que una interpretación literal de la norma *según el sentido propio de sus palabras* como exige el art. 3.1 del Código Civil (en adelante CC), aplicable por remisión del art. 12.1 de la LGT excluía también anteriormente a la compensación.

Asimismo, también una interpretación sistemática de los artículos 3.1.b de las Órdenes que desarrollaban el método de estimación objetiva del IRPF y el régimen especial simplificado del IVA debía realizarse acorde con el contenido del art. 121 de la Ley del IVA, cuya literalidad entendemos que no admite ninguna duda. Al ser norma de rango superior, carecería de validez una Orden Ministerial que modificara las exclusiones previstas en la Ley del IVA para determinar el concepto de volumen de operaciones (art. 1.2 del CC).

3.2.2.2. La compensación no mide la dimensión de la explotación. No puede existir una dimensión de explotación para la inclusión en el régimen de estimación objetiva y otra distinta para su exclusión

El volumen de operaciones fijado por el art. 121 de la Ley del IVA no sólo se usa para el REAGP sino que establece el criterio para medir la dimensión de una empresa a los efectos de eximirle o no de obligaciones formales en función de sus posibilidades.

Así, la superación de 6.010.121,04 euros de volumen de operaciones calculado de acuerdo con el art. 121 de la Ley del IVA implica la presentación mensual de las declaraciones-liquidaciones de IVA (art. 71.3.1º Reglamento del IVA) y de las retenciones tanto en el IRPF (art. 108 Reglamento del IRPF) como en el Impuesto sobre Sociedades (art. 68.1 del Reglamento del Impuesto sobre Sociedades aprobado por el Real Decreto 634/2015, de 10 de julio, en adelante RIS), así como la inclusión en el suministro electrónico de los registros de facturación de IVA, esto es, el SII (art. 62.6 del Reglamento del IVA).

En el mismo sentido, a efectos de la contabilidad mercantil, la cifra anual de negocios no incluye la compensación del REAGP de acuerdo con la Resolución del ICAC de 20 de enero de 1997[36].

La cifra anual de negocios es usada por la legislación mercantil para medir la dimensión de la empresa y permitirle elaborar la contabilidad por el PGC de Pequeñas y Medianas Empresas (art. 2 Real Decreto 1515/2007), aplicar los criterios contables para microempresas (art. 4 Real Decreto 1515/2007), formular balance y memoria en modelo abreviado y eximir de formular el estado de cambios en el patrimonio neto y el estado de flujos de efectivo (art. 257.3 TRLSC), formular la cuenta de pérdidas y ganancias abreviada (art. 258 TRLSC), incluir o no información adicional en el informe de gestión (art. 262.5.b TRLSC y 49.5 del Código de Comercio), someter las cuentas a auditoría (263.2 TRLSC) y publicar previa o simultáneamente las operaciones vinculadas en las sociedades anónimas cotizadas (art. 529 unvicies TRLSC).

En el Impuesto sobre Sociedades es usada para establecer la obligación de calcular los pagos fraccionados por la modalidad del art. 40.3 LIS, poder aplicar los incentivos para empresas de reducida dimensión (art. 101 LIS), establecer una tributación mínima (art. 30.Bis LIS) o la deducción de gastos de investigación y desarrollo (art. 39.2 LIS).

En consecuencia, cada vez que la normativa mercantil o tributaria ha querido bien eximir de obligaciones formales bien otorgar beneficios fiscales en función de la dimensión de la empresa, la compensación del REAGP no es tenida en cuenta para fijar esa dimensión, por lo que no tiene sentido que para el propio REAGP o la estimación objetiva en IRPF sí se considere.

---

36 BOE 03/03/1997.

Entendemos como dice la Sentencia del TSJ de Andalucía, sede de Sevilla, de 26/02/2021 (rec. 451/2019, (*Tol 8478166*)) que lo relevante para el límite *"no es la renta tributable del titular, sino las dimensiones de la empresa, con la correspondiente posibilidad de asumir mayores cargas de gestión"* (Fundamento de Derecho Segundo *in fine*).

Asimismo, si incluimos la compensación a tanto alzado en el IVA, pero no el IVA repercutido llegaríamos al absurdo que el paso por exclusión de estimación objetiva a estimación directa tendría un límite distinto que el paso de estimación directa de nuevo a estimación objetiva.

Efectivamente, unas ventas de, por ejemplo, 240.000 euros con una compensación del REAGP del 12% de 28.800 euros según el criterio que tenía la DGT generaría unos ingresos de 268.800 euros que excluiría del régimen de estimación objetiva para los tres siguientes ejercicios y del REAGP para el siguiente.

Si en los tres años posteriores se mantuvieran las mismas ventas de 240.000 euros con IVA al 4%, al no computarse el IVA repercutido, el agricultor podría volverse a incluir en la estimación objetiva al cuarto año y en el REAGP al segundo año.

La misma dimensión y las mismas ventas de productos obtiene el agricultor que recupera el IVA soportado por su deducción en su declaración de IVA que el que lo recupera por la repercusión a sus clientes de la compensación del REAGP.

Es por esto que entendemos que no se puede tener con las mismas ventas un límite distinto para la inclusión que para la exclusión del régimen, pues se trataría de una explotación de la misma dimensión, lo que va en contra de la finalidad de la norma (art. 3.1 del CC).

3.2.2.3. No se puede incluir la compensación como ingreso porque iría en contra de su naturaleza y del Derecho de la Unión Europea

Como desarrollaremos en el capítulo sobre la determinación del rendimiento en estimación objetiva, la compensación no es un ingreso sino la recuperación de la carga tributaria soportada con el IVA soportado[37].

37 Sólo la diferencia entre la compensación del REAGP y el IVA soportado por el agricultor podría llegar a considerarse un ingreso si esta fuera positiva o como un gasto si fuera negativa. A esto hay que unir que en los supuestos en que la compensación del agricultor individual fuera inferior al IVA soportado, al aplicarse las normas de estimación objetiva

La consideración de la compensación como un ingreso implica que parte de la carga tributaria de IVA soportada por los agricultores no sea recuperada al tener que tributar por IRPF, lo que va en contra del principio de neutralidad del IVA.

De lo anterior resulta que también va en contra del *espíritu y finalidad* de la norma (art. 3.1 del CC) el que no se pueda compensar la carga tributaria, incumpliendo la interpretación que tenía la DGT el principio de neutralidad (séptimo considerando de la Directiva) y el art. 296 de la Directiva.

3.2.3. La inclusión en el límite de devoluciones de impuestos indirectos

La DGT tiene una doctrina según la cual, conforme a la normativa contable[38] aplicable por remisión de la normativa tributaria, las devoluciones de impuestos indirectos tendrán el tratamiento de ingreso o no, en función de si el Impuesto no es recuperable directamente de la Hacienda Pública o sí lo es (CDGT de 07/01/2011, V0049-11).

La devolución parcial del Impuesto sobre Hidrocarburos del gasóleo agrícola no se consideraba ingreso *"al tratarse de un impuesto parcialmente recuperable de forma directa de la Hacienda Pública"* (Consulta de 10/10/2019, V2786-19 y de 22/10/2019, V2915-19) y, por tanto, no forma parte del límite.

Sin embargo, en las Consultas de 10/10/2019 (V2786-19), de 22/10/2019, (V2915-19) y de 20/05/2020 (V1509-20) sobre el tratamiento de las devoluciones del IVMDH considera que *"dicha devolución sí se incluirá dentro del volumen de los rendimientos íntegros a calcular para determinar si se superan los límites excluyentes del ámbito de aplicación del método de estimación objetiva recogidos en el artículo 31.1. Regla 3ª de la LIRPF"*.

---

en IRPF que no permiten deducir el IVA soportado y tampoco minorar los ingresos por este motivo, tendríamos que no solo no se reconocería el gasto de defecto de compensación, sino que seguiría dando lugar a un ingreso, lo que va en contra de la capacidad económica. Este supuesto será común cuando parte de la producción se destine a la venta a consumidores finales en las que no se genera derecho a la compensación a tanto alzado.

38 Concretamente la cuenta 636 y la norma de registro y valoración 10ª del PGC, como desarrollaremos en el capítulo sobre la determinación del rendimiento en estimación objetiva.

Esto nos resulta sorprendente: el *pleno restablecimiento de la situación jurídica provocada por una actuación declarada nula de pleno derecho con efecto ex tunc* que implican las devoluciones del céntimo sanitario y exigen las Sentencias del TS de 06/02/2024 (rec. 1739/2022) y de 12/02/2024 (rec. 5690/2022) no puede ser la posible exclusión por incluirse la devolución en el límite de ingresos.

Asimismo, se daría la circunstancia aplicando la jurisprudencia del Tribunal Supremo de que la imputación del ingreso debe ser en el ejercicio del gasto indebido, esto es, que en ese ejercicio la misma cuantía formara parte del límite de ingresos y el de compras y gastos.

En nuestra opinión, el restablecimiento de la situación sólo se cumple si se consideran ambos (ingreso y gasto) inexistentes.

3.2.4. La inclusión en el límite de los ingresos forestales irregulares (o irregulares tributariamente)

En las actividades forestales los ingresos se generan a lo largo de muchos años por lo que la dimensión de la empresa no se puede medir en función del ingreso de un ejercicio aislado.

Así, por ejemplo, el corcho se extrae normalmente cada nueve años. Esto hace que los ingresos y gastos de la saca por esta actividad forestal se concentren una vez cada nueve años, provocando el resto del tiempo gastos de mantenimiento del monte.

La importantísima Consulta de la DGT de 30/03/2004 (0810-04) aclaró la situación para estos casos diciendo:

"En el caso de las actividades forestales el volumen de ingresos a tener en cuenta para determinar la inclusión o exclusión del régimen de estimación objetiva será el resultado de dividir el volumen de rendimientos íntegros entre el número de años de generación de los mismos".

Dicho criterio se recoge en la Consulta del Informa de la AEAT 125392.

En consecuencia, de acuerdo con la doctrina administrativa el ingreso obtenido con la saca de corcho deberá dividirse por nueve y cada uno de los ocho años siguientes deberá calcularse el límite incrementando los ingresos obtenidos en el año con la novena parte del ingreso forestal. Esto será muy común pues la actividad forestal suele compatibilizarse con la actividad ganadera.

Desde luego, se hubiera agradecido que la aclaración realizada por la DGT se hubiera incorporado a una normativa que nada dice sobre esa división del ingreso en el número de años en que fue generado.

La DGT, posteriormente, complica el criterio en su Consulta de 13/04/2016 (V1557-16).

Primeramente dice que con carácter general el volumen de ingresos se determinará en función de los obtenidos en el año anterior sin tener en cuenta ningún otro condicionante, pero que esa regla general de cómputo tendrá una excepción: se dividirá entre el número de años de generación del ingreso cuando fuese aplicable la reducción sobre los rendimientos netos de actividades económicas prevista en el art. 35.1 de la Ley de IRPF.

Con ello, se vincula el límite a la reducción por irregularidad, reducción que ya la CDGT de 24/10/2003 (1717-03) dijo que podía ser aplicable a las actividades forestales.

Con la Ley 35/2006, de 28 de noviembre se introdujo una limitación a la reducción por irregularidad del rendimiento por tener un periodo de generación superior a dos años con el siguiente párrafo que procede de la doctrina administrativa:

"No resultará de aplicación esta reducción a aquellos rendimientos que, aún cuando individualmente pudieran derivar de actuaciones desarrolladas a lo largo de un período que cumpliera los requisitos anteriormente indicados, procedan del ejercicio de una actividad económica que de forma regular o habitual obtenga este tipo de rendimientos".

No nos puede parecer más desafortunada la redacción de este apartado.

El Tribunal Supremo ha matizado que la regularidad de las rentas la tiene que demostrar la Administración en función de los ingresos individuales del contribuyente y no del sector de actividad [STS de 19/03/2018, rec. 2070/2017 (*Tol 6550887*) y la STS 06/06/2019, rec. 2067/2017, (*Tol 7336582*)].

Para el Tribunal Supremo *"el motivo que justifica la reducción fiscal reconocida, desde la ley del IRPF de 1978, reside en la necesidad, tanto de justicia tributaria como de capacidad económica, de mitigar los efectos de la progresividad sobre rentas que tributan íntegramente en un solo ejercicio pero que han sido obtenidas en contraprestación de trabajos o servicios realizados en periodos de tiempo mayores, al menos de dos años conforme a la ley vigente"* (F.D. Cuarto de la STS de 19/03/2018).

Esos no deseados efectos de la progresividad se dan en un rendimiento generado de *forma regular o habitual* cada nueve años. Al imputar el rendimiento generado en nueve años en un solo ejercicio con la aplicación del tipo progresivo se muestra una riqueza de la que se carece.

En consecuencia, entendemos que lo importante no es que los rendimientos *procedan del ejercicio de una actividad económica que de forma regular o habitual obtenga este tipo de rendimientos* sino que ese tipo de rendimientos se obtengan *todos los ejercicios*[39].

En el caso de la CDGT de 13/04/2016 (V1557-16) el consultante obtuvo ingresos de extracción de corcho dos ejercicios seguidos al desarrollarse la actividad en varias fincas, pero siempre con periodo medio de extracción de 9 años.

Como los dos ingresos se generan en más de dos años y, aunque se perciban en dos años seguidos, después habrá que esperar siete años para volver a obtener esos ingresos, parece claro el carácter de irregular del ingreso. Esos dos ingresos en 9 años provocan un ingreso cada 4,5 años y, por tanto, superior a dos.

Sin embargo, en la Consulta al percibirse dos ejercicios seguidos se considera que *"al obtener de forma regular o habitual rendimientos derivados de la extracción del corcho, no sería de aplicación la reducción prevista en el mencionado artículo 35.1 de la ley del Impuesto, circunstancia que impide aplicar la excepción a la regla general de cómputo citada anteriormente"*.

En la CDGT 06/02/2017 (V0304-17) nuevamente se considera que para la exclusión de la estimación objetiva no se puede dividir el volumen de ingresos entre el número de años de generación de los rendimientos forestales al establecerse un plan de corte del arbolado de cuatro años.

---

39 En el mismo sentido, VVAA Coord. Mellado Benavente, F. M. (2022). *Todo Fiscal.* CISS, 1ª parte, 1-278, donde se dice: *"El sentido de este precepto, creemos que no puede ser el de negar la reducción a actividades que típicamente han aplicado la reducción, como las explotaciones forestales corcheras, por ejemplo, que realizan saca de corcho cada nueve años, pues en ellas hay ciclos bien definidos de aplicaciones y obtenciones de fondos que permiten concluir que los rendimientos obtenidos se han generado a lo largo de varios años, si bien existirían dudas en el caso de que por el número de fincas corcheras del mismo titular, pudiera concluirse que los ingresos generados en más de dos años, globalmente considerados, se obtienen de manera regular y habitual. Sí se consideraron excluidos, en todo caso, los rendimientos generados en más de dos años por profesionales como abogados o arquitectos, que claramente parecían quedar fuera de la posibilidad de aplicar a sus rendimientos la reducción"*.

No compartimos estos criterios administrativos.

Entendemos que lo determinante por la finalidad de la reducción es que ese tipo de rendimientos no se obtengan *todos los ejercicios* y que cuando se obtienen varios ejercicios habrá que estar a que de media se obtengan en más de dos años, al ser el periodo de generación fijado por la norma.

Con ello, se podría utilizar un criterio para considerar *regular o habitual* un rendimiento parecido al que existía en los rendimientos irregulares percibidos de forma fraccionada antes de su eliminación por la Ley 26/2014, de 27 de noviembre y el Real Decreto 633/2015, de 10 de julio: dividir el número de años de generación entre el número de periodos impositivos en que se perciben y, siempre que sea superior a 2 años, considerarlos irregulares.

De cualquier forma y con independencia de la aplicación o no con los actuales criterios restrictivos de la reducción por irregularidad, lo que es manifiesto es que un ingreso generado de forma regular cada nueve años, aunque se hayan producido dos años seguidos al tener dos fincas distintas, no ofrece la dimensión de la explotación necesaria para la exclusión de la estimación objetiva, por lo que debería ser objeto de regulación[40].

3.2.5. La inclusión en el límite de ingresos ficticios con la elevación al año

Tanto la Ley del IRPF (art. 31.1.3ª.b) como el Reglamento del IVA (art. 43.2) establecen que cuando la actividad se hubiera iniciado en el año inmediato anterior el volumen de ingresos se elevará al año.

El sentido de la norma parece claro: se quiere excluir de la estimación objetiva actividades que van a sobrepasar los límites y que si no lo han sobrepasado es exclusivamente por la duración inferior al año de su primer ejercicio.

---

40 Entendemos que a pesar de regularse determinados beneficios fiscales para las explotaciones forestales, como los de la D.A. 3ª y 4ª de la Ley 19/1995 y la D.A. 4ª de la Ley de IRPF, es necesaria una regulación específica que recoja las singularidades de estas explotaciones forestales no sólo en el límite de ingresos, sino también en la propia imputación del rendimiento en IRPF o para el cálculo de la renta principal para la exención prevista en el art. 4.8.Uno de la Ley del Impuesto sobre el Patrimonio. Sobre esta última exención, MÚZQUIZ VICENTE-ARCHE aboga por la eliminación para estas explotaciones del requisito de renta principal en Múzquiz Vicente-Arche, J. I. (2003). "La afección de bienes a la actividad forestal y sus consecuencias tributarias en la imposición directa". *Revista Española de Estudios Agrosociales y Pesqueros* nº 198. P. 205.

En palabras de la STSJ de Castilla y León, sede de Burgos, de 17/07/2020 (rec. 191/2019, (*Tol 8068016*)) *"la elevación al año de los rendimientos obtenidos tiene como finalidad dar el mismo tratamiento a las empresas que tienen el mismo volumen de negocio en el mismo lapso temporal"*.

En consecuencia, con la elevación al año se consigue equiparar una empresa que ha estado todo el año funcionando con una empresa que sólo ha desarrollado la actividad parte del año.

Ahora bien, esa comparación es posible si los ingresos de la actividad son generados a lo largo de todo el año pero si, como se produce en determinados cultivos, los ingresos se concentran en determinados periodos del año, la norma puede dar lugar a sobredimensionar una explotación y excluirla sin motivo del régimen de módulos.

Efectivamente, piénsese en una explotación que concentre su recolección y venta en los últimos meses del año como sería el caso de una explotación de aceituna de verdeo (mesa)[41] que concentra su recolección y comercialización en los meses de septiembre, octubre y noviembre.

En los meses de enero a agosto, por el tipo de cultivo, no es posible obtener ingresos salvo que procedan de campañas anteriores.

En consecuencia, salvo que la campaña se liquide posteriormente, toda explotación de aceituna de mesa que inicie su actividad en septiembre tendrá elevado al año un resultado tres veces superior al que obtendría en un año natural.

No se trata en ese caso de que la explotación pueda tener un volumen más importante de ingresos en determinadas fechas, sino que por naturaleza es imposible tener ingresos en otros meses del año.

Un supuesto similar es consultado en la CDGT de 10/10/2019 (V2788-19) en la que se explica que se inicia la actividad en octubre pero que el volumen importante de ventas se produce en el cuarto trimestre.

La DGT en una interpretación literal y no finalista considera aplicable la elevación al año diciendo:

---

41 Concretamente, se recolectó y comercializó de media a nivel nacional un 28% en septiembre, un 65% en octubre y un 7% en noviembre de acuerdo con el Calendario de siembra, recolección y comercialización 2014-2016 del MAPA que se puede consultar en https://www.mapa.gob.es/es/estadistica/temas/estadisticas-agrarias/olivar_tcm30-514225.pdf

"Como en el caso planteado la actividad se ha iniciado el día 3 de octubre, deberán elevarse al año los ingresos obtenidos desde dicha fecha hasta el 31 de diciembre.

En el caso que los ingresos que resulten de dicha elevación al año fuesen superiores a las magnitudes excluyentes por volumen de ingresos (en 2017, 250.000, ingresos totales, o 125.000, ingresos obtenidos de otros empresarios o profesionales), el consultante quedará excluido del método de estimación objetiva, debiendo determinar el rendimiento neto de la actividad por el método de estimación directa, en la modalidad que corresponda".

Entendemos que la norma debería ser modificada para contemplar la específica realidad agrícola, con un año agrícola que no coincide con el año natural y unos ingresos que en la mayoría de los casos no se producen durante todo el año pues sin sembrar no se puede recoger.

3.2.6. La inclusión en el límite del volumen de ingresos familiar

La nueva Ley de IRPF (Ley 35/2006, de 26 de noviembre) introdujo en el volumen de *rendimientos íntegros* la siguiente norma antielusión (art. 31.1.3º.b de la Ley)[42]:

"No obstante, a efectos de lo previsto en esta letra b), deberán computarse no solo las operaciones correspondientes a las actividades económicas desarrolladas por el contribuyente, sino también las correspondientes a las desarrolladas por el cónyuge, descendientes y ascendientes, así como por entidades en régimen de atribución de rentas en las que participen cualquiera de los anteriores, en las que concurran las siguientes circunstancias:

– Que las actividades económicas desarrolladas sean idénticas o similares. A estos efectos, se entenderán que son idénticas o similares las actividades económicas clasificadas en el mismo grupo en el Impuesto sobre Actividades Económicas.

– Que exista una dirección común de tales actividades, compartiéndose medios personales o materiales".

La norma contempla un supuesto específico y no excluye la regularización de una división artificial distinta aplicando, por ejemplo, el art. 16 de la LGT. De

42 Para la CDGT de 20/01/2009 (V0119-09) la nueva norma ya era aplicable para el ejercicio 2007 aunque éste tuviera en cuenta ingresos del ejercicio 2006 y, por tanto, anteriores a la fecha de la publicación de la Ley 35/2006, de 26 de noviembre.

hecho, frecuentemente, la Inspección no usa esta norma antielusión para comprobar divisiones artificiales.

La misma redacción de la norma se recoge en el art. 32.2.a.b' del Reglamento del IRPF y en los artículos 3 de las distintas Órdenes Ministeriales desde la Orden EHA/804/2007, de 30 de marzo (BOE 31/03/2007).

Dicha norma, sin embargo, no se recoge en el art. 124.Dos.3º de la Ley del IVA y 43.2.a del Reglamento del IVA por lo que volvemos a tener aquí el problema de la remisión a la normativa de IRPF establecida en dicha letra.

Efectivamente, el art. 124.Dos.3º de la Ley del IVA establece, como hemos visto, una remisión al reglamento para fijar el importe del volumen de operaciones a partir del cual los empresarios o profesionales quedarán excluidos del REAGP. El art. 43.2.a fija dicho importe en 250.000 euros y se remite a la normativa del IRPF pero para cuando esa normativa *estableciera otra cifra a efectos de la aplicación del método de estimación objetiva*.

Entendemos que la remisión reglamentaria que realiza la Ley del IVA a un importe y, posteriormente, la remisión que realiza el Reglamento del IVA a una cifra, no puede amparar una remisión a una regla de cálculo en función del volumen de ingresos familiar. En contra, la interpretación de la DGT en Consultas como la de 23/09/2022 (V2057-22) en la que aplica al REAGP de IVA la norma antielusión.

Por otro lado, la norma no aclara cuándo estamos ante *actividades económicas idénticas o similares*.

Una posible interpretación sería considerar tres actividades distintas a las actividades agrícolas, ganaderas y forestales. Otra interpretación posible sería considerar a las actividades agrícolas y ganaderas la misma actividad en función de la división de actividades contenida en los artículos 1 y 2 de las distintas Órdenes que desarrollan cada año el método de estimación objetiva[43].

---

[43] Que recogen las siguientes 9 actividades:
1º.- Agrícola o ganadera susceptible de estar incluida en el REAGP del IVA, 2º.- Actividad forestal susceptible de estar incluida en el REAGP del IVA, 3º.- Ganadería independiente, 4º.- Servicios de cría, guarda y engorde de ganado, 5º.- Otros trabajos, servicios y actividades accesorios realizados por agricultores o ganaderos que estén excluidos o no incluidos en el REAGP del IVA, 6º.- Otros trabajos, servicios y actividades accesorios realizados por titulares de actividades forestales que estén excluidos o no incluidos en el REAGP del IVA, 7º.- Aprovechamientos que correspondan al cedente en las actividada-

En nuestra opinión, debemos partir de la única aclaración que hace la norma (*mismo grupo en el Impuesto sobre Actividades Económicas*) pues, aunque no sea aplicable a las actividades agrícolas, ganaderas y forestales sí lo es a la ganadería independiente.

Efectivamente, en la ganadería independiente se consideran idénticas o similares las *actividades económicas clasificadas en el mismo grupo* del IAE y no las actividades que pertenezcan a la misma agrupación, división o sección[44].

Concretamente, dentro de las Divisiones pertenecientes a la Sección Primera (*Actividades empresariales: ganaderas, mineras, industriales, comerciales y de servicios*) está la División 0 *Ganadería Independiente*. Dentro de esta División 0 *Ganadería Independiente* hay 7 agrupaciones y dentro de estas 7 agrupaciones hay un total de 17 grupos y, por tanto, de 17 actividades distintas.

Para la ganadería dependiente, así como para las actividades agrícolas o forestales la solución no debería ser diferente.

---

des agrícolas desarrolladas en régimen de aparcería, 8°.- Aprovechamientos que correspondan al cedente en las actividades forestales desarrolladas en régimen de aparcería y 9°.- Procesos de transformación, elaboración o manufactura de productos naturales, vegetales o animales, que requieran el alta en un epígrafe correspondiente a actividades industriales en las Tarifas del IAE y se realicen por los titulares de las explotaciones de las cuales se obtengan directamente dichos productos naturales.

44 Concretamente: Agrupación 01. Explotación de ganado bovino con 3 grupos (Grupo 011. Explotación extensiva de ganado bovino, Grupo 012. Explotación intensiva de ganado bovino de leche y Grupo 013. Explotación intensiva de ganado bovino de cebo) Agrupación 02. Explotación de ganado ovino y caprino con 4 Grupos (Grupo 021. Explotación extensiva de ganado ovino, Grupo 022. Explotación intensiva de ganado ovino de cría, Grupo 023. Explotación intensiva de ganado ovino de cebo, Grupo 024. Explotación de ganado caprino), Agrupación 03. Explotación de ganado porcino con 3 grupos (Grupo 031. Explotación extensiva de ganado porcino, Grupo 032. Explotación intensiva de ganado porcino de cría y Grupo 033. Explotación intensiva de ganado porcino de cebo), Agrupación 04. Avicultura con 2 Grupos (Grupo 041. Avicultura de puesta y Grupo 042. Avicultura de carne), Agrupación 05. Cunicultura con 1 Grupo (Grupo 051. Cunicultura), Agrupación 06. Otras explotaciones ganaderas NCOP con 3 Grupos (Grupo 061. Explotaciones de ganado caballar, mular y asnal, Grupo 062. Apicultura y Grupo 069. Otras explotaciones ganaderas) y Agrupación 07. Explotaciones mixtas con 1 Grupo (Grupo 071. Explotaciones mixtas).

Es cierto que estas actividades no están en los grupos de IAE pero sí en las clases de la Clasificación Nacional de Actividades Económicas, similar a los grupos de IAE.

Efectivamente, dentro de la sección A *Agricultura, Ganadería, Silvicultura y Pesca* están la División 01 *Agricultura, ganadería, caza y servicios relacionados con las mismas*, con 6 grupos[45] y un séptimo para la caza, y la División 02 *Silvicultura y explotación forestal,* con 4 grupos[46]. Dentro de esos 10 grupos, excluyendo la caza, hay 35 clases.

Las clases no son idénticas a los grupos de IAE y, de hecho, los 17 grupos distintos de IAE de la ganadería independiente se recogen en sólo 8 clases de CNAE, por lo que incluso dentro de una misma clase podríamos encontrar actividades diferenciadas.

---

45 Concretamente: Grupo 01.1 Cultivos no perennes con 7 clases (01.11 Cultivo de cereales (excepto arroz), leguminosas y semillas oleaginosas, 01.12 Cultivo de arroz, 01.13 Cultivo de hortalizas, raíces y tubérculos, 01.14 Cultivo de caña de azúcar, 01.15 Cultivo de tabaco, 01.16 Cultivo de plantas para fibras textiles y 01.19 Otros cultivos no perennes), Grupo 01.2 Cultivos perennes con 9 clases (01.21 Cultivo de la vid, 01.22 Cultivo de frutos tropicales y subtropicales, 01.23 Cultivo de cítricos, 01.24 Cultivo de frutos con hueso y pepitas, 01.25 Cultivo de otros árboles y arbustos frutales y frutos secos, 01.26 Cultivo de frutos oleaginosos, 01.27 Cultivo de plantas para bebidas, 01.28 Cultivo de especias, plantas aromáticas, medicinales y farmacéuticas y 01.29 Otros cultivos perennes), Grupo 01.3 Propagación de plantas con 1 clase (01.30 Propagación de plantas), Grupo 01.4 Producción ganadera con 8 clases (01.41 Explotación de ganado bovino para la producción de leche, 01.42 Explotación de otro ganado bovino y búfalos, 01.43 Explotación de caballos y otros equinos, 01.44 Explotación de camellos y otros camélidos, 01.45 Explotación de ganado ovino y caprino, 01.46 Explotación de ganado porcino, 01.47 Avicultura y 01.49 Otras explotaciones de ganado), Grupo 01.5 Producción agrícola combinada con la producción ganadera con una clase (01.50 Producción agrícola combinada con la producción ganadera) y Grupo 01.6 Actividades de apoyo a la agricultura, a la ganadería y de preparación posterior a la cosecha con 4 clases (01.61 Actividades de apoyo a la agricultura, 01.62 Actividades de apoyo a la ganadería, 01.63 Actividades de preparación posterior a la cosecha y 01.64 Tratamiento de semillas para reproducción).

46 Concretamente: Grupo 02.1 Silvicultura y otras actividades forestales con 1 clase (02.10 Silvicultura y otras actividades forestales) Grupo 02.2 Explotación de la madera con 1 clase (02.20 Explotación de la madera), Grupo 02.3 Recolección de productos silvestres, excepto madera con 1 clase (02.30 Recolección de productos silvestres, excepto madera) y Grupo 02.4 Servicios de apoyo a la silvicultura con 1 clase (02.40 Servicios de apoyo a la silvicultura).

Para la Consulta de la DGT de 04/07/2007 (V1480-07), sin embargo, la actividad agrícola es una sola actividad, considerando la explotación de viveros (clase 0130 de la CNAE) actividad idéntica o similar a la producción de cítricos (clase 0123 de la CNAE) y de olivar (clase 0126 de la CNAE). En el mismo sentido, la Consulta de 22/01/2015 (V0261-15).

En nuestra opinión esta interpretación no tiene sentido.

Así, por ejemplo, no tiene sentido que la ganadería sea una sola actividad si es dependiente, pero 17 actividades si es independiente.

Se podría dar el caso incluso de una ganadería extensiva de, por ejemplo, porcino que pasara en función del pienso consumido de terceros a ser ganadería independiente y, por tanto, ser una actividad diferenciada dentro del Grupo 031 del IAE y, otro año en función de los pastos, a ser ganadería dependiente y, aunque tenga la clase específica 0146 de la CNAE, ser la misma actividad que el resto de la ganadería.

Tampoco queda clara la dirección común y el compartir medios.

Como decía BANACLOCHE PÉREZ[47] excluyendo el debate de incidencia constitucional que pudiera existir en las referencias discriminantes por razón de parentesco, las opiniones pueden ser discrepantes, al menos respecto a los siguientes aspectos:

"...qué es una dirección común y cómo se prueba (¿acuerdo escrito, mandato con poder de decisión, actuación en nombre y por cuenta de los dirigidos, retribución por dirección,...?) y qué quiere decir compartir medios personales y materiales (¿emplear a los mismos trabajadores?, ¿de forma simultánea o sucesivamente?, ¿ceder trabajadores mediante contraprestación? ¿copropiedad de todos/algunos medios materiales?, ¿cesión de medios materiales mediante contraprestación?...".

En el mismo sentido, destaca GARCÍA NOVOA[48] que *"la existencia de la dirección común supone el ejercicio de funciones de dirección por un sujeto, y sobre esta cuestión existe una contradictoria doctrina administrativa respecto a otras cuestiones tributarias de gran actualidad"* como con los requisitos de la exención del

---

47 Banacloche Pérez, J. (2014). "Cuestiones Tributarias". *Revista Impuestos* nº 1, Sección Editorial.

48 García Novoa, C. (2006) "El Proyecto de Ley de Prevención del Fraude (II)". *Quincena Fiscal* núm. 10/2006.

Impuesto sobre el Patrimonio, considerando que la norma debería aclarar cuáles son esas funciones y cómo se determinan.

Evidentemente, como dice la Consulta de la DGT de 02/06/2020 (V1725-20), se trata de una cuestión de hecho, pero no hubiera estado de más establecer unas presunciones para clarificar en qué casos se da y en cuáles no.

Elementos frecuentemente utilizados por la Administración para considerar probada la dirección común compartiendo medios personales y materiales, como son la coincidencia de los compradores del mismo cultivo (uva) o de los mismos trabajadores eventuales contratados, no fueron considerados determinantes para la Sentencia del TSJ de Castilla y León, sede de Burgos, de 14/04/2023 (rec. 186/2022, (*Tol 9567771*)) ante un matrimonio en el que ambos eran agricultores pues *"no puede considerarse que se trate de algo extraño que los compradores adquieran uva de los cultivadores de la zona, debiendo señalarse en este punto que los dos cónyuges no plantan las mismas variedades de vid, o que los mismos trabajadores sean contratados durante la campaña agrícola por los mismos cultivadores, vista la duración de estos contratos de trabajo que es de días"* (FJ Quinto). El Tribunal apreció más, en este caso, la titularidad por la esposa de maquinaria en buen estado y suficiente, según la pericial, para efectuar las labores necesarias para la explotación vitivinícola, la concesión de ayudas a la misma en función de un plan empresarial en las que se consideraba que explotaba una explotación autónoma o el inicio de la actividad con anterioridad al matrimonio.

Tampoco considera determinante la STSJ de Aragón de 27/09/2018 (rec. 21/2018, (*Tol 6922497*)) una confusa gestión bancaria para hacer efectivos cobros y pagos, mezclando el uso de cuentas corrientes para atender los ingresos y gastos de un padre y de un hijo, al que el anterior le había arrendado tierras.

En definitiva, se trata de una prueba indiciaria, en la que muchos indicios hacen prueba de esa dirección común compartiendo medios, como fue el caso de la STSJ Aragón de 03/10/2018 (rec. 22/2018, (*Tol 6927317*)) en la que un padre y un hijo: 1º se dedicaban al mismo cultivo, 2º tenían como único cliente su propia sociedad, 3º percibían los ingresos y pagaban sus gastos desde una cuenta común, 4º únicamente el padre contaba con tractor, atomizador, plameca, herramientas, utillaje, etc. necesarios para el desarrollo de la actividad, 5º los trabajadores prestaban servicios a ambos de forma alternativa o consecutiva, 6º las mismas tierras fueron explotadas por el padre y luego por el hijo mediante contrato de arrendamiento y 7º compartían gestores, asesores, suministradores de productos y aseguradores.

Con todos esos indicios, como decimos, ya no se trata muchas veces sólo de excluir del régimen de estimación objetiva a los inspeccionados sino de distribuir los rendimientos en función de la realidad de fondo y no mediante la ficticiamente creada, conforme al art. 16 de la LGT.

Sería el caso de la STSJ de Andalucía, sede de Granada, de 06/02/2018 (rec. 1029/2013, (*Tol 6851246*))[49] en la que a pesar de declararse los rendimientos en hasta cinco explotaciones (colindantes) divididas artificiosamente: existía una unidad de producción con una administración o gestión única, con trabajadores y maquinaria compartidas, con contratos de arrendamiento pagados en efectivo con condiciones resolutorias en caso de revocaciones de poderes del representante de la arrendadora, etc.

4. EXCLUSIÓN POR SOBREPASAR EL LÍMITE POR COMPRAS DE 250.000 EUROS

Este límite se introdujo por primera vez con la modificación del art. 45 de la Ley del IRPF entonces vigente (Ley 40/1998, de 9 de diciembre) operada por el art. Vigésimo cuarto de la Ley 49/2002, de 18 de diciembre y la modificación del art. 124 de la Ley del IVA operada por el art. 4.Veintiuno de la Ley 53/2002, de 30 de diciembre, incorporándose por primera vez a las Órdenes en la Orden HAC/225/2003, de 11 de febrero (12/02/2003).

En su actual redacción, el art. 31.1.3ª.c de la Ley del IRPF establece que el método de estimación objetiva no podrá aplicarse cuando se dé:

"Que el volumen de las compras en bienes y servicios, excluidas las adquisiciones de inmovilizado, en el ejercicio anterior supere la cantidad de 150.000 euros anuales. En el supuesto de obras o servicios subcontratados, el importe de los mismos se tendrá en cuenta para el cálculo de este límite.

A estos efectos, deberán computarse no solo el volumen de compras correspondientes a las actividades económicas desarrolladas por el contribuyente, sino también las correspondientes a las desarrolladas por el cónyuge, descendientes y ascendientes, así

---

49 En sentido similar STSJ de Andalucía, sede de Granada, de 19/09/2017 (rec. 1038/2013, (*Tol 6405910*)). Sobre la posibilidad de sancionar en estos supuestos con una prueba indiciaria el FJ Sexto de la STSJ de Andalucía 26/09/2017, sede de Granada (rec. 1036/2013, (*Tol 6402891*)).

como por entidades en régimen de atribución de rentas en las que participen cualquiera de los anteriores, en las que concurran las circunstancias señaladas en la letra b) anterior.

Cuando en el año inmediato anterior se hubiese iniciado una actividad, el volumen de compras se elevará al año."

Este artículo se reproduce en el art. 32 del Reglamento, así como en las distintas Órdenes que desarrollan el método.

Por su parte el art. 124.Dos.6º de la Ley del IVA establece la exclusión del REAGP de:

"Aquellos empresarios o profesionales cuyas adquisiciones e importaciones de bienes y servicios para el conjunto de sus actividades empresariales o profesionales, excluidas las relativas a elementos del inmovilizado, hayan superado en el año inmediato anterior el importe de 150.000 euros anuales, excluido el Impuesto sobre el Valor Añadido.

Cuando en el año inmediato anterior se hubiese iniciado una actividad, el importe de las citadas adquisiciones e importaciones se elevará al año."

Lo cierto es que el límite de 150.000 euros (antes 300.000 euros) introducido por el art. Primero.Dieciocho y Treinta de la Ley 26/2014, de 27 de noviembre, no ha llegado a aplicarse nunca pues sistemáticamente ha sido modificado a 250.000 euros para todos los ejercicios desde su entrada en vigor, esto es, para los ejercicios 2016 a 2025 con las distintas modificaciones de la D. T. 32º de la Ley IRPF[50] y la D. T. 13ª de la Ley del IVA introducidas inicialmente por los artículos 61 y 70 de la Ley 48/2015, de 29 de octubre.

De dicho límite de 250.000 euros al año se excluyen las adquisiciones de inmovilizado, pero se incluyen las obras o servicios subcontratados.

---

50 La última por el Real Decreto-ley 9/2024, de 23 de diciembre que no fue convalidado y fue, finalmente, derogado por la Resolución de 22 de enero de 2025 del Congreso de los Diputados (BOE 23/01/2025). Sorprendentemente, en lugar de su incorporación a una Ley, la cuestión ha sido resuelta con una Nota aclaratoria de la DGT sobre los efectos de la derogación de la que se deduce que al haber estado en vigor a 1 de enero de 2025, los efectos de la derogación serán para el periodo impositivo 2026 y se mantiene en 250.000 euros para 2025. Dicha nota se puede consultar aquí: https://sede.agenciatributaria.gob.es/Sede/todas-noticias/2025/marzo/21/nota-sobre-efectos-ambito-irpf-92024.html

Cuando en el año inmediato anterior se hubiese iniciado una actividad, el volumen de compras se elevará al año lo que no consideramos, con las actividades estacionales, que tenga mucho sentido.

A diferencia de la interpretación que se hace con la compensación del IVA en el límite de ingresos, para la DGT no deberá computarse el IVA soportado de dichas compras por coordinación entre la estimación objetiva en IRPF y el REAGP en IVA (CDGT 14/03/2011, V0644-11).

En el límite están incluidos los gastos generales de la actividad (alquileres, energía, teléfono, asesoramientos en general, transportes, seguros, etc.), exceptuando los gastos derivados de la contratación de personal y los gastos de amortización de los elementos afectos, pues en ambos casos no se trata de la compra de bienes y servicios (CDGT 04/03/2004, 0531-04).

Como hemos visto, al igual que en el límite de volumen de ingresos, en el volumen de compras de bienes y servicios deben computarse no sólo las operaciones correspondientes a las actividades económicas desarrolladas por el contribuyente, sino también las realizadas por el cónyuge, descendientes y ascendientes, así como por entidades en régimen de atribución de rentas en las que participen cualquiera de los anteriores, cuando las actividades económicas sean idénticas o similares y exista una dirección común de tales actividades, compartiéndose medios personales o materiales.

Ahora bien, al igual que en el volumen de ingresos, los artículos 124.Dos.6º de la Ley del IVA y 43.2.c del Reglamento no contienen esa norma de cómputo del volumen familiar, sin que exista ninguna remisión en este punto a la normativa de IRPF, ni siquiera como con los ingresos a su *cifra*.

De lo anterior entendemos que no sería aplicable esta norma de cómputo familiar en el REAGP de IVA con mayor claridad todavía que en el caso del volumen de ingresos.

Por último, no entendemos la utilidad de este límite para explotaciones agrícolas, ganaderas o forestales.

En las actividades comerciales en las que se compra y se vende las compras sí pueden ser un indicio del tamaño de la empresa.

Sin embargo, en las actividades agrícolas, ganaderas y forestales no se compra, sino que se cultiva o cuida y se obtienen productos naturales, por lo que este índice no mide el tamaño de la explotación.

Asimismo, el límite puede provocar distorsiones y situaciones injustas.

No entendemos, por ejemplo, como un arrendamiento supone una mayor dimensión de la explotación con respecto a las explotaciones que son en propiedad. Tampoco se entiende como la adquisición de mayores piensos de terceros por sequía pueda suponer esa mayor dimensión de explotación. Tampoco tiene sentido que la contratación de seguros agrarios sea incentivada por la Administración otorgando subvenciones al efecto pero que luego se castigue al considerarse a efectos del límite.

Capítulo II
LA DETERMINACIÓN DEL RENDIMIENTO EN ESTIMACIÓN OBJETIVA EN IRPF PARA ACTIVIDADES AGRÍCOLAS, GANADERAS Y FORESTALES

1. NORMATIVA APLICABLE

La Ley del IRPF establece una remisión al desarrollo reglamentario del régimen de estimación objetiva, regulando sólo algunos aspectos (art. 16.2.b y 31 de la Ley del IRPF).

Sobre el cálculo de los rendimientos en estimación objetiva, el escueto art. 31.2 de la Ley del IRPF dispone:

"El cálculo del rendimiento neto en la estimación objetiva se regulará por lo establecido en este artículo y las disposiciones que lo desarrollen.

Las disposiciones reglamentarias se ajustarán a las siguientes reglas:

1.ª En el cálculo del rendimiento neto de las actividades económicas en estimación objetiva, se utilizarán los signos, índices o módulos generales o referidos a determinados sectores de actividad que determine el Ministro de Economía y Hacienda, habida cuenta de las inversiones realizadas que sean necesarias para el desarrollo de la actividad.

2.ª La aplicación del método de estimación objetiva nunca podrá dar lugar al gravamen de las ganancias patrimoniales que, en su caso, pudieran producirse por las diferencias entre los rendimientos reales de la actividad y los derivados de la correcta aplicación de estos métodos."

En consecuencia, la Ley establece únicamente dos reglas de cálculo.

Una primera regla que consiste en una remisión general a lo que *determine el Ministro*, exigiendo únicamente que se tengan en cuenta las inversiones realizadas necesarias para el desarrollo de la actividad.

En cumplimiento de esta regla, las distintas Órdenes Ministeriales han tenido en cuenta las inversiones al permitir la amortización tanto del inmovilizado material como del intangible para el cálculo del rendimiento neto minorado.

La segunda regla de cálculo no es en sí una regla para determinar el cálculo del rendimiento, sino que *santifica* la regla anterior: lo que *determine el Ministro* será aplicable, aunque los rendimientos reales sean diferentes, no pudiéndose gravar esas diferencias.

Esta segunda norma es una característica intrínseca del sistema que otorga seguridad jurídica al que se acoge a él. Es por esto que la STC 203/2016, de 1 de diciembre (*Tol 5929664*), declaró inconstitucional una norma foral que preveía una posibilidad no permitida por la LGT como es *"gravar las diferencias entre el rendimiento real de una determinada actividad económica y el rendimiento objetivamente estimado"*[51].

Por su parte, el desarrollo reglamentario al que se refieren los artículos 16.2.b y 31.2 de la Ley del IRPF se encuentra, en el Reglamento del IRPF, en sus artículos 32.1 y 37.

El art. 32.1 se remite para el ámbito de aplicación del método a las actividades *que determine el Ministro*.

El art. 37 sí regula la determinación del rendimiento estableciendo:

"1. Los contribuyentes determinarán, con referencia a cada actividad a la que resulte aplicable este método, el rendimiento neto correspondiente.

2. La determinación del rendimiento neto a que se refiere el apartado anterior se efectuará por el propio contribuyente, mediante la imputación a cada actividad de los signos, índices o módulos que hubiese fijado el Ministro de Economía y Hacienda.

Cuando se prevea en la Orden por la que se aprueban los signos, índices o módulos, para el cálculo del rendimiento neto podrán deducirse las amortizaciones del inmovilizado registradas. La cuantía deducible por este concepto será, exclusiva-

---

51 En el mismo sentido la STS de 23/10/2014 (rec. 230/2012, (*Tol 4576260*)) y la STC 113/2017, de 16 de octubre (*Tol 9749539*).

mente, la que resulte de aplicar la tabla que, a estos efectos, apruebe el Ministro de Economía y Hacienda.

3. En los casos de iniciación con posterioridad al día 1 de enero o cese antes del día 31 de diciembre de las operaciones de una actividad acogida a este método, los signos, índices o módulos se aplicarán, en su caso, proporcionalmente al período de tiempo en que tal actividad se haya ejercido, por el contribuyente durante el año natural. Lo dispuesto en este apartado no será de aplicación a las actividades de temporada que se regirán por lo establecido en la correspondiente Orden ministerial.

4. 1.º Cuando el desarrollo de actividades económicas a las que resulte de aplicación este método se viese afectado por incendios, inundaciones u otras circunstancias excepcionales que afectasen a un sector o zona determinada, el Ministro de Economía y Hacienda podrá autorizar, con carácter excepcional, la reducción de los signos, índices o módulos.

2.º Cuando el desarrollo de actividades económicas a las que resulte de aplicación este método se viese afectado por incendios, inundaciones, hundimientos o grandes averías en el equipo industrial, que supongan anomalías graves en el desarrollo de la actividad, los interesados podrán solicitar la reducción de los signos, índices o módulos en la Administración o Delegación de la Agencia Estatal de Administración Tributaria correspondiente a su domicilio fiscal, en el plazo de treinta días a contar desde la fecha en que se produzcan, aportando las pruebas que consideren oportunas y haciendo mención, en su caso, de las indemnizaciones a percibir por razón de tales anomalías. Acreditada la efectividad de dichas anomalías, se autorizará la reducción de los signos, índices o módulos que proceda.

Igualmente autorizará la reducción de los signos, índices o módulos cuando el titular de la actividad se encuentre en situación de incapacidad temporal y no tenga otro personal empleado. El procedimiento para reducir los signos, índices o módulos será el mismo que el previsto en el párrafo anterior.

La reducción de los signos, índices o módulos se tendrá en cuenta a efectos de los pagos fraccionados devengados con posterioridad a la fecha de la autorización.

3.º Cuando el desarrollo de actividades económicas a las que resulte de aplicación este método se afectado por incendios, inundaciones, hundimientos u otras circunstancias excepcionales que determinen gastos extraordinarios ajenos al proceso normal del ejercicio de aquélla, los interesados podrán minorar el rendimiento neto resultante en el importe de dichos gastos. Para ello, los contribuyentes deberán poner dicha circunstancia en conocimiento de la Administración o Delegación de la Agencia Estatal de Administración Tributaria correspondiente a su domicilio fiscal, en el plazo de treinta días a contar desde la fecha en que se produzca, aportando, a tal efecto, la justificación correspondiente y haciendo mención, en su caso, de las indemnizaciones a percibir por razón de tales circunstancias.

La Administración tributaria verificará la certeza de la causa que motiva la reducción del rendimiento y el importe de la misma.

5. La Orden ministerial en cuya virtud se fijen los signos, índices o módulos aplicables a cada actividad contendrá las instrucciones necesarias para su adecuado cómputo y deberá publicarse en el «Boletín Oficial del Estado» antes del 1 de diciembre anterior al período a que resulte aplicable.

La Orden ministerial podrá referirse a un período de tiempo superior al año, en cuyo caso se determinará por separado el método de cálculo del rendimiento correspondiente a cada uno de los años comprendidos."

En consecuencia, como regla de cálculo el Reglamento establece que los *signos, índices o módulos fijados* por el Ministro sean aplicados actividad a actividad, considerándose actividades independientes *cada una de las recogidas específicamente en las Órdenes Ministeriales que regulen el método* (art. 38.1 Reglamento del IRPF).

También establece que se tengan en cuenta las amortizaciones resultantes de aplicar la tabla que *apruebe* el Ministro y que se tengan en cuenta la parte proporcional en caso de inicio o cese en la actividad.

Por último, se establece los mecanismos para corregir circunstancias excepcionales como incendios o inundaciones que hayan afectado al desarrollo de la actividad económica y, al respecto:

1º.- Se permite la reducción de los signos, índices o módulos por el Ministro para determinado sector o zona afectada.

2º.- Se permite la reducción de los signos, índices o módulos previa solicitud del interesado en la Administración o Delegación de la AEAT.

3º.- Se permite la deducción de los gastos extraordinarios ajenos al proceso normal en los que se hubiera incurrido previa solicitud del interesado en la Administración o Delegación de la AEAT.

Sobre la exigencia del art. 37.5 del Reglamento de que la Orden Ministerial deba publicarse en el BOE antes del 1 de diciembre anterior al periodo en que resulte aplicable, no se establecen las consecuencias de dicho incumplimiento, pero en la práctica supone una ampliación de los plazos para las renuncias y revocaciones a las renuncias al método de estimación objetiva.

Asimismo, no se está haciendo uso de la posibilidad de que una Orden pueda aplicarse a más de un año quizás porque el citado art. 37.5 del Reglamento exige que se determine por separado el método de cálculo para cada uno de los años.

De todo lo anterior resulta que para cada ejercicio el Ministerio de Hacienda y Administraciones Públicas, hoy de Hacienda y Función Pública y antes de Hacienda y de Economía y Hacienda, aprueba una Orden, que podemos denominar estructural, por la que se desarrolla el referido método de estimación conjuntamente con el régimen simplificado de IVA.

Junto a esta Orden estructural que debe publicarse con anterioridad al periodo y que apenas es modificada año a año, se ha publicado la práctica totalidad de los años desde el inicio del régimen una Orden que podemos denominar coyuntural en la que, en aplicación del art. 37.4.1° del Reglamento, se recogen las reducciones de los índices en los cultivos y zonas afectadas por circunstancias excepcionales cada año.

La reducción de índices no es en sí un beneficio fiscal sino una adaptación del módulo a la realidad provocada por una catástrofe.

No obstante, en muchas ocasiones suelen regularse de una manera que no asegura esa adaptación, de una forma más general, como es el caso de la elevación de las reducciones de carácter general para todas las actividades, sin distinguir por sectores o zonas.

En estos casos más parece un beneficio fiscal por determinadas circunstancias excepcionales que la determinación en sí del rendimiento.

En nuestra opinión, incluso si se produjera con esa regulación más una ayuda excepcional que una adaptación al rendimiento real, entendemos que no existiría un incumplimiento del régimen de ayudas de Estado reguladas esencialmente en los artículos 107 a 109 del Tratado de Funcionamiento de la Unión Europea, más concretamente en base al art. 107.2.b del Tratado.

En este sentido, como explica LÓPEZ ESPADAFOR[52], si las ayudas o beneficios fiscales *"vienen ocasionados por algunos tipos de causas tasadas como son esencialmente los casos de catástrofes naturales, en principio tales ayudas sí estarían*

---

52 López Espadafor, C. M. (2016). "La tributación de las empresas agrícolas dedicadas al aceite de oliva en España: elementos comparativos con Italia". *Nueva Fiscalidad* núm. 2-2016. Página 11.

permitidas" desde el punto de vista de la disciplina comunitaria sobre ayudas de Estado.

Las Órdenes Ministeriales, estructurales y coyunturales, que han desarrollado el método en cuanto a explotaciones agrarias son las siguientes:

EJERCICIO	ÓRDENES ESTRUCTURALES	ÓRDENES COYUNTURALES
1995	Orden de 29 de noviembre de 1994 (BOE 30/11/1994)53	
1996	Orden de 28 de noviembre de 1995 (BOE 30/11/1995)	
1997	Orden de 27 noviembre 1996 (BOE 30/11/1996)	
1998	Orden de 13 de febrero de 1998 (BOE 14/02/1998)	Orden de 10 de febrero de 1999 (BOE 23/02/1999), de 6 de mayo de 1999 (BOE 07/05/1999) y de 8 de junio de 1999 (BOE 09/06/1999)
1999	Orden de 13 de febrero de 1998 (BOE 14/02/1998) y Orden de 22 de febrero de 1999 (BOE 24/02/1999)54	Orden de 30 de marzo de 2000 (BOE 01/04/2000) y de 1 de junio de 2000 (BOE 03/06/2000)

[53] Por la que se incorporan por primera vez al método de estimación objetiva a las actividades agrícolas y ganaderas incluidas en el REAGP del IVA, así como, la ganadería independiente, servicios de cría, guarda y engorde de ganado, otros trabajos, servicios y actividades accesorios prestados por agricultores o ganaderos que estén excluidos del REAGP del IVA y aprovechamientos que correspondan al cedente en las actividades agrícolas desarrolladas en régimen de aparcería

[54] Por la que se incorporan por primera vez al método de estimación objetiva la actividad forestal, si bien desarrollada por agricultores o ganaderos con carácter accesorio a su actividad agrícola o ganadera, y los procesos de transformación, elaboración o manufactura de productos naturales, vegetales o animales, que requieran el alta en un epígrafe correspondiente a actividades industriales en las Tarifas del IAE y se realicen por los titulares de las explotaciones de las cuales se obtengan directamente dichos productos naturales.

EJERCICIO	ÓRDENES ESTRUCTURALES	ÓRDENES COYUNTURALES
2000	Orden de 7 de febrero de 2000 (BOE 10/02/2000)55	Orden de 29 de noviembre de 2000 (BOE 30/11/2000), de 28 de diciembre de 2000 (BOE 01/01/2001), de 14 de junio de 2001 (BOE 19/06/2001) y Orden HAC/1500/2002, de 17 de junio (BOE 19/06/2002).
2001	Orden de 29 de noviembre de 2000 (BOE 30/11/2000)	Orden HAC/1500/2002, de 17 de junio (BOE 19/06/2002) y Orden HAC/2760/2002, de 4 de noviembre (BOE 08/11/2002)
2002	Orden de 28 de noviembre de 2001 (BOE 30/11/2001)	Orden HAC/1017/2013, de 25 de abril (BOE 30/04/2003) y Orden HAC/2746/2003, de 30 de septiembre (BOE 08/10/2003)
2003	Orden HAC/225/2003, de 11 de febrero (12/02/2003)	Orden EHA/1517/2004, de 25 de mayo (BOE 29/05/2004) y Orden EHA/3850/2004, de 18 de noviembre (BOE 25/11/2004)
2004	Orden HAC/3313/2003, de 28 de noviembre (BOE 29/11/2003)	Orden EHA/3902/2004, de 29 de noviembre (BOE 30/11/2004) y Orden EHA/1635/2005, de 2 de junio (BOE 04/06/2005)
2005	Orden EHA/3902/2004, de 29 de noviembre (BOE 30/11/2004)	Orden EHA/3718/2005, de 28 de noviembre (BOE 01/12/2005), Orden EHA/493/2006, de 27 de febrero (BOE 28/02/2006) y Orden EHA/1543/2006 de 19 de mayo (23/05/2006)
2006	Orden EHA/3718/2005, de 28 de noviembre (BOE 01/12/2005)	Orden EHA/493/2006, de 27 de febrero (BOE 28/02/2006), Orden EHA/1136/2007, de 26 de abril (BOE 30/04/2007) y Orden EHA/1493/2007, de 28 de mayo (BOE 30/05/2007)

55 Por la que se incorpora por primera vez la actividad forestal susceptible de estar incluida en el REAGP del IVA, así como otros trabajos, servicios y actividades accesorios realizados por titulares de actividades forestales que estén excluidos o no incluidos en el REAGP del IVA y aprovechamientos que correspondan al cedente en las actividades forestales desarrolladas en régimen de aparcería.

EJERCICIO	ÓRDENES ESTRUCTURALES	ÓRDENES COYUNTURALES
2007	Orden EHA/804/2007, de 30 de marzo (BOE 31/03/2007)	Orden EHA/1199/2008, de 29 de abril (BOE 30/04/2008)
2008	Orden EHA/3462/2007, de 26 de noviembre (BOE 30/11/2007)	Orden EHA/1039/2009, de 28 de abril (BOE 01/05/2009)
2009	Orden EHA/3413/2008, de 26 de noviembre (BOE 29/11/2008)	Orden EHA/1059/2010, de 28 de abril (BOE 30/04/2010)
2010	Orden EHA/99/2010, de 28 de enero (BOE 30/01/2010)	Orden EHA/1034/2011, de 25 de abril (BOE 27/04/2011)
2011	Orden EHA/3063/2010, de 25 de noviembre (BOE 30/11/2010)	Orden HAP/848/2012, de 26 de abril (BOE 27/04/2012)
2012	Orden EHA/3257/2011, de 21 de noviembre (BOE 29/11/2011)	Orden HAP/660/2013, de 22 de abril (BOE 23/04/2013)
2013	Orden HAP/2549/2012, de 28 de noviembre (BOE 30/11/2012)	Orden HAP/596/2014, de 11 de abril (BOE 16/04/2014)
2014	Orden HAP/2206/2013, de 26 de noviembre (BOE 28/11/2013)	Orden HAP/723/2015, de 23 de abril (BOE 24/04/2015) y Orden HAP/1090/2015, de 10 de junio (BOE 12/06/2015)
2015	Orden HAP/2222/2014, de 27 de noviembre (BOE 29/11/2014)	Orden HAP/663/2016, de 4 de mayo (BOE 06/05/2016)
2016	Orden HAP/2430/2015, de 12 de noviembre (BOE 18/11/2015)	Orden HFP/377/2017, de 28 de abril (BOE 04/05/2017)
2017	Orden HFP/1823/2016, de 25 de noviembre (BOE 29/11/2016)	Orden HFP/335/2018, de 28 de marzo (BOE 02/04/2018)
2018	Orden HFP/1159/2017, de 28 de noviembre (BOE 30/11/2017)	Orden HAC/485/2019, de 12 de abril (BOE 30/04/2019)
2019	Orden HAC/1264/2018, de 27 de noviembre (BOE 30/11/2018)	Orden HAC/329/2020, de 6 de abril (BOE 09/04/2020)

EJERCICIO	ÓRDENES ESTRUCTURALES	ÓRDENES COYUNTURALES
2020	Orden HAC/1164/2019, de 22 de noviembre (BOE 30/11/2019)56	Orden HAC/411/2021, de 26 de abril (BOE 28/04/2021)
2021	Orden HAC/1155/2020, de 25 de noviembre (BOE 04/12/2020)57	Orden HAC/413/2022, de 10 de mayo (BOE 11/05/2022)
2022	Orden HFP/1335/2021, de 1 de diciembre (BOE 02/12/2021)	DA 7ª.1 de la Orden HFP/1172/2022, de 29 de noviembre (BOE 01/12/2022) y Orden HAC/405/2023, de 18 de abril (BOE 25/04/2023)
2023	Orden HFP/1172/2022, de 29 de noviembre (BOE 01/12/2022)	Orden HAC/348/2024, de 17 de abril (BOE 19/04/2024)
2024	Orden HFP/1359/2023, de 19 de diciembre (BOE 21/12/2023)	Orden HAC/408/2025, de 28 de abril (BOE 30/04/2025)
2025	Orden HAC/1347/2024, de 28 de noviembre (BOE 30/11/2024)	Pendiente aprobación

Como vemos, la publicación de las distintas Órdenes que reducen los índices tiene siempre lugar con posterioridad a la finalización del plazo para la presentación del modelo 184 donde deben incluirse las rentas obtenidas por las entidades en régimen de atribución de rentas, así como la renta atribuible a sus miembros.

Concretamente, dicho plazo se estableció en marzo por el art. 5º de la Orden HAC/171/2004, de 30 de enero, se adelantó a febrero por el art. 2º de la Orden HAP/2725/2012, de 19 de noviembre y se volvió a adelantar ésta vez a enero en el art. 3º de la Orden HFP/1106/2017, de 16 de noviembre.

El plazo, entendemos, no es acertado y se debería modificar para las entidades en atribución de rentas que realicen actividades económicas.

Concretamente, si la entidad está en estimación directa dispone de un plazo inferior para formular las cuentas al de tres meses que tienen las sociedades ca-

56 Aumentándose la reducción de carácter general prevista en la D. A. 1ª de la Orden del 5% al 20% por el art. 9.1.a del Real Decreto-ley 35/2020, de 22 de diciembre.

57 Aumentándose la reducción de carácter general prevista en la D. A. 1ª de la Orden del 5% al 20% por el art. 4 de la Real Decreto-ley 4/2022, de 15 de marzo.

pitalistas[58], lo que no está justificado y carece de sentido, dado que la normativa, por regla general, impone mayores obligaciones formales a estas últimas.

Pero es que si la entidad está en estimación objetiva se está obligando a presentar el modelo antes de la publicación de la normativa aplicable para calcular el rendimiento, esto es, para rellenarlo correctamente.

Efectivamente, salvo en los primeros ejercicios 1995 a 1997, en el resto de ejercicios se ha publicado con posterioridad a enero la Orden coyuntural que adaptaba los índices de la Orden estructural a las circunstancias del año.

En consecuencia, más acertado parecería que se diera plazo de presentación a partir de la publicación de la citada Orden coyuntural.

Todo esto provoca que cada año, para evitar discrepancias entre lo declarado por la entidad en el modelo y por sus miembros en la declaración de IRPF, se presenten sistemáticamente fuera de plazo declaraciones sustitutivas conforme al art. 122.1 de la LGT que adapten el mismo a los índices publicados posteriormente.

Aunque no se haya regulado un plazo para estas segundas declaraciones, hay que aclarar que no nos consta que la Administración haya iniciado nunca expedientes sancionadores por presentaciones extemporáneas de las mismas por la infracción prevista en el art. 198 de la LGT.

Lógicamente, la adaptación a los índices es un comportamiento diligente por lo que en caso de que se iniciaran no se debería imponer sanción conforme al art. 179.2.d de la LGT.

2. DETERMINACIÓN DEL RENDIMIENTO

La determinación del rendimiento debe realizarse de forma separada para cada una de las actividades recogidas específicamente por las Órdenes Ministeriales.

Los artículos 1 y 2 de la Orden HAC/1347/2024, de 28 de noviembre (BOE 30/11/2024), como hicieran sus predecesoras, recogen como hemos visto las siguientes nueve actividades agrícolas, ganaderas o forestales:

---

[58] Conforme al art. 253.1 del Texto Refundido de la Ley de Sociedades de Capital aprobado por el Real Decreto Legislativo 1/2010, de 2 de julio.

1º.- Agrícola o ganadera susceptible de estar incluida en el REAGP del IVA.

2º.- Actividad forestal susceptible de estar incluida en el REAGP del IVA.

3º.- Ganadería independiente clasificada en la División 0 del IAE.

4º.- Servicios de cría, guarda y engorde de ganado.

5º.- Otros trabajos, servicios y actividades accesorios realizados por agricultores o ganaderos que estén excluidos o no incluidos en el REAGP del IVA

6º.- Otros trabajos, servicios y actividades accesorios realizados por titulares de actividades forestales que estén excluidos o no incluidos en el REAGP del IVA.

7º.- Aprovechamientos que correspondan al cedente en las actividades agrícolas desarrolladas en régimen de aparcería.

8º.- Aprovechamientos que correspondan al cedente en las actividades forestales desarrolladas en régimen de aparcería.

9º.- Procesos de transformación, elaboración o manufactura de productos naturales, vegetales o animales, que requieran el alta en un epígrafe correspondiente a actividades industriales en las Tarifas del IAE y se realicen por los titulares de las explotaciones de las cuales se obtengan directamente dichos productos naturales.

El cálculo del rendimiento neto de la actividad agraria, ganadera o forestal se efectúa en las fases que vamos a desarrollar a continuación.

2.1. FASE PRIMERA: RENDIMIENTO NETO PREVIO

El rendimiento neto previo se obtiene de multiplicar el volumen total de ingresos de cada uno de los cultivos o explotaciones por el índice que corresponda a cada uno de ellos.

De esta manera, si los ingresos se multiplican, por ejemplo para el cereal, por 0,26 se está reconociendo que para ese cultivo de cada 100 euros de ingresos reales se obtienen 74 euros de gastos estimados.

2.1.1. Ingresos computables

Los ingresos incluyen la entrega de productos naturales, los trabajos, servicios y actividades de carácter accesorios, las subvenciones corrientes o de capital (imputables al ejercicio) y las indemnizaciones.

Analizamos a continuación los distintos tipos de ingresos que pueden generar dudas a la hora de computarlos.

2.1.1.1. La exención de determinadas subvenciones de la PAC y ayudas públicas: las nuevas ayudas de la PAC a los regímenes en favor del clima y del medio ambiente (eco-regímenes)

La D. A. 5ª de la Ley del IRPF establece que no se integrarán en la base imponible del Impuesto las rentas positivas que se pongan de manifiesto como consecuencia de:

"a) La percepción de las siguientes ayudas de la política agraria comunitaria:

1.ª Abandono definitivo del cultivo del viñedo.

2.ª Prima al arranque de plantaciones de manzanos.

3.ª Prima al arranque de plataneras.

4.ª Abandono definitivo de la producción lechera.

5.ª Abandono definitivo del cultivo de peras, melocotones y nectarinas.

6.ª Arranque de plantaciones de peras, melocotones y nectarinas.

7.ª Abandono definitivo del cultivo de la remolacha azucarera y de la caña de azúcar.

8.ª Ayudas a los regímenes en favor del clima y del medio ambiente (eco-regímenes)

...

c) La percepción de ayudas públicas que tengan por objeto reparar la destrucción, por incendio, inundación, hundimiento, erupción volcánica u otras causas naturales, de elementos patrimoniales.

...

e) La percepción de indemnizaciones públicas, a causa del sacrificio obligatorio de la cabaña ganadera, en el marco de actuaciones destinadas a la erradicación de epidemias o enfermedades. Esta disposición sólo afectará a los animales destinados a la reproducción."

En esta disposición se incluyen sobre todo ayudas que, al vincularse con la pérdida de inmovilizado, se tienen en cuenta en el cálculo de una ganancia o pérdida patrimonial por el inmovilizado perdido en el IRPF y no de un rendimiento de actividades económicas.

Concretamente, los números 1° a 6° de la referida letra a) contemplaban ayudas de la política agraria comunitaria que se concedían, sobre todo entre finales de los 80 y principios de los años 2000, para el abandono o la disminución de determinados cultivos: abandono definitivo del cultivo del viñedo, prima al arranque de plantaciones de manzanos, prima al arranque de plataneras, abandono definitivo de la producción lechera, abandono definitivo del cultivo de peras, melocotones y nectarinas y arranque de plantaciones de peras, melocotones y nectarinas.

El número 7° de la letra a), introducido por la Ley 26/2009, de 23 de diciembre, incluyó entre estas a las ayudas de la política agraria comunitaria al abandono definitivo del cultivo de la remolacha azucarera y de la caña de azúcar.

Por su parte, en lo que afecta a la agricultura, la letra c) establecía la exención de *la percepción de ayudas públicas que tengan por objeto reparar la destrucción, por incendio, inundación, hundimiento, erupción volcánica u otras causas naturales, de elementos patrimoniales* y la letra e) *la percepción de indemnizaciones públicas, a causa del sacrificio obligatorio de la cabaña ganadera, en el marco de actuaciones destinadas a la erradicación de epidemias o enfermedades* siempre que se trate de animales destinados a la reproducción.

Las exenciones sólo alcanzan al agricultor como productor del cultivo y beneficiario de la ayuda, no a otros sujetos que pueden estar afectados como el arrendador que en función de los pactos con el arrendatario perciba parte de esa ayuda (CDGT 15/03/2010, V0500-10) y a los contratistas de maquinaria.

De acuerdo con el apartado 2 de la D. A. 5° de la Ley del IRPF:

"Para calcular la renta que no se integrará en la base imponible se tendrá en cuenta tanto el importe de las ayudas percibidas como las pérdidas patrimoniales que, en su caso, se produzcan en los elementos patrimoniales. Cuando el importe de estas ayudas sea inferior al de las pérdidas producidas en los citados elementos, podrá integrarse en la base imponible la diferencia negativa. Cuando no existan pérdidas, sólo se excluirá de gravamen el importe de las ayudas".

Las ayudas públicas, distintas de las previstas, percibidas para la reparación de los daños sufridos en elementos patrimoniales por incendio, inundación, hundimiento u otras causas naturales, se integrarán en la base imponible en la parte en que excedan del coste de reparación de los mismos. En ningún caso, los costes de reparación, hasta el importe de la citada ayuda, serán fiscalmente deducibles ni se computarán como mejora.

Las ayudas desacopladas a los regímenes en favor del clima y del medio ambiente (eco-regímenes) de la PAC, por el contrario, son subvenciones corrientes que producen rendimientos de actividades económicas exentos.

En nuevo número 8º de la letra a) del apartado 1 recoge la exención de estas nuevas ayudas desacopladas[59] establecidas en el marco de los compromisos medioambientales y climáticos de la Unión Europea.

De acuerdo con el Real Decreto 1048/2022, estas ayudas persiguen mejorar la estructura de los suelos, aumentar su contenido en carbono, reducir la erosión y la desertificación, la disminución de los gases de efecto invernadero o favorecer la biodiversidad asociada a espacios agrarios, los paisajes y la conservación de los recursos naturales.

Para ello, su concesión depende de prácticas de carácter anual o multianual tales como la rotación de cultivos y la siembra directa, en el caso de tierras de cultivo, las cubiertas vegetales e inertes, en el caso de cultivos leñosos, la siega sostenible, el establecimiento de islas y márgenes de biodiversidad y el pastoreo extensivo en el caso de pastos, y el establecimiento de espacios de biodiversidad en tierras de cultivo y cultivos permanentes.

Aunque inicialmente se planteó la exención exclusivamente para el método de estimación objetiva por suponer estas prácticas a las que obligaba la ayuda mayores gastos que no iban a estar incluidos en los estudios del cálculo de los índices, finalmente se optó en el contexto del mayor beneficio que supone para el conjunto de la sociedad estas prácticas por la exención primero para el IRPF cualquiera que sea el régimen de estimación con la D. F. 13º de la Ley 30/2022,

---

59 Regulada en el art. 31 del Reglamento (UE) 2021/2115, del Parlamento Europeo y del Consejo, de 2 de diciembre de 2021 por el que se establecen normas en relación con la ayuda a los planes estratégicos que deben elaborar los Estados miembros en el marco de la política agrícola común (planes estratégicos de la PAC), financiada con cargo al Fondo Europeo Agrícola de Garantía (FEAGA) y al Fondo Europeo Agrícola de Desarrollo Rural (Feader), y por el que se derogan los Reglamentos (UE) n. 1305/2013 y (UE) n. 1307/2013 y desarrollado en España por el art. 23 y siguientes del Real Decreto 1048/2022, de 27 de diciembre, sobre la aplicación, a partir de 2023, de las intervenciones en forma de pagos directos y el establecimiento de requisitos comunes en el marco del Plan Estratégico de la Política Agrícola Común, y la regulación de la solicitud única del sistema integrado de gestión y control.

de 23 de diciembre, y, posteriormente, para el Impuesto sobre Sociedades con el art. 13 del Real Decreto-ley 4/2023, de 11 de mayo[60].

Con las ayudas a los regímenes en favor del clima y del medio ambiente (eco-regímenes) no se van a producir *pérdidas en elementos patrimoniales* a las que se refiere la D. A. 5ª.2 de la Ley, sino sólo gastos corrientes adicionales que supongan las prácticas beneficiosas para el medio ambiente, por lo que entendemos que sólo habría que excluir la ayuda como ingreso pudiéndose imputar los gastos.

De cualquier forma, al estimarse los gastos en estimación objetiva dicho apartado 2 no sería en todo caso aplicable en este régimen.

2.1.1.2. La exención de determinadas subvenciones forestales

La D. A. 4ª de la Ley del IRPF contempla una exención para determinadas subvenciones forestales, concretamente establece:

"No se integrarán en la base imponible del Impuesto sobre la Renta de las Personas Físicas las subvenciones concedidas a quienes exploten fincas forestales gestionadas de acuerdo con planes técnicos de gestión forestal, ordenación de montes, planes dasocráticos o planes de repoblación forestal aprobadas por la Administración forestal competente, siempre que el período de producción medio, según la especie de que se trate, determinado en cada caso por la Administración forestal competente, sea igual o superior a 20 años."

Se trata de una exención contemplada también para los sujetos pasivos del Impuesto sobre Sociedades (art. 19.6 de la LIS).

Se justifica en que implica una importante inversión que no será recuperada a largo plazo y que supone un beneficio para el interés común, garantizando un equilibrio entre el aprovechamiento por su titular y la conservación de los valores del ecosistema, protegiendo por tanto el medio ambiente mediante el cuidado de los montes y su repoblación forestal.

---

[60] Lo que supuso dudas de la aplicación de la exención para sociedades con periodos impositivos iniciados entre el 1 de enero de 2023 y el 12 de mayo de 2023, al entrar en vigor la norma el 13 de mayo de 2023. Dichas dudas fueron resueltas en sentido positivo a aplicar la exención desde 1 de enero de 2023 por la CDGT 14/02/2025 (V0177-25).

Los planes deben ser aprobados por la Administración forestal competente que será, normalmente, la Consejería de Agricultura de la Comunidad Autónoma.

Se exige que el contribuyente explote la finca forestalmente para la exención.

En este sentido, de acuerdo con la Consulta de la DGT de 31/01/2013 (V0282-13), si el contribuyente *"no desarrollase actividad forestal, la subvención percibida debe calificarse como ganancia patrimonial, que al no derivar de transmisión previa debe integrarse en la base imponible general"*, esto es, no se tendría derecho a la exención de la subvención en una finca de recreo.

Para la DGT, la inversión en la construcción de cortafuegos realizada en una finca no afecta a actividades forestales formaría parte del valor de adquisición de la finca como mejora (CDGT 23/10/2012, V2035-12). Con ello, se debería integrar la ganancia patrimonial de la subvención en la base imponible general pero los gastos de la construcción de cortafuegos supondrán un mayor valor de adquisición de la finca y, por tanto, no serán deducibles hasta la venta de la finca.

Aunque no afecte al cálculo en estimación objetiva sino a la estimación directa, la Consulta de la DGT de 15/12/2003 (2239-03) aclara que la determinación del rendimiento neto de una actividad económica se efectúa según la normativa del Impuesto, siendo indiferente que determinados ingresos como estas subvenciones estén exentos del mismo, por lo que los gastos sí serán fiscalmente deducibles, pudiendo resultar incluso un rendimiento neto negativo.

2.1.1.3. Las subvenciones para contratar seguros agrarios

Dada la importancia de protegerse de sequía, inundaciones y de otras catástrofes naturales, los agricultores y ganaderos perciben subvenciones para contratar seguros agrarios tanto de la Entidad Estatal de Seguros Agrarios (ENESA) como de las Comunidades Autónomas.

Sobre dichas subvenciones se pronuncian las Consultas de la DGT de 10/02/2004 (0239-04) y de 24/10/2006 (V2108-06).

Las Consultas comienzan recordando que en base a la Instrucción nº 2.1 del Anexo I de las Órdenes por la que se desarrollan el método de estimación objetiva que les eran aplicables, las subvenciones percibidas deben tenerse en consideración como ingresos para determinar el rendimiento neto en estimación objetiva.

Sin embargo, seguidamente dicen:

"No obstante, las subvenciones percibidas para contratar seguros agrarios, ya sean percibidas de ENESA o de las Comunidades Autónomas, no tienen que incluirse entre dichos ingresos. El motivo de esta excepción tiene su fundamento en que en los estudios para la determinación de los índices de rendimiento neto aplicables a cada tipo de cultivo o producto se tuvo en cuenta como coste del seguro lo que realmente paga el titular, una vez deducida la parte subvencionada".

Entendemos que hubiera sido mejor y otorgaría mayor seguridad jurídica una mención expresa en la Orden Ministerial y no una remisión a unos estudios que no se publican.

De cualquier forma, el citado criterio sigue vigente para la Administración al mantenerse en la actualidad en ese sentido la Consulta del programa INFORMA de la AEAT con número 125304.

2.1.1.4. Las devoluciones de impuestos indirectos

Sobre el tratamiento en IRPF de estas devoluciones dependerá que sean consideradas un ingreso y, por tanto, computables, o no.

La Consulta de la DGT de 07/01/2011 (V0049-11) aborda esta cuestión destacando que no hay una mención expresa al tratamiento de estas devoluciones ni en la normativa del IRPF ni en la del Impuesto sobre Sociedades, por lo que había que acudir a la remisión del art. 28.1 de la Ley del IRPF a la normativa del Impuesto sobre Sociedades y de ésta a su vez a través del art. 10.3 de la LIS a la normativa contable.

En consecuencia, para la DGT la consideración como ingreso o no dependerá de la normativa contable, concretamente cita la cuenta 636 y la norma de registro y valoración 10ª del PGC.

Efectivamente, el PGC prevé una cuenta específica, la cuenta 636, para las devoluciones de impuestos con esta redacción:

"636. Devolución de impuestos

Importe de los reintegros de impuestos exigibles por la empresa como consecuencia de pagos indebidamente realizados, excluidos aquellos que hubieran sido cargados en cuentas del grupo 2.

Su movimiento es el siguiente:

a) Se abonará cuando sean exigibles las devoluciones, con cargo a la cuenta 4709.

b) Se cargará por el saldo al cierre del ejercicio, con abono a la cuenta 129."

Por su parte, la norma de registro y valoración 10ª del PGC dice sobre la contabilización de las existencias:

"*1. Valoración inicial*

Los bienes, servicios y otros activos comprendidos en las existencias se valorarán por su coste, ya sea el precio de adquisición o el coste de producción.

Los impuestos indirectos que gravan las existencias sólo se incluirán en el precio de adquisición o coste de producción cuando no sean recuperables directamente de la Hacienda Pública [...]".

Y, en los mismos términos, la norma de registro y valoración 2ª del PGC dice sobre la contabilización del inmovilizado material:

"*1. Valoración inicial*

Los bienes comprendidos en el inmovilizado material se valorarán por su coste, ya sea éste el precio de adquisición o el coste de producción.

Los impuestos indirectos que gravan los elementos del inmovilizado material sólo se incluirán en el precio de adquisición o coste de producción cuando no sean recuperables directamente de la Hacienda Pública [...]".

Con dicho criterio, la norma de registro y valoración 12ª establece:

"*12.ª Impuesto sobre el Valor Añadido (IVA), Impuesto General Indirecto Canario (IGIC) y otros Impuestos indirectos.*

El IVA soportado no deducible formará parte del precio de adquisición de los activos corrientes y no corrientes, así como de los servicios, que sean objeto de las operaciones gravadas por el impuesto. En el caso de autoconsumo interno, esto es, producción propia con destino al inmovilizado de la empresa, el IVA no deducible se adicionará al coste de los respectivos activos no corrientes.

No alterarán las valoraciones iniciales las rectificaciones en el importe del IVA soportado no deducible, consecuencia de la regularización derivada de la prorrata definitiva, incluida la regularización por bienes de inversión.

El IVA repercutido no formará parte del ingreso derivado de las operaciones gravadas por dicho impuesto o del importe neto obtenido en la enajenación o disposición por otra vía en el caso de baja en cuentas de activos no corrientes.

Las reglas sobre el IVA soportado no deducible serán aplicables, en su caso, al IGIC y a cualquier otro impuesto indirecto soportado en la adquisición de activos o servicios, que no sea recuperable directamente de la Hacienda Pública.

Las reglas sobre el IVA repercutido serán aplicables, en su caso, al IGIC y a cualquier otro impuesto indirecto que grave las operaciones realizadas por la empresa y que sea recibido por cuenta de la Hacienda Pública. Sin embargo, se contabilizarán como gastos y por tanto no reducirán la cifra de negocios, aquellos tributos que para determinar la cuota a ingresar tomen como referencia la cifra de negocios u otra magnitud relacionada, pero cuyo hecho imponible no sea la operación por la que se transmiten los activos o se prestan los servicios".

En consecuencia, de acuerdo con esta normativa contable y los movimientos de las cuentas del subgrupo 47 en relación con la citada cuenta 636, los impuestos indirectos soportados si son recuperables directamente de la Hacienda Pública deben contabilizarse como derecho de crédito y no provocan ningún ingreso.

Sin embargo, cuando no se consideran recuperables directamente de la Hacienda Pública, al satisfacerse supondrán un gasto (o mayor valor de adquisición del inmovilizado) y cuando se produzca su devolución un ingreso.

La citada Consulta de la DGT de 07/01/2011 (V0049-11) entiende en base a lo anterior que la devolución tendrá el tratamiento de ingreso o no, en función de si el Impuesto no es recuperable directamente de la Hacienda Pública o sí lo es.

Lo cierto es que, aun tratándose de un ingreso, se le otorga una cuenta 636 que está en el Grupo 6 *Compras y gastos* en lugar de una cuenta del Grupo 7 *Ventas e ingresos*.

Entendemos que se trata así para una mayor imagen fiel de la cuenta de pérdidas y ganancias, porque más que un *ingreso* lo que se ha obtenido es un *menor gasto*[61].

---

61 Es cierto que en la definición de ingreso y de gasto que da el Código de Comercio en su art. 36.2, tanto un menor gasto como un ingreso tendría la misma consideración de ingreso. Concretamente, dicho artículo define ingresos y gastos genéricamente en estos términos:
"*a) Ingresos: incrementos en el patrimonio neto durante el ejercicio, ya sea en forma de entradas o aumentos en el valor de los activos, o de disminución de los pasivos, siempre que no tengan su origen en aportaciones de los socios o propietarios.*
b) Gastos: decrementos en el patrimonio neto durante el ejercicio, ya sea en forma de salidas o disminuciones en el valor de los activos, o de reconocimiento o aumento de los pasivos, siempre que no tengan su origen en distribuciones a los socios o propietarios".

Aunque en estimación directa la obtención de menores gastos o mayores ingresos es indiferente, en la estimación objetiva agrícola donde sólo se computan los ingresos la diferencia es notable.

Es por esto que en nuestra opinión la normativa debería dejar fuera expresamente de la determinación del rendimiento en la estimación objetiva agrícola a esos menores gastos.

Si un Impuesto indirecto es declarado nulo inicialmente o exento, por ejemplo, y no se hubiera satisfecho el gasto no habría duda de que no había que imputar el ingreso en la determinación del rendimiento. Sin embargo, si se opta por otro método, como sería satisfacer primero el gasto para que, posteriormente, se declare nulo o se conceda su devolución, se consideraría un ingreso computable.

Pasamos a ver algunos casos.

2.1.1.4.1. Devolución parcial del Impuesto sobre Hidrocarburos del gasóleo agrícola

El art. 52.ter de la Ley 38/1992, de 28 de diciembre, de Impuestos Especiales (en adelante Ley de IIEE) regula la devolución parcial por el gasóleo empleado en la agricultura y ganadería.

Se reconoce el derecho a la devolución parcial para las cuotas del Impuesto sobre Hidrocarburos que hubieran sido satisfechas o soportadas por los agricultores con ocasión de las adquisiciones de gasóleo que haya tributado al tipo de epígrafe 1.4 del art. 50.1 de la Ley de IIEE.

Se consideran agricultores con derecho a la devolución a los que *efectivamente* hayan empleado dicho gasóleo como carburante (no combustible) *en la agricultura, incluida la horticultura, ganadería y silvicultura*. Conforme al art. 118 del Reglamento de IIEE, no tiene la consideración de actividad propia de la agricultura, incluida la horticultura, ganadería y silvicultura, el transporte por cuenta ajena incluso el realizado mediante tractores o maquinaria agrícola dotados de remolque.

Se exige, asimismo, para considerarse agricultores que hayan estado inscritos en relación con el ejercicio de dichas actividades, en el Censo de Empresarios, Profesionales y Retenedores.

Los usos a los que se les permite la utilización del gasóleo como carburante a los tipos del epígrafe 1.4, conforme al art. 54.2 de la Ley, son la utilización:

- Por motores distintos de los utilizados para la propulsión de vehículos, artefactos o aparatos (54.2 primer párrafo).
- Por motores utilizados en la propulsión de tractores y maquinaria agrícola[62], ya sean autorizados para circular por vías y terrenos públicos o no, empleados en la agricultura, incluida la horticultura, la ganadería y la silvicultura (54.2.a Ley IIEE).
- Por motores utilizados en la propulsión de artefactos o aparatos que, por sus características y configuración objetiva, sean susceptibles de ser autorizados para circular por vías y terrenos públicos como vehículos especiales[63], aunque no hayan obtenido efectivamente tal autorización (54.2.b Ley IIEE).

El importe de las cuotas a devolver será igual al resultado de aplicar el tipo de 63,71 euros por 1.000 litros sobre una base constituida por el volumen de gasóleo efectivamente empleado en la agricultura, incluida la horticultura, ganadería y silvicultura, expresado en miles de litros.

Cada año, a partir del 1 de abril los agricultores podrán solicitar la devolución parcial de las cuotas por el Impuesto soportado del año anterior, presentando de forma electrónica en la sede electrónica de la AEAT una solicitud conforme a la Orden EHA/993/2010, de 21 de abril.

En consecuencia, estamos ante un impuesto recuperable directamente de la Hacienda Pública.

---

62 Conforme al art. 118 del Reglamento de IIEE se consideran motores de tractores y maquinaria agrícola utilizados en agricultura, incluida la horticultura, ganadería y silvicultura a los motores de tractores agrícolas, motocultores, tractocarros, maquinaria agrícola automotriz y portadores a que se refieren las definiciones del Anexo II del Real Decreto 2822/1998, de 23 de diciembre, por el que se aprueba el Reglamento General de Vehículos y que se utilicen en las actividades indicadas.

63 A estos efectos se consideran:

- Vías y terrenos públicos a las que se refiere el art. 2 del Texto Articulado de la Ley sobre tráfico, circulación de vehículos a motor y seguridad vial, aprobado por el Real Decreto Legislativo 339/1990, de 2 de marzo.
- Y vehículos especiales los definidos como tales en el Anexo II del Reglamento General de Vehículos aprobado por el Real Decreto 2822/1998, de 23 de diciembre.

La DGT no se ha pronunciado expresamente sobre la devolución parcial del Impuesto sobre Hidrocarburos del gasóleo agrícola pero sí lo ha hecho sobre devoluciones similares.

En la citada Consulta de 07/01/2011 (V0049-11) se abordaba el tratamiento de la devolución parcial del gasóleo de uso profesional para la actividad de transporte de mercancías por carretera regulado en el art. 52.bis de la Ley de IIEE tanto en el Impuesto sobre Sociedades como en los métodos de estimación directa y objetiva del IRPF.

Como en la determinación del rendimiento en estimación objetiva de las actividades de transporte, a diferencia de las actividades agrarias, no se tienen en cuenta los ingresos reales, la DGT decía que la devolución parcial del Impuesto sobre Hidrocarburos no tenía incidencia alguna.

En estimación directa en IRPF, se hacía referencia al tratamiento ya comentado de que la devolución será ingreso o no, en función de si el Impuesto no es recuperable directamente de la Hacienda Pública o sí lo es[64], pero no se llega a

---

[64] Concretamente, dice sobre el Impuesto sobre Sociedades:
"De acuerdo con lo anterior, el régimen fiscal en el Impuesto sobre Sociedades del caso planteado dependerá de su tratamiento contable. Por tanto, caso de que las condiciones y requisitos establecidos para la devolución del impuesto suponga que se cumplen las condiciones establecidas en la referida norma de valoración 10ª del PGC para entender que el impuesto es recuperable directamente de la Hacienda Pública, en tal caso, el gasto contable y fiscal por la adquisición del combustible descontará el importe del impuesto que fuese recuperable, el cual se registrará como un crédito. Por el contrario, supuesto de que no se dieran las condiciones establecidas en la citada norma de valoración 10ª del PGC, el gasto contable y fiscal por la adquisición de combustible se correspondería con la totalidad del precio pagado, que incluiría la parte del impuesto que podría ser objeto de una devolución posterior, de manera que en este caso, cuando proceda dicha devolución, el importe devuelto tendría la consideración de ingreso a efectos contables y fiscales.
En definitiva, se observa que cualquiera que sea el tratamiento contable de las dos alternativas anteriormente citadas, el efecto neto en la cuenta de pérdidas y ganancias sería el mismo, pues en el primer caso el importe del impuesto que será devuelto no se computa como gasto de combustible ni como ingreso cuando proceda tal devolución y, en el segundo caso, dicho importe se computaría como gasto en la adquisición de combustible y como ingreso cuando proceda su devolución".
Y en idénticos términos sobre el IRPF:
"Tratándose el Impuesto sobre Hidrocarburos de un impuesto indirecto, la inclusión del mismo en el precio de adquisición dependerá si el mismo es recuperable directamente de la Hacienda Pública, es decir, si la devolución parcial del mismo para el gasóleo de uso

pronunciar sobre cuál sería la solución para la devolución parcial del Impuesto sobre Hidrocarburos, quizás porque como dice *el efecto neto en la cuenta de pérdidas y ganancias sería el mismo.*

Posteriormente, en la Consulta de 10/10/2019 (V2786-19), también sobre la actividad de transporte por carretera en estimación objetiva sí lo hace expresamente.

En dicha consulta se trataba tanto el tratamiento de las devoluciones del IVMDH como la devolución parcial del Impuesto sobre Hidrocarburos de uso profesional.

Tras considerar que las devoluciones del IVMDH (céntimo sanitario) no tienen incidencia en el cálculo del rendimiento neto de la actividad de transporte al no considerarse en ésta los ingresos reales, sí considera que esas devoluciones deben incluirse en el volumen de rendimientos íntegros a efectos del límite de exclusión de la estimación objetiva previsto en el art. 31.1.3º de la Ley del IRPF y, por tanto, las considera ingresos.

Sobre la devolución parcial del Impuesto sobre Hidrocarburos para el gasóleo de uso profesional considera que no tendrá incidencia alguna en el método de estimación objetiva, *"al tratarse de un impuesto parcialmente recuperable de forma directa de la Hacienda Pública".*

Posteriormente, en la Consulta de 22/10/2019 (V2915-19) reitera el mismo criterio diciendo que se trata de un *impuesto parcialmente recuperable de forma directa de la Hacienda Pública.*

En consecuencia, no se trata de un ingreso computable, sin tener incidencia en la determinación del rendimiento en estimación objetiva.

---

profesional, regulada 52 bis de la Ley de Impuestos Especiales, puede considerarse como recuperable directamente de la Hacienda Pública.

En el caso de que se considerase recuperable directamente de la Hacienda Pública, la parte del Impuesto sobre Hidrocarburos que se devuelva no formaría parte del precio de adquisición del carburante, es decir, no sería gasto fiscalmente deducible.

En caso contrario, es decir, que formase parte del precio de adquisición la totalidad del Impuesto sobre Hidrocarburos, la devolución de parte del mismo constituirá un ingreso de la actividad."

2.1.1.4.2. Devolución del Impuesto sobre la Venta Minorista de Determinados Hidrocarburos y de otros Impuestos declarados inconstitucionales o contrarios al Derecho de la Unión Europea

La Consulta nº 4 del BOICAC nº 64 de diciembre de 2005 trataba el reflejo contable de un IVA soportado considerado no deducible y, con ello, incluido como mayor valor de un inmovilizado financiado con una subvención que, posteriormente, deviene en deducible por la Sentencia del TJUE de 06/10/2005 (*Tol 4625621*).

El ICAC recuerda la existencia de la cuenta 636 de devolución de impuestos para luego considerar que, dado que se trata de un ingreso de cuantía significativa que no debe considerarse periódico al evaluar los resultados futuros de la empresa, viene originado por un hecho que cae fuera de las actividades ordinarias y típicas de la empresa, y no se espera, razonablemente, que ocurra con frecuencia, debe calificarse como un ingreso extraordinario, en tanto cumple la definición recogida en la cuenta 778. Ingresos extraordinarios. Para el ICAC, el ingreso se abonará cuando las devoluciones sean exigibles.

En la Consulta nº 7 del BOICAC nº 98 de junio de 2014 el ICAC analiza el tratamiento contable de los créditos fiscales que puedan surgir por la STJUE por la que se declara la ilegalidad del IIVTNU.

Cita primeramente el apartado 5º del Marco Conceptual del PGC, según el cual el registro de los elementos procederá cuando se cumplan los criterios de probabilidad en la obtención o cesión de recursos que incorporen beneficios o rendimientos económicos y su valor pueda determinarse con fiabilidad.

Para el ICAC, teniendo en cuenta los procesos necesarios para obtener la devolución, con la Sentencia nace una expectativa de derecho, un activo contingente cuyo reconocimiento contable está condicionado por la resolución de un evento futuro, esto es, el correspondiente acto administrativo de la Administración tributaria en el que se recoja el pronunciamiento sobre la citada devolución o, en su caso, de los recursos posteriores. Por ello, considera que el reconocimiento del activo por la devolución de impuestos solo se producirá cuando la Administración tributaria reconozca la citada deuda una vez que la empresa haya hecho valer, en tiempo y forma, su expectativa de derecho.

Asimismo y siguiendo los criterios de la Consulta nº 4 del BOICAC nº 64 de diciembre de 2005, considera que se trata de un ingreso al que le corresponde la cuenta 778 *ingresos excepcionales*.

La DGT en su Consulta de 18/09/2014 (V2462-14) parte de la falta de norma específica que se refiera a la devolución de impuestos contabilizados como gasto en su día, por lo que es preciso acudir a la norma mercantil.

Y, aunque citando la cuenta 636 *devolución de impuestos*, mantiene el mismo criterio a efectos tributarios que el ICAC: supone un ingreso del ejercicio en el que se reconoce su devolución y no del ejercicio en que se incurrió en el gasto.

En la más específica Consulta de 27/06/2017 (V1652-17) considera para un agricultor en estimación objetiva que hay que incluir dicho ingreso en el ejercicio en que se reconoce su devolución sumándose proporcionalmente al volumen total de ingresos que corresponda a cada cultivo salvo que pueda vincularse a un cultivo determinado,

Ahora bien, el Tribunal Supremo en sus Sentencias de 06/02/2024 (rec. 1739/2022, (*Tol 9259919*)) y de 12/02/2024 (rec. 5690/2022, (*Tol 9895349*)) ha establecido un criterio distinto.

Las cuestiones que presentaban interés casacional eran:

- Determinar cómo procede imputar temporalmente en la base imponible del Impuesto sobre Sociedades la devolución de un impuesto, contabilizado en su día como gasto, devolución que se efectúa por la Administración tributaria como consecuencia de la declaración de no ser conforme al Derecho de la Unión Europea el tributo que se devuelve.
- Y aclarar si la devolución de un tributo efectuada por la Administración tributaria como consecuencia de la declaración de no ser conforme al Derecho de la Unión Europea el citado tributo debe imputarse temporalmente en la base imponible del Impuesto sobre Sociedades del ejercicio en que se produjo el pago del tributo en cuestión o en la base imponible del ejercicio en que se reconoce el derecho a la devolución del tributo.

El Alto Tribunal cita los artículos 10 y 19 del antiguo TRLIS, el art. 10 y 11.1 de la LIS, el art. 38 del Código de Comercio y la cuenta 636 del PGC.

El Alto Tribunal no desconoce la doctrina del ICAC, su catalogación como activo contingente y la propia Consulta 7 del BOICAC nº 98 de junio de 2014.

Sin embargo, considera que las Sentencias que declaran la nulidad son simplemente declarativas y que los efectos son *ex tunc* desde que se realizó el pago. Concretamente, dice en su Fundamento de Derecho Tercero de la STS de 06/02/2024:

"Los criterios de imputación fiscal y contable tienen, en este caso, funcionalidades distintas. El criterio de imputación fiscal debe atender necesariamente al pleno restablecimiento de la situación jurídica provocada por una actuación que se produjo como consecuencia de la aplicación de una norma que ha sido declarada nula de pleno derecho, con efecto ex tunc, y en la que la devolución recibida, como consecuencia de un ingreso que fue indebido, nació en el momento mismo en que se realizó el ingreso indebido.

Los criterios de imputación contable responden a la finalidad de reflejar una manera fiel y completa el estado económico y financiero de la sociedad, y no determinan criterios de imputación fiscal que, como es el caso, responden a la calificación de una situación de nulidad de pleno derecho con efectos ex tunc. En todo caso, si el principio de devengo consagrado en el PGC establece que las transacciones o hechos económicos deben registrarse cuando ocurran, imputándose los correspondientes gastos e ingresos a los ejercicios a los que afecten, debe recordarse que según la doctrina de esta Sala comentada previamente, el derecho a la devolución del IVMDH nació en el momento en que se realizó el ingreso efectuado indebidamente, por aplicación de una norma declarada nula, por lo que ese hecho económico ocurrió en aquel momento, de modo que según el referido principio de devengo que se recoge en el PGC sólo entonces debió registrarse tal derecho y su correspondiente ingreso, al margen de que la devolución efectiva del impuesto se produjera en fechas postreras.

En cuanto a las previsiones relativas a la cuenta 636 del PGC, puede observarse que allí se regula la devolución de impuestos, estipulándose que dicha cuenta "se abonará cuando sean exigibles las devoluciones", aunque siendo que en el caso analizado la devolución fue exigible desde el momento en que se pagó el impuesto, según ha establecido la mencionada doctrina de la Sala (y de allí que aquella devolución incorporara los correspondientes intereses de demora), cabría entender también que fue al nacer el derecho a esa devolución cuando debió abonarse esa cuenta, es decir, en el ejercicio en que se satisfizo el impuesto, pues también debe considerarse que ese derecho fue exigible desde el momento de su nacimiento en virtud de los efectos ex tunc atribuidos a la sentencia del TJUE.

Respecto de la mentada consulta 7 del Boletín del ICAC nº 98 de junio de 2014, se defiende en la misma que el ingreso derivado del reconocimiento del derecho a la devolución del impuesto debería imputarse en el ejercicio en que la Administración efectúe el pago correspondiente, sin evaluar ni analizar de ningún modo los efectos que el carácter ex tunc de la sentencia del TJUE pudiera tener en la contabilización de aquel derecho. Su análisis parte de una premisa errónea, y es que no nos encontramos ante un activo contingente, pues es la calificación de indebido del ingreso del tributo la que hace nacer el derecho a la devolución. Por tanto, el ingreso es indebido desde el momento en que se efectuó, toda vez que los efectos de la declaración de contrariedad al Derecho de la UE se retrotraen a la entrada en vigor de la normativa nacional que aprobó el IVMDH, y también a ese momento temporal se ha de establecer el nacimiento del derecho a la devolución".

Para concluir en el Fundamento de Derecho Séptimo:

"La doctrina jurisprudencial que hemos de fijar, una vez expuesto lo anterior, es que la imputación temporal a efectos del Impuesto de Sociedades de las cantidades devueltas por la Administración tributaria, como consecuencia del ingreso indebido de un tributo efectuado por el contribuyente tras la declaración de no ser conforme al Derecho de la Unión Europea del citado tributo, deben imputarse temporalmente en la base imponible del Impuesto sobre Sociedades del ejercicio en que se produjo el pago del tributo en cuestión."

En base a lo anterior, entendemos que si en el mismo momento en que se produjo el gasto se tiene que imputar el ingreso, es precisamente para neutralizarlo y que éste sea inexistente.

Dado que en estimación objetiva no se incluyó el gasto, nada hay que reestablecer.

El *pleno restablecimiento de la situación jurídica provocada por una actuación declarada nula de pleno derecho con efecto ex tunc*, no puede ser la consideración en estimación objetiva de la devolución como un ingreso sino al gasto como inexistente, anular y corregir los efectos adversos no puede ser imputar un ingreso y hacer tributar por algo que en su día no fue deducible.

2.1.1.5. Ayudas extraordinaria y temporal para sufragar el precio del gasóleo consumido por los productos agrarios y ayudas de Estado por el incremento de los costes de los agricultores por el uso de productos fertilizantes

Se regulan en los artículos 24 a 28 y 30 del Real Decreto-ley 20/2022, de 27 de diciembre, de medidas de respuesta a las consecuencias económicas y sociales de la Guerra de Ucrania y de apoyo a la reconstrucción de la Isla de La Palma y a otras situaciones de vulnerabilidad.

2.1.1.5.1. Ayudas extraordinaria y temporal para sufragar el precio del gasóleo consumido por los productos agrarios

Se regula en los artículos 24 a 28 del Real Decreto-ley 20/2022, de 27 de diciembre.

De acuerdo con el art. 24.1 se aprueba una ayuda extraordinaria y temporal para quienes *"utilicen como carburante el gasóleo que tributa al tipo del epígrafe 1.4 del artículo 50.1 de la Ley 38/1992 en la agricultura, incluida la horticultura, ganadería y silvicultura, dirigida a compensar el posible incremento de costes provocados por el aumento del precio de los combustibles en 2023, derivado de la situación creada por la invasión de Ucrania"*.

Se configura, por tanto, como una subvención corriente.

Ahora bien, los beneficiarios de estas ayudas son las personas *"a las que se les reconozca el derecho a la devolución de las cuotas del Impuesto sobre Hidrocarburos satisfechas o soportadas"* conforme *"a lo establecido en el artículo 52 Ter de la Ley 38/1992, de 28 de diciembre, de Impuestos Especiales, con ocasión de las adquisiciones de gasóleo efectuadas durante el año 2022"*, teniendo que cumplir los beneficiarios de la ayuda con *"todas las obligaciones establecidas en el artículo 52. Ter de la Ley de Impuestos Especiales y su normativa de desarrollo"* (art. 24.2).

El importe de la ayuda asciende a 0,20 euros por cada litro de gasóleo adquirido en 2022 por el que el beneficiario obtenga la devolución parcial de las cuotas del Impuesto sobre Hidrocarburos (art. 24.4).

Y, de hecho, la ayuda se entiende directamente solicitada con la presentación de la solicitud de devolución parcial de las cuotas del Impuesto sobre Hidrocarburos por el gasóleo agrícola adquirido en 2022, esto es, la presentada a partir del 1 de abril de 2023.

La gestión de la ayuda se hace de forma simultánea y conjunta con la devolución parcial de las cuotas del gasóleo agrícola, realizándose el pago mediante transferencia a la misma cuenta (art. 24.6). Asimismo, para evitar confusiones, se aclara expresamente que esta ayuda es compatible con la devolución parcial del Impuesto (art. 24.7).

Con todo ello, aunque se trate de una ayuda por *el aumento del precio de los combustibles en 2023*, el importe de la ayuda es de un importe por cada litro adquirido *en 2022* que tuvo derecho a la devolución parcial de cuotas del Impuesto sobre Hidrocarburos para el gasóleo agrícola, se entiende solicitada con la solicitud de devolución de 2022 y se transfiere a la misma cuenta. Tal y como está configurada la ayuda, podría pensarse que mejor hubiera sido configurarla como una mayor devolución del Impuesto sobre Hidrocarburos que, con el criterio de las Consultas de la DGT de 10/10/2019 (V2786-19) y de 22/10/2019 (V2915-19), supondría que no se consideran ingreso y que, por tanto, no tuvieran incidencia en el método de estimación objetiva.

Ahora bien, la ayuda es de 0,20 euros por litro, esto es, 200 euros por 1.000 litros que sumados a los 63,71 euros por 1.000 litros de la devolución parcial de cuotas hacen un total de 263,71 euros por 1.000 litros.

Por su parte, el epígrafe 1.4 del art. 50.1 de la Ley de IIEE establece un tipo general de 78,71 euros por 1.000 litros y un tipo especial de 18 euros por 1.000 litros, lo que hace un total de 96,71 euros por 1.000 litros.

En consecuencia, nunca se hubiera podido configurar como una devolución ampliada del Impuesto por ser la ayuda superior al Impuesto soportado. La devolución sólo se hubiera podido ampliar en 33,00 euros por 1.000 litros.

Asimismo, la ayuda es concedida de acuerdo con las Decisiones aprobadas de conformidad con las normas del Marco Temporal Europeo Ucrania y con sus límites de 35.000 euros por explotación.

Otra cosa hubiera sido que, en la estimación objetiva, dado que la ayuda viene a *compensar el posible incremento de costes provocados por el aumento del precio de los combustibles en 2023*, no se hubiera tenido en cuenta como ingreso.

No obstante, entendemos que la forma correcta de corregir ese incremento de costes no es la exclusión de los ingresos sino la corrección de los gastos estimados mediante la reducción de los índices en la Orden coyuntural. Asimismo, tomando la ayuda como base los consumos de 2022 no se puede medir ese aumento de costes para 2023.

En consecuencia, entendemos que se trata de una subvención corriente tributable y así se recoge en el Manual de Renta 2023[65].

---

65 En Capítulo 9. Rendimientos de actividades económicas en estimación objetiva (II) (Actividades agrícolas, ganaderas y forestales) / Determinación del rendimiento neto / Fase 1ª: Determinación del rendimiento neto previo / c) Reglas de cómputo de los ingresos correspondientes a cada tipo de producto o servicio / 4. Subvenciones, ayudas y demás transferencias recibidas de Agencia Estatal de Administración Tributaria. (2024). *Manual práctico de Renta 2023.* https://sede.agenciatributaria.gob.es/Sede/Ayuda/23Manual/100.html.
Recuperado el 4 de abril de 2025.

2.1.1.5.2. Ayudas de Estado por el incremento de los costes de los agricultores por el uso de productos fertilizantes

Se regula en los artículos 24 a 28 del Real Decreto-ley 20/2022, de 27 de diciembre.

Se establece que beneficiarios de la ayuda serán los agricultores que hayan sido elegibles para el cobro de las ayudas directas de la PAC en la campaña 2022 que cuenten con cultivos permanentes y superficies de tierras de cultivo en dicha campaña (art. 30.2).

La ayuda se concede por hectárea[66] estableciéndose automáticamente por el Ministerio de Agricultura, Pesca y Alimentación en función de las declaraciones de la PAC 2022. Las ayudas no tienen que ser solicitadas, sino que se publican los beneficiarios por el FEGA (Fondo Español de Garantía Agraria) teniendo los agricultores 10 días para renunciar o alegar.

En consecuencia, se trata de una subvención corriente y así se refleja en el Manual de Renta 2023.

Al igual que lo comentado en la ayuda anterior, entendemos que el incremento de costes en estimación objetiva debe ser corregido con una reducción de los índices en la Orden coyuntural.

2.1.1.6. La compensación a tanto alzado del REAGP de IVA

Como vimos en el capítulo del ámbito de aplicación, la DGT tenía una doctrina consolidada[67] en la que consideraba la compensación a tanto alzado del REAGP un mayor importe de la contraprestación que, al no tratarse de una subvención o indemnización, ni tampoco del IVA repercutido, incluido el recargo de equivalencia, debía incluirse en el volumen de ingresos de la actividad a los

---

66 Se establece (art. 30.5 y 6) un montante máximo de ayudas de 300.000.000 euros. La cuantía máxima por hectárea es de 22 euros para la superficie de secano y 55 para las de riego. El importe mínimo por beneficiario de la ayuda es de 200 euros y el importe máximo es de 300 hectáreas.

67 Consultas de 22/02/2007 (V0339-07), de 19/06/2007 (V1303-07), de 27/09/2007 (V2047-07), de 20/01/2009 (V0119-09), de 16/05/2017 (V1159-07), de 02/12/2020 (V3499-20), de 29/03/2021 (V0742-21), de 19/04/2021 (V0960-21) y de 14/02/2022 (V0264-22), entre otras.

efectos del límite de exclusión, al menos, hasta la Orden HAC/1347/2024, de 28 de noviembre que expresamente la excluye del límite.

Considera, asimismo, a la compensación un ingreso tributable en IRPF sobre el que debe practicarse la retención del 2% (CDGT 10/03/2009, V0474-09 y de 09/09/2010, V1952-10).

En este sentido se pronuncia además el Manual de Renta 2023[68], tratamiento que se mantiene en el Manual de Renta 2024[69].

En contra de dicho criterio, consideramos que no se puede incluir la compensación como ingreso porque iría en contra de su naturaleza y del Derecho de la Unión Europea.

La DGT parece considerar que la compensación constituye un ingreso del agricultor porque no la tiene que ingresar en el Tesoro.

En este sentido, no es al IVA repercutido al que sustituye en el régimen especial la compensación a tanto alzado agrícola sino al IVA soportado y éste, en el régimen general, es objeto de devolución sin que ésta suponga ningún ingreso en IRPF sino una devolución de la carga tributaria que no debe soportar el empresario o profesional.

En régimen general, simplificado o REAGP el empresario tiene que soportar IVA.

En los dos primeros regímenes, el IVA soportado satisfecho es devuelto:

- Bien por compensarlo con el IVA devengado cobrado sin tener que ingresar el Impuesto repercutido al cliente.
- Bien, si el IVA soportado es superior al devengado, cobrando la devolución por la AEAT.

---

68 En Capítulo 9. Rendimientos de actividades económicas en estimación objetiva (II) (Actividades agrícolas, ganaderas y forestales) / Determinación del rendimiento neto / Fase 1ª: Determinación del rendimiento neto previo / c) Reglas de cómputo de los ingresos correspondientes a cada tipo de producto o servicio / 2. Ventas o prestaciones de servicio de AEAT (2024). *Manual...* op. cit.

69 En el mismo apartado:
https://sede.agenciatributaria.gob.es/Sede/ayuda/manuales-videos-folletos/manuales-practicos/irpf-2024
Recuperado el 4 de abril de 2025.

En el REAGP, tras satisfacer el IVA soportado, también se cobra la compensación con lo que se consigue la neutralidad.

Esto es, por los mismos motivos que no se incluye en el límite del volumen de ingresos del régimen simplificado al IVA soportado objeto de deducción, tampoco se puede incluir la compensación a tanto alzado que sustituye al IVA soportado.

Efectivamente, el art. 296.1 de la Directiva 2006/112/CE del Consejo de 28 de noviembre de 2006 establece:

"Los Estados miembros podrán otorgar a los productores agrícolas, cuando la aplicación a los mismos del régimen general del IVA o, en su caso, del régimen especial previsto en el capítulo 1 implicase dificultades, un régimen de tanto alzado que tienda a compensar la carga del IVA pagada por las compras de bienes y servicios de los agricultores sometidos al régimen de tanto alzado, de conformidad con lo dispuesto en el presente capítulo".

Al sustituir la compensación a tanto alzado a la deducción del IVA soportado los agricultores acogidos al régimen especial no gozan del derecho a esa deducción (art. 302 de la Directiva).

Para la Sentencia del TJUE de 08/03/2012 [Comisión/Portugal, C-524/10 (*Tol 2516862*), apartados 48, 49, 52 y 53]:

"48 Tal como se desprende de los artículos 272, apartado 1, letra e), y 296, apartado 1, de la Directiva IVA, el régimen de tanto alzado de la agricultura tiene por objetivo permitir que los Estados miembros dispensen a los productores agrícolas, cuando la aplicación a éstos del régimen general del IVA o del régimen especial de las pequeñas empresas implique dificultades, de algunas de las obligaciones que habitualmente recaen en todos los sujetos pasivos sometidos al régimen normal del IVA o de todas ellas, concediendo a dichos agricultores una compensación a tanto alzado por la carga del IVA que hayan soportado. Este régimen persigue por tanto simultáneamente un objetivo de simplificación (sentencia de 26 de mayo de 2005, Stadt Sundern, C-43/04, Rec. p. I-4491, apartado 28) y un objetivo de compensación de la carga del IVA soportado (sentencia de 15 de julio de 2004, Harbs, C-321/02, Rec. p. I-7101, apartado 29). [...]

49 Procede recordar asimismo que, por un lado, el régimen de tanto alzado de la agricultura es un régimen especial que constituye una excepción al régimen general de la Directiva IVA y que, por lo tanto, sólo debe aplicarse en la medida necesaria para lograr su objetivo. Además, según reiterada jurisprudencia del Tribunal de Justicia, toda excepción a una regla general debe interpretarse en sentido restrictivo (sentencias antes citadas Harbs, apartado 27, y Stadt Sundern, apartado 27). Por otro lado, la Directiva IVA no establece una exención del IVA para las actividades agrícolas. Al contrario, como ha señalado la Abogado General en los puntos 46 a 48 de sus conclusiones, aunque no se aplique el IVA a las ventas de los agricultores en régimen de tanto alzado, el régimen de tanto alzado de la agricultura no se concibió precisamente como un régimen de exención, ya que éste no habría permitido eliminar la carga del IVA soportado y garantizar, por tanto, la neutralidad del sistema común del IVA. Por lo demás, se desprende del artículo 296, apartado 1, de dicha Directiva que los productores agrícolas están en principio sometidos bien al régimen general, bien al régimen especial de las pequeñas empresas, bien al régimen de tanto alzado.

[...]

52 Asimismo, a tenor del séptimo considerando de la Directiva IVA, el régimen común del IVA debe conducir a una neutralidad en la competencia, en el sentido de que en el territorio de cada Estado miembro los bienes y servicios de naturaleza análoga soporten la misma carga fiscal, sea cual fuere la longitud de su circuito de producción y distribución. Así, como ha señalado la Abogado General en los puntos 45 a 48 de sus conclusiones, el régimen de tanto alzado de la agricultura también pretende garantizar en la mayor medida posible la neutralidad del IVA, pues la compensación tiene por objeto evitar que la carga del IVA soportado se traslade a etapas posteriores y provoque así un incremento de precio, que sería a su vez gravado por dicho impuesto y que aumentaría en cascada a lo largo del circuito de producción y distribución en el que se integrasen los productos entregados y los servicios prestados por los agricultores en régimen de tanto alzado. [...].

53 Es cierto que el pago de una mera compensación calculada simplemente a tanto alzado no basta, por definición, para garantizar una perfecta neutralidad del IVA. Sin embargo, permite garantizar la máxima neutralidad posible, habida cuenta de la necesidad de conciliar tal neutralidad y el objetivo de compensación con el objetivo de simplificación de las normas aplicables a los agricultores en régimen de tanto alzado, que también constituye uno de los objetivos del régimen de tanto alzado de la agricultura, como se ha indicado en el apartado 48 de la presente sentencia".

En consecuencia, la compensación responde al principio de neutralidad del IVA y al derecho fundamental de deducción del IVA soportado.

Esa neutralidad no sólo hay que entenderla desde el agricultor sometido al régimen sino en la cadena de producción por la propia naturaleza de impuesto al consumo, para evitar que el IVA soportado contribuya a la formación del precio de los productos agrícolas como *"IVA oculto"* (apartado 23 de la STJUE de 08/03/2012, C-524-10). De hecho, cuando no es posible la deducción del adquirente por no tener derecho a la misma, bien por ser consumidor o bien por ser agricultor sometido también al régimen, no es posible establecer la compensación de acuerdo con el art. 300 y 301 de la Directiva por carecer de utilidad alguna (apartado 21 de la STJUE de 28/06/1988, C-3/86).

Junto a la neutralidad está el objetivo de simplificación que hace que los Estados no puedan aplicar el régimen con carácter general sino sólo cuando se considere que existen eventuales dificultades para aplicar el régimen general o el régimen simplificado[70].

Para esa simplificación los porcentajes de compensación se calculan *"sobre la base de los datos macroeconómicos relativos exclusivamente a los agricultores sometidos al régimen de tanto alzado en los tres últimos años"* (art. 298 Directiva) y son notificados previamente a la Comisión (art. 297 de la Directiva). Dichos porcentajes *"no podrán tener por efecto que el conjunto de los agricultores sometidos al régimen de tanto alzado reciba devoluciones superiores a las cargas del IVA soportado"* (art. 299 de la Directiva).

Por tanto, la compensación es calculada para compensar la carga tributaria de todos los agricultores de un Estado miembro, siendo contrario a la Directiva tanto no compensar la carga (STJUE de 08/03/2012, C-524-10) como compensarla en exceso (STJUE de 28/06/1988, C-3/86) sin que por el objetivo de simplificación sea necesario que la compensación compense la carga tributaria de cada agricultor individualmente sino la carga del conjunto de los agricultores sometidos a este régimen (apartados 34 y siguientes STJUE 12/10/2017, C-262-16).

Efectivamente, el Tribunal consideró contraria a los artículos 296 a 298 de la Directiva la normativa portuguesa que eximía del pago del IVA, pero no establecía una compensación o, en palabras del Tribunal, establecía un porcentaje de compensación del nivel cero. El Tribunal niega que la compensación tenga carácter *extrafiscal* y que sea posible compensar el IVA soportado de otra manera a los agricultores acogidos al régimen especial, (apartado 62 de la citada STJUE

---

70 Lo que llevó a la Comisión a interponer el 04/02/2020 el rec. C-57/20 contra la República Federal de Alemania y, una vez tomadas por esta última las medidas necesarias para cumplir con sus obligaciones, a desistirse del recurso con imposición de costas a la demandada de acuerdo con Auto del Presidente del Tribunal de Justicia de 11/03/2022.

e 08/03/2012, C-524-10) como defendía que se podía la República Portuguesa a través de subvenciones.

Esta simplificación, como decimos, lleva a que el cálculo de la compensación se realice para el conjunto de agricultores y no para cada uno individualmente.

Con ello, lo único que podría considerarse como un ingreso en el agricultor individual sería el exceso de compensación si sobrepasa el IVA soportado. De la misma manera habría que considerar como gasto si la compensación no llegara al importe del IVA soportado.

Esto fue solucionado para la estimación directa por la citada Resolución de 20 de enero de 1997 del ICAC en la que se desarrolla el tratamiento contable de los regímenes especiales establecidos en el IVA y en el Impuesto General Indirecto Canario[71].

La Resolución reconoce que las mayores dudas sobre qué regímenes especiales debía tratar y cuáles no se suscitaron con el REAGP al quedar su ámbito subjetivo de aplicación, en parte, fuera de las obligaciones contables del Código de Comercio que obligan a empresarios, no considerándose a estos efectos como tales a los agricultores. No obstante, termina incluyendo el tratamiento de este régimen ante la posibilidad de que alguno de los sujetos pasivos viniera obligado por algún motivo a llevar contabilidad ajustada al Código de Comercio o se tratara de una persona jurídica.

Para la Resolución existían dos alternativas: registrar las operaciones haciendo abstracción de las especialidades de cada régimen y ofreciendo una información más completa o anteponer la simplificación del registro contable, en coherencia con la motivación de los regímenes. La Resolución opta por esta segunda opción. En esta segunda opción el IVA soportado se considera parte del precio de adquisición y el repercutido del de enajenación.

Así, para el REAGP la norma 2.1 de la Resolución establece que el IVA soportado *formará parte del precio de adquisición o coste de producción de las mismas* y que la compensación obtenida se *contabilizará como un ingreso (compensación de gastos)*.

Nótese que la compensación se contabiliza como un ingreso no porque tenga esa naturaleza sino en aras a la simplificación de su contabilización.

---

71 BOE 03/03/1997.

De hecho, como hemos visto, a efectos de la cifra anual de negocios utilizada en la legislación mercantil para delimitar la obligación de formular cuentas anuales normales o abreviadas y de someterlas a auditoría, la Resolución considera que se hace necesario *"diferenciar de la cifra de ventas la parte que no es realmente ingreso por la actividad de la empresa, sino que corresponde a las cantidades derivadas de la aplicación del tributo, obteniendo de esta forma una magnitud comparable a la de otras empresas"* lo que hace que, en particular, *"en el régimen de la agricultura, ganadería y pesca, los ingresos no incluyen la compensación recibida de acuerdo con el criterio establecido en esta norma"*.

La solución adoptada de deducción como gasto del IVA soportado en contraposición a la inclusión como ingreso de la compensación del REAGP no es posible en la estimación objetiva y es, por tanto, una solución para supuestos residuales dada la coordinación en general del REAGP en IVA con el régimen de estimación objetiva de IRPF.

En el cálculo del rendimiento neto en estimación objetiva en IRPF no se incluyen los gastos sino que a los ingresos se aplican unos índices en función de los cultivos y distintas circunstancias de la explotación (tierras arrendadas, cultivo tierras que usen energía eléctrica, etc.) de acuerdo con el desarrollo del Anexo I de las distintas Órdenes Ministeriales.

En consecuencia, con el criterio de la DGT el ingreso de la compensación del REAGP sí se incluye en IRPF pero el gasto del IVA soportado no, aplicando unos índices al ingreso que no han sido estudiados para calcular la diferencia entre la compensación y el IVA soportado.

Efectivamente, al aplicar los índices la compensación del REAGP no tributará íntegramente.

Pero esos índices como decimos no están pensados para fijar el exceso de la compensación sobre el IVA soportado sino la rentabilidad de la explotación.

Así, la aplicación del índice en función del personal asalariado o por cultivo en tierras arrendadas nada tienen que ver con el IVA soportado, pues se trata precisamente de gastos que no incluyen IVA, pero que van a provocar que se reduzca la tributación en IRPF de la compensación del REAGP.

A esto hay que unir que en los supuestos en que la compensación del agricultor individual fuera inferior al IVA soportado, al aplicarse las normas de estimación objetiva en IRPF que no permiten deducir el IVA soportado y tampoco minorar los ingresos por este motivo, tendríamos que no solo no se reconocería el gasto de defecto de compensación sino que seguiría dando lugar a un ingreso, lo que va en contra de la capacidad económica.

Este supuesto será común cuando parte de la producción se destine a la venta a consumidores finales en las que no se genera derecho a la compensación a tanto alzado.

La consideración de la compensación como un ingreso implica que parte de la carga tributaria de IVA soportada por los agricultores no sea recuperada al tener que tributar por IRPF, lo que va en contra del principio de neutralidad del IVA.

De lo anterior resulta que la interpretación de la DGT va en contra del *espíritu y finalidad* de la norma (art. 3.1 del CC) pues impide que se pueda compensar la carga tributaria, en contra del principio de neutralidad (séptimo considerando de la Directiva) y el art. 296 de la Directiva.

2.1.1.7. Ingresos por transformación, elaboración o manufactura

De acuerdo con la propia Orden que desarrolla el método de estimación objetiva, en el supuesto de actividades en las que se sometan los productos naturales a transformación, elaboración o manufactura, los ingresos a los que aplicar el índice correspondiente no son los ingresos reales, sino el valor de mercado de los productos naturales utilizados en el proceso en el momento de su incorporación al proceso de transformación, elaboración o manufactura.

No se permite el uso de productos de terceros.

2.1.1.8. Servidumbre de paso sobre la finca rústica

La DGT tiene una doctrina consolidada en virtud de la cual las indemnizaciones en una expropiación forzosa por ocupación temporal y por servidumbres de paso tendrán distinto tratamiento en función de si las fincas rústicas se encuentran afectas o no a la actividad económica y, así (Consulta de 26/12/2003, 2509-03):

"Si los terrenos no se hallan afectos a actividades económicas realizadas por el contribuyente, el importe percibido como "derecho de servidumbre" tendrá la consideración de rendimiento íntegro del capital inmobiliario, habida cuenta que se trata de contraprestaciones por la constitución de derechos de uso o disfrute sobre bienes inmuebles.

En el supuesto de que los terrenos se encuentren afectos a actividades económicas, el importe percibido como "derecho de servidumbre" tendrá la consideración de rendimiento íntegro de la actividad económica de que se trate...".

En el mismo sentido distinguiendo los dos supuestos dado que el consultante no lo hacía en función de que la finca se halle afecta o no a actividades económicas, para la indemnización de daños y perjuicios y premio de afección percibidos por la ocupación temporal para la instalación de un colector subterráneo y la constitución de una servidumbre de paso (Consulta de 02/02/2004, 0102-04) y para la indemnización percibida por los derechos de paso para la instalación de los apoyos y el sobrevuelo de la línea de transporte eléctrico necesaria para la instalación de un parque eólico (Consulta 05/03/2009, V0458-09). En la Consulta de 02/02/2004, además, se señala que si la ocupación temporal tuviera una duración superior a dos años, *"al percibirse la totalidad de la contraprestación en un pago único el rendimiento neto del capital inmobiliario se reduciría en un 40 por 100"* (hoy 30%), sin mencionar que la reducción por irregularidad sea aplicable cuando estamos ante un rendimiento de actividades económicas.

Por su parte, considera un rendimiento de actividades económicas la indemnización al propietario de una finca rústica afecta a una actividad agrícola percibida por una servidumbre de paso por el vuelo de un tendido eléctrico de una línea de ferrocarril (Consulta de la DGT de 12/12/2005, V2494-05) y la indemnización en una finca de naranjos explotada por su propietario por la constitución de una servidumbre de paso en la que no se pueden volver a plantar naranjos, la ocupación temporal de parte de la finca, los perjuicios derivados de la rápida ocupación y el premio de afección (Consulta de 04/02/2010, V0163-10). En ambas consultas no se menciona la reducción por irregularidad.

Todas estas consultas tratan si estamos ante rendimientos de actividades económicas o no pero no el método de su estimación y cómo se computaría en estimación objetiva.

Las Consultas se basan en los hoy artículos 21.1 y 2.a) de la Ley del IRPF:

"1. Tendrán la consideración de rendimientos íntegros del capital la totalidad de las utilidades o contraprestaciones, cualquiera que sea su denominación o naturaleza, dinerarias o en especie, que provengan, directa o indirectamente, de elementos patrimoniales, bienes o derechos, cuya titularidad corresponda al contribuyente y no se hallen afectos a actividades económicas realizadas por éste...

2. En todo caso, se incluirán como rendimientos del capital:

a) Los provenientes de los bienes inmuebles, tanto rústicos como urbanos, que no se hallen afectos a actividades económicas realizadas por el contribuyente [...]".

Y en el hoy art. 22.1 de la Ley del IRPF que establece:

"Artículo 22. Rendimientos íntegros del capital inmobiliario.

1. Tendrán la consideración de rendimientos íntegros procedentes de la titularidad de bienes inmuebles rústicos y urbanos o de derechos reales que recaigan sobre ellos, todos los que se deriven del arrendamiento o de la constitución o cesión de derechos o facultades de uso o disfrute sobre aquéllos, cualquiera que sea su denominación o naturaleza".

En la Consulta de 29/11/2017 (V3104-17) citando, junto a los anteriores artículos, los artículos 27.1 y 29.1.a[72] de la Ley del IRPF, considera para la expropiación de un terreno afecto a la actividad económica de cultivo de cítricos de su propietario:

- Que la indemnización por la ocupación temporal del terreno constituirá rendimiento de la actividad económica.
- Pero que la indemnización por la constitución de una servidumbre de paso permanente de un gaseoducto y franja de limitación del dominio y el premio de afección no constituyen rendimientos de actividades económicas sino del capital inmobiliario al implicar la servidumbre de paso permanente del gaseoducto la desafectación de la actividad económica de la franja de terreno afectada por impedir el cultivo en ella. Asimismo, la considera un rendimiento irregular al ser permanente.

Nos parece muy llamativa esa desafectación *a futuro*, esto es, el elemento está desafectado *ya* por el uso que se le dará en el futuro.

Como vemos, la DGT cambia el criterio de la consulta de 04/02/2010 (V0163-10), también de una plantación de cítricos, en la que la indemnización por *la constitución de una servidumbre de paso sobre otros 1234 metros cuadrados de terreno en los que no se pueden volver a plantar naranjos* y, por tanto, no se puede cultivar, la consideró rendimiento de actividades económicas.

---

72 Por los que se regula cuándo estamos ante rendimientos de actividades económicas y que se considerarán elementos patrimoniales afectos a una actividad económica los bienes inmuebles en los que se desarrolla la actividad del contribuyente.

Nuevamente, en la Consulta de 29/11/2017 (V3104-17) no se trata el método de estimación ni cómo se computaría en estimación objetiva.

En la Consulta de la DGT de 11/07/2019 (V1788-19) sí se le pregunta por el método de estimación objetiva.

La Consulta trata de un agricultor en estimación objetiva que ha percibido de Red Eléctrica de España, determinadas cantidades por una servidumbre permanente de paso aéreo de energía eléctrica, ocupación permanente para la instalación de apoyos y ocupación temporal de los terrenos necesarios para la ejecución de las obras.

La Consulta, manteniendo el criterio de la de 29/11/2017, considera que *"si la constitución de la servidumbre permanente de paso aéreo de energía eléctrica implica la desafectación de la actividad económica de la franja de terreno afectada por impedir el cultivo en ella, las cantidades percibidas por este concepto, por la ocupación permanente para la instalación de apoyos y por el premio de afección no pueden considerarse rendimientos de la actividad económica, sino que habrán de calificarse como rendimientos del capital inmobiliario"* y, al tratarse de una servidumbre permanente de paso, le resultaría aplicable la reducción por irregularidad del art. 23.3 de la Ley del IRPF.

En caso contrario, *"las cantidades percibidas por estos conceptos constituirían rendimientos de actividades económicas"* pero sin mencionar aquí ninguna reducción por irregularidad del art. 32.1 de la Ley del IRPF.

Por su parte, las cantidades percibidas por la ocupación temporal del terreno considera que constituirán *"rendimientos de la actividad económica, al entenderse que no ha habido desafectación del mismo"*.

Y termina:

"Por último, el artículo 3 de la Orden HAC/1264/2018 recoge, en su artículo 3, las magnitudes excluyentes de la aplicación del método de estimación objetiva, estableciendo en su letra b) que para el conjunto de las actividades agrícolas, forestales y ganaderas será de 250.000 euros anuales, no computándose, entre ellos, las subvenciones corrientes o de capital ni las indemnizaciones.

Al no tratarse las cantidades percibidas de indemnizaciones, sino de rendimientos de la actividad económica, se computarán a efectos de la determinación del volumen de ingresos de la actividad".

No compartimos los criterios de esta doctrina administrativa y entendemos que se está centrando exclusivamente en el objeto (*terreno rústico en el que se realiza una actividad agrícola*) y no en la naturaleza de la actividad realizada por la que se percibe el rendimiento (*cesiones de uso*).

Quizás esto se deba a que se está confundiendo esa enajenación forzosa del *uso* del terreno con la también forzosa enajenación de la *propiedad* y, en el tratamiento de esa enajenación, la afección o no del elemento patrimonial es clave[73]. Si esa enajenación de la *propiedad* de elementos patrimoniales afectos no se incluye en la determinación del rendimiento neto de las actividades económicas lo es en virtud del art. 28.2 de la Ley de IRPF que se remite para ello a la regulación de las ganancias y pérdidas patrimoniales de la sección 4ª del capítulo II de la Ley[74].

Sin embargo, si nos centramos en la cesión de *uso* un mismo terreno rústico puede tener distintos aprovechamientos que pueden ser objeto de cesión a terceros (cultivos de temporada, pastos, montanera, forestal, cinegéticos, etc.) manteniendo en parte la actividad agrícola el propietario sobre el terreno.

Esas cesiones de uso no implican actividad económica, no implican una ordenación de medios de producción por el cedente sino por el cesionario y, mucho menos implican que se trate de una actividad agrícola, ganadera o forestal por la que el cedente deba tributar en estimación objetiva.

Efectivamente, para este tipo de ingresos, que no proceden del ejercicio de una actividad económica agrícola sino de una cesión obligatoria de un terreno, no está justificada la aplicación de los índices previstos para la estimación objetiva para calcular sus rendimientos pues los gastos objetivos son estimados en función de los rendimientos que genere en la entrega de los productos naturales la explotación agrícola, ganadera o forestal pero no en función de una simple cesión del terreno.

Tampoco está claro qué índices serían aplicables pues no se trata de la venta de un producto natural y no parece encajar en una actividad accesoria u otros trabajos y servicios accesorios realizados por el agricultor.

---

73 Por las implicaciones que tiene, por ejemplo, en la aplicación del art. 37.1.n y D.T. 9º de la Ley del IRPF o 40 del Reglamento.

74 A diferencia de lo que hacía anteriormente el art. 41.Dos de la Ley 18/1991, de 6 de junio, del Impuesto sobre la Renta de las Personas Físicas que, para la determinación del rendimiento neto de las actividades empresariales o profesionales, incluía a *los incrementos y disminuciones de patrimonio derivados de cualquier elemento patrimonial afecto a las mismas y, en su caso, el que resulte de la transmisión «inter vivos» de la totalidad del patrimonio empresarial o profesional del sujeto pasivo*

Al menos la Consulta la considera un ingreso computable a efectos de exclusión por límite de ingresos y, por tanto, dentro de la estimación objetiva y no un ingreso de una actividad diferente que al no estar contemplada en los artículos 1 y 2 de las Órdenes le fuera aplicable la estimación directa. En este último caso, incluso se hubiera podido considerar la no aplicación de la estimación objetiva para toda la actividad agraria por incompatibilidad.

En nuestra opinión, los artículos 21.1 y 2.b) hay que interpretarlos en relación con el art. 27.1 y, sobre todo, 27.2[75] de la misma Ley según el cual se consideran rendimientos íntegros de actividades económicas aquellos que, procediendo del trabajo personal y del capital conjuntamente, o de uno solo de estos factores, supongan por parte del contribuyente la ordenación por cuenta propia de medios de producción y de recursos humanos o de uno de ambos, con la finalidad de intervenir en la producción o distribución de bienes o servicios y que esa ordenación para la principal *cesión de uso* como es el arrendamiento de inmuebles se entenderá que se realiza cuando para la ordenación se utilice, al menos, una persona empleada con contrato laboral y a jornada completa.

---

75 La redacción completa sería:
"1. Se considerarán rendimientos íntegros de actividades económicas aquellos que, procediendo del trabajo personal y del capital conjuntamente, o de uno solo de estos factores, supongan por parte del contribuyente la ordenación por cuenta propia de medios de producción y de recursos humanos o de uno de ambos, con la finalidad de intervenir en la producción o distribución de bienes o servicios.
En particular, tienen esta consideración los rendimientos de las actividades extractivas, de fabricación, comercio o prestación de servicios, incluidas las de artesanía, agrícolas, forestales, ganaderas, pesqueras, de construcción, mineras, y el ejercicio de profesiones liberales, artísticas y deportivas.
No obstante, tratándose de rendimientos obtenidos por el contribuyente procedentes de una entidad en cuyo capital participe derivados de la realización de actividades incluidas en la Sección Segunda de las Tarifas del Impuesto sobre Actividades Económicas, aprobadas por el Real Decreto Legislativo 1175/1990, de 28 de septiembre, tendrán esta consideración cuando el contribuyente esté incluido, a tal efecto, en el régimen especial de la Seguridad Social de los trabajadores por cuenta propia o autónomos, o en una mutualidad de previsión social que actúe como alternativa al citado régimen especial conforme a lo previsto en la disposición adicional decimoquinta de la Ley 30/1995, de 8 de noviembre, de ordenación y supervisión de los seguros privados
2. A efectos de lo dispuesto en el apartado anterior, se entenderá que el arrendamiento de inmuebles se realiza como actividad económica, únicamente cuando para la ordenación de esta se utilice, al menos, una persona empleada con contrato laboral y a jornada completa".

En este tipo de expropiaciones entendemos que, además de la expropiación de parte de la propiedad y de los intereses que tendrán su correspondiente tratamiento, los importes se perciben por dos conceptos:

- Por la ocupación temporal del terreno, en cuyo caso se está resarciendo por el lucro cesante de la falta de cultivo en ese tiempo, esto es, por la falta de beneficio por no poder cultivar esa parte de terreno. En este caso, al sustituir la indemnización a los rendimientos agrarios, entendemos que debe ser considerada en todo caso como rendimiento de actividades económicas.
- Por la servidumbre de paso que implica una cesión de uso obligatoria y permanente que debe tener la calificación más correcta de rendimientos del capital inmobiliario, al no utilizar una persona laboral a tiempo completo para esa cesión de uso ni realizarse ninguna ordenación de medios para esa actividad.

2.1.1.9. Indemnizaciones para compensar otras pérdidas que no sean productos de la explotación

Aunque las Órdenes establecen que se trata de un ingreso computable, en la CDGT de 22/07/2011 (V1873-11) se establece que de la norma se desprende que las indemnizaciones que deben integrarse en el volumen de ingresos son solamente aquellas que vengan a compensar pérdidas que hayan afectado a productos de la explotación, ya sean en proceso o terminados.

Considera que dentro de este tipo de pérdidas no se encuentran los gastos originados por la destrucción de animales por lo que si el seguro lo que indemniza es el pago a la empresa de recogida de los animales muertos no hay que integrar la indemnización en el rendimiento.

2.1.1.10. Ingresos procedentes de operaciones vinculadas

En el caso de operaciones con personas o entidades vinculadas[76], el ingreso se computará por su valor normal de mercado conforme a los artículos 41 de la

---

[76] Conforme al art. 18.2 de la LIS se consideran personas o entidades vinculadas las siguientes:
"*a) Una entidad y sus socios o partícipes.*

Ley del IRPF y 18.1 de la Ley 27/2014, de 27 de noviembre, del Impuesto sobre Sociedades (en adelante LIS).

Hay que destacar que el legislador recela de las operaciones realizadas entre contribuyentes del IRPF en estimación objetiva con las sociedades en las que éstos participan o sus familiares por el posible fraude que pueda generar.

De hecho, no les es aplicable el contenido simplificado de la documentación específica del contribuyente de operaciones vinculadas que es aplicable a personas o entidades cuyo importe neto de la cifra de negocios sea inferior a 45 millones de euros.

Concretamente, se excluyen de ese contenido simplificado a las operaciones realizadas por contribuyentes del IRPF en el desarrollo de una actividad económica a la que resulte de aplicación el método de estimación objetiva con entidades en las que aquéllos o sus cónyuges, ascendientes o descendientes, de forma individual o conjuntamente entre todos ellos, tengan un porcentaje igual o superior al 25 por ciento del capital social o de los fondos propios (art. 18.3.1º de la LIS y 16.5.a del Reglamento).

---

b) Una entidad y sus consejeros o administradores, salvo en lo correspondiente a la retribución por el ejercicio de sus funciones.

c) Una entidad y los cónyuges o personas unidas por relaciones de parentesco, en línea directa o colateral, por consanguinidad o afinidad hasta el tercer grado de los socios o partícipes, consejeros o administradores.

d) Dos entidades que pertenezcan a un grupo.

e) Una entidad y los consejeros o administradores de otra entidad, cuando ambas entidades pertenezcan a un grupo.

f) Una entidad y otra entidad participada por la primera indirectamente en, al menos, el 25 por ciento del capital social o de los fondos propios.

g) Dos entidades en las cuales los mismos socios, partícipes o sus cónyuges, o personas unidas por relaciones de parentesco, en línea directa o colateral, por consanguinidad o afinidad hasta el tercer grado, participen, directa o indirectamente en, al menos, el 25 por ciento del capital social o los fondos propios.

h) Una entidad residente en territorio español y sus establecimientos permanentes en el extranjero.

En los supuestos en los que la vinculación se defina en función de la relación de los socios o partícipes con la entidad, la participación deberá ser igual o superior al 25 por ciento. La mención a los administradores incluirá a los de derecho y a los de hecho.

Existe grupo cuando una entidad ostente o pueda ostentar el control de otra u otras según los criterios establecidos en el artículo 42 del Código de Comercio, con independencia de su residencia y de la obligación de formular cuentas anuales consolidada

2.1.1.11. Ingresos procedentes de rentas en especie

En el caso de que la remuneración sea en especie, se computará como ingreso tanto el valor normal de mercado de la remuneración (art. 43.1 Ley del IRPF) como el ingreso a cuenta no repercutido (art. 43.2 Ley del IRPF).

2.1.2. Imputación temporal de los ingresos

La regla general no difiere del resto de actividades económicas: los ingresos deben imputarse con las normas del Impuesto sobre Sociedades (art. 14.1.b de la Ley del IRPF), esto es, al periodo impositivo en que se produzca su devengo con arreglo a la normativa contable con independencia de la fecha de su pago o de su cobro, respetando la debida correlación entre ingresos y gastos (art. 11.1 de la LIS), pudiendo imputarse contable y fiscalmente en un periodo anterior siempre que de ello no se derive una tributación inferior a la que hubiera correspondido en su periodo correcto (art. 11.3.1º LIS).

Asimismo, los contribuyentes que determinen el rendimiento en estimación objetiva[77] pueden optar por el criterio de cobros y pagos para imputar los ingresos de todas sus actividades económicas (art. 7.2.1º y 68.6 del Reglamento del IRPF). La opción por el criterio de cobros y pagos se ejerce en la propia declaración y debe mantenerse durante un mínimo de 3 años.

En nuestra opinión, al igual que se ha hecho con las ayudas a la primera instalación de jóvenes agricultores que veremos seguidamente, se deberían regular más criterios de imputación temporal específicos para ingresos excepcionales, como la venta anticipada de ganado por carecer de pastos por la sequía, pero también para ingresos ordinarios con un periodo de generación superior al año como son los ingresos de las explotaciones forestales corcheras generados durante 9 años.

Otro supuesto que entendemos debería tener un tratamiento especial sería el de los ingresos de las subvenciones de la PAC concedidas con retraso respecto a su campaña, bien por existir un retraso generalizado como ha existido en ocasiones en las reformas de la PAC, bien por realizarse alguna comprobación para su

---

[77] Al igual que los contribuyentes que estén en estimación directa simplificada (art. 68.4), los que realicen actividades empresariales sin carácter mercantil (art. 68.3) y los que ejerzan actividades profesionales (art. 68.4).

concesión o, incluso, denegarse ésta inicialmente. En este último caso, cuando la ayuda es objeto de discusión por no ser concedida o por, una vez concedida, solicitarse su reintegro, los procedimientos judiciales se pueden dilatar en el tiempo provocando que se reconozca el derecho al cobro de varias campañas en un solo ejercicio. A este supuesto, la regla especial del art. 14.2.a de la Ley del IRPF[78] ninguna solución ofrece dado que provoca la imputación de todas las campañas pendientes en un solo año, el de la firmeza de la resolución judicial[79].

Los únicos criterios especiales de imputación serían los que analizamos seguidamente.

2.1.2.1. Ayudas a la primera instalación de jóvenes agricultores

El art. Segundo.Uno y Dos del Real Decreto-ley 5/2020, de 25 de febrero modificó la Ley del IRPF para introducir una norma especial para estas ayudas, tanto cuando son destinadas a la instalación como agricultor persona física (art. 14.1.b de la Ley del IRPF) como cuando la ayuda se destina a la adquisición de participaciones en el capital de una empresa agrícola (art. 14.2.l de la Ley).

De acuerdo con el propio Real Decreto-ley 5/2020, en el Marco Nacional del periodo 2007-2013 se contemplaban las ayudas a la instalación de jóvenes agricultores como medidas destinadas a inversiones y gastos de instalación siendo, por tanto, subvenciones de capital.

---

[78] Según la cual:
"Cuando no se hubiera satisfecho la totalidad o parte de una renta, por encontrarse pendiente de resolución judicial la determinación del derecho a su percepción o su cuantía, los importes no satisfechos se imputarán al período impositivo en que aquélla adquiera firmeza".

[79] Para estos supuestos sólo se nos ocurre acudir a la vía de la responsabilidad patrimonial de la Administración que denegó la ayuda. No obstante, en estos supuestos, el problema será acreditar la realidad objetiva del daño. Así, por ejemplo, en la STSJ de Andalucía, sede de Sevilla de 15/05/2018 (rec. 909/2016, (*Tol 6819695*)), ante la reclamación de responsabilidad patrimonial por un supuesto de reintegro de subvenciones de la PAC que se declaró improcedente, se entendió que no debía incluirse el coste fiscal *"porque como afirma el perito es un daño hipotético no real, deducido de la comparativa de las autoliquidaciones presentadas en plazo y los borradores de las hipótesis, por lo que no queda acreditado su realidad"* (FJ 5º).

En el Marco Nacional 2014-2020 se condicionan directamente al desarrollo de un plan empresarial, lo que provoca que fiscalmente hayan pasado de considerarse subvenciones de capital a subvenciones corrientes como ayuda a la renta.

Esto, según el propio Real Decreto-ley, obligaba al perceptor a tener que sufragar la totalidad del impuesto en un primer momento sin posibilidad de fraccionar su pago a lo largo del período cuatrienal de percepción y a liquidar los impuestos de una ayuda aún no percibida.

En nuestra opinión, dado que la instalación y los requisitos de ejercicio y renta principal agraria debían cumplirse por el joven agricultor durante cinco años desde la instalación, la debida correlación que deben tener los ingresos y los gastos (art. 11.1 LIS) ya permitía la imputación en esos cinco años.

De cualquier forma, el Real Decreto-ley corrige el problema con efectos desde el 1 de enero de 2020 dando la siguiente redacción al art. 14.1.b) de la Ley del IRPF:

"b) Los rendimientos de actividades económicas se imputarán conforme a lo dispuesto en la normativa reguladora del Impuesto sobre Sociedades, sin perjuicio de las especialidades que reglamentariamente puedan establecerse.

No obstante, las ayudas públicas para la primera instalación de jóvenes agricultores previstas en el Marco Nacional de Desarrollo Rural de España podrán imputarse por cuartas partes, en el período impositivo en el que se obtengan y en los tres siguientes.".

2.1.2.2. Transformación, elaboración o manufactura de productos naturales

De acuerdo con las Órdenes que desarrollan el método de estimación objetiva, el rendimiento neto se determina en el momento de la incorporación de los productos naturales a los procesos de transformación, elaboración o manufactura.

Esto es, hay que tributar (a valor de mercado del producto natural) en el momento en que se incorpore el producto al proceso y no cuando sea vendido.

Esto provoca una diferencia temporal entre el momento de la tributación por el ingreso y el de su cobro, con los problemas que puede provocar el que en los cruces de datos que realice la AEAT no case lo declarado por el agricultor con lo declarado por el cliente y el banco en que se cobre.

La Orden HAC/1347/2024, de 28 de noviembre contempla que esta tributación de multiplicar el valor del producto por el índice de rendimiento neto sea también aplicable a los productos sometidos a procesos de transformación, elaboración o manufactura en los años anteriores a 1998 que sean transmitidos a partir del 1 de enero de 2025, determinándose en estos casos el rendimiento neto previo en el momento en que sean transmitidos los productos.

Este régimen transitorio se arrastra en las distintas Órdenes desde la Orden de 7 de febrero de 2000. Ciertamente, tratándose en su mayoría de productos perecederos no se nos ocurre supuestos en los que se pueda aplicar salvo, por ejemplo, el de *uva para vino de mesa con denominación de origen*.

2.1.3. *Aplicación de los índices a ingresos sin cultivos asignados*

Como decimos el criterio es aplicar a los ingresos de cada cultivo el índice asignado al mismo.

El problema se da con aquellos ingresos que no tienen un cultivo determinado.

Es el caso de las ayudas directas desacopladas de la PAC que se obtienen solicitándolas sobre hectáreas admisibles mediante el cumplimiento de unos determinados requisitos en el ejercicio de la actividad agraria, pero sin estar vinculadas a un cultivo concreto.

Esa falta de vinculación a un cultivo concreto y, por tanto, a su índice hizo que la Orden EHA/804/2007, de 30 de marzo (BOE 31/03/2007) determinara por primera vez su tratamiento tanto para el ejercicio 2006 (D.A. 5ª) como para el propio ejercicio 2007 que desarrollaba (Instrucción 2.1 del Anexo I).

Así, se determinó que la entonces ayuda directa de pago único de la PAC percibida durante el año 2006 se acumulara a los ingresos procedentes de los distintos cultivos o explotaciones del perceptor en proporción a sus respectivos importes.

Dado que las ayudas desacopladas inicialmente procedían de ayudas acopladas a determinados cultivos, se podría haber optado por la opción de utilizar el índice del cultivo originario. El criterio adoptado, ciertamente menos justo, pero sí más sencillo, provocó que se asignara la ayuda a índices de cultivos que nunca habían recibido ayudas de la PAC como el porcino.

Efectivamente, para que le fueran asignados inicialmente los derechos de pago único, fuera de los casos de adquisición de esos derechos a un tercero y la asignación de derechos de la reserva nacional, el agricultor debía haber recibido pagos de determinadas ayudas desacopladas durante el trienio 2000, 2001 y 2002 de acuerdo con los artículos 33 y siguientes y el Anexo VI del Reglamento (CE) n.º 1782/2003, del Consejo, de 29 de septiembre.

Entendemos, de cualquier forma, que el criterio es acertado pues con el tiempo (con los cambios de cultivo, las transmisiones de derechos, las asignaciones de la reserva nacional, etc.) hubiera sido muy complejo determinar cuál fue el cultivo que originó el derecho y, si se tenían varios, en qué proporción. En una estimación objetiva deben prevalecer los criterios más sencillos de aplicar.

La referida Orden EHA/804/2007, de 30 de marzo, estableció también una cautela en los índices a aplicar a las ayudas desacopladas: cuando el perceptor de la ayuda directa no hubiera obtenido ingresos por actividades agrícolas y ganaderas distintos de la propia ayuda, el índice a aplicar sería el 0,56 y, por tanto, el más alto.

Este índice se justificaba en los casos en que el agricultor no había cultivado y, sin incurrir en excesivos gastos, se había limitado a cobrar la ayuda. Para estos casos en los que el agricultor dejaba la finca en barbecho, reducir sus rendimientos con un índice superior hubiera sido excesivo. Sin embargo, ese posible supuesto de abuso ha sido cada vez más perseguido con las sucesivas regulaciones del agricultor activo en la normativa PAC y en la actualidad no parece que pueda darse.

La DGT en sus Consultas de 11/02/2003 (0193-03), de 10/10/2008 (V1816-08), de 02/09/2010 (V1907-10) y de 17/06/2013 (V2030-13) consideraba de hecho, en supuestos de ayudas por cese en la actividad agrícola, pero también (la de 10/10/2008) en supuestos del cobro de la ayuda directa de pago único de la PAC sin ejercer la actividad, que aunque los rendimientos deben calificarse de actividades económicas y no de ganancias patrimoniales por proceder de estas actividades, el método debía ser el de estimación directa pues *"para poder utilizar el método de estimación objetiva, la actividad debería estar entre las actividades económicas incluidas en los artículos 1 y 2 de la Orden que anualmente desarrolla el método de estimación objetiva, circunstancia que no se cumple cuando* se *percibe exclusivamente una subvención corriente* derivada *de una actividad ejercida anteriormente no desarrollando actividad económica alguna, sin perjuicio, de que a efectos del Impuesto obtenga rendimientos de actividades económicas"*.

Ciertamente, el método de estimación objetiva parte del cálculo objetivo de los gastos de la actividad por lo que si no se ha incurrido en esos gastos no tiene mucho sentido una estimación de los mismos.

Sin embargo, esta interpretación de la DGT, aunque lógica, no estaba en la normativa. La normativa no exige un gasto mínimo sino la conservación de *las facturas o justificantes documentales de otro tipo recibidos* y de los *justificantes de los signos, índices o módulos aplicados* (art. 68.6 del Reglamento del IRPF) y establece, como base del régimen, que las diferencias entre los rendimientos reales y los derivados de la correcta aplicación del método nunca darán lugar a gravamen (art. 31.2.2ª Ley del IRPF). Asimismo, el método de estimación objetiva es aplicable a los rendimientos de actividades agrícolas, ganaderas y forestales (y la PAC sin duda lo es) salvo causa de exclusión o renuncia al mismo.

La Resolución del TEAC de 04/02/2016 (rec. 5/2016) dictada en unificación de criterio consideró para estos supuestos que era aplicable el método de estimación objetiva.

Concretamente, de acuerdo con el art. 27.1 de la Ley de IRPF, la ayuda directa en pago único *supone para el contribuyente por IRPF un rendimiento de actividad agraria, en cuanto tienen su origen en el ejercicio de tal actividad. Y al tratarse de una subvención corriente, pues se abona con carácter anual y tiene como finalidad ayudar a financiar los gastos de la actividad, debe tratarse como rendimiento íntegro de la actividad.*

Respecto al método, destaca la Resolución del TEAC que la propia Orden prevé que no se hayan tenido otros ingresos diferentes a la propia subvención al establecer el índice del 0,56. La Resolución interpreta que la ausencia de otros ingresos agrícolas o ganaderos necesaria para aplicar ese índice del 0,56 no es sólo para los casos en que se pierda la cosecha o que el ciclo de explotación del cultivo sea superior al año, sino para todos los casos incluido el del cese de actividad (Fundamento de Derecho Tercero).

Los criterios establecidos para las ayudas desacopladas de la PAC de aplicación de índices proporcionales por los ingresos por cultivos y, en ausencia de éstos, el índice 0,56 fueron mantenidos en las sucesivas Órdenes tanto para la ayuda directa de pago único como para las ayudas que le sustituyeron desde 2015 (pago básico, pago para prácticas beneficiosas para el clima y el medio ambiente, pago para jóvenes agricultores y, en su caso, pago del régimen simplificado para pequeños agricultores).

Sin embargo, el criterio de la cautela ha sido modificado para 2023.

Así, la Orden HFP/1172/2022, de 29 de noviembre (en criterio que se mantiene para los ejercicios 2024 y 2025) establece para 2023, como en anteriores ejercicios, que la ayuda básica a la renta para la sostenibilidad, la ayuda redistributiva complementaria a la renta, los (exentos)[80] regímenes en favor del clima y del medio ambiente o la ayuda complementaria para jóvenes agricultores se acumularán a los ingresos procedentes de los cultivos o explotaciones del perceptor en proporción a sus respectivos importes.

Sin embargo, sobre la cautela se establece que cuando el perceptor de la ayuda directa hubiera obtenido ingresos por actividades agrícolas y ganaderas, distintos de la ayuda directa, por cuantía inferior al 25 por ciento del importe del total de los ingresos de tales actividades, el índice de rendimiento neto a aplicar sobre las ayudas directas será el 0,56.

Esto no se entiende pues, como decíamos, con los nuevos requisitos del agricultor activo de la normativa PAC (artículos 4 y siguientes del Real Decreto 1048/2022, de 27 de diciembre) ya no se van a dar agricultores que no incurran apenas en gastos y que prácticamente sólo perciban la PAC por lo que, si el índice del 0,56 no se justifica, menos lo está el ampliar su ámbito de aplicación al exigir un mínimo del 25% de ingresos distintos de la ayuda para aplicar los índices del cultivo.

En nuestra opinión, con el índice de 0,56 se pueden provocar situaciones injustas cuando el agricultor ha incurrido en los gastos ordinarios, pero ha perdido en todo o en parte la cosecha por un evento que no tenía asegurado lo que provoca que, a la pérdida de la cosecha, se le una la adicional desgracia de tributar por un índice superior al que le corresponde por la ayuda.

En estos casos, entendemos que el agricultor sólo podría corregir la situación mediante la solicitud prevista en el 37.4.2º del Reglamento del IRPF.

Otro supuesto que puede provocar situaciones injustas es la aplicación a los jóvenes agricultores. A éstos se les subvenciona la primera instalación en función de un plan empresarial y, frecuentemente, en ejecución de ese plan no obtienen

80 Llama la atención sobre todo que la Orden HFP/1359/2023, de 19 de diciembre se siga refiriendo a las ayudas de los regímenes en favor del clima y del medio ambiente (eco-regímenes), cuando fue publicada con posterioridad al establecimiento de la exención introducida en la D. A. Quinta de la Ley del IRPF por la D. F. 13º de la Ley 30/2022, de 23 de diciembre). Esto se ha corregido en la Orden HAC/1347/2024, de 28 de noviembre que ya no menciona dichas ayudas exentas.

muchos ingresos por ventas en los primeros años. Son los casos, por ejemplo, de cambios de cultivo o de adquisición de nuevo ganado[81].

2.1.4. Índices aplicables a los distintos cultivos

Entendemos que el análisis del método de estimación objetiva pasa, fundamentalmente, por el análisis histórico de los índices a aplicar.

Efectivamente, es al analizar los índices donde se puede observar el esfuerzo que cada año hace el Ministerio de Hacienda en adaptar el rendimiento de los distintos cultivos a las circunstancias concretas del año, con un grado de detalle en muchas ocasiones municipio a municipio.

En dicho esfuerzo participan las Consejerías de Agricultura de las distintas Comunidades Autónomas, el Ministerio de Agricultura y, en lo que nos conste, patronales como ASAJA que trasladan provincia a provincia los lugares y los cultivos donde se han producido circunstancias que hacen necesario la modificación de los índices[82].

Del análisis de los distintos índices aprobados se pueden extraer las siguientes conclusiones:

- En la evolución de los índices estructurales, el índice 0,26 ha sido al que más se han ido trasladando otros cultivos con índices más altos como cítricos, frutos secos, uva para vino de mesa sin D.O., horticultura, etc.

---

81 De este supuesto destaca MORIES JIMÉNEZ, coincidiendo con GONZÁLEZ APARICIO, que resulta una contradicción que a la vez que se le dé un régimen tan gravoso y se subvencione su instalación. Entienden que debe corregirse proponiendo distintas soluciones en Mories Jiménez, M. T. (2024). *Las ayudas derivadas del plan estratégico de la Política Agraria Común (PEPAC 2023-2027) y sus implicaciones en el IRPF.* Editorial Reus.

82 En opinión de BATANERO HERNÁN para la revisión periódica de la fiscalidad agraria, al margen de las reducciones por adversidades climáticas, sería conveniente un marco de interlocución y negociación sobre fiscalidad agraria para evaluar preventivamente los acontecimientos del grupo, sus problemas y soluciones potenciales, demandando dada la existencia de una Mesa de Fiscalidad Agraria que se retomase su actividad celebrando reuniones periódicas en Batanero Hernán, A. I. (2018). "El método de estimación objetiva en el sector agrario: fundamentación y necesidad de revisión". *Revista de Derecho, Empresa y Sociedad* núm. 13/2018, Página 344.

- La reducción de los índices es constante y supone un gran esfuerzo anual de adaptación de los mismos a las circunstancias concretas del ejercicio.

  Esto ha hecho que, por ejemplo, el bovino de leche no llegara a aplicar el índice estructural aprobado para el ejercicio 2008 de 0,37 por las continuas reducciones y que, el nuevo de 0,20 aprobado inicialmente para el ejercicio 2016, no fuera de aplicación hasta el ejercicio 2020.

  Evidentemente, existen olvidos y errores, índices que se debieron corregir y que no se corrigieron.

  En muchos casos, por ejemplo, se redujo un municipio, pero no otro limítrofe que sufrió las mismas circunstancias.

  En otros muchos casos se dejan de reducir en ejercicios concretos cultivos cuyos motivos se mantienen en el tiempo.

  Sería el caso, por ejemplo, del porcino extensivo de la Sierra Norte de Sevilla que sufrió una pérdida de ventas con la crisis económica al elegir los consumidores carnes de menor calidad. Así, se redujo el índice a 0,00 en el ejercicio 2008, pero no en el ejercicio 2009, volviéndose a reducir a 0,00 en el ejercicio 2010.

- Hay índices que se han reducido sistemáticamente coyunturalmente lo que hace pensar que quizás el problema es que esté calculado erróneamente el índice estructural.

- La reducción es constante pero la elevación no. De forma estructural sólo se elevó el índice forestal para la extracción de resina pero era simultáneamente a la inclusión a criterio de la Administración de los resineros en el ámbito de aplicación.

  Entendemos que el hecho de que los índices estructurales sólo hayan sido objeto de reducción se debe a la propia evolución del sector y los estudios de los que dispone el Ministerio de Agricultura.

  No obstante, es cierto que a lo largo de estos años se han debido de dar circunstancias (poca producción de países competidores, años especialmente productivos, etc.) por las que coyunturalmente los índices debieron ser elevados.

  En estos casos sí se produce un beneficio fiscal.

  Las subidas coyunturales de los índices sólo se pueden calcular una vez transcurrido el ejercicio por lo que, entendemos, no es posible elevar los índices (y por tanto la tributación) de forma retroactiva sin dar la oportunidad al agricultor de renunciar al régimen.

Entendemos de cualquier forma que esto forma parte del régimen y que los beneficios del mismo superan los perjuicios de esa menor tributación coyuntural.

- La reducción de índices sólo afecta a la venta de productos naturales sin transformación, elaboración o manufactura.

  Dado que todos los índices de transformación, elaboración o manufactura son un 0,10 superior respecto a los índices sin estos procesos, no se entiende por qué no se aplican las reducciones con esa elevación del 0,10.

  Hay que tener en cuenta que se usa el valor de mercado del momento de la incorporación al proceso de transformación, elaboración o manufactura por lo que no existe el riesgo de aplicar un índice reducido a un momento en el que ya no existan las circunstancias que aconsejaban su reducción.

  De hecho, cada vez que se adelanta la aplicación de un índice que va a ser estructural, como hizo la D.A. 3ª de la Orden EHA/3413/2008, de 26 de noviembre (BOE 29/11/2008) con la remolacha azucarera, los frutos secos, la horticultura, el algodón o el tabaco para el ejercicio 2008, la D.A. 3ª de la Orden HAP/2549/2012, de 28 de noviembre (BOE 30/11/2012) con el olivar para 2012, la D.A. 5ª de la Orden HAP/2430/2015, de 12 de noviembre (BOE 18/11/2015) con la patata para el ejercicio 2015, la D.A. 5ª de la Orden HFP/1823/2016, de 25 de noviembre (BOE 29/11/2016) con los servicios de cría, guarda y engorde de cualquier tipo de ganado para el ejercicio 2016, la D.A. 5ª de la Orden HFP/1159/2017, de 28 de noviembre (BOE 30/11/2017) con el arroz para el ejercicio 2017 o la D. A. 3ª de la Orden EHA/3413/2008, de 26 de noviembre (BOE 29/11/2008) con la uva para vino con D.O. para el ejercicio 2008, se olvida a los supuestos de transformación, elaboración y manufactura.

2.2. FASE SEGUNDA: RENDIMIENTO NETO MINORADO

Se obtiene deduciendo del rendimiento neto previo las cantidades que, en concepto de amortización del inmovilizado material e intangible correspondan a la depreciación efectiva que sufran los referidos elementos.

Asimismo, de forma excepcional[83] para calcular el rendimiento neto minorado en determinados ejercicios se ha reducido por las reducciones por adquisición de gasóleo agrícola y de fertilizantes.

El rendimiento neto minorado es el que se tiene en cuenta para las bases de cotización del nuevo régimen de trabajadores autónomos conforme al art. 308.1.c.1º del Texto Refundido de la Ley General de la Seguridad Social, aprobado por el Real Decreto Legislativo 8/2015, de 30 de octubre.

En este sentido, no se entiende que para las actividades que determinen el rendimiento neto en estimación directa el rendimiento computable sea *el rendimiento neto, incrementado en el importe de las cuotas de la Seguridad Social y aportaciones a mutualidades alternativas del titular de la actividad* y que para las actividades agrícolas, ganaderas y forestales en estimación objetiva sea el *rendimiento neto previo minorado.*

Es en la siguiente fase, el *rendimiento neto de módulos* en la que se tienen en cuenta unos índices correctores para determinados gastos (de labores de terceros, de personal, de arrendamientos, de electricidad, etc.) que se incluyen en el *rendimiento neto* de la estimación directa, perjudicando por tanto a los agricultores en estimación objetiva.

2.2.1. Reducción por adquisición de gasóleo agrícola (35%) y por adquisición de fertilizantes (15%)

Para los ejercicios 2022 y 2023, se establece la posibilidad de reducir el 35% del precio de adquisición del gasóleo agrícola y el 15% del precio de adquisición de los fertilizantes que sean necesarios para el desarrollo de las actividades agrícolas y ganaderas y que aparezcan debidamente documentados en las facturas expedidas con motivo de dichas adquisiciones.

Las adquisiciones deben ser efectuadas en los ejercicios referidos y documentadas en facturas emitidas en los mismos.

Las facturas deben cumplir los requisitos del art. 6.1 del Reglamento por el que se regulan las obligaciones de facturación, esto es, no debe tratarse de factu-

[83] Como en la D. A. 3ª y 7ª de la Orden HFP/1172/2022, de 29 de noviembre (BOE 01/12/2022) y la D. A. 3ª de la Orden HFP/1359/2023, de 19 de diciembre (BOE 21/12/2023).

ras simplificadas sino de facturas completas, que identifican al destinatario de la operación.

La medida no es nueva y se ha contemplado por distintas Órdenes con anterioridad[84].

2.2.2. *Amortización del inmovilizado material e inmaterial*

La amortización se calcula aplicando al precio de adquisición o coste de producción de los activos del inmovilizado material e intangible, excluido en su caso el valor residual, cualquiera de los siguientes coeficientes del cuadro de amortización que se acompaña:

1) Coeficiente de amortización lineal máximo.
2) Coeficiente de amortización lineal mínimo, derivado del período máximo establecido.
3) Cualquier otro coeficiente de amortización lineal comprendido entre los dos anteriores.

La Tabla de Amortización es la siguiente:

GRUPO	DESCRIPCIÓN	COEFICIENTE LINEAL MÁXIMO
1	EDIFICIOS Y OTRAS CONSTRUCCIONES.	5%
2	ÚTILES, HERRAMIENTAS, EQUIPOS PARA EL TRATAMIENTO DE LA INFORMACIÓN Y SISTEMAS Y PROGRAMAS INFORMÁTICOS.	40%
5	ELEMENTO DE TRANSPORTE Y RESTO DE INMOVILIZADO MATERIAL.	25%
6	INMOVILIZADO INTANGIBLE	15%
7	VACUNO, PORCINO, OVINO Y CAPRINO	22%
8	EQUINO Y FRUTALES NO CITRICOS	10%

---

84 Así, la reducción del 35% de precio de adquisición del gasóleo agrícola ya se contempló para el ejercicio 2001 (Orden de 29 de noviembre de 2000, BOE 30/11/2000) y conjuntamente las dos, la del gasóleo y la del 15% del precio de adquisición de fertilizantes ya se contemplaron para el ejercicio 2004 (Orden EHA/3902/2004, de 29 de noviembre, BOE 30/11/2004).

GRUPO	DESCRIPCIÓN	COEFICIENTE LINEAL MÁXIMO
9	FRUTALES CÍTRICOS Y VIÑEDOS	5%
10	OLIVAR	3%

Para el cálculo del rendimiento neto minorado en las actividades forestales no se deducen las amortizaciones.

De la tabla, con independencia de que no se entienda que el deterioro del inmovilizado sea distinto en función del régimen de estimación[85], no se entiende que la tabla no haya sido actualizada en determinados elementos.

Así, por ejemplo, frente a los 50 años de amortización del olivar tradicional, el olivar intensivo se amortiza en 15 años, lo que provocará que cuando se cambie quede más de la mitad de su precio de adquisición por amortizar, produciéndose la correspondiente pérdida patrimonial con su arranque.

Al igual que con las normas generales (art. 3.2 del RIS), de acuerdo con las Órdenes, no se amortiza la parte del precio de adquisición de las edificaciones que corresponda al suelo y cuando no se conozca dicha parte, se calcula prorrateando los valores catastrales de suelo y construcción. Asimismo, también se permite la amortización de los bienes cuyo uso es cedido con opción de compra o renovación cuando no existan dudas razonables de que se ejercitará la opción, siendo deducible para el cesionario en concepto de amortización el importe correspondiente a la misma, aplicando los coeficientes previstos en la tabla.

Se permite en los elementos usados del inmovilizado material la amortización hasta el límite de multiplicar por dos el coeficiente de amortización lineal máximo[86].

De los elementos del inmovilizado material nuevos sólo[87] se prevé una amortización libre cuando son de escaso valor, concretamente, cuando el valor uni-

[85] Con tres tablas distintas en función de si se tributa en el método de estimación directa normal (art. 12 LIS), directa simplificada (Orden de 27 de marzo de 1998, BOE 28/03/1998) u objetiva (Anexos I y III de las distintas Órdenes estructurales).

[86] Mismo tratamiento, por tanto, del art. 4.3.a del RIS.

[87] No se prevé la amortización acelerada por 2 prevista en el art. 103 de la LIS.

tario no exceda de 601,01 euros hasta un límite de 3.005,06 euros[88] por cada periodo.

2.3. FASE TERCERA: RENDIMIENTO NETO DE MÓDULOS

Sobre el rendimiento neto minorado se aplicarán, si corresponden, los índices correctores que desarrollamos a continuación.

2.3.1. *Utilización exclusiva de medios de producción ajenos (sin tener en cuenta el suelo) en actividades agrícolas*

Este índice fue incluido en las Instrucciones desde la primera Orden de 29 de noviembre de 1994 (BOE 30/11/1994).

Se aplica un índice de 0,75 cuando en el desarrollo de las actividades agrícolas se utilicen exclusivamente medios de producción ajenos, sin tener en cuenta el suelo. No es aplicable en los casos de aparcería y figuras similares.

Se requieren dos condiciones: utilización de medios de producción ajenos y que esta utilización tenga un carácter exclusivo (CDGT de 08/04/1996).

Por medios de producción se entiende trabajo y capital sin que el titular pueda trabajar personalmente en la actividad (salvo las tareas propias de dirección, organización y planificación de la misma), sino emplear íntegramente mano de obra ajena, y además todos los elementos de la explotación, distintos de la tierra, deben ser aportados por terceros (CDGT 18/11/1997, 2416-97).

La titularidad ganancial de los elementos de la explotación de un marido agricultor hace que una mujer también agricultora no pueda aplicar el índice de medios de producción ajenos al realizarle las labores su marido (CDGT 17/11/2020, V3370-20).

La AEAT en su Consulta del Informa 125242 aclara que al margen de los medios humanos, son medios de producción los bienes del inmovilizado ma-

---

88 Los límites no han sido actualizados. El valor unitario de 601,01 euros no coincide con el actual de 300,00 euros contenido en la Ley 27/2014, de 27 de noviembre sino con el anterior contenido en el art. 110 del Texto Refundido aprobado por el Real Decreto Legislativo 4/2004, de 5 de marzo. Asimismo, el límite global de amortizaciones en el ejercicio por este motivo de la actual LIS es de 25.000,00 euros.

terial afectos a la actividad, pudiéndose *"tomar como referencia para establecer el concepto aquellas partidas que forman parte del subgrupo 22 del PGC, de inmovilizado material, tales como maquinaria, elementos de transporte, etc. excluido obviamente el suelo ya que este aparece expresamente excluido en la norma y todos los elementos adheridos de forma permanente a él como sistemas de riego fijos, pozos, árboles e incluso pequeñas construcciones, como cobertizos que ya estuvieran en la finca antes de comenzar la explotación. Tampoco encuadraríamos en este concepto las semillas, abonos, ya que estos se consideran materias primas".*

Sobre las instalaciones, las construcciones, los árboles y, en general, todos los *elementos adheridos de forma permanente* al suelo no se entiende el requisito establecido por la Administración de que *ya estuvieran en la finca antes de comenzar la explotación.*

Efectivamente, la DGT en su Consulta de 26/03/2002 (0501-02) considera que la adquisición de una instalación de riego por goteo para una explotación excluye la aplicación de este índice.

No entendemos esto. El índice no puede dejar de ser aplicado por unos medios que *no son susceptibles de ser aportados por terceros.*

El índice a aplicar coincide con el más alto posible del índice *utilización de personal asalariado*, esto es, el que más coste de personal supone. En consecuencia, el índice corrige el mayor coste que supone ejecutar las labores agrícolas por terceros y no usar medios propios.

Dentro de la realización de labores, ningún tercero aportará (y se llevará posteriormente) un árbol, una construcción o una instalación de riego, sino que estos elementos deben ser aportados por el titular de la explotación.

Sería el caso, en los términos del concepto de bienes inmuebles del CC, junto a las tierras, edificios, caminos y construcciones de todo género adheridas al suelo y los árboles y plantas unidos a la tierra o que formen parte integrante de un inmueble, de los elementos adheridos al suelo de manera fija *de suerte que no pueda separarse de él sin quebrantamiento de la materia o deterioro del objeto* (art. 334.1.1º, 2º y 3º CC).

En consecuencia, entendemos que no se puede realizar una interpretación literal del término *suelo* y que éste debe incluir todos los elementos adheridos de forma permanente a él.

En base a esta interpretación literal la AEAT realizó una campaña de comprobaciones en las que, si el agricultor deducía amortizaciones, excluía la aplicación del índice.

Esta interpretación literal fue mantenida por el TEAR de Andalucía-Sevilla en su Resolución de 29/09/2016 (recl. 41/00906/2015) en la que ante la adquisición de una instalación de riego se considera que la norma es clara y que excluye la aplicación del índice.

En el mismo sentido, la Sentencia del TSJ de Andalucía, sede de Sevilla, de 08/01/2019 (rec. 28/2017, (*Tol 7451007*)) considerando no aplicable el índice al deducir el agricultor la amortización de una pequeña construcción, que el contribuyente alegaba además que tenía carácter ruinoso.

En sentido contrario, la Sentencia del TSJ de Castilla-La Mancha de 30/09/2016 (rec. 391/2013, (*Tol 5862119*)) considera aplicable el índice a pesar de amortizar el agricultor un sondeo de pozo, una cubierta metálica de nave y la ampliación de una instalación de riego. Sin embargo, lo considera diciendo *"no cabe duda que las labores realizadas para llevar a cabo los sondeos, ampliación del riego y la cubierta de la nave han sido desarrolladas por terceros, lo que le daría derecho al beneficio de la reducción, al excluirse solamente la tierra, pero no los demás elementos como los que la parte recurrente apunta"* (F. D. Tercero).

No nos parece que sea este el motivo sino la repetida adherencia al suelo. El hecho de que el elemento material se adquiera de un tercero no puede considerarse como que se utilicen medios de un tercero. También los tractores se adquieren de concesionarios y no por ello dejan de considerarse medios propios.

Más acertada nos parece la Resolución del TEAR de Valencia de 27/06/2019 (recl. 46/14765/2016, (*Tol 8476491*)) en la que se defiende una interpretación teleológica o finalista de la norma con un profundo conocimiento de la realidad del campo.

El TEAR de Valencia parte de que el índice corrector *"responde a una finalidad clara: reducir el rendimiento sujeto a tributación de aquéllos agricultores que, por no llevar a cabo el cultivo personal de sus tierras (poniendo su trabajo, su propia maquinaria, etc), ven mermado el rendimiento de su explotación por el hecho de tener que pagar salarios de trabajadores ajenos, arrendamiento de maquinaria necesaria para el cultivo y de la que carecen, etc..."* frente a aquéllos que por cultivar personalmente obtienen mayor rendimiento, siendo por tanto, la finalidad *"la adecuación de la tributación del rendimiento de la explotación a la verdadera capacidad contributiva que del mismo deriva y que, obviamente, es muy distinta en el caso de quien cultiva personalmente y en el caso de quien cultiva directa, pero no personalmente"*.

Esta finalidad le lleva a admitir la aplicación del índice cuando los elementos aportados por el titular de la explotación *"tienen un valor insignificante"* o aquéllos cuya utilización es imprescindible y *"se encuentran unidos de forma inseparable a la tierra"*.

Entendemos, no obstante lo anterior, que el requisito de exclusividad de medios ajenos hace que con los elementos de valor insignificante sea más discutible aplicar el índice. Sería similar al caso en que se tiene poco personal y claramente insuficiente para realizar las labores[89]. En estos casos, parece que la norma al introducir la palabra *exclusiva* no quiere que se entre a medir hasta qué punto son suficientes o insuficientes los medios propios o hasta qué punto son insignificantes.

Cosa distinta entendemos que pasa con los elementos unidos permanentemente a la tierra, donde lo discutible sería no aplicar el índice.

La Resolución del TEAR de Valencia pone como ejemplo de elementos de valor insignificante a los aperos o herramientas de reducido valor (azadas, capazos, tijeras podadoras, mochilas pulverizadoras, mascarillas protectoras, etc,) que van a utilizar los trabajadores ajenos que, hoy en día, no acuden a la finca portando los mismos. Es cierto que, en estos casos, al menos por la costumbre actual, *no son susceptibles de ser aportados por terceros.*

La Resolución considera que un caso distinto sería cuando el titular dispone de maquinaria utilizada en la explotación (tractor, cosechadora, máquina pulverizadora, maquinaria para la recolección, etc).

Y da como ejemplo de elementos unidos de forma permanente a la finca indispensables para su cultivo y de instalaciones imprescindibles para su utilización la plantación (arbolado), el pozo del que se extrae el agua, la balsa de riego, el cercado de la finca, los caminos, las acequias o canalizaciones; las escorrentías; etc.

Asimismo, considera que una interpretación sistemática de la norma nos conduce a la misma conclusión pues el índice se aplica después de deducir las amortizaciones por lo que el solo hecho de utilizar elementos amortizables no puede provocar la inaplicación del índice.

---

89 Como en la Sentencia desestimatoria del TSJ de Valencia de 08/03/2012 (rec. 477/2009, (*Tol 2570331*)), en la que los costes laborales suponían el 2,89% de los ingresos (conforme al F.D. Segundo).

Por todo ello, considera que la amortización de la plantación y el riego por goteo no afecta a la aplicación del índice.

En el mismo sentido se pronuncia la Resolución del TEAR de Castilla-La Mancha de 23/12/2020 (recl. 13/00527/2018, (*Tol 8462802*)). En esta Resolución se reproducen (aunque sin citarla) los argumentos de la Resolución del TEAR de Valencia.

Citando ambas Resoluciones de los TEAR de Valencia y Castilla-La Mancha, la Resolución del TEAR de Andalucía-Sevilla de 14/09/2022 (recl. 41/03083/2022) cambia el criterio anteriormente utilizado por dicho TEAR y admite la aplicación del índice a pesar de la adquisición de un sistema de riego por goteo.

Respecto a la prueba de la utilización de medios de producción ajena será normalmente a través de las facturas de las distintas labores agrarias de terceros.

En determinados casos se ha exigido la exhibición de esas facturas de labores de terceros para aplicar el índice.

Así, la Sentencia del TSJ de Andalucía, sede de Granada, de 10/06/2016 (rec. 2711/2010, (*Tol 5851967*)) considera que aunque el agricultor no exigiera las facturas de los servicios recibidos porque no las precisaba en módulos al no ser objeto de deducción, sí que eran necesarias para justificar el disfrute del índice, sin que pueda aplicarse sin haber siquiera identificado a las personas que realizaron los referidos servicios para que la Administración pudiera comprobar la veracidad de las manifestaciones (F. D. Séptimo).

En la Sentencia de la Audiencia Nacional de 23/10/2019 (rec. 208/2017, (*Tol 7709518*)) esa identificación del proveedor de servicios de labores junto con un documento suscrito por el mismo en el que manifiesta haber realizado todos los trabajos agrícolas se considera insuficiente, al no haberse aportado ni las facturas ni los medios de pago que acrediten el pago a ese proveedor de los servicios (F. D. Octavo).

En la Sentencia del TSJ de Valencia de 15/01/2020 (rec. 1734/2017, (*Tol 7745110*)) se considera insuficiente una factura al no contemplar todas las labores y ser emitida por una entidad vinculada, lo que excluye *"la nota de ajenidad, necesaria para poder aplicar el porcentaje pretendido"* (F. D. Cuarto). En nuestra opinión, en esos casos si se demuestra que los medios los tiene la entidad vinculada, la solución no es eliminar el índice sino valorar a mercado el servicio prestado por la entidad vinculada conforme al art. 18.1 de la LIS.

Por el contrario, la referida Resolución del TEAR de Valencia de 27/06/2019 (recl. 46/14765/2016, (*Tol 8476491*)) entiende que, aunque la carga de la prueba recaiga sobre el contribuyente, puede aplicarse el índice careciendo de justificantes, considerándose los siguientes tres matices (F. D. Quinto):

- En el medio rural la obtención de justificantes adecuados a determinados gastos entraña una extraordinaria dificultad.
- Los hechos notorios no deben ser probados. La falta de acreditación de pagos a trabajadores distintos del titular, por ejemplo, no puede conducir a la conclusión de que el titular ha sido el cultivador personal de la finca cuando sus circunstancias (personales, físicas, laborales, etc) hagan evidente que es imposible que lo haya sido.
- Se trata de un hecho negativo: que el titular no ha trabajado personalmente.

Entendemos, por el contrario, que junto al hecho negativo que supone la *exclusividad* está el hecho *positivo* que supone la utilización de medios de producción ajenos y que se pueda aplicar el índice sin ni siquiera solicitar facturas de labores puede fomentar el fraude en este tipo de supuestos.

La exclusividad como decimos, es un hecho negativo y, por tanto, una *probatio diabólica*.

Para la DGT, el simple hecho negativo de carecer de un tractor no es prueba para la aplicación del índice pues no prueba la doble condición de utilización de medios de producción ajenos y en exclusiva (CDGT de 08/04/1996).

Existen, no obstante, indicios que la Administración puede comprobar que hacen prueba de ese hecho negativo como la falta de presentación del modelo 190 en la AEAT, de los modelos TC1 y TC2 en la Seguridad Social o la falta de inscripción de maquinaria en el ROMA (Registro Oficial de Maquinaria Agrícola).

El hecho de que exista maquinaria antigua u obsoleta inscrita a nombre del titular de la explotación entendemos que no debe ser un inconveniente para aplicar el índice pues, muy frecuentemente, el índice es aplicado por agricultores que ostentan medios propios y, con la jubilación, pasan a trabajar con medios ajenos.

Sería el caso de la Resolución del TEAR de Castilla-La Mancha de 23/12/2020 (recl. 13/00527/2018, (*Tol 8462802*)) que consideró la aplicación del índice a pesar de que el titular de la explotación disponía de un tractor de más de 30 años.

2.3.2. Utilización de personal asalariado

Este índice fue incluido en las Instrucciones desde la primera Orden de 29 de noviembre de 1994 (BOE 30/11/1994).

Lógicamente, no es compatible con el índice de utilización de medios de producción ajenos.

Se aplica cuando el coste del personal asalariado (salarios y seguridad social) supere el porcentaje del volumen total de ingresos, aplicando distintos índices en función de la referida proporción:

Porcentaje	Índice
Más del 10%	0,90
Más del 20%	0,85
Más del 30%	0,80
Más del 40%	0,75

En nuestra opinión, este índice debería ser sustituido por la deducción directa del gasto de personal.

Efectivamente, el agricultor dispone del importe exacto de dicho gasto por sus obligaciones formales vinculadas al ingreso de retenciones de IRPF y de cuotas de Seguridad Social de los trabajadores, por lo que no le supondría obligaciones formales adicionales, sin producirle ningún perjuicio.

En cambio, si se sustituyera por una deducción directa tendríamos el beneficio que supone favorecer la declaración íntegra de los salarios de los trabajadores, perjudicando a los agricultores que no dieran de alta a sus trabajadores.

2.3.3. Cultivos realizados en tierras arrendadas

Este índice fue incluido en las Instrucciones desde la primera Orden de 29 de noviembre de 1994 (BOE 30/11/1994).

Se aplica un índice de 0,90 cuando los cultivos se realicen, en todo o en parte, en tierras arrendadas.

En caso de cultivo en tierras propias y arrendadas, cuando no sea posible delimitar los rendimientos que corresponden a cada una, se prorrateará en función del porcentaje que supongan las tierras arrendadas a cada cultivo respecto a la superficie total, propia y arrendada, dedicada a ese cultivo.

2.3.4. Piensos adquiridos a terceros

Se aplica cuando en las actividades ganaderas se alimente el ganado con piensos y otros productos para la alimentación adquiridos a terceros.

Este índice fue introducido en las Instrucciones de la primera Orden de 29 de noviembre de 1994 (BOE 30/11/1994).

En dicha Orden se establecía un índice del 0,80 exigiendo que los piensos adquiridos a terceros supusieran más del 80% del importe de los consumidos. Se exceptuaba, asimismo, a los casos de explotación intensiva de ganado porcino de cebo y avicultura.

La Orden de 28 de noviembre de 1995 (BOE 30/11/1995) introdujo la aclaración de que la valoración del importe de los piensos y otros productos propios se efectuaría a valor de mercado.

La Orden de 29 de noviembre de 2000 (BOE 30/11/2000) estableció que los piensos adquiridos a terceros debían suponer más del 50% del importe de los consumidos, requisito que se mantiene así en la actualidad. Por su parte se estableció un índice de 0,75, salvo para los casos de explotación intensiva de ganado porcino de carne y avicultura para la que se estableció 0,95.

El índice se redujo al actual de 0,50 para todos los casos, esto es, para explotación intensiva de ganado porcino de carne y avicultura y para el resto. El índice se modificó primero de forma coyuntural por la Orden HAC/413/2022, de 10 de mayo (BOE 11/05/2022) para, posteriormente, modificarse ya de forma estructural por la Orden HFP/1172/2022, de 29 de noviembre (BOE 01/12/2022).

El requisito exigido (piensos y otros productos de terceros en más del 50%) es muy similar al usado para delimitar la ganadería independiente (División 0 Sección 1ª Tarifas del IAE) de la dependiente, si bien para ello no se usa en la proporción la valoración a mercado sino los kilogramos consumidos.

Por ello, la DGT considera que la ganadería dependiente es compatible con este índice (CDGT 23/02/2007, V0351-07).

Sin embargo, como ya destacamos al tratar el ámbito de aplicación, la prueba de que el ganado se ha alimentado en más del 50% de piensos adquiridos por terceros es demasiado difícil.

Si dicha prueba es difícil, nos parece casi imposible la prueba de que el ganado se alimente en más del 50% de piensos adquiridos de terceros a valor de mercado (pudiendo aplicar el índice en IRPF), pero a la vez en menos del 50%

por kilogramos (por lo que no se está ante ganadería independiente excluida del REAGP que tributa por régimen simplificado en IVA).

En base a esa difícil prueba, la AEAT realizó una campaña de comprobaciones en las que excluía la aplicación del índice cuando no se declaraba en IVA por el régimen simplificado.

En nuestra opinión, como ya hemos expresado, la ganadería no debería dejar de ser dependiente porque en algún ejercicio por culpa, por ejemplo, de la sequía, se hayan tenido que adquirir piensos de terceros ante la ausencia de pastos. Para estos casos, entendemos también, que debería ser aplicable este índice dado que el agricultor pasa de no tener apenas gastos para alimentar el ganado con los pastos de la finca a tener que asumir esa alimentación con los piensos de terceros.

2.3.5. *Agricultura ecológica*

Este índice fue incluido en las Instrucciones desde la Orden de 29 de noviembre de 2000 (BOE 30/11/2000).

Se aplica un índice de 0,95 cuando la producción cumpla los requisitos establecidos en el Reglamento (CE) 834/2007, del Consejo de 28 de junio de 2007 sobre producción y etiquetado de los productos ecológicos y por el que se deroga el Reglamento (CEE) Nº 2092/1991, en su normativa específica de desarrollo y en la normativa legal vigente de las correspondientes Comunidades Autónomas sobre producción ecológica.

El requisito debe quedar acreditado por el certificado de operador ecológico.

2.3.6. *Cultivos en tierras de regadío que utilicen, a tal efecto, energía eléctrica*

Este índice fue introducido por primera vez por la Orden HAP/2222/2014, de 27 de noviembre (BOE 29/11/2014) dentro de las medidas adoptadas por no poder satisfacer la factura de la luz en función de lo realmente consumido, simultáneamente a la bonificación del 85% del Impuesto Especial sobre la Electricidad prevista en el art. 98.e de la Ley de IIEE, introducida por el art. 3.8 de la Ley 28/2014, de 27 de noviembre.

Inicialmente el índice era de 0,80 y se redujo a 0,75 de forma coyuntural por Orden HAC/413/2022, de 10 de mayo (BOE 11/05/2022) y, finalmente, de forma estructural por Orden HFP/1172/2022, de 29 de noviembre (BOE 01/12/2022)

El índice se aplica a los cultivos que se realicen, en todo o en parte, en tierras de regadío siempre que el contribuyente, o la comunidad de regantes en la que participe, estén inscritos en el registro territorial correspondiente a la oficina gestora de IIEE a que se refiere el art. 102.2 de la Ley de IIEE. En este sentido, dicho art. 102.2 establece la obligación de solicitar la inscripción en el registro territorial también para los beneficiarios de las reducciones a las que hace referencia el citado art. 98 de la misma Ley, por lo que ambos beneficios fiscales están coordinados.

Cuando no sea posible delimitar el rendimiento que procede de los citados cultivos, se aplicará en función del porcentaje de superficie de estos cultivos sobre la superficie total.

Hasta la Orden HFP/1335/2021, de 1 de diciembre (BOE 02/12/2021), se exigía también que el consumo eléctrico diario medio, en términos de energía facturada en Kwh., de la factura del mes del periodo impositivo con mayor consumo sea, al menos, 2,5 veces superior al correspondiente a la de dos meses del mismo periodo impositivo.

Este requisito fue eliminado de forma coyuntural por la sequía por la Orden HAC/413/2022, de 10 de mayo (BOE 11/05/2022) y de forma estructural por la Orden HFP/1172/2022, de 29 de noviembre (BOE 01/12/2022).

2.3.7. *mpresas cuyo rendimiento neto minorado no supere 9.447,91 euros*

Se aplica un índice de 0,90 cuando el rendimiento neto minorado no supere los citados 9.447,91 euros y no se aplique la reducción para agricultores jóvenes o asalariados agrarios.

2.3.8. *Índice aplicable a actividades forestales*

Se les aplica un índice de 0,80 cuando se exploten fincas forestales gestionadas de acuerdo con planes técnicos de gestión forestal, ordenación de montes, planes dasocráticos o planes de repoblación forestal aprobados por la Administración Forestal competente, siempre que el período de producción medio, según la especie de que se trate, determinado en cada caso por la Administración forestal competente sea igual o superior a 20 años.

Este índice hay que relacionarlo con la exención de las subvenciones concedidas a los titulares de las referidas explotaciones forestales recogida en la D. A. 4ª de la Ley del IRPF. De esta manera, se está fomentando una forma ordenada de gestionar el monte, con subvenciones exentas de IRPF y la aplicación de un índice corrector en estimación objetiva.

A las actividades forestales únicamente les es aplicable este índice.

2.4. FASE 4: RENDIMIENTO NETO DE LA ACTIVIDAD

2.4.1. Reducción de carácter general

El rendimiento neto de módulos así calculado se reducirá con una reducción de carácter general.

Aunque había sido introducida con anterioridad con carácter excepcional[90], es desde el ejercicio 2009[91] cuando se introduce esta reducción con carácter general en un 5%, manteniéndose en ese porcentaje por las distintas D. A. 1ª de las Órdenes estructurales.

No obstante lo anterior, en los últimos ejercicios se ha utilizado una elevación de esta reducción para determinadas situaciones excepcionales (COVID, guerra de Ucrania, sequía, etc.) que afectaban al conjunto de las explotaciones.

Así, los artículos 9.1.a del Real Decreto-ley 35/2020, de 22 de diciembre y 4 del Real Decreto-ley 4/2022, de 15 de marzo, elevaron esta reducción del 5% al 20% para los ejercicios 2020 y 2021.

Para el ejercicio 2022 se estableció una reducción, tras una elevación inicial al 15%, de un 25% por el art. 2 de la Orden HAC/405/2023, de 18 de abril (BOE 25/04/2023).

Para el ejercicio 2023 se estableció una reducción, tras establecerse inicialmente en el 10%, de un 15% por el art. 2 de la Orden HAC/348/2024, de 17 de abril (BOE 19/04/2024).

---

90 Como la reducción del 2% de las D. A. 2ª de la Orden EHA/3902/2004, de 29 de noviembre (BOE 30/11/2004) y la Orden EHA/804/2007, de 30 de marzo (BOE 31/03/2007) o las del 3% para el ejercicio 2007 y del 2% para el ejercicio 2008 de la D. A. 2º de la Orden EHA/3413/2008, de 26 de noviembre (BOE 29/11/2008).

91 D. A. 1ª y 2º de la Orden EHA/99/2010, de 28 de enero (BOE 30/01/2010).

La D. A. 1ª de la Orden HFP/1359/2023, de 19 de diciembre (BOE 21/12/2023) para el ejercicio 2024 y la D. A. 1ª de la Orden HAC/1347/2024, de 28 de noviembre (BOE 30/11/2024) para el ejercicio 2025 vuelven a partir de una reducción de carácter general del 5%.

2.4.2. Reducción por la primera instalación de agricultores jóvenes o asalariados agrarios

Los agricultores jóvenes o asalariados agrarios podrán reducir el rendimiento neto de módulos en un 25% durante los cinco años siguientes a su primera instalación como titulares de una explotación prioritaria, realizada al amparo de lo previsto en el capítulo IV del título I de la Ley 19/1995, de 4 de julio, de Modernización de las Explotaciones Agrarias, siempre que acrediten la realización de un plan de mejora de la explotación.

Las Órdenes recogen así la reducción contemplada en la D. A. Sexta de la Ley del IRPF que recoge, a su vez, la redacción del derogado art. 20.5 de la Ley 19/1995 según el cual:

"Los agricultores jóvenes o asalariados agrarios que determinen el rendimiento neto de su actividad mediante el método de estimación objetiva en el Impuesto sobre la Renta de las Personas Físicas, podrán reducir el correspondiente a su actividad agraria en un 25 por 100 durante los períodos impositivos cerrados durante los cinco años siguientes a su primera instalación como titulares de una explotación prioritaria, realizada al amparo de lo previsto en este capítulo, siempre que acrediten la realización de un plan de mejora de la explotación.

El rendimiento neto a que se refiere el párrafo anterior será el resultante exclusivamente de la aplicación de las normas que regulan el método de estimación objetiva.

La reducción prevista en este apartado se tendrá en cuenta a efectos de determinar la cuantía de los pagos fraccionados que deban efectuarse."

Para ORÓN MORATAL[92], a pesar de la redacción del artículo, la reducción sólo es aplicable a agricultores jóvenes, siendo de imposible aplicación a los asala-

92 ORÓN MORATAL, G.: "Beneficios fiscales en favor de las explotaciones agrarias", Anuario Jurídico de La Rioja núm. 3, 1997. P. 154 y 156.

riados agrarios, *en tanto que lo sigan siendo y sus rentas procedan de las calificables como rendimientos del trabajo personal.*

A pesar de que la norma podría estar mejor redactada, entendemos que en su contexto la norma se refiere a los asalariados agrarios que realizaron su primera instalación y, en consecuencia, dejaron de ser asalariados convirtiéndose en titulares de explotaciones agrícolas pasando a tributar por rendimientos de actividades económicas. A estos asalariados no se les debe exigir, lógicamente, el requisito de edad pero sí el plan de mejora.

Agricultor joven es la persona que haya cumplido los dieciocho años y no haya cumplido cuarenta años y ejerza o pretenda ejercer la actividad agraria (art. 2.7 Ley 19/1995).

La reducción está coordinada con las reducciones previstas para la adquisición de explotaciones en los apartados 1 a 4 del citado art. 20 de la Ley 19/1995 y con las subvenciones para la primera instalación de jóvenes agricultores previstas en el Marco Nacional de Desarrollo Rural de España en desarrollo de los artículos 17 y 19 de la Ley 19/1995, para las que se establece la norma especial de imputación por cuartas partes en el segundo párrafo del art. 14.1.b de la Ley del IRPF.

Esa coordinación contrasta con la interpretación contenida en la CDGT de 08/10/2020 (V3041-20).

Efectivamente, inicialmente la Consulta de la AEAT 125279 exigía el cumplimiento del requisito de ser menor de 40 años en el momento de la primera instalación, pudiéndose aplicar en los 5 años siguientes.

El requisito se exigía así coordinado con las ayudas a la primera instalación que también exigían la edad en el momento de la solicitud de la ayuda a la primera instalación, exigiendo el cumplimiento de otros requisitos (como el de capacitación) en los dos años siguientes a la concesión de la ayuda, y el cumplimiento de otros compromisos (fundamentalmente mantenerse de agricultor profesional) a lo largo de los 5 años siguientes a la concesión de la ayuda.

Sin embargo, posteriormente, la CDGT de 08/10/2020 (V3041-20) exigió el requisito de edad en cada uno de los cinco años en una interpretación asistemática de la norma. La AEAT, por ello, modificó la citada Consulta 125279 en ese sentido y en la actualidad exige el requisito de edad en cada uno de los cinco años.

Aunque siga siendo criterio de la AEAT, algunas Resoluciones de los Tribunales Económico-Administrativos Regionales han estimado que se aplique una vez cumplido los 40 años siempre que se cumpla el requisito de edad en la primera instalación.

Sería el caso de las Resoluciones publicadas de 31/03/2023 del TEAR de Castilla y León (recl. 34/00241/2022, (*Tol 10358708*)) y la de 07/09/2022 del TEAR de Extremadura (recl. 06/01695/2021, (*Tol 10359236*)).

Como dice esta última (F. D. Cuarto) *"el momento determinante para acreditar la condición de joven agricultor es el de la solicitud de ayuda para la primera instalación"* por lo que *"con independencia de la edad que pueda tener el agricultor cuando finalmente reúna todos los requisitos y cumpla todos los compromisos exigidos para la concesión de la ayuda, la norma sigue considerando que estamos ante una primera instalación de un joven agricultor como titular de una explotación prioritaria que, por tanto, no cabe sino entender realizada al amparo de lo previsto en el capítulo IV del título I de la Ley 19/1995, de 4 de julio de modernización de las explotaciones agrarias"*.

2.5. FASE 5: RENDIMIENTO NETO REDUCIDO DE LAS ACTIVIDADES AGRÍCOLAS, GANADERAS Y FORESTALES EN ESTIMACIÓN OBJETIVA

Al igual que a los restantes rendimientos de actividades económicas, le son aplicables las reducciones previstas en el art. 32 de la Ley del IRPF.

En consecuencia, a los rendimientos netos con un periodo de generación superior a dos años, así como los obtenidos de forma notoriamente irregular de acuerdo con el art. 25 del Reglamento del IRPF, les son aplicables la reducción por irregularidad del 30% cuando se imputen en un único periodo impositivo. La cuantía del rendimiento con derecho a reducción no puede superar los 300.000 euros anuales.

Aunque de acuerdo con la Ley, aun cumpliendo el periodo, no se aplica a los rendimientos que procedan de una actividad que de forma regular o habitual obtenga este tipo de rendimientos, entendemos que lo importante no es que los rendimientos *procedan del ejercicio de una actividad económica que de forma regular o habitual obtenga este tipo de rendimientos* sino que ese tipo de rendimientos se obtengan en *todos los ejercicios*. En consecuencia, entendemos, como vimos en el capítulo del ámbito de aplicación, que deben considerarse irregulares los rendimientos de las explotaciones corcheras generados a lo largo de 9 años.

Asimismo, para contribuyentes con rentas no exentas inferiores a 12.000 euros, se establece una reducción de 1.620 euros para contribuyentes con rentas no exentas de hasta 8.000 euros y, cuando estén entre 8.000,01 y 12.000 euros, de 1.620 menos el resultado de multiplicar por 0,405 la diferencia entre las citadas rentas y 8.000 euros. La reducción conjuntamente con la reducción por obtención de rendimientos del trabajo no puede superar 3.700 euros.

Capítulo III

LA CORRIENTE DOCTRINAL A FAVOR DE LA ELIMINACIÓN DE LA ESTIMACIÓN OBJETIVA

Para la reforma fiscal culminada para el IRPF con la Ley 26/2014, de 27 de noviembre, por Acuerdo del Consejo de Ministros de 5 de julio de 2013 se constituyó una Comisión de Expertos para la Reforma del Sistema Tributario Español de cuyo trabajo resultó el informe de febrero de 2014 entregado el 13 de marzo de 2014 al Gobierno, conocido como Informe Lagares[93].

En dicho informe, se proponía que el régimen general de estimación fuera en todos los casos el de estimación directa, debiendo suprimirse *"sin excepción alguna, el método objetivo de estimación de los rendimientos de las actividades económicas, incluidas las agrarias"* (Propuesta núm. 112).

La excepción que supone el régimen de estimación objetiva consideraba el informe que *"tiene efectos muy importantes en la lucha contra el fraude fiscal"* y que, en la actualidad, dicho método sólo cubría *"las graves dificultades respecto a medios con que se encuentra la Administración tributaria para evaluar y controlar adecuadamente tales magnitudes en un número muy extenso de contribuyentes"* (epígrafe 13 del Capítulo II).

La finalidad histórica del régimen de estimación objetiva de evitar a empresas de reducida dimensión costes indirectos de la gestión de las explotaciones entendía que no estaba justificada diciendo que *"en pleno siglo XXI hasta los aparatos electrónicos de computación más simples son capaces de llevar una contabilidad más o menos completa de cualquier actividad económica y prácticamente en todos los establecimientos de venta al por menor existen máquinas que expiden tickets por un valor individual de cada una de sus transacciones"* (epígrafe 13 del Capítulo II).

93 Comisión de Expertos para la Reforma del Sistema Tributario Español (2014). *Informe.* Ministerio de Hacienda y Administraciones Públicas.

Para el informe (epígrafe 3.b del Capítulo VIII) *"una adecuada lucha contra el fraude exige también, como medida básica, la desaparición de los regímenes modulares e indiciarios de estimación de bases imponibles"* y con esta medida *"podría alcanzarse un más veraz conocimiento de la realidad económica de esas actividades".*

El informe resume así gran parte de los argumentos en los que se basa la doctrina para considerar, casi unánimemente, que la estimación objetiva es un anacronismo y que debe ser eliminada. Y lo hace, al igual que la mayor parte de la doctrina, sin distinguir las actividades agrícolas, ganaderas y forestales del resto, a pesar de las importantes diferencias en el desarrollo de las mismas y en la forma de cálculo de los rendimientos existentes entre unas y otras[94].

Los argumentos en contra serían:

– Supone una bolsa de fraude fiscal.

– Se tributa por una renta ficticia inferior a la real.

– No existe la ausencia de medios que justifica el régimen.

1. LA ESTIMACIÓN OBJETIVA AGRÍCOLA COMO BOLSA DE FRAUDE FISCAL

Decía el informe Lagares que la estimación objetiva *"tiene efectos muy importantes en la lucha contra el fraude fiscal".*

---

94 Con anterioridad, ya el "Informe para la reforma del Impuesto sobre la Renta de las Personas Físicas", IEF 2002, emitido por una Comisión de Expertos por encargo del Gobierno, había considerado que eran el *"primer eslabón de importantes cadenas de fraude fiscal"* y que la realidad que justificaba los módulos había cambiado drásticamente sin que existieran apenas empresas que no dispusieran de sistemas contables suficientes para registrar la totalidad de sus compras ventas y gastos, por lo que se proponía dentro de las propuestas para la lucha contra el fraude fiscal (propuestas 98 a 100) que curiosamente iban después de las propuestas de simplificación del Impuesto, que si se seguía considerando conveniente mantener el régimen su ámbito se redujera al mínimo posible, reduciendo los límites drásticamente, que se excluyan sectores que por su interrelación con otros pueden ser esenciales para la evasión fiscal y las actividades de las que pueda presumirse que tienen elementos suficientes para hacer posible la estimación directa. Ni en sus conclusiones ni en sus críticas al régimen distingue actividades agrícolas del resto, sólo mencionando la distinta forma de cálculo al decir el sistema no tiene en cuenta los ingresos *"salvo para los agricultores".*

Curiosamente, también se ha defendido esa lucha contra el fraude como fundamento del método de estimación objetiva, pues el fraude y la complejidad son dos fenómenos que se alimentan mutuamente[95].

De cualquier forma, como dice ÁLVAREZ ARROYO[96] *"es prácticamente unánime el sentir de los expertos sobre la determinación de la base imponible mediante sistemas de estimación objetiva: son focos de fraude fiscal"*.

De esa práctica unanimidad se ha criticado que se cubra con un velo de sospecha a todas las actividades por el solo hecho de preferir, en una opción legítima, por tributar por una renta presunta en aras de evitar mayores cargas indirectas[97], esto es, que no cabe una *presunción de fraude* para todos los empresarios que determinen su rendimiento en estimación objetiva[98].

Es por esto que creemos conveniente identificar esos focos de fraude fiscal que se achacan a la estimación objetiva y si participan de los mismos específicamente las actividades agrícolas, ganaderas y forestales en estimación objetiva, dado que la forma de cálculo para estas actividades es muy distinta al del resto de actividades.

Para PLAZA VÁZQUEZ[99], autor especialmente beligerante contra la estimación objetiva, el régimen de módulos es una herramienta *"nacida para defraudar"* y *"el sistema permite, por concepto, la generación de dinero negro oficial y, por*

95 Pérez Arraiz, J. (2007). *Problemas*... op. cit., citando a CUBERO TRUYO que considera cuanto más oscuro sea el ordenamiento tributario mayor la tendencia a defraudar y cuanto mayor sea el fraude, más complicadas las normas que tratan combatirlo en Cubero Truyo, A. M. (1997). *La simplificación del ordenamiento tributario (desde la perspectiva constitucional)*. Marcial Pons.

96 Álvarez Arroyo, F. (2016). "Medidas antifraude fiscal: propuestas de diverso calado y aplicación en España de las adoptadas en otros países". *Quincena Fiscal* núm. 15/2016.

97 Gabinete de Estudios AEDAF (2005). "Informe de la Asociación Española de Asesores Fiscales sobre el Borrador del Plan de Prevención del fraude". *Revista Técnica Tributaria* nº 68.

98 En este sentido, CRUZ PADIAL citando la respuesta de CEPYME a las críticas al régimen en Cruz Padial, I. (2006). "Simplificación tributaria: viabilidad de las estimaciones objetivas". *Quincena Fiscal núm. 14/2006.*

99 Plaza Vázquez, A. L. (2012). "El régimen de módulos en España: ¡anacronismo injusto, herramienta de blanqueo, y lacra para la competitividad!". *Actualidad Jurídica Aranzadi* núm. 844/2012.

lo mismo, es un instrumento de blanqueo y generación de facturas falsas de primera magnitud".

En consecuencia, el fraude viene determinado por su utilización como **blanqueo de capitales** y porque genera **facturas falsas.**

1.1. FORMAS DE FRAUDE POR EL MÉTODO DE CÁLCULO DE OTRAS ACTIVIDADES DISTINTAS DE LAS ACTIVIDADES AGRÍCOLAS, GANADERAS Y FORESTALES

1.1.1. Blanqueo de capitales

Respecto al blanqueo de capitales, FERNÁNDEZ LÓPEZ[100] explica el efecto negativo del art. 31.2.2ª de la Ley del IRPF que impide la tributación de las diferencias entre los rendimientos reales de la actividad y los derivados de la correcta aplicación del método de estimación objetiva como ganancia patrimonial no justificada, pues esta norma *"se presenta como una fórmula idónea para exonerar de gravamen, si bien de forma encubierta, todas las rentas de discutible procedencia obtenidas por aquel sujeto pasivo que, estando acogido a la estimación objetiva, haya aplicado correctamente los signos, índices o módulos"* y todo ello porque, según este autor, la estimación objetiva ha sido concebida como un *"escudo protector"* frente a las actuaciones inspectoras de comprobación e investigación.

En consecuencia, el problema estriba en que, si no se controlan los ingresos, porque no se tributa por los mismos y, salvo para la exclusión del régimen, no va a ser necesaria su comprobación, se pueden encubrir otros ingresos de dudosa procedencia.

Lo cierto es que los contribuyentes en estimación objetiva deben conservar tanto las facturas emitidas como las facturas o justificantes documentales de otro tipo recibidos (art. 68.6 del Reglamento del IRPF).

El problema, en el caso de blanqueo de capitales, entendemos que está en las excepciones a la obligación de expedir facturas contempladas para las actividades en recargo de equivalencia y en régimen simplificado (art. 3.1.b y c del Reglamento por el que se regulan las obligaciones de facturación) aplicables, funda-

100 Fernández López, R. I. (2007) "La exención de las rentas reales que exceden de las derivadas del régimen de estimación objetiva y las nuevas medidas antifraude introducidas en la última reforma tributaria". *Materias 10/07 AEDAF.*

mentalmente, cuando el destinatario de las mismas es un consumidor (art. 2.2 del Reglamento).

En estos casos, efectivamente, es muy difícil controlar el origen de unos ingresos cuyos destinatarios son consumidores sin identificar, que no tributan por lo que ninguna explicación tiene que dar el contribuyente que los obtiene y sobre los que no existe obligación ni de emitir factura ni de contabilización.

De cualquier forma, esa explicación por el que los obtiene y el control de los ingresos sí se puede dar como decimos en los casos en que sea objeto de comprobación el volumen de rendimientos íntegros a efectos de la causa de exclusión pues en ese caso se computan todas las operaciones con independencia de que exista o no obligación de expedir factura (art. 31.1.3ª.b de la Ley del IRPF).

En las actividades agrícolas, ganaderas y forestales, a diferencia de en las anteriores, sí existe obligación de contabilización de los ingresos pues, al determinarse sus rendimientos en función del volumen total de los mismos, existe obligación de llevar un libro registro de ventas o ingresos (art. 68.7 Reglamento del IRPF).

Para SANCHEZ HUETE[101] el utilizar los ingresos brutos como referente para determinar los rendimientos permite, desde el punto de vista de la prevención del blanqueo de capitales, una mayor transparencia, otorga mayor información y transparencia sobre el volumen de la actividad, resultando beneficioso para el control y fiscalización por las diversas Administraciones implicadas. De hecho, para este autor sería conveniente la modificación de los índices del resto de actividades para utilizar los ingresos brutos.

Asimismo, al ser sector primario, el destinatario de las ventas es, salvo escasas excepciones, un empresario y aunque no exista la obligación de emitir factura (art. 3.3 del Reglamento de facturación) sí existe por el adquirente la obligación de emitir recibo de compensación para proceder a su reintegro a los efectos del REAGP de IVA (art. 16.1 del Reglamento), quien está obligado asimismo a practicar retención (art. 101.5.b y c Ley del IRPF).

Del resto de ingresos obtenidos por los agricultores, como son las subvenciones e indemnizaciones, la Administración Tributaria obtiene ya la información de terceros.

---

101 Propuestas y conclusiones en Sánchez Huete, M. A. (2012). "Estimación objetiva, prevención del fraude y blanqueo". *Quincena Fiscal* núm. 11/2012.

En consecuencia, la Administración dispone de medios para el control de unos ingresos por los que sí se tributa, que sí se contabilizan y que disponen de justificantes en los recibos del adquirente, lo que hace que no se trate de actividades que pongan en riesgo un encubrimiento de ingresos de dudosa procedencia.

1.1.2. Facturas falsas

Sobre las facturas falsas, por su parte, los autores explican el fraude en que el régimen de estimación objetiva en IRPF y el régimen especial simplificado del IVA no somete a gravamen el importe real de las ventas sino que el cálculo del impuesto se realiza en función de parámetros ajenos a la facturación[102], por lo que al no elevarse su tributación, el sujeto pasivo de IRPF *"tal vez no tenga reparo en no emitir facturas o en emitir facturas falsas a efectos de IVA"*[103].

En este sentido, para ALONSO GONZÁLEZ la exoneración de la tributación de las rentas reales que superen las de la aplicación del módulo provoca la patología fiscal del régimen vigente: las facturas falsas, destacando que desde hace años se haya extendido como una lacra la figura del denominado *"facturero"*[104].

Con estos argumentos consideramos que se vuelve a pensar en las otras actividades en las que su rendimiento se fija en función de los medios personales o materiales que emplean (personal utilizado, superficie del local, mesas, máquinas, potencia fiscal de vehículos, etc.) o sus consumos (distancia recorrida, consumo de electricidad, potencia eléctrica contratada, etc.), sin importar los ingresos reales generados, pero no en las actividades agrícolas, ganaderas y forestales donde no se emiten facturas falsas o, más concretamente, recibos de compensación falsos.

---

102 En este sentido, por ejemplo, Alonso Ortega, J. M. (2016). "El «onus probandI» en los procedimientos tributarios". *Quincena Fiscal* núm. 18/2016.

103 Fernández López, R. I. (2007) "La exención de las rentas...", 2007, op. cit.

104 Alonso González, L. M. (2007). "El fraude fiscal en las estimaciones objetivas (Impuestos sobre la Renta y sobre el Valor Añadido)". *Temas Tributarios de Actualidad de la AEDAF* núm. 22/2007. Páginas 12 y 13.

Como dice MARTOS GARCÍA[105] las actividades agrícolas, ganaderas y forestales no presentan este riesgo defraudatorio, pues una factura falsa incrementaría la cuota tributaria del emisor.

Más que *por incrementar* siempre la cuota tributaria del emisor, entendemos que la falta de riesgo defraudatorio vendría porque *puede llegar a incrementarla*, siendo el control de a partir de qué importe empieza a incrementarla en cada caso complejo, sin disponerse además de todos los datos hasta la campaña de Renta, esto es, el año siguiente a la emisión del recibo de compensación.

Esto se debe a la compensación a tanto alzado percibida en aplicación del REAGP en IVA que, de hecho, garantiza que no se dejen de declarar las ventas reales pues si no se declararan se produciría un perjuicio económico en el agricultor infractor al no poder recuperar el IVA soportado.

Así, un recibo de compensación falso produciría una mayor tributación por el ingreso en IRPF, pero supondría también una mayor compensación a tanto alzado de IVA percibida por un ingreso que, al ser falso, no ha generado IVA soportado. Dicha compensación el vendedor no la tiene que ingresar en Hacienda pero el comprador sí la puede deducir.

En consecuencia, si la tributación en IRPF del recibo de compensación falso fuera menor a la compensación a tanto alzado de IVA percibida con dicho recibo, no se produciría un incremento de la cuota tributaria global en ambos impuestos para el vendedor.

Para comprobar si la tributación en IRPF es menor habría que considerar los distintos índices aplicables en función de los cultivos y las concretas circunstancias de la explotación agrícola. En consecuencia, sólo hasta la publicación de los índices definitivos —normalmente en plena campaña de Renta, con las reducciones de índices por circunstancias excepcionales— se dispondrá de los datos suficientes para calcular el rendimiento que resulta del recibo de compensación falso. Asimismo, para calcular la tributación del rendimiento de dicho recibo deberá disponerse del tipo marginal aplicable en el ejercicio, esto es, para realizar el cálculo deberá disponerse del resto de datos de la declaración para calcular el resto de rendimientos.

---

105 Martos García, J. J. (2019). "Opciones para combatir el fraude y blanqueo de capitales ¿restricción o eliminación de la estimación objetiva en IRPF?". *Crónica Tributaria* núm. 172/2019.

Pongamos un ejemplo sencillo con una explotación agrícola de tierra de labor en Andalucía en la que, como en otras tantas, se cultive trigo (cereales) y girasol (oleaginosas).

Para no complicar el ejemplo, a dicha explotación serían aplicables los índices de los cultivos sin las reducciones de carácter excepcional que se publican cada año, esto es, 0,26 para cereales y 0,32 para girasol. Asimismo, no aplicamos otros índices reductores (personal, cultivos en tierras ajenas, etc.) sino sólo la reducción de carácter general del 5% aplicable para el ejercicio 2022[106].

Tomamos, asimismo, para el ejemplo las escalas estatales y autonómicas aplicables en Andalucía para el ejercicio 2022[107].

Con esos datos tendríamos que, para las ventas de trigo con el índice de 0,26, se tributaría menos por IRPF que el 12% de compensación de IVA percibida hasta una base liquidable de 60.000,00 euros, a partir de la cual se aplica el tipo del 45% tributándose más por IRPF de acuerdo con el siguiente cuadro:

Ingreso	Comp IVA	Total	Índices	Tipo IRPF	Cuota IRPF	Ingreso Neto
100,00	12,00	112,00	0,25	19,00%	5,26	106,74
100,00	12,00	112,00	0,25	24,00%	6,64	105,36
100,00	12,00	112,00	0,25	30,00%	8,30	103,70
100,00	12,00	112,00	0,25	37,00%	10,24	101,76
100,00	12,00	112,00	0,25	45,00%	12,45	99,55
100,00	12,00	112,00	0,25	47,00%	13,00	99,00

En consecuencia, a partir de esa base liquidable de 60.000,00 euros a ese agricultor no le interesaría incrementar sus ingresos porque la cuota tributaria global (IRPF e IVA) sería superior.

En el caso de las ventas de girasol, sin embargo, con el índice del 0,32, la tributación en IRPF por los ingresos declarados superará lo percibido por la compensación de IVA a partir de una base liquidable en IRPF de 35.200,00 euros, a la que se le aplica un tipo del 37%, de acuerdo con el siguiente cuadro:

---

106 D. A. Primera Orden HFP/1335/2021, de 1 de diciembre.

107 Art. 58 Ley 11/2020, de 30 de diciembre (BOE 31/12/2020) y Ley 5/2021 de Andalucía, de 20 de octubre (BOJA 26/10/2021).

Ingreso	Comp IVA	Total	Índices	Tipo IRPF	Cuota IRPF	Ingreso Neto
100,00	12,00	112,00	0,30	19,00%	6,47	105,53
100,00	12,00	112,00	0,30	24,00%	8,17	103,83
100,00	12,00	112,00	0,30	30,00%	10,21	101,79
100,00	12,00	112,00	0,30	37,00%	12,60	99,40
100,00	12,00	112,00	0,30	45,00%	15,32	96,68
100,00	12,00	112,00	0,30	47,00%	16,00	96,00

Con ello, el *"facturero"* que emitiera un recibo de compensación falso no sabría hasta la campaña de Renta cómo se vería afectado por el recibo emitido, con las dificultades que eso supondría con sus *clientes*.

Esa falta de riesgo de emisión de facturas falsas, en nuestro caso, recibos de compensación falsos, es reconocida indirectamente por el legislador.

En el resto de actividades económicas, el art. 31.1.3ª.a' de la Ley del IRPF establece un límite anual de 150.000 euros de rendimientos íntegros. Sin embargo, para limitar el riesgo de facturas falsas, el límite se rebaja a 75.000,00 euros para operaciones en las que se expida factura siendo el destinatario empresario o profesional.

Adicionalmente, para las actividades más sensibles, que para SÁNCHEZ PEDROCHE son *"aquellas que la AEAT ha incluido en su particular «lista negra», por presumir, aunque no lo diga expresamente, que estas microempresas se dedican de forma generalizada a la emisión de facturas falsas para sus clientes empresarios"*[108], se ha establecido una retención de control del 1% (art. 101.5.d de la Ley del IRPF y 95.6 del Reglamento del IRPF) y la obligación de llevar un libro registro de ventas o ingresos (art. 68.6 *in fine* del Reglamento del IRPF, si bien la remisión al art. 32.2.d no ha sido rectificada después de modificar dicho artículo y eliminar esa letra).

Por el contrario, para las actividades agrícolas, ganaderas y forestales en la que los destinatarios, por regla general, son empresarios, la letra b' de dicho apartado ha establecido el límite en 250.000,00 euros, sin establecer un límite inferior en función del destinatario.

[108] Sánchez Pedroche, J. A. (2012). "Primeras y preocupantes impresiones sobre el anteproyecto de ley de modificación de la normativa tributaria y presupuestaria para la lucha contra el fraude". *Quincenal Fiscal* núm. 11/2012.

El motivo de que sea un sector en el que no se emiten facturas falsas no es sólo por su tributación por los ingresos adicionales en IRPF, sino que consideramos también importante para ello:

– El cooperativismo agrario.

El cooperativismo agrario supone una parte muy importante del sector agroalimentario, con 3.699 empresas cooperativas agrarias en España y una facturación de 29.365 millones de euros en 2018, jugando un papel preponderante en sectores como frutas y hortalizas, aceite de oliva, vinos, lácteos, ovino y caprino, cereales y alimentación animal[109].

Con cooperativismo agrario nos estamos refiriendo a la unión en una empresa de muchos agricultores que tienen los mismos cultivos, que no tiene por qué darse necesariamente con la forma jurídica de cooperativa, siendo frecuentes, por ejemplo, las Sociedades Agrarias de Transformación[110] y que en determinadas ocasiones no se da con la forma jurídica de cooperativa, como la que tienen escasos socios.

Efectivamente, los agricultores se unen como socios en cooperativas que abarcan uno o varios cultivos en una determinada zona, consiguiendo con esa unión abaratar costes (transformación, envasado, etc.) y tener un mejor acceso a un mercado globalizado, pudiendo defender un mejor precio.

Por ello se ha destacado su labor[111] y se ha intentado potenciar su creación a través de la distinta normativa que las regula. En este sentido, se intenta potenciar que adquieran tamaño que les permita una mejor posición en los mercados[112].

Pues bien, las cooperativas en las que colocan sus productos los agricultores de la zona no tienen como objetivo conseguir beneficios para la propia coopera-

---

109 Fuente Cooperativas Agro-alimentarias de España que se puede consultar en https://www.agro-alimentarias.coop/cooperativismo_en_cifras

110 Serían las llamadas Entidades Asociativas Agroalimentarias del art. 1.3 de la Ley 13/2013, de 2 de agosto, de fomento de la integración de cooperativas y de otras entidades asociativas de carácter agroalimentario.

111 La ONU, concretamente, la FAO (siglas en inglés de Organización de las Naciones Unidas para la Alimentación y la Agricultura) las considera claves para reducir el hambre y la pobreza en https://www.fao.org/news/story/es/item/93819/icode/

112 Objetivo de la Ley 13/2013, de 2 de agosto, de fomento de la integración de cooperativas y de otras entidades asociativas de carácter agroalimentario.

tiva sino para sus cooperativistas, trasladando la mayor parte del precio conseguido al socio agricultor y quedándose normalmente con lo justo para cubrir gastos.

Esto hace que poca o nada de utilidad tenga una factura falsa para la cooperativa pues su beneficio ha sido trasladado al socio y que, además, si se produjera, se estaría beneficiando a un socio en perjuicio de otros.

Asimismo, al estar constituidas por un gran número de agricultores, sus procedimientos tienden a ser sencillos, sin que cambien por la particularidad de uno de los agricultores.

– La trazabilidad.

El sector agrario está sometido a una legislación alimentaria en la que existe un importante control sobre la trazabilidad del producto por lo que, el control de la producción y los ingresos, es muy superior al de otros sectores.

Una normativa que garantice la trazabilidad del producto no sólo interesa a la Administración por motivos sanitarios, sino que es solicitada por los propios agricultores ante el grave problema de robos en el campo.

Así pues, son los agricultores los primeros interesados en esa trazabilidad y reivindican medidas a la Administración en el control de la misma, por el referido problema de robos en el campo, pero también para identificar sus productos de países terceros.

Prueba de ello son, por ejemplo, para la agricultura en Andalucía, los documentos de transporte como fue la Autorización para el Transporte de Productos Agrarios (conocida como "Guía Conduce") y, en la actualidad, el Documento de Acompañamiento al Transporte de Productos Agrarios y Forestales (DAT) obligatorio desde el 15 de octubre de 2019 de acuerdo con el art. 20 y la D. F. 4ª del Decreto 190/2018, de 9 de octubre, de la Junta de Andalucía, por el que se crea y regula el Registro de Explotaciones Agrarias y Forestales de Andalucía y el Documento de Acompañamiento al Transporte de productos agrarios y forestales.

En ganadería, el Sistema Integrado de Trazabilidad Animal (SITRAN), que integra al Registro General de Explotaciones Ganaderas (REGA), al Registro de Identificación Individual de Animales (RIIA) y al Registro de Movimientos (REMO), así como los documentos de movimiento regulados en el art. 6 del Real Decreto 728/2007, de 13 de junio, por el que se establece y regula el Registro general de movimientos de ganado y el Registro general de identificación individual de animales, garantizan el control de las ventas.

En definitiva, el problema de ambos riesgos de fraude fiscal (blanqueo de capitales y facturas falsas) *"continua estando, es evidente, en el control de los ingresos reales del contribuyente"*[113], control que sí se ejerce en las actividades agrícolas, ganaderas y forestales por lo que no está justificada su inclusión en esas bolsas de fraude fiscal.

Para estas actividades, a diferencia del resto, se parte de los ingresos reales de la explotación que sí son declarados y la estimación se realiza sólo de los gastos en función, básicamente, de los cultivos desarrollados.

En consecuencia, si se pudiera generar algún tipo de fraude por la aplicación del método de estimación objetiva en estas actividades, éste estaría vinculado a la falta de necesidad de acreditar el gasto real de la explotación.

1.2. FORMAS DE FRAUDE QUE SE PUEDEN DAR POR EL MÉTODO DE CÁLCULO DE LAS ACTIVIDADES AGRÍCOLAS, GANADERAS Y FORESTALES

Pocos son los autores que, en lugar de hacer una crítica general incluyendo a estas actividades en formas de fraude de las que no participan, analicen los riesgos específicos del método para las mismas.

Sería el caso de SOLER BELDA[114] que analiza situaciones que se dan en el caso de módulos que no se han tenido en cuenta en la normativa y que, aunque carecen de entidad consideradas aisladamente, en conjunto tienen según este autor una magnitud significativa, *"hasta constituir una bolsa de fraude inaceptable"*.

Entre esas situaciones estaría *"el módulo agrícola, que desincentiva cualquier gasto o inversión en el ámbito rural y en la medida que se hace, elude el pago del IVA y la cotización de los trabajadores dedicados a esta actividad y a pesar de ello sigue siendo un sistema beneficioso para quien lo puede aplicar, ya que produce proteccionismo fiscal"*.

Para este autor *"llevar estas actividades a la estimación directa no garantiza que con ello se evite el fraude que se genera por la ocultación de ingresos, pero lo complica al ser necesaria la factura para deducir la compra o servicio recibido. Frente a la tendencia del módulo de buscar la no facturación, la estimación directa obliga*

---

113 Fernández López, R. I. (2007) "La exención de las rentas...", 2007, op. cit.

114 Soler Belda, R. R. (2013). "IVA, Módulos y Fraude Fiscal". *Quincena Fiscal* núm. 6/2013.

a perseguir la facturación para no perjudicarse en el momento de la declaración de IRPF, que es a la que más se teme en cuanto a imposición, por ser anual y acumulativa y dar lugar a sorpresas tributarias de cierta envergadura".

Aunque admite el autor que no es buen momento para elevar las exigencias a las pequeñas empresas, considera que *"peor solución parece que con esas empresas acaben quienes se han situado fuera del sistema y eluden el pago de cualquier tributo o prestación social"*, con la competencia entre *"contribuyentes y defraudantes"*, al poder ofrecer los segundos *"productos y servicios más baratos, precisamente por su falta de contribución"*. Añadiendo que esa indulgencia con los módulos *"está dando lugar que los mayores beneficiados sean otras empresas de mayor volumen, proveedoras de los moduleros, que consigue el ahorro de IVA e IS por el beneficio obtenido"*.

Sobre el fraude conexo de la contratación de trabajadores, añade el autor que *"en el sector agrícola, donde la estimación de jornales es posible al saberse la actividad humana que se realiza por cada unidad de producción, se sabe ciertamente que la declaración de esta actividad es muy inferior a la real, con el consiguiente ahorro de unas cotizaciones que en nada beneficia a quien tributa por volumen total de ingresos, con independencia de los gastos que tenga o se pueda ahorrar"*.

Parte, por tanto, este autor de que la falta de interés en acreditar los gastos de la explotación provoca la falta de facturación de proveedores y de alta de trabajadores, provocando una competencia desleal con agricultores en estimación directa.

Nos parece un acierto por este autor tratar los posibles fraudes que sí que se pueden ocasionar con la regulación del módulo agrícola, pero sorprende su crítica sin citar ningún estudio de dicho fraude, ninguna manifestación en este sentido de la Agencia Tributaria o de los competidores (agricultores en estimación directa) a los que se dice se está perjudicando, para concluir que constituye *una bolsa de fraude inaceptable*.

Sólo cita una obra sobre el *proteccionismo fiscal* de los módulos agrícolas a la que luego nos referiremos.

Parte de presumir que, ante la falta de interés en acreditar gastos para su deducción en IVA o IRPF, se produce un fraude generalizado.

En IVA, además de que se trata de un Impuesto armonizado y el régimen especial está previsto en la propia Directiva, sería tanto como decir que todas las operaciones cuyos destinatarios sean empresarios con actividades exentas por el art. 20 de la Ley del IVA son fraudulentas por no generar derecho a deducción o, más genéricamente por el mismo motivo en un Impuesto sobre el consumo, que todas las operaciones cuyo destinatario es un consumidor final serían también fraudulentas.

En IRPF, igualmente por los mismos motivos todos los proveedores de bienes o servicios cuyo destino sea un gasto no deducible por deberse, por ejemplo a consumo, deberían considerarse fraudulentos.

En definitiva, entendemos que no es posible presumir dicho fraude de forma generalizada y que, sin negar que determinados proveedores, especialmente los pequeños, puedan cometer dicho fraude, la Agencia Tributaria dispone de suficientes medios para su comprobación, sin que compartamos que, sin que exista un fraude de entidad suficiente, se pueda realizar una elevación general de las obligaciones formales a agricultores eliminando el módulo agrícola, ni que esa eliminación garantice que se consiga el objetivo perseguido.

Asimismo, incluso con el módulo agrícola, sí existe interés en acreditar determinados gastos.

En contra de lo que dice SOLER BELDA, la estimación objetiva para actividades agrícolas, ganaderas y forestales *no desincentiva cualquier gasto o inversión*, sino que el método de cálculo incentiva determinados gastos o inversiones.

Concretamente, el inmovilizado material e intangible se deduce mediante su amortización y determinados índices correctores (como el de utilización de medios de producción ajenos y el de piensos adquiridos a terceros) requieren para su justificación en una comprobación de la correspondiente factura.

También las contrataciones laborales están incentivadas en el sistema con el índice por utilización de personal asalariado que tiene en cuenta el porcentaje que supone el coste del personal asalariado sobre el volumen total de ingresos.

Sobre esas contrataciones, SOLER BELDA dice, sin mencionar el estudio en que se basa, que *se sabe ciertamente que la declaración* de jornales *de esta actividad es muy inferior a la real.*

Ello no obedece a la aplicación o no del método de estimación objetiva pues el régimen en Seguridad Social será el mismo con independencia del régimen de tributación en IRPF del empresario agrícola. Por tanto, si en los datos de la Seguridad Social figuraran menos jornales de los que debieran según unidad de producción será un problema en general de los agricultores y no específico de los que apliquen la estimación objetiva en la que, como decimos, se tiene en cuenta ese gasto en el índice.

Es cierto que, en este caso, el sistema es mejorable.

Si lo que se persigue es una simplificación de trámites, estando obligado ya el agricultor a determinar las retribuciones al personal y los gastos de Seguridad Social para aplicar este índice y para declarar las retenciones, podría sustituirse este índice por una deducción directa de dichos gastos, incentivándose más si cabe su declaración, sin ampliar con ello las obligaciones formales.

De cualquier forma, si existiera el problema comentado por el autor, además de que los agricultores que tuvieran sus trabajadores sin alta se exponen a los riesgos en caso de accidente laboral, existen medios con la Inspección de Trabajo para su comprobación.

También se incentiva la declaración del gasto, aunque por su normativa para su trazabilidad no deba generar problemas de fraude para este tipo de gasto, con la devolución parcial del Impuesto sobre Hidrocarburos empleado en las actividades agrícolas y ganaderas (art. 52.Ter de la Ley de IIEE).

Por último, no es sólo la normativa tributaria la que exige, en mayor o menor medida, la justificación de un gasto o una inversión para los agricultores.

Para las inversiones, además de su deducción por amortización, existe la obligación de inscripción en el Registro Oficial de Maquinaria Agrícola (ROMA) regulado en el Real Decreto 1013/2009, de 19 de junio, sobre caracterización y registro de la maquinaria agrícola.

La normativa PAC exige que los beneficiarios de las ayudas sean agricultores activos y, ante posibles condiciones artificiales para cobrar las ayudas, se exige que se compruebe que el beneficiario asume el riesgo empresarial (art. 5.b y 8 del Real Decreto 1048/2022, de 27 de diciembre) lo que se demuestra con los justificantes de gastos e inversiones.

También son necesarias, por ejemplo, las facturas de compra de semilla para la ayuda asociada a cultivos proteicos (art. 49.a del Real Decreto 1048/2022, de 27 de diciembre) y las facturas de fitosanitarios para los controles exigidos para su aplicación (art. 16.3 del Real Decreto 1311/2012, de 14 de septiembre).

En consecuencia, no sólo a los agricultores en estimación directa sino también a los agricultores en estimación objetiva les interesa la justificación de sus gastos e inversiones pues en otro caso no les serían aplicables determinados índices y amortizaciones para el cálculo de su rendimiento en IRPF y tampoco podrían justificar los requisitos para la percepción de ayudas y subvenciones.

2. LA ESTIMACIÓN OBJETIVA AGRÍCOLA COMO FORMA DE DETERMINAR UNA RENTA FICTICIA ALEJADA DE LA REALIDAD

Se ha destacado por la doctrina que con la aplicación de la estimación objetiva se está obteniendo una renta ficticia, alejada de la realidad y que lo preferible es siempre la aplicación de la estimación directa.

Así, ya SAINZ DE BUJANDA[115] defendía la estimación directa y la aplicación de la estimación objetiva sólo cuando no era posible aplicar la estimación directa al decir que *"la estimación surge precisamente en el instante en que, sea cual fuere la causa, no se considera posible determinar la base. Entonces el legislador autoriza que, en vez de la base definida por las normas, se determine o mida 'algo distinto a ella'. No se trata, pues, de una mera diferencia cuantitativa, esto es, de que la 'cifra' que por una u otra vía se obtiene sea distinta, permaneciendo idéntico lo que se mide, sino de una diferenciación cualitativa, es decir, de que se miden cosas distintas: con la evaluación directa, la base; con la presuntiva o estimativa, una entidad diferente".*

En el mismo sentido, PALAO TABOADA[116] señalaba que *"desde el punto de vista jurídico, por consiguiente, lo único que permite distinguir el 'método objetivo' del 'directo', si se refieren estas expresiones a las técnicas legislativas es la utilización en el primero de ellos del mecanismo de la ficción".*

Para los autores, por tanto, la estimación directa es un régimen de determinación de la base mientras que la estimación objetiva es un régimen de estimación.

LÓPEZ DÍAZ[117] considera incluso la estimación indirecta como un régimen de determinación pues aunque usa signos e índices busca medir el rendimiento neto cierto y admite prueba en contrario.

---

115 Sainz de Bujanda, F. (1976). "Los métodos de determinación de la base imponible y su proyección sobre la estructura del Sistema tributario". *Hacienda y Derecho* Tomo VI. Instituto de Estudios Políticos.

116 Palao Taboada, C. (1974). "La estimación objetiva singular". *Revista Española de Derecho Financiero* núm. 2. P. 376.

117 López Díaz, A. (2008). "Determinación y estimación de la base imponible: conceptos diferentes y regímenes diferentes". *Civitas. Revista Española de Derecho Financiero* núm. 137/2008.

La no admisión de prueba en contrario de la estimación objetiva la convierte para este autor en un auténtico régimen alternativo a la definición normativa de la base imponible, como una auténtica norma de valoración[118].

Critica que, como base imponible alternativa, no se respeta el principio de reserva de ley al no regular en norma con rango de ley los elementos esenciales, esto es, los requisitos para su aplicación y los criterios generales para la determinación y aplicación de los signos, índices o módulos.

Ciertamente, con la aplicación de la estimación objetiva se puede producir un rendimiento superior o inferior al rendimiento realmente obtenido.

Para cuando la diferencia se vaya a producir por circunstancias excepcionales (incendios, inundaciones, etc.) el art. 37.4 del Reglamento del IRPF prevé una reducción por sectores o zonas afectadas por el Ministerio que en la agricultura sí es usada cada año publicándose una Orden coyuntural que reduce determinados índices por zonas y cultivos. Asimismo, dicho artículo prevé para circunstancias excepcionales la presentación de solicitudes desarrolladas en el Anexo III de la Orden de reducción de módulos y deducción de gastos extraordinarios, de difícil uso dado el plazo de 30 días establecido.

Fuera de esos casos, no se puede modificar el rendimiento obtenido de la aplicación de la estimación objetiva.

BANACLOCHE PÉREZ[119] critica que, siendo un régimen obligatorio salvo renuncia, falte una previsión que permita tributar por la renta real inferior cuando se demuestre ésta ante la Administración cumpliendo las obligaciones formales de la estimación directa normal.

Si se produce en cambio una renta real superior al que resulte de la aplicación de la estimación objetiva, el art. 31.2.2º de la Ley del IRPF garantiza que no se pueda hacer tributar por la diferencia al decir:

---

118 En el mismo sentido, para López MOLINO el legislador *"parte, justamente, de la renuncia expresa a conocer capacidades contributivas ciertas"*. En López Molino, A. M. en VVAA Coord. Sánchez Galiana, J. A. (2004). "El método objetivo y la evaluación indiciaria de las rentas de las PYME en el IRPF". *Estudio sobre fiscalidad de las PYMES.* Universidad de Granada. P. 307.

119 Banacloche Pérez, J. (1998) "La estimación irreal de las bases imponibles". *Revista Impuestos,* D-13, tomo 1.

"La aplicación del método de estimación objetiva nunca podrá dar lugar al gravamen de las ganancias patrimoniales que, en su caso, pudieran producirse por las diferencias entre los rendimientos reales de la actividad y los derivados de la correcta aplicación de estos métodos".

PLAZA VÁZQUEZ[120] considera, al tributarse por *"magnitudes claramente ficticias"*, al renunciar siempre el empresario al que le perjudique el módulo *"para no hacer el primo"* y excluirse la tributación con el art. 31.2.2º de la Ley del IRPF por las ganancias patrimoniales no justificadas, que esto es *"dinero negro oficial"*.

Sin embargo, como destaca MARTOS GARCÍA[121] un precepto que sometiera a gravamen esa diferencia desnaturalizaría el régimen de estimación objetiva, siendo contrario al concepto que emana de la LGT (art. 52), tal y como han manifestado el Tribunal Supremo y el Tribunal Constitucional [STS de 23/10/2014, rec. 230/2012 (*Tol 4576260*); STC 203/2016, de 1 de diciembre (*Tol 5929664*) y STC 113/2017, de 16 de octubre, (*Tol 9749539*)].

Efectivamente, como explican BADÁS CEREZO y MARCO SANJUÁN[122] *"la viabilidad del sistema requiere ofrecer la garantía al empresario de que dicho ahorro fiscal es legal y nunca podrá reprochársele su existencia y que sus cuentas con la Hacienda Pública están cerradas si se ha aplicado correctamente el sistema objetivo"*.

El informe Lagares al respecto entiende que el método de estimación objetiva no permite una tributación cercana a la realidad de las rentas obtenidas por los contribuyentes.

En esa línea, para TEJERIZO LÓPEZ[123] es posible que inicialmente los estudios realizados para calcular las bases imponibles en estimación objetiva sean correctos pero considera *"muy difícil, por no decir imposible, actualizarlos continuamente, para lo bueno y para lo malo, por lo que al poco tiempo estarán indefectiblemente desfasadas"*, comparándolo con lo que pasó con las evaluaciones globa-

---

120 Plaza Vázquez, A. L. (2011). "Los inconcebibles mecanismos de generación de dinero negro oficial en la legislación tributaria". *Quincena Fiscal* núm. 5/2011.

121 Martos García, J. J. (2019). "Opciones para combatir el fraude ...", op. cit.

122 Badás Cerezo, J. y Marco Sanjuán, J. A. (2015). "Régimen de estimación objetiva". *Renta y Patrimonio 2015*. Lex Nova.

123 Tejerizo López, J. M. (2015) "La reforma del Impuesto sobre la Renta de las Personas Físicas de 2014. Principales novedades y análisis crítico". *Carta Tributaria*, Revista de Opinión nº 8.

les de los impuestos directos y los convenios globales de la imposición indirecta de los años 50 y 60 del siglo pasado. De lo anterior concluye que *"la simplificación en el cálculo de las bases imponibles y la exactitud en su determinación son dos objetivos incompatibles y, por tanto, no pueden alcanzarse de forma simultánea"*.

Nuevamente entendemos que se está pensando en el resto de actividades donde ni se dispone de los ingresos reales ni de una actualización de estudios anual para otros fines.

Para las actividades agrícolas, ganaderas y forestales, además de los datos declarados a la Administración tributaria por las explotaciones en estimación directa, se dispone de múltiples estudios realizados para otros fines por lo que se pueden estimar los costes y rentas de las explotaciones, esto es, se sabe qué beneficio se obtiene de esos ingresos reales y, por tanto, se pueden adecuar los índices a la realidad.

Efectivamente, para la defensa de este sector primario y estratégico se dispone de un Ministerio específico en el Gobierno de España y una Consejería específica en cada Comunidad Autónoma que realizan estudios tanto para la PAC como para el seguimiento de los principales cultivos de las distintas Comunidades Autónomas de los que se deducen las rentas obtenidas por las explotaciones.

Sería el caso, por ejemplo, de la Red Contable Agraria Nacional (ReCAN) del Ministerio de Agricultura, Pesca y Alimentación (MAPA) integrada en la Red de Información Contable Agraria de la Unión Europea (RICA) que permite medir la renta y la economía de las explotaciones agrarias y el impacto que las ayudas de la PAC produce en ellas o del Estudio de Costes y Rentas de las Explotaciones Agrarias (ECREA) del MAPA que analiza los costes y la rentabilidad de las principales actividades agrarias a nivel de comunidad autónoma, así como su evolución.

2.1. LA FIJACIÓN DE UNA RENTA FICTICIA AGRARIA QUE BENEFICIA A QUIEN LA APLICA

Para la mayoría de los autores se trata de un sistema que no sólo se aleja de la realidad, sino que beneficia a quien lo aplica, considerándose proteccionismo fiscal.

Para ello se basan en estudios económicos o en la lógica de que nadie va a optar por un sistema que le perjudica.

Para SOLER BELDA[124] el módulo fiscal *"sigue siendo un sistema beneficioso para quien lo puede aplicar, ya que produce proteccionismo fiscal"* remitiéndose para ello a las conclusiones del estudio de comparación realizado por CASQUET MORATE y GÓMEZ LIMÓN en 2001[125].

En dicho estudio se parte de la información facilitada por la Red Contable Agraria Nacional (ReCAN) del Ministerio de Agricultura de los años 1994 a 1997 y se compara con los módulos del 2000.

Se deduce de los resultados del estudio que el régimen tiene un claro carácter discriminatorio frente a la estimación directa y, dado que la estimación objetiva es el sistema más usado entre los agricultores, que se produce un proteccionismo fiscal generalizado del sector agrario.

De los 19 tipos de explotaciones analizadas en función de sus cultivos, en ningún caso es más beneficiosa la estimación directa, pues existen 5 módulos próximos a la neutralidad (arroz, avicultura, bovino de leche, bovino de engorde y porcino de cría) al diferir en muy poco con la estimación directa, otros 6 moderadamente proteccionistas (horticultura invernadero, viticultura uva de mes, horticultura aire libre, frutales de hueso y pepita, porcino de engorde y raíces y tubérculos) y otros 8 muy proteccionistas (bovino de cría, hortícolas terreno labor, olivicultura, cítricos, cereales excepto arroz, viticultura vino DO, ovino y viticultura vino de mesa), entendiendo los autores que esas diferencias se ajustan más a un comportamiento aleatorio que a una discriminación justificada por motivos de política fiscal o económica.

CASQUET MORATE y GÓMEZ LIMÓN concluyen que existe proteccionismo fiscal pues se estiman rentas agrarias menores a la estimación directa (ventaja económica), además de suponer una menor carga de obligaciones formales (ventaja administrativa). Ese proteccionismo implica que no haya estímulo para la introducción de técnicas de gestión como la contabilidad. Entienden que habría que clarificar las prioridades políticas a la hora de proteger cada uno de estos subsectores de actividad, considerando criterios como el de especial pro-

---

124 Soler Belda, R. R. (2013). "IVA ..." op. cit..

125 Casquet Morate, E. y Gómez Limón Rodríguez, J. A. (2001). "La aplicación de IRPF a la actividad agraria. Comparación cuantitativa de los sistemas de Estimación Directa y de Estimación Objetiva por Módulos". *Investigación Agraria. Producción y protección de vegetales*, volumen 16, nº 2.

tección a las actividades agrarias más sensibles o prioritarias, o las que se desarrollen en zonas menos favorecidas.

Con anterioridad, para el periodo 1995 a 1997 y usando también la ReCAN, MARTÍN GARCÍA[126] había llegado a similares conclusiones considerando que, exceptuando el arroz, en todos los demás casos la estimación objetiva ha sido fiscalmente ventajosa o muy ventajosa y que había gran heterogeneidad en el tratamiento de las distintas actividades.

En el mismo sentido, JULIÁ IGUAL y MARÍ VIDAL[127] consideran tras analizar los distintos regímenes simplificados desde 1978 y comparar los módulos con la ReCAN, que la modalidad de estimación objetiva por signos, índices y módulos ha implicado un aumento claro del proteccionismo fiscal de determinadas producciones agrarias, entendiendo que se trata de un intento de la Administración de compensar de algún modo al agricultor por la realización de una actividad dependiente de factores exógenos a las decisiones de éste y, por tanto, incontrolables. Abogan también por priorizar los beneficios, beneficiando a los que dependan realmente su renta disponible de la actividad agrícola. Finalmente, critican nuevamente que estos regímenes limitan la introducción de técnicas de gestión adecuadas en las explotaciones agrarias.

MARÍ VIDAL[128] realiza posteriormente un estudio para el periodo 2000 a 2005 sobre el sector del ovino de carne comparando no sólo los datos de la ReCAN, sino también de otras fuentes como los Análisis de la economía de los sistemas de producción (AESP) también del Ministerio de Agricultura y estudios microeconómicos de costes facilitados por la Confederación de cooperativas agrarias de España (CCAE) limitados, en este último caso, a Aragón y Extremadura.

---

126 Martín García, M. (2000). "El régimen de estimación objetiva para el cálculo de los rendimientos de las actividades agrarias". *Revista Española de Estudios Agrosociales y Pesqueros* nº 189.

127 Juliá Igual, J. F. y Marí Vidal, S. (2002). "La neutralidad fiscal de las especialidades tributarias en la determinación de los rendimientos neto de las actividades agrarias (Un análisis dinámico en el sector hortofrutícola de la Comunidad Valenciana a partir de los datos de la RECAN)". *Revista Española de Estudios Agrosociales y Pesqueros* nº 197.

128 Marí Vidal, S. (2008). "Análisis de la neutralidad de los regímenes simplificados tributarios en la determinación del rendimiento neto de la actividad agraria en el sector del ovino de carne". *Revista Española de Estudios Agrosociales y Pesqueros* nº 217.

Usando los datos de la ReCAN en ese periodo el rendimiento en estimación objetiva es inferior al 65,84% del rendimiento en estimación directa simplificada, deduciéndose una situación de proteccionismo fiscal.

Utilizando los AESP en todos los periodos, salvo Aragón en 2000 y 2002, se produce todo lo contrario, una situación de beligerancia fiscal resultando un rendimiento medio del 274,74%.

Los estudios microeconómicos de Aragón y Extremadura muestran también beligerancia fiscal, con un rendimiento medio del 186,81%.

Posteriormente, el autor desarrolla en el estudio el precio que debe tener el ovino de carne para que sea beneficiosa la estimación objetiva, distinguiendo distintos puntos de corte de precio en función de las distintas Comunidades Autónomas analizadas (Andalucía, Aragón, Castilla y León, Extremadura y Navarra).

El autor concluye que los resultados claramente diferentes de las distintas fuentes analizadas no parece que tengan mucho sentido, especialmente en las dos bases de datos utilizadas por el Ministerio de Agricultura. Destaca que en ocasiones se ha criticado la falta de garantías en la cumplimentación de los cuestionarios para la ReCAN y que se deberían aunar esfuerzos para la creación de una única base de datos que aportara información fiable y con las máximas garantías.

Asimismo, concluye que los índices deberían revisarse sin que se deba tener un índice de rendimiento fijo en el tiempo ni el mismo índice para toda España.

En la práctica no ha existido ni un índice fijo en el tiempo ni el mismo índice para los mismos cultivos en toda España.

Esto es así puesto que junto a la Orden que hemos denominado estructural, que desarrolla el método de estimación objetiva en términos muy similares en todos los ejercicios y en la que los cambios son mínimos año a año, cada año se publica la Orden que hemos denominado coyuntural por la que se reducen para cada periodo impositivo los índices para actividades afectadas por diversas circunstancias excepcionales. En la Orden coyuntural las reducciones afectan no sólo a cultivos concretos, sino que se distingue en función del ámbito geográfico al que afectó la circunstancia excepcional y, así, la reducción del cultivo puede ser a nivel estatal pero también autonómico, por provincias, por comarcas agrícolas y, en no pocas ocasiones, por municipio.

Esa actualización anual de los índices en función de las concretas circunstancias de cada año no se produce en los módulos del resto de actividades.

Posteriormente CAMPOS CAMPILLO[129], en trabajo dirigido precisamente por MARÍ VIDAL, parte también del Análisis de la economía de los sistemas de producción del Ministerio de Agricultura para analizar distintos cultivos en el periodo 2005 a 2011 en 7 Comunidades Autónomas (Andalucía, Aragón, Castilla y León, Castilla La Mancha, Extremadura, Murcia y Comunidad Valenciana).

Al igual que en el estudio anterior se concluye el carácter beligerante que en general tiene la estimación objetiva al perjudicar al agricultor frente a la estimación directa simplificada. Sólo cultivos aislados son proteccionistas.

Concretamente, del estudio resulta que de los 13 cultivos analizados para Andalucía sólo 1 es proteccionista (pepino), de los 16 analizados para Aragón sólo 2 son proteccionistas (trigo blando secano y maíz), de los 13 analizados para Castilla La Mancha sólo 2 son proteccionistas (ajo y olivar de almazara), de los 14 analizados para Castilla La Mancha sólo uno es proteccionista y sólo en Valladolid y Zamora (uva vino denominación origen), de los 6 analizados para Extremadura sólo uno y sólo en 2005 y 2006 son proteccionistas (olivar de almazara), de los 11 analizados para Murcia sólo 2 son proteccionistas (pimiento y tomate) y de los 13 analizados para Comunidad Valenciana sólo 2 son proteccionistas (tomate y patata extra temprana al aire libre).

De todo lo anterior, entendemos, se deduce que la estimación objetiva no produce el proteccionismo generalizado que se le presupone por la mayoría de los autores y, sobre todo, que si se ha producido proteccionismo en determinados cultivos más parece de una falta de coordinación entre Ministerios que de la intención de beneficiar a un determinado grupo de agricultores.

Además de en estudios económicos, los autores se basan en la lógica de que nadie va a optar por un sistema que le perjudica.

Así, para SANCHEZ HUETE[130], atendiendo a la posibilidad de renuncia del régimen, se parte implícitamente del presupuesto que existirán únicamente sujetos que tributan menos de lo que les correspondería con el régimen de estimación directa.

---

129 Campos Campillo, E. (2014). *La decisión fiscal del agricultor: estimación directa frente a estimación objetiva. Análisis de neutralidad tributaria.* TFM Universitat Politécnica de Valencia.

130 Sánchez Huete, M. A. (2012). "Estimación objetiva ..." op. cit.

En el mismo sentido, para MARTOS GARCÍA[131] el escenario consistente en que al aplicar la estimación objetiva el emprendedor tenga que declarar rentas realmente inexistentes (las que le falten para alcanzar la renta estimada) será poco usual y, en todo caso, difícilmente tenderá a repetirse si el contribuyente está mínimamente informado, dado que al perjudicarlo siempre podrá renunciar a la estimación objetiva para el siguiente ejercicio.

Pensamos, nuevamente, que se está pensando en las otras actividades del Anexo II y no en las actividades agrícolas, ganaderas y forestales donde lo que ocurra un ejercicio, ni mucho menos, tiende a repetirse en el siguiente.

Para comprobar si beneficia la estimación objetiva, más allá de por la simplificación de obligaciones formales, el agricultor deberá llevar una cuenta de explotación y comparar la media de varios ejercicios (entendemos que entre tres y cinco), sin que un ejercicio aislado ofrezca esa información. De una manera similar se calcula la renta principal agraria necesaria para que una persona sea considerada agricultor profesional a los efectos de la calificación de su explotación agraria como prioritaria[132].

---

131 Martos García, J. J. (2019). "Opciones para combatir el fraude ...", op. cit.

132 Así, el art. 5.2 de la Orden de 13 de noviembre de 1995 por la que se desarrolla el apartado 1 del art. 16 y la disposición final sexta de la Ley 19/1995, de 4 de julio, de Modernización de las Explotaciones Agrarias, en su redacción dada por la Orden APA/171/2006, de 26 de enero establece:
"No obstante lo anterior, excluyendo asimismo del cómputo los incrementos y disminuciones patrimoniales, podrá utilizarse para la evaluación de la renta total del titular de la explotación la media de las rentas fiscalmente declaradas como tales por el mismo durante tres de los cinco últimos años, incluyendo el último ejercicio, salvo lo dispuesto en los párrafos siguientes.
En las zonas geográficas o sectores productivos en los que se produzcan situaciones excepcionales de daños, motivadas por sequías, heladas, inundaciones u otras causas similares, siempre que una norma legal así los declare y el titular de la explotación acredite su dedicación a la agricultura en el último año fiscal declarado, se podrán eliminar, para el cálculo de la media de los cinco últimos ejercicios declarados, los ejercicios fiscales en que se hubiesen producido las circunstancias excepcionales.
En el caso de que las situaciones excepcionales se hayan producido en el último ejercicio fiscal declarado y no sea posible contemplar tres ejercicios normales en los cuatro anteriores, por no haberse dedicado el titular de la explotación a la actividad agraria, podrá utilizarse la media de las rentas fiscalmente declaradas como tales durante el máximo posible de ejercicios normales computables."

2.2. LA INCONSTITUCIONALIDAD DE LA ESTIMACIÓN OBJETIVA AL TRIBUTAR POR DEBAJO DE LA CAPACIDAD ECONÓMICA

Cuando la estimación objetiva determina un rendimiento superior al realmente obtenido y no se adaptan a la realidad los módulos pudiera considerarse que se produce una sobreimposición contraria al principio de capacidad económica[133].

MARTOS GARCÍA[134] considera al respecto que el régimen es constitucional al ser voluntario, pues su carácter opcional lo hace respetuoso con el principio de capacidad económica al ser la situación de sobreimposición elegida (*mal elegida*) por el contribuyente, que puede renunciar para el ejercicio siguiente.

BANACLOCHE PÉREZ[135], sin embargo, critica que cuando se produzca esa mala opción por el régimen de estimación objetiva, simplemente por no poner una cruz en su lugar correcto y en el plazo señalado, se obligue a tributar por una renta irreal aunque pueda demostrarse la realidad. Con ello se prima la finalidad de la gestión por la AEAT, la eficacia sobre la justicia. Considera por ello que debería preverse la prueba en contra.

El supuesto contrario, esto es, la determinación de un rendimiento inferior al realmente obtenido será el supuesto más frecuente según la mayoría de los autores.

Partiendo de que en condiciones normales resulta más rentable, SIMÓN ACOSTA[136] considera al régimen de estimación objetiva un *privilegio* y una *discriminación tributaria injusta para los demás contribuyentes.*

---

133 Así, una actualización de módulos en función de la crisis fue reclamada en 2012 por Adame Martínez al considerar que era necesario revisar el sistema para adecuarlo a la nueva situación económica pues *"los módulos vigentes están calculados para una situación de bonanza por lo que su utilización actual supondría una sobreimposición inadecuada en relación con la renta real percibida por dichos sujetos pasivos"*, en Adame Martínez, F. (2012). "Política fiscal y lucha contra la crisis económica: análisis de las medidas fiscales adoptadas por el Estado y las Comunidades Autónomas y perspectivas de futuro". *Quincena Fiscal* núm. 6/2012.

134 Martos García, J. J. (2019). "Opciones para combatir el fraude ...", op. cit.

135 Banacloche Pérez, J. (1998) "La estimación irreal..." op. cit.

136 Simón Acosta, E. (2008). "Los módulos y la crisis". *Actualidad Jurídica Aranzadi* núm. 762/2008.

De ese proteccionismo generalizado han deducido, por tanto, algunos autores que el sistema podría considerarse inconstitucional al no tributarse por la capacidad económica y ser contrario al principio de igualdad.

Ese injustificado trato discriminatorio en perjuicio de quien no puede aplicar el régimen afecta, según MENÉNDEZ MORENO[137], a los principios de capacidad económica, generalidad e igualdad que no conviven fácilmente con un régimen en el que se prescinde de la realidad económica de aquéllos a los que se aplica tributando por rentas presuntas.

Ya NAVARRO FAURE[138] entendía que en un impuesto personal sobre la renta no se podía mantener un distinto tratamiento que no se basase en un diferente nivel de capacidad económica y que la selección de actividades por el Ministerio, sin tener en cuenta la renta real, no indicaban un menor nivel de esta capacidad.

Para esta autora el régimen de estimación objetiva por signos, índices y módulos produce un menoscabo del principio de igualdad tributaria que no resulta proporcionado a la finalidad que se persigue, pues *"no resulta proporcionado que la reducción de la presión fiscal indirecta y la simplificación del procedimiento de comprobación suponga la tributación, en definitiva, por un tributo distinto"*.

En el mismo sentido, MARTÍNEZ-CARRASCO PIGNATELLI[139], aun valorando el enorme aligeramiento del volumen de obligaciones formales que responden a los principios de eficacia y limitación de costes indirectos, consideraba que al no partir de la realidad económica del contribuyente sino de una estimación meramente aproximativa o indiciaria, opera en detrimento del principio de justicia tributaria.

En nuestra opinión, dado que es la Administración la que fija los índices a aplicar, en la medida en que esté en disposición de acercar esa renta potencial a la renta real entendemos que no se menoscaba los principios de tributación en función de la capacidad económica y el de igualdad.

---

137 Menéndez Moreno, A. (2014). "De la anécdota ..." op. cit.

138 Navarro Faure, A. (1993). "La adecuación ..." op. cit. P. 87 y 92.

139 Martínez-Carrasco Pignatelli, J. M. (2016). "Nuevo ámbito objetivo y subjetivo de las actividades en estimación objetiva en el IRPF y en el régimen simplificado del IVA". *Quincena Fiscal* núm. 7/2016.

Como hemos visto, al menos en la agricultura, la Administración dispone de estudios suficientes para medir la capacidad económica.

Estando en disposición la Administración de ajustar los índices aplicados para obtener una renta potencial del agricultor que se separe de forma poco significativa de la renta real obtenida, cuando se considera por algunos autores que se obtiene una mejor tributación con la estimación objetiva, no entendemos que la crítica no sea a la falta de revisión por la Administración de unos concretos índices aprobados que provoquen dicho efecto, sino que se extienda a todo el régimen, presumiendo que el que lo aplica es un defraudador y, además, considerando que la solución sea la eliminación del régimen, perjudicando así al administrado por un supuesto incumplimiento de la Administración.

FERREIRO LAPATZA[140] destaca lo que en su opinión es una *"sacralización del método de estimación directa como método constitucionalmente más plausible"* y el *"rechazo por la mayoría de los expertos de la estimación objetiva, de dudosa constitucionalidad según algunos"*[141].

Para este autor, los métodos de estimación objetiva *"transforman los impuestos a los que se aplican en impuestos no sobre rentas o ventas reales, sino sobre rentas o ventas medias potenciales"* considerando este autor que el principio de capacidad económica no se puede oponer a la existencia de este tipo de impuestos. Destaca, además, otros valores de la estimación objetiva como son la eficacia, economicidad, no injerencia y, sobre todo, la seguridad jurídica, los cuales también están reflejados en el texto constitucional.

Considera, asimismo, que la medición exacta e indiscutible de la capacidad económica es imposible y que tanto en la estimación objetiva hay cierto grado de estimación directa al tomarse ciertos datos de la realidad como en la estimación directa se renuncia también a medir directamente ciertos extremos o elementos. Se renuncia a esa mediación exacta, por ejemplo, con el coeficiente de gastos de difícil justificación de la estimación directa simplificada, con la no deducibilidad de determinados gastos, con los ajustes extracontables o con la aplicación de un determinado coeficiente de depreciación en la amortización. Ciertamente,

140 Ferreiro Lapatza, J. J. (2005). "Apología contracorriente de la estimación objetiva". *Crónica Tributaria* núm. 116/2005.

141 En los mismos términos CRUZ PADIAL considerando que estamos ante una *"sacralización del método de estimación directa"* en Cruz Padial, I (2006). "Simplificación tributaria: viabilidad de las...", op. cit.

siguiendo uno de los ejemplos usados por el autor, al aplicar el valor de mercado con independencia del realmente fijado a una operación se está haciendo tributar por la capacidad económica *potencial* que tienen unos determinados bienes y no por la *real* obtenida.

En consecuencia, para este autor, ambos métodos de estimación se aproximan en mayor o menor grado a la riqueza gravada siendo conveniente para elegir el grado de aproximación no sólo la capacidad económica sino otros valores constitucionales como la seguridad, la certeza y la posibilidad de realización proporcionada del Derecho. Por ello entiende que *"tan contrario a la Constitución sería exigir una minuciosa contabilidad, con la documentación y tareas que ello comporta, a un modesto puesto de ventas de periódicos para aplicar el método de estimación directa, como renunciar a la estimación directa del rendimiento neto objetivo por una empresa —un Banco, por ejemplo— de grandes dimensiones"*[142].

Efectivamente, en la misma línea para PÉREZ ARRAIZ[143] los costes de gestión e, incluso, las dificultades de la Administración para determinar la base imponible, pueden justificar un cierto margen de imprecisión en la determinación de la capacidad económica.

Asimismo, como destaca CRUZ PADIAL[144] otros principios constitucionales como el de generalidad y seguridad jurídica se ven reforzados con la estimación objetiva y constituyen un aval del mismo.

De hecho, para FERREIRO LAPATZA la remisión que realiza la normativa tributaria para el cálculo de los beneficios al resultado contable supone dejar la base imponible *"en manos del ejecutivo, del Instituto contable y, dentro de la flexibilidad que el propio P.G.C. pregona, en manos de los propios contribuyentes o de sus expertos contables"* considerando que esa deslegalización de las normas aplicadas a la base es incompatible con la Constitución.

142 Coincide Alonso González que considera tan válida y constitucional a la estimación directa como a la estimación objetiva. Sin embargo, entiende que el problema es la figura del denominado "facturero" que se ha extendido como una lacra. Alonso González, L. M. (2007). "El fraude fiscal..." op. cit.

143 Pérez Arraiz, J. (2007). *Problemas*... op. cit..

144 Cruz Padial, I (2006). "Simplificación tributaria: viabilidad de las..., op. cit.

Considera, FERREIRO LAPATZA[145] que la sustitución pura y simple de las normas fiscales por normas contables supone un ataque directo a la racionalidad del sistema al aplicar normas dictadas con fines distintos a una realidad diferente de aquella para la que fueron pensadas. Al ser las normas contables más flexibles y abiertas, son la seguridad y la certeza del Derecho las que sufren un ataque más fuerte. Para este autor el resultado contable, que posee un alto grado de incertidumbre y relatividad, no es la única medida posible de la capacidad contributiva de una empresa sino que otras magnitudes, significativamente los ingresos brutos, pueden ser tomados como medida de esta capacidad o aptitud para ser gravado.

Efectivamente, la utilización de los ingresos brutos como base del método, como se hace en los módulos agrícolas, ha sido considerada por algunos autores la solución para un mayor acercamiento a la realidad manteniendo la simplificación, consiguiendo una tributación en función de la capacidad económica respetuosa con el principio de igualdad y, por consiguiente, consiguiendo justicia tributaria.

Así, SANCHEZ HUETE[146] destaca la utilización de los ingresos brutos como referente para determinar los rendimientos como un criterio que favorece la simplificación tributaria y, a la vez, permite un gravamen más cercano a la capacidad económica.

En la misma línea, CALVO ORTEGA[147] considera el establecimiento de ingresos brutos como módulo una determinación más conforme con el principio de justicia tributaria frente a los módulos estrictamente físicos.

En definitiva, como dice ALONSO GONZÁLEZ[148] al partir de un origen real con las cifras de facturación, moduladas por la técnica de los coeficientes, en la estimación objetiva agrícola las distancias que separan la estimación directa de la estimación objetiva se acortan extraordinariamente.

---

145 Ferreiro Lapatza, J. J. (2006). "Simplificación: base imponible y renta empresarial". *Quincena Fiscal* núm. 21/2006.

146 Sánchez Huete, M. A. (2012). "Estimación objetiva ..." op. cit.

147 Calvo Ortega, R. (2012). *¿Hay un Principio de Justicia Tributaria?* Cuadernos Civitas. Páginas 47 y 48.

148 Alonso González, L. M. (2007). "La simplificación de la tributación de las empresas en España". *Crónica Tributaria* núm. 124/2007. Páginas 35 y 36.

3. LA ESTIMACIÓN OBJETIVA AGRÍCOLA COMO REDUCCIÓN NO NECESARIA DE OBLIGACIONES FORMALES PERJUDICIAL PARA LAS PROPIAS EMPRESAS. LA NECESIDAD DE SIMPLIFICACIÓN ADMINISTRATIVA

Como ya ha quedado indicado, para el informe Lagares la eliminación no implicaría un aumento de costes pues *"en pleno siglo XXI hasta los aparatos electrónicos de computación más simples son capaces de llevar una contabilidad más o menos completa de cualquier actividad económica y prácticamente en todos los establecimientos de venta al por menor existen máquinas que expiden tickets por un valor individual de cada una de sus transacciones"* (epígrafe 13 del Capítulo II)·

Son muchos los autores que consideran que el régimen no es necesario en la actualidad.

Así, por ejemplo, SOLER BELDA[149] que coincide con el informe en que carece de sentido el mantenimiento de la estimación objetiva cuando los medios técnicos permiten su eliminación.

ÁLVAREZ ARROYO[150] igualmente entiende que con *"el estado actual de la tecnología queda en agua de borrajas el objetivo inicial de este método de determinación de la base imponible cual era la simplificación de obligaciones formales para ciertos contribuyentes"*.

Para PLAZA VÁZQUEZ[151] el régimen es un anacronismo, pues entiende que *"cuando todos tenemos facebook, la imagen de un empresario-cavernícola que no tiene datos económico-financieros de su empresa es un insulto a la inteligencia de todos. Mucho más cuando «el resto» está obligado a utilizar herramientas avanzadas de firma digital para la presentación de declaraciones. Máxime cuando ningún español puede sobrevivir al BOE sin un asesor fiscal, por muy pequeña que sea su micropyme"*.

Consideramos que, nuevamente, no se está pensando en las actividades que se desarrollan en el medio rural.

---

149 Soler Belda, R. R. (2014). "La progresividad en el informe de los expertos". *Quincena Fiscal* núm. 11/2014.

150 Álvarez Arroyo, F. (2016). "Medidas antifraude fiscal..." op. cit.

151 Plaza Vázquez, A. L. (2012). "El régimen de módulos en España..."op. cit.

El informe al considerar que la eliminación del régimen no supondría un aumento de costes *en pleno siglo XXI* considera medios de los que se dispone en cualquier comercio al por menor pero que nada tienen que ver con los que se dispone en el medio rural, donde el acceso, por ejemplo, a internet encuentra dificultades añadidas.

Entendemos, con PLAZA VÁZQUEZ, que en la actualidad se está en disposición de desarrollar medios y herramientas que facilitaran sobremanera remover esas dificultades, pudiéndose establecer mecanismos para una contabilización sencilla con, por ejemplo, un sistema que usara el reconocimiento óptico de caracteres (OCR) pero no coincidimos en que los medios estén a disposición de todos los empresarios en igual medida. El acceso a una aplicación tan potente como *Facebook* no se puede olvidar que es gratuito ya que el *negocio* de quien la facilita son nuestros propios datos. Cabría pensar que a quien se le debería exigir ese desarrollo de medios sencillos es a la Administración cuyo *negocio* es gravar los rendimientos, estando por tanto interesada en desarrollar aplicaciones gratuitas y remover los obstáculos añadidos del medio rural.

CASQUET MORATE; GÓMEZ LIMÓN[152] critican que no exista ningún estímulo desde el ámbito fiscal para la introducción de técnicas de gestión, como por ejemplo la contabilidad, dentro de las empresas individuales del sector agrícola[153].

4. LA (ESCASA) DOCTRINA A FAVOR DE LA SIMPLIFICACIÓN

Existen, no obstante lo anterior, algunos autores partidarios de la estimación objetiva como forma de simplificación administrativa.

RODRÍGUEZ ALONSO[154] critica la corriente doctrinal anteriormente mencionada en contra de los módulos considerando que se le olvida el día a día del empresario y que la estimación objetiva protege al pequeño empresario de

---

152 Casquet Morate, E. y Gómez Limón Rodríguez, J. A. (2001). "La aplicación de IRPF..." op. cit.

153 En el mismo sentido, Juliá Igual, J. F. y Marí Vidal, S. (2002). "La neutralidad fiscal..." op. cit.

154 Rodríguez Alonso, I. (2012). "Régimen de estimación objetiva". *Actualidad Jurídica Aranzadi* núm. 844/2012.

la burocracia documental que lleva aparejada el sistema tributario español tal y como está configurado en la actualidad. Destaca que a negocios con rentabilidades mínimas no se les puede imponer emitir facturas o cuantificar su beneficio o pérdida puesto que ello les supone un tiempo del que carecen, la inversión de recursos externos —asesoría de turno— a la que hay que hacer frente y la asunción de obligaciones formales y registrales añadidas. Y lo mejor del sistema es que la decisión de renunciar o no es del empresario y no de la Administración tributaria.

Efectivamente, como han destacado ENGLISCH y SÁNCHEZ BLÁZQUEZ[155], para que un impuesto sea justo no basta con que su regulación respete el principio de igualdad, sino que es necesario que su aplicación práctica respete el principio de igualdad, esto es, que sea susceptible de llevarse a la práctica. Por ello, es preferible renunciar a medir con exactitud la capacidad económica en aquellos supuestos en que tal ideal resulta impracticable o conduciría a un peor trato para determinados contribuyentes, lo que es razón de fondo de las normas de simplificación y las estimaciones a tanto alzado.

En este sentido, para GARCÍA NOVOA[156], que considera la simplificación de la fiscalidad del autónomo un objetivo clave, es una exigencia para el mantenimiento de regímenes razonables de estimación objetiva que fomenten la *practicabilidad* administrativa, la generalidad en el reparto de las cargas públicas y el principio de limitación de costes indirectos. Sobre este último principio destaca el deber de los poderes públicos de promover esa simplificación del sistema tributario[157].

Para FERREIRO LAPATZA[158] *"es cada vez más urgente y necesario recorrer las posibles vías de simplificación del sistema para acabar con la, más que innecesaria, escandalosa complicación de nuestros sistemas fiscales"*.

---

155 Englisch, J. y Sánchez Blázquez, V. M. (2005). "El proyecto de Colonia de una Ley del Impuesto sobre la Renta". *Quincena Fiscal* núm. 19/2005.

156 García Novoa, C. (2008). "Hacia un Estatuto fiscal del autónomo. Reflexiones de futuro sobre el régimen fiscal del autónomo". *Revista de Estudios Cooperativos* núm. 96.

157 Citando el art. 2.2 de la Ley de Derechos y Garantías de los Contribuyentes (hoy art. 3.2 de la LGT) en García Novoa, C. (2003). "Los métodos de simplificación fiscal en la experiencia latinoamericana. Referencia comparativa a los casos brasileño y argentino". *Revista de Contabilidad y Tributación CEF* núm. 247. P. 78. https://doi.org/10.51302/rcyt.2003.16285. Recuperado el 6 de abril de 2025

158 Ferreiro Lapatza, J. J. (2006). "Simplificación ..." op. cit.

Para este autor[159] "*la necesidad de simplificar el sistema tributario es ya un tópico que se repite de forma incesante en escritos académicos, discursos políticos, programas electorales y preámbulos de leyes*" pero "*pocas son, sin embargo, las propuestas claras y concretas que se encuentran en tal río de palabras para atacar el problema*".

Efectivamente, en nuestra opinión, se trata de un objetivo que, aunque se haya mencionado por el legislador, nunca se ha querido abordar y que no es, desde luego, un objetivo prioritario para nuestra Administración, como se observa de la ampliación exponencial de declaraciones informativas y de requerimientos de información, a pesar del principio en la aplicación del sistema tributario de limitación de costes indirectos derivados del cumplimiento de obligaciones formales (art. 3.2 de la LGT).

La Exposición de Motivos de la Ley 11/2021 lo resume de una forma clara: "*en relación con el principio de eficiencia, se ha procurado que la norma genere las menores cargas administrativas para la ciudadanía, así como los menores costes indirectos, fomentando el uso racional de los recursos públicos, es más, incluso alguna de las medidas que se incorporan conllevan una reducción de tales cargas. En este sentido, las exigencias de información y documentación que se requieren de los y las contribuyentes son las estrictamente imprescindibles para garantizar el control de su actividad por parte de la Administración Tributaria*".

Esto es, la simplificación administrativa ya no es reducir o eliminar cargas administrativas, sino que las nuevas que se creen manteniendo las anteriores procuren realizarse con la menor carga posible y la reducción de cargas es la excepción, como muestra el *incluso* contenido en el texto.

Por citar otro ejemplo más específico, la Exposición de Motivos de la Ley 26/2014, de 27 de noviembre destacaba en los *Objetivos de la reforma* que las medidas adoptadas sobre el tratamiento fiscal de determinadas operaciones o incentivos fiscales permitían igualmente "*avanzar en términos de simplificación y reducción de cargas administrativas*". Esto es, con la eliminación de incentivos fiscales se logra la simplificación y reducción de las cargas administrativas.

Esta misma norma reducía, entre otros límites, el del volumen de ingresos para la exclusión del régimen de estimación objetiva para actividades agrícolas, ganaderas y forestales de 300.000 a 250.000 euros y para el resto de actividades de 450.000 a 150.000 euros. Los costes indirectos de gestión de las explotaciones

---

159 Ferreiro Lapatza, J. J. (2005). "Apología ..." op. cit.

que se quedan fuera del método no casan, en consecuencia, con los objetivos que se supone que tiene la propia norma.

TEJERIZO LÓPEZ[160] considera al respecto, comentando dicha reducción de los límites, que no se puede pasar de calcular los beneficios empresariales por medio de módulos o índices a adoptar la contabilidad mercantil, aunque sea de forma abreviada, con un coste inasumible para la mayoría de los empresarios. Considera que debería reformarse la documentación mercantil de los empresarios estableciendo un sistema relativamente simple para calcular los resultados poniendo como ejemplo la generalización del criterio de caja.

Junto a la limitación de costes indirectos, la eficacia y la *practicabilidad* del sistema que la simplificación de la estimación objetiva supone, otorgando seguridad jurídica y provocando también una aplicación más generalizada e igualitaria, GARCÍA NOVOA destaca otras dos ventajas adicionales menos mencionadas[161].

Para este autor, con la estimación objetiva, al limitarse las obligaciones y la documentación a aportar a la Administración por el contribuyente en los procedimientos de comprobación que, recordemos, son siempre coercitivos, se evita *"que el contribuyente se coloque en una tesitura en la que, frecuentemente, se rebasa el umbral donde comienza el derecho del ciudadano a no autoinculparse, como un elemento de protección de su presunción de inocencia"*. Efectivamente, *"ni la llevanza de contabilidad ni ninguna obligación formal o de colaboración puede mantenerse en los supuestos en que aparezca el riesgo de que tal colaboración puede servir para acusar al contribuyente de delito o de infracción administrativa"* por lo que *"los sistemas objetivos resultan, en este punto, mucho más acordes con el derecho a la tutela judicial efectiva y al derecho a no autoinculparse del artículo 24, 2 de la Norma Fundamental"*.

Asimismo, como hace también la doctrina italiana como veremos posteriormente, destaca para aquellos casos en los que se garantiza una recaudación mínima con la estimación objetiva, el principio productivista que *"enlaza con una teoría de utilización del tributo como instrumento de «socialización» de la propiedad, especialmente de la propiedad agrícola"*, de manera que a través de la función social de la propiedad *"legitima gravar el patrimonio improductivo pero susceptible de explotación"* con la idea de estimular la productividad.

---

160 Tejerizo López, J. M. (2015) "La reforma ..." op. cit..

161 En García Novoa, C. (2003). "Los métodos ..." op. cit. P. 79 a 81.

Para garantizar la tributación en función de la capacidad económica de esa *base alternativa* que supone la estimación objetiva FERREIRO LAPATZA[162] destaca el modelo especial de estimación objetiva de la agricultura frente al general aplicable al resto de actividades cuyo modelo es *"mucho más tosco"*.

En la misma línea, CALVO ORTEGA[163] considera que los datos físicos de los factores de producción (número de trabajadores, superficie de las explotaciones, activos fijos usados, etc.) considerados en el modelo del resto de actividades llevan a una imprecisión, en algunos casos, notable y a una rigidez considerable.

FERREIRO LAPATZA[164] critica la absurda e inútil complicación de las normas que regulan el sistema de módulos de las otras actividades cuando se debería buscar la claridad, sencillez y certeza. Critica la desconexión existente entre los parámetros utilizados y las rentas —efectivas o potenciales— que deben constituir el objeto del tributo. Considera cierta la idea generalizada de que ese sistema general es una *"pieza aislada, separada y desconectada del sistema"*, un impuesto sobre factores aislados de la producción y no sobre la renta.

Frente a ello en el sistema especial aplicado a las actividades agrícolas y ganaderas los rendimientos íntegros son los únicos módulos, signos o índices a utilizar como punto de partida para calcular los rendimientos que determinan la base imponible, con lo que se introduce una fuerte simplificación del sistema anulando los diversos índices, signos o módulos utilizados en el sistema general para el resto de actividades.

Con ello, considera FERREIRO LAPATZA *"el régimen de la agricultura marca, así y en mi sentir, la línea para una posible reforma de todo el sistema de estimación objetiva"*[165].

---

162 Ferreiro Lapatza, J. J. (2005). "Apología ..." op. cit.

163 Calvo Ortega, R. (2012). *¿Hay un Principio...* op. cit.

164 Ferreiro Lapatza, J. J. (2007). "La estimación objetiva en la nueva Ley de IRPF". *Quincena Fiscal* núm. 15/2007 y 16/2007.

165 En la misma línea, Sánchez Huete, M. A. (2012). "Estimación objetiva ..." op. cit. que, como decimos, considera que utilizar los ingresos brutos como referente favorece la simplificación tributaria, permite un gravamen más cercano a la capacidad económica y favorece una mayor información y transparencia necesaria para el control y fiscalización de la actividad por las diversas Administraciones implicadas. Asimismo, GASCÓN

Considera que los parámetros utilizables en el régimen simplificado deben ser aquellos *"componentes o elementos de la renta efectiva que pueden ser estimados o valorados y comprobados de forma más sencilla y que tengan un mayor significado en cuanto a tal renta efectiva: ingresos, compras, salarios, inversiones"* y dentro de ellos destacan los ingresos brutos.

Las ventajas, que considera evidentes, de utilizar los ingresos brutos como baremo fundamental en los regímenes simplificados serían: *"refleja con claridad las dimensiones de la empresa; es un componente o dato esencial para la determinación de la renta efectiva; permite una fácil integración en el impuesto simplificado de los gravámenes sobre rentas, sobre ventas y de las cuotas para la Seguridad Social; permite reducir al mínimo las obligaciones de carácter formal"* y debe *"reflejarse en la contabilidad cuando ésta se lleva y, lógicamente, en cualquier otro registro, por mínimo que sea, que trate de reflejar la actividad empresarial"*.

Insistiendo en esto último subraya que *"cualquier empresa, por mínima que sea su estructura y actividad conoce o debe conocer el dato de sus ingresos brutos"*[166].

La aplicación directa de un tipo a los ingresos debe ser matizada —y se matiza— para tratar igual situaciones iguales y de forma desigual situaciones desiguales manteniendo la distribución del gravamen según la capacidad.

Se establecen dos posibles vías para esa matización[167]: la diferenciación de sectores distintos y la introducción de deducciones en el ingreso primeramente determinado de componentes fundamentales de la renta (compras, sueldos e inversiones). A su vez, la deducción puede ser de valores ciertos o un porcentaje establecido por la Ley.

CATALÁN considera que, declarándose las ventas realmente realizadas, aunque habría que analizar una posible infravaloración del rendimiento provocada por los índices y todo tipo de reducciones excepcionales, *"no cabe duda de que el sistema que aplica el sector agrario podría servir de inspiración para una eventual modificación de la tributación de los restantes sectores"*, en Gascón Catalán, J (2013). *Diagnóstico y propuestas para una reforma fiscal.* Aranzadi. P. 141.

166 En la misma línea para Calvo Ortega, R. (2012). *¿Hay un Principio...* op. cit. considera que el establecimiento de ingresos como módulos es hoy factible para cualquier unidad de producción por pequeña que sea.

167 Ferreiro Lapatza, J. J. (2006). "Simplificación ..." op. cit.

Concluye FERREIRO LAPATZA[168] que "*la simplificación de estos tributos no requiere demasiados esfuerzos teóricos*" y que bastaría con "*potenciar el modelo de la estimación objetiva en la agricultura*"[169].

---

168 Ferreiro Lapatza, J. J. (2007). "La estimación objetiva..." op. cit.

169 Calvo Ortega, R. (2012).*¿Hay un Principio...* op. cit. advierte de "*la necesidad de revisar continuamente el régimen de estimación objetiva y sustituir, en determinados casos, los módulos estrictamente físicos por otros que se aproximen con mayor fidelidad a los rendimientos netos y que no supongan una onerosidad adicional a los pequeños empresarios*" poniendo como ejemplo el establecimiento de los ingresos como módulos.

Capítulo IV

MEDIDAS DE SIMPLIFICACIÓN Y DE PROTECCIÓN ADOPTADAS EN EL DERECHO COMPARADO PARA EXPLOTACIONES AGRÍCOLAS, GANADERAS Y FORESTALES EN IRPF

El presente capítulo lo vamos a dedicar a analizar el Derecho comparado y las medidas de simplificación, junto a otras de protección de las explotaciones agrarias, cuya implantación en España pudieran ser interesantes.

El objetivo no es sólo plantear propuestas de *lege ferenda* sino también valorar el régimen de estimación objetiva para las actividades agrícolas que tenemos en España.

Como decíamos para FERREIRO LAPATZA el régimen de estimación objetiva de la agricultura, con su consideración de los ingresos reales, debía marcar la línea de una reforma de todo el sistema de la estimación objetiva en España.

Este autor destaca al analizar otros regímenes en el Derecho comparado que[170] *"no puede extrañarnos que la consideración de los ingresos brutos se considere inexcusable en cualquier sistema de simplificación desde EEUU (el Mínimum Alternative Tax) a Alemania, desde Brasil (el simples es el sistema que más atención ha atraído a toda América Latina) a Francia (cuyo sistema de micro-BIC es el más simple que conozco)"*.

Entiende que su consideración de la estimación objetiva como un modelo para la reforma de la imposición de todas las rentas empresariales no es una idea en absoluto original pues se mueve *"en la línea del teóricamente archiconocido*

---

170 Ferreiro Lapatza, J. J. (2007). "La estimación objetiva..." op. cit.

impuesto lineal o «flat tax» en sus múltiples versiones académicas o teóricas, en las variadas propuestas de aplicación en diversos países y en su aplicación en diversos países. Desde su implantación de una economía tan sofisticada como la de Hong Kong en 1947 o un país tan extenso e importante como Rusia. Con unos resultados recaudatorios, en este último caso, espectaculares: la recaudación en el periodo 2002 a 2006 se multiplicó por 7 en el IRPF y 3,7 en el impuesto sobre sociedades".

Este autor defiende que sean las normas fiscales las que determinen la riqueza gravada con independencia de la contabilidad[171] y que los impuestos simplificados "*pueden ser aplicados de forma generalizada sustituyendo los actuales y sofisticados e inútilmente complicados impuestos sobre la renta empresarial basados en la contabilidad*".

Junto al análisis de medidas que resultan interesantes para su implantación en España y la valoración de nuestro propio régimen de estimación objetiva en comparación con otros regímenes simplificados basados en ingresos brutos, el análisis del Derecho comparado tiene también como objetivo resaltar las medidas mucho más proteccionistas adoptadas en países que son, como productores, directos competidores de nuestros agricultores.

En esta línea, VAQUERO GARCÍA[172] destaca que "*la ingente deslocalización de actividades productivas hacia países emergentes, consecuencia de sus menores costes de producción y la existencia de un escenario económico cada vez más complejo y globalizado, está generando una mayor competencia internacional. Ante esta situación resulta conveniente mejorar el marco regulador de la actividad económica, tratando de evitar un aumento innecesario de los costes administrativos*".

La elección de los 16 países que vamos analizar lo ha sido tanto por su importancia en el comercio mundial de productos agrícolas, incluyendo 9 de los 12 países[173] con mayores exportaciones de productos agrícolas en 2021, como también por lo interesante que nos parecen sus medidas (como las de Nueva Zelanda o Chile) o por la importancia que tienen en el mercado interior español (Portugal y Marruecos).

---

171 Ferreiro Lapatza, J. J. (2006). "Simplificación ..." op. cit.

172 Vaquero García, A. (2011). "Reformas fiscales para el fomento de la actividad emprendedora". *Diario La Ley* nº 7600.

173 Las otras 3 de las doce serían España (octava), China (quinta) e Indonesia (novena).

1. ALEMANIA

En Alemania el IRPF es progresivo con una escala con cinco tramos, uno sin tributación hasta 10.908,00 euros y después con unos tipos de gravamen que van del 14% al 45% de acuerdo con el art. 32.a de la Ley del Impuesto sobre la Renta (EStG, abreviatura de *Einkommensteuergesetz*)[174].

Alemania fue en 2021 el cuarto país en exportaciones de productos agrícolas a nivel mundial con 104.151 millones de dólares de EE.UU. de valor de sus exportaciones[175].

Pasamos a analizar las medidas que podemos destacar.

1.1. EJERCICIO ECONÓMICO DISTINTO AL AÑO NATURAL

El art. 4.a de la EStG contempla un ejercicio económico distinto del año natural.

Concretamente, establece que el periodo impositivo para los agricultores será como regla general desde el 1 de julio hasta el 30 de junio del año siguiente. No obstante, establece que se puede fijar otro periodo impositivo para grupos individuales de agricultores si es necesario por razones económicas.

Sería el caso según su desarrollo[176]:

- De explotaciones con más de un 80% de cultivos herbáceos en los que el ejercicio se fija desde el 1 de mayo al 30 de abril del año siguiente.

---

174 La Ley del Impuesto sobre la Renta se puede consultar aquí: https://www.gesetze-im-internet.de/estg/. El Reglamento del Impuesto (EStDV, abreviatura de *Einkommensteuer-Durchführungsverordnung*) se puede consultar aquí: https://www.gesetze-im-internet.de/estdv_1955/. Asimismo, en el Manual Oficial del Impuesto sobre la Renta del *Bunderministerium der Finanzen* (BMF) figura la Ley y el Reglamento con su desarrollo en Cartas e Instrucciones, aunque en la fecha de elaboración sólo estaba disponible el Manual de 2021. https://esth.bundesfinanzministerium.de/esth/2021/home.html. Actualmente se puede consultar el de 2023: https://esth.bundesfinanzministerium.de/esth/2023/home.html. Todos los enlaces recuperados el 5 de abril de 2025.

175 Fuente tomada para todos los países: https://stats.wto.org/dashboard/merchandise_sp.html. Recuperado el 5 de abril de 2025.

176 Véase el art. 8.c del EStDV.

- De explotaciones forestales en las que el ejercicio va desde el 1 de octubre hasta el 30 de septiembre del año siguiente.
- O de explotaciones vitícolas en las que el ejercicio va desde el 1 de septiembre hasta el 31 de agosto del año siguiente.

Si los agricultores llevan contabilidad pueden, previa aprobación por la Administración, determinar el periodo impositivo de manera que coincida con el ejercicio económico por el que llevan los libros.

Asimismo, evitando utilizar estos ejercicios específicos, el agricultor puede fijar también un ejercicio económico que coincida con el año natural.

El ejercicio económico tiene un periodo de doce meses. No obstante, en casos excepcionales puede ser inferior, como cuando se inicia o cesa en una actividad. También puede ser superior a los doce meses, como cuando se cambia de un ejercicio económico a otro modificando el día de inicio y cierre del ejercicio, estableciéndose para estos casos que el último ejercicio modificado se prorrogue hasta el comienzo del nuevo ejercicio.

A diferencia de lo dispuesto para los comerciantes, en los que el beneficio se entiende obtenido en el año natural en el que finalice el ejercicio, en el caso de los agricultores se establece que el beneficio de un ejercicio económico se divida entre el año natural en que comienza mediante estimación y el año natural en que finaliza según el tiempo transcurrido en cada uno.

1.2. COMPENSACIÓN RETROACTIVA DE PÉRDIDAS

Se regula en el art. 10.d de la EStG.

Se permite la compensación de pérdidas en los dos ejercicios anteriores en una cuantía de hasta 1.000.000 de euros en tributación individual (hasta 10.000.000 de euros entre 2020 y 2023 por el COVID-19) y de hasta 2.000.000 de euros en tributación conjunta (20.000.000 de euros entre 2020 y 2023). Sorprende, frente a las moderadas medidas tributarias adoptadas contra el COVID-19 en España, el importante aumento de importes que tiene esta medida.

A estos efectos, la compensación se aplica al ejercicio anterior y, posteriormente si no es posible compensar la pérdida completamente, en el segundo ejercicio anterior.

El contribuyente puede renunciar a esta aplicación retroactiva de pérdidas.

Las pérdidas no compensadas en los ejercicios anteriores pueden compensarse en los ejercicios posteriores con los siguientes límites:

- 100% hasta 1.000.000 de euros (2.000.000 de euros en tributación conjunta).
- 60% en adelante.

1.3. DISTINCIÓN DE LA GANADERÍA DEPENDIENTE DEL TERRENO EN FUNCIÓN DE LA PROPORCIÓN DE CABEZAS DE GANADO/HECTÁREAS

No se trata de una medida propiamente dicha, pero nos llama la atención la delimitación del concepto de ganadería dependiente de la tierra utilizada en comparación con la normativa española.

Efectivamente, el art. 13 de la EStG define qué se entiende por ingresos agrícolas y forestales a efectos de aplicar la normativa específica para este tipo de ingresos.

Lo hace en los mismos términos que el art. 51 de la Ley de Valoración[177] (BewG, abreviatura de *Bewertungsgesetz*) que establece las normas de valoración a efectos de los impuestos federales.

Al igual que en la normativa española, se incluye en los mismos regímenes de los ingresos agrarios y forestales a la ganadería vinculada a la explotación del suelo que pasta o se alimenta directamente de la vegetación del terreno para excluir así a la ganadería más industrial, que se alimenta fundamentalmente de piensos y forrajes adquiridos de terceros en estabulación permanente.

El problema como tratamos en el ámbito de aplicación de la estimación objetiva en España es que normalmente no se puede prescindir del complemento de piensos comerciales por lo que se producen distintos grados de intensificación entre ambos modelos.

La normativa española ha optado por distinguir ambos tratamientos utilizando un criterio de difícil prueba en numerosas ocasiones: no se considera el ganado dependiente cuando se alimente en más de un 50% del consumo total expresado en kilógramos de henos, pajas, silos o piensos no producidos en la finca.

---

177 La Ley se puede consultar en: https://www.gesetze-im-internet.de/bewg/. Recuperado el 5 de abril de 2025.

Como destacábamos, el criterio es de difícil prueba puesto que puede ser sencillo calcular cuánto pienso se ha adquirido de terceros a través de albaranes y facturas de adquisición, pero parece de muy complicada prueba calcular cuánto alimento se ha consumido directamente de la finca.

A esta difícil prueba hay que unir que la normativa española no contempla situaciones excepcionales como la sequía en la que de forma extraordinaria el ganadero debe adquirir piensos a terceros ante la ausencia de pastos en su finca. En estos casos, al posible drama del sobrecoste de la adquisición de ese pienso se le uniría el de la pérdida de regímenes simplificados en la normativa tributaria aplicable.

En la normativa alemana, sin embargo, los artículos 13 de la EStG y 51 de la BewG establecen un criterio de proporción de unidades ganaderas (VE, abreviatura de *Vieheinheiten*) por hectárea.

Concretamente el límite se establece en:

Hectáreas	Límite en unidades ganaderas
Para las primeras 20 hectáreas	10
para las próximas 10 hectáreas	7
para las próximas 20 hectáreas	6
para las próximas 50 hectáreas	3
y para el resto	1.5

La conversión de cabezas de ganado a unidades ganaderas depende de la necesidad de alimentación de cada tipo de ganado.

A estos efectos el Anexo I de la BewG establece la conversión de cada tipo de cabezas de ganado en unidades ganaderas (VE) resultando:

Especies	VE por cabeza de ganado
Alpacas	0.08
Animales para la producción de piel	
Animales de menos de 1 año	0.04
Animales de 1 año en adelante	0.08
Aves de corral	
Gallinas ponedoras (incluida la cría normal para completar el averío)	0.02

Especies	VE por cabeza de ganado
Gallinas ponedoras de pollitas compradas	0.0183
Pavos, patos y gansos reproductores	0.04
Pollos de engorde jóvenes (hasta 6 pases por año - animales pesados)	0.0017
(más de 6 pases por año - animales ligeros)	0.0013
Pollitas	0.0017
Patos de engorde	0.0033
Patos de engorde en fase de cría	0.0011
Patos de engorde en fase de engorde	0.0022
Pavos de engorde de pavos jóvenes autocriados	0.0067
Pavos de engorde de pavos jóvenes comprados	0.005
Pavos jóvenes (hasta unas 8 semanas)	0.0017
Gansos de engorde	0.0067
Conejos	
Conejos reproductores y de angora	0.025
Llamas	0.1
Caballos	
Caballos menores de 3 años y caballos pequeños	0.7
Caballos de 3 años en adelante	1.1
Ganado bovino	
Terneros y ganado joven menores de 1 año (incluidos terneros de engorde, terneros de iniciación y cebaderos)	0.3
Ganado joven de 1 a 2 años	0.7
Novillas (mayores de 2 años)	1
Animales de engorde (período de engorde inferior a 1 año)	1
Vacas (incluidas las vacas madres y nodrizas con sus terneros lactantes)	1
Toros reproductores, bueyes de tiro	1.2
Animales de engorde (período de engorde de 1 año y más)	1
Ganado ovino	
Ovejas menores de 1 año, incluidos los corderos de engorde	0.05
Ovejas de 1 año en adelante	0.1
Ganado porcino	

Especies	VE por cabeza de ganado
Cerdos reproductores (incluidos los cerdos reproductores jóvenes de más de 90 kg)	0.33
Lechones ligeros (hasta unos 12 kg)	0.01
Lechones (de más de 12 a 20 kg)	0.02
Lechones pesados y corredores ligeros (más de unos 20 a unos 30 kg)	0.04
Cerdos (por encima de unos 30 a unos 45 kg)	0.06
Cerdos pesados (más de unos 45 a unos 60 kg)	0.08
Cerdos de engorde	0.16
Cerdos reproductores jóvenes de hasta unos 90 kg.	0.12
Avestruces	
Animales reproductores de 14 meses en adelante	0.32
Animales jóvenes/animales de engorde menores de 14 meses	0.25
Caprinos	0.08
Conejos	
Conejo de engorde	0.0025

Entendemos que el límite de cabezas de ganado por hectárea otorga seguridad jurídica y que, por tanto, es preferible al requisito de alimentación en kilógramos utilizado en España. El cumplimiento del requisito exige una prueba sencilla, simplemente la exhibición de los libros de inventario ganaderos para comprobar el número de cabezas de ganado, sin necesidad de acudir a pruebas periciales.

Asimismo, ante circunstancias excepcionales como años de sequía nos parece que evita situaciones injustas dado que los ganaderos no se van a tener que preocupar por la cantidad de piensos adquiridos a terceros que el ganado consume.

1.4. BENEFICIOS AGRÍCOLAS Y FORESTALES EXENTOS POR ESCASA CUANTÍA

Se regula en el art. 13.3 de la EStG.

De acuerdo con dicho artículo sólo se tienen en cuenta los beneficios agrícolas y forestales que excedan de un mínimo exento de 900,00 euros (1.800,00 euros en declaración conjunta) siempre que los ingresos totales (agrícolas o no) no superen los 30.700,00 euros (61.400,00 en tributación conjunta).

1.5. EXENCIÓN EN LA OBLIGACIÓN DE LLEVAR CONTABILIDAD. REGÍMENES DE DETERMINACIÓN DEL RENDIMIENTO

De acuerdo con el art. 140 del Código Tributario (AO, abreviatura de *Abgabenordnung*)[178] la obligación de llevar registros relevantes para los impuestos, establecida por leyes distintas a las tributarias, tienen efectos tributarios.

En el caso de los agricultores, la obligación les puede venir de acuerdo con los artículos 3 y 238 del Código de Comercio (HGB, abreviatura de *Handelsgestzbuch*) en el caso de su inscripción en el registro mercantil.

El art. 241.a del HGB establece una exención de la obligación de llevar contabilidad para los empresarios individuales si durante dos ejercicios seguidos, o uno en caso de inicio de actividad, no tienen más de 600.000 euros en ventas y 60.000 euros en beneficios.

La norma tributaria, además de la remisión anterior, establece específicamente también la obligación de llevar contabilidad y formular estados financieros sobre la base de inventarios anuales en el art. 141 del AO a los agricultores, entre otros, en los que se dé alguna de las circunstancias siguientes:

a.- Tener un volumen de negocios[179] de más de 600.000 euros en el año natural (art. 141.1.1 del AO).

b.- Tener un valor económico (*Wirtschaftswert*) del terreno agrícola y forestal superior a 25.000 euros conforme al art. 46 de la BewG (art. 141.1.3 del AO).

Dicho valor económico no es el de mercado sino que se trata de un valor estándar similar al catastral fijado a partir de las normas contenidas en los artículos 35 a 45 y 50 a 62 de la citada Ley de Valoración[180]. De cualquier forma, el requisito ha sido derogado con efectos desde el 1 de enero de 2025 por Ley de 26 de noviembre de 2019[181].

---

178 El Código se puede consultar aquí: https://www.gesetze-im-internet.de/ao_1977/index.html. Recuperado el 5 de abril de 2025.

179 De acuerdo con el art. art. 19.3 y, por remisión a su vez de este último, 1.1 y 4.8 de la Ley del IVA (UStG, abreviatura de *Umsatzsteuergesetz*) que se puede consultar aquí: https://www.gesetze-im-internet.de/ustg_1980/. Recuperado el 1 de abril de 2025.

180 La BewG fija otros valores a efectos del Impuesto sobre Transmisiones Patrimoniales y sobre Sucesiones.

181 En su art. 5 que deroga el art. 141.1.3 del AO.
Los antecedentes y la propia norma se pueden consultar aquí: https://www.bundesfinanzministerium.de/Content/DE/Gesetzestexte/Gesetze_Gesetzesvorhaben/

c.- Tener un beneficio agrícola y forestal de más de 60.000 euros en el año natural (art. 141.1.5 del AO).

Como se puede observar los límites están homogeneizados con el Código de Comercio si bien este último exige dos ejercicios sobrepasando los mismos, mientras que la norma tributaria no.

A diferencia de la regulación de la obligación por el Código de Comercio, en la obligación impuesta por la normativa tributaria es la Administración tributaria la que notifica que se han sobrepasado los límites y que comienza la obligación de llevar contabilidad (art. 141.2 del AO). La obligación de llevar la contabilidad termina en el ejercicio siguiente a aquél en el que la Administración tributaria determine que ya no se sobrepasan los límites.

La obligación de llevar contabilidad una vez sobrepasados los límites se transfiere con la transmisión de la explotación (art. 141.3 del AO).

Cuando se está obligado a llevar contabilidad, además de los libros generales, los agricultores deben llevar un registro de cultivos que muestre los tipos que se cultivaron en el ejercicio económico anterior (art. 142 del AO).

La obligación o no de llevar contabilidad va a determinar el régimen de determinación del rendimiento que se podrá elegir, concretamente:

- El método de comparación de balances del art. 4.1 de la EStG se aplica si se está obligado o se lleva voluntariamente contabilidad. En este método el beneficio se establece en la diferencia entre los activos empresariales al final del ejercicio económico y los activos empresariales al final del ejercicio económico anterior, aumentados por el valor de los activos retirados del negocio y reducidos por el valor de las aportaciones[182].
- El método de excedente de ingresos sobre gastos del art. 4.3 de la EStG se aplica si no se está obligado a llevar contabilidad y no se puede aplicar el

---

Abteilungen/Abteilung_IV/19_Legislaturperiode/Gesetze_Verordnungen/2019-12-02-Grundsteuer-Reformgesetz-GrStRG/00-Gesetz.htm. Véase también comentario al término *"Einkünfte aus Land - und Forstwirtschaft"* del diccionario jurídico-tributario alemán Smarteuer (2024). *Steuerlexikon von smartsteuer*.. https://www.smartsteuer.de/online/lexikon/e/einkuenfte-aus-land-und-forstwirtschaft/#D063026100012. Todos los enlaces recuperados el 5 de abril de 2025.

182 Véase comentario al término *"Bilanz"* en Smarteuer (2024). *Steuerlexikon*... op. cit. https://www.smartsteuer.de/online/lexikon/b/bilanz/. Recuperado el 5 de abril de 2025.

método de tarifa plana. Al igual que en la estimación directa simplificada, el método consiste en calcular la diferencia de los ingresos y los gastos de la explotación[183].

- Y el método de tarifa plana que desarrollamos seguidamente.

1.6. TARIFA PLANA PARA PEQUEÑOS AGRICULTORES DE HASTA 20 HECTÁREAS Y HASTA 50 CABEZAS DE GANADO

Se establece un sencillo régimen de tarifa plana para pequeños agricultores[184].

Al estar dirigido a pequeños agricultores el régimen contempla incluso, previa solicitud del agricultor, la posibilidad de que la Administración tributaria renuncie a la presentación electrónica de la declaración para evitar dificultades excesivas (art. 13.a.3.5 de la EStG).

Se requiere para aplicar el régimen de acuerdo con el art. 13.a.1 de la EStG:

- No estar obligado a llevar contabilidad según hemos visto anteriormente.
- Que la superficie de uso agrícola (de acuerdo con el art. 160.2.1.a de la BewG) a 15 de mayo no supere las 20 hectáreas sin usos especiales.
- Que las existencias de ganado no excedan de 50 unidades ganaderas según la conversión a cabezas de ganado vista anteriormente.
- Que la superficie de aprovechamiento forestal (de acuerdo con el art. 160.2.1.b de la BewG) no exceda de 50 hectáreas.
- Que las superficies de usos especiales (que de acuerdo con art. 160.2.1.c, d y e de la BewG comprenden el uso vitícola, hortícola y otros usos agrícolas y forestales) no superen los límites para garantizar su carácter residual establecidos en el Anexo 1.a.2 de la EStG, esto es:

---

183 Véase comentario al término *"Einnahmen-Überschussrechnung"* en Smarteuer (2024). *Steuerlexiko*...op. cit. https://www.smartsteuer.de/online/lexikon/e/einnahmenueberschussrechnung/. Recuperado el 5 de abril de 2025.

184 Véase el comentario Haberstock, G. (2020) "Vorteil für kleine Land - und Forstwirte". *Datev Magazin*. https://www.datev-magazin.de/praxis/vorteil-fuer-kleine-land-und-forstwirte-2535. Recuperado el 5 de abril de 2025.

Uso	Límite
Uso vitivinícola	0,66 ha
Uso frutícola	1,37 ha
Uso hortícola Hortalizas al aire libre Hortalizas de invernadero	 0,67 ha 0,06 ha
Uso parte flores/plantas ornamentales Plantas ornamentales de exterior Plantas ornamentales de invernadero	 0,23 ha 0,04 ha
Uso parte viveros	0,15 ha
Espárragos de uso especial	0,42 ha
Lúpulos de uso especial	0,78 ha
Apicultura	70 colonias
Ganadería trashumante	120 ovejas
Cultivo de árboles de Navidad	0,4 ha

El beneficio total de la tarifa plana es la suma de:

a.- El beneficio del uso agrícola.

b.- El beneficio del aprovechamiento forestal.

c.- El beneficio de los usos especiales.

d.- Los beneficios especiales.

e.- Los ingresos del arrendamiento de activos agrícolas y forestales.

f.- Los rendimientos del capital en la medida que procedan de los rendimientos agrícolas y forestales de acuerdo con el art. 20.8 de la EStG.

Concretamente, vamos a ver qué compone cada tipo de beneficio:

a.- El beneficio de uso agrícola.

El beneficio a tanto alzado por el uso agrícola consta de dos componentes que se valoran conforme al Anexo 1.a.1 de la EStG:

- El importe básico de las superficies de cultivo que se obtiene multiplicando 350,00 euros por hectárea cultivada.
- El recargo por la cría de animales y ganadería dependiente que se obtiene valorándose en 0,00 euros las primeras 25 unidades ganaderas y en 300,00 euros cada unidad ganadera adicional.

Con estos importes se estiman todos los gastos salvo la amortización de activos fijos depreciables (art. 13.a.7.2 de la EStG).

b.- El beneficio del aprovechamiento forestal.

Se calcula de acuerdo con el art. 51 del EStDV.

Se estiman los gastos de explotación de la madera talada en un 55% de los ingresos.

Cuando la madera se vende en el árbol, esto es, el comprador asume los gastos de su tala y procesamiento, los gastos de explotación se estiman en un 20% de los ingresos.

Con estos porcentajes se estiman todos los gastos salvo los costes de reforestación y las amortizaciones de los árboles.

c.- El beneficio de los usos especiales.

El beneficio de usos especiales se establece en 0,00 euros cuando es totalmente residual. Cuando es residual por estar por debajo del límite de hectáreas para aplicar la tarifa plana, pero tiene cierta importancia se estima en 1.000,00 euros por uso especial.

A estos efectos, se establece un mínimo de hectáreas a partir del cual se valorará en 1.000 euros, teniendo como máximo el límite para aplicar la tarifa plana de acuerdo con el siguiente detalle extraído del Anexo 1.a.2 de la EStG:

Uso	Desde	Hasta
Uso vitivinícola	0,16 ha	0,66 ha
Uso frutícola	0,34 ha	1,37 ha
Uso hortícola Hortalizas al aire libre Hortalizas de invernadero	 0,17 ha 0,015 ha	 0,67 ha 0,06 ha
Uso parte flores/plantas ornamentales Plantas ornamentales de exterior Plantas ornamentales de invernadero	 0,05 ha 0,01 ha	 0,23 ha 0,04 ha
Uso parte viveros	0,04 ha	0,15 ha
Espárragos de uso especial	0,1 ha	0,42 ha
Lúpulos de uso especial	0,19 ha	0,78 ha
Apicultura	30 colonias	70 colonias
Ganadería trashumante	30 ovejas	120 ovejas
Cultivo de árboles de Navidad	0,1 ha	0,4 ha

Con este importe a tanto alzado de 1.000 euros por uso se estiman todos los gastos salvo la amortización de activos fijos depreciables (art. 13.a.7.2 de la EStG).

Para los usos especiales del art. 160.2.1.c, d y e de la BewG no contemplados en el Anexo el beneficio se determina por el método de excedente de ingresos sobre gastos del art. 4.3 de la EStG.

d.- Los beneficios especiales.

Los beneficios especiales se determinan por el método de excedente de ingresos sobre gastos del art. 4.3 de la EStG.

Lo componen:

- Las ganancias procedentes de la venta o retirada de terrenos y del crecimiento accesorio, de edificios, activos inmateriales y participaciones.
- Las ganancias de la venta o retirada de los demás activos fijos y de animales, si el precio de venta o el valor que lo sustituya del activo en cuestión fuera superior a 15.000 euros.
- Las ganancias de indemnizaciones concedidas por la pérdida, destrucción o depreciación de los activos mencionados anteriormente.
- Las ganancias de la liberación de reservas.
- Los rendimientos de actividades comerciales accesorias a las agrícolas y forestales. En este caso los gastos de explotación se estiman en un 60% de los ingresos (Anexo 1.a.3 de la EStG).

A lo anterior habría que sumar:

e.- los ingresos del arrendamiento de activos agrícolas y forestales y

f.- las rentas del capital en la medida que procedan de los rendimientos agrícolas y forestales de acuerdo con el art. 20.8 de la EStG.

Para estos dos últimos tipos de rendimientos no se prevé la deducción de gastos, por lo que hay que declararlos por el importe bruto.

1.7. IMPORTES A TANTO ALZADO PARA LA VALORACIÓN DE EXISTENCIAS Y DE DETERMINADOS GASTOS

Dada la importancia de la elaboración del balance en el método por comparación[185], se facilita la valoración de determinados activos mediante valores estándar en cumplimiento del art. 6 de la EStG.

185 Al determinarse el beneficio en función de la comparación de balances conforme al art. 4 EStG.

Sería el caso, por ejemplo, de las Cartas del Ministerio de Hacienda[186], el *Bunderministerium der Finanzen* (BMF) de valoración de cultivos perennes en viveros[187] de 13 de diciembre de 2022, de valoración de las existencias y producciones en curso de 8 de noviembre de 2022[188] o de valoración del ganado de 14 de noviembre de 2001[189].

1.8. TIPO FIJO PARA BENEFICIOS NO RETIRADOS

Se regula en el art. 34.a de la EStG.

De acuerdo con dicho artículo los contribuyentes que tributen por el método de comparación de balances del art. 4.1 de la EStG pueden solicitar la aplicación de un tipo fijo del 28,25% sobre el beneficio no retirado de la empresa.

Se favorece así la capitalización de las empresas.

El beneficio no retirado inicialmente si después es retirado en un ejercicio posterior tributa adicionalmente al 25%. A estos efectos, el beneficio retirado se calcula por lo que exceda el saldo positivo de la diferencia entre los retiros y aportaciones del ejercicio sobre el beneficio del mismo.

En consecuencia, la tributación global será de un 28,25% inicial y de un 17,94% adicional (el 71,75% restante al tipo del 25% adicional), lo que hace una tributación global del 46,19% y, por tanto, superior al 45% de la escala progresiva.

Con ello, el beneficio fiscal interesará en la medida en que las retiradas de beneficios se dilaten en el tiempo. Efectivamente, habrá que calcular si el exceso de tributación compensa con el diferimiento en la tributación, del que resulta

---

186 Las cartas se pueden consultar en: https://www.bundesfinanzministerium.de/Web/DE/Service/Publikationen/BMF_Schreiben/bmf_schreiben.html. Recuperado el 5 de abril de 2025.

187 *Bewertung mehrjähriger Kulturen in Baumschulbetrieben nach § 6 Absatz 1 Nummer 2 EStG, Neuregelung für die Wirtschaftsjahre ab 2023/2024*

188 *Bewertung von Feldinventar und stehender Ernte nach § 6 Absatz 1 Nummer 2 Satz 1 EStG i. V. m. R 14 Absatz 2 EStR 2012 mit standardisierten Werten nach dem BMEL-Jahresabschluss*

189 *Bewertung von Tieren in land - und forstwirtschaftlich tätigen Betrieben nach § 6 Abs. 1 Nrn. 1 und 2 EStG.*

una capitalización del empresario y, por tanto, unos menores gastos financieros para su actividad.

1.9. DEDUCCIONES PARA PEQUEÑAS Y MEDIANAS EMPRESAS

Para fomentar el ahorro que permita acometer grandes inversiones, se establece una reducción del beneficio en un 50% del coste previsible en la futura adquisición o fabricación de activos fijos muebles depreciables con un límite de 200.000 euros (art. 7.g de la EStG).

1.10. PROMEDIACIÓN DE INGRESOS: DEVOLUCIÓN DEL IMPUESTO ADICIONAL PAGADO SOBRE EL QUE RESULTARÍA DE BENEFICIOS CONSTANTES DURANTE TRES AÑOS

El beneficio fiscal fue inicialmente aprobado por la Ley de 20 de diciembre de 2016 que modificaba el art. 32.c de la EStG, si bien no se aprobó por la Comisión Europea su consideración de ayuda compatible con el mercado interior[190].

Es por esto que por la Ley de 12 de diciembre de 2019 se modificó la redacción de la norma recibiendo esta segunda versión la aprobación de la Comisión Europea el 30 de enero de 2020. Esta fecha de aprobación por la Comisión Europea se considera también la fecha de entrada en vigor de acuerdo con la propia Ley[191].

El beneficio fiscal consiste en tributar a opción del contribuyente por la media de los beneficios de tres ejercicios seguidos logrando así la suavización de la variabilidad de ingresos agrarios. Se trata, por tanto, de un régimen de suavización o alisamiento de los tipos impositivos (*Tarifglättungsregelung*).

No se puede aplicar este beneficio fiscal si el solicitante:

- Es un empresario en crisis en el sentido de las Directrices de la Unión Europea para ayudas estatales al sector agrario y forestal.

---

190 Con el nuevo régimen se trataba de complementar la suavización de los beneficios durante dos años que ya estaba en vigor de acuerdo con OCDE, en su Capítulo 17.2 de la Parte 2 de OECD (2020) *Taxation in Agriculture*. OECD Publishing.

191 Véase sobre este beneficio las Cartas del BMF de 18 de septiembre de 2020 y de 31 de agosto de 2022.

- Se vio obligado a devolver una ayuda declarada improcedente y no ha cumplido la orden de devolución.
- O ha cometido una infracción o ha sido declarado culpable de fraude de acuerdo con los artículos 10.1 y 3 del Reglamento (UE) nº 508/2014 del Parlamento Europeo y del Consejo.

A estos efectos, el solicitante tiene que hacer una declaración de que no está en ninguno de estos supuestos.

Los periodos impositivos o de evaluación (*Veranlagungszeiträumen*) tenidos en cuenta no se eligen libremente, sino que se fijan de tres en tres, siendo los periodos considerados o de observación (*Betrachtungszeitraum*) de 2014 a 2016, de 2017 a 2019 y de 2020 a 2022.

Al aprobarse la Ley que introducía la devolución de impuestos adicionales inicialmente en 2016, si se obtuvieron ingresos agrarios sólo en 2014 y 2015 pero no en 2016 no se podía optar por dicha devolución.

La devolución de impuestos se calcula comparando el impuesto sobre la renta real con un cálculo ficticio distribuyendo los beneficios de la agricultura de forma uniforme a lo largo de los tres ejercicios del periodo de observación. La distribución de beneficios agrícolas se realiza en los tres ejercicios incluso si no se ha obtenido beneficios en alguno de ellos, tomando para dicho ejercicio un valor de cero euros.

Para no desvirtuar el cálculo, no se puede optar por aplicar el beneficio fiscal si se ha compensado la pérdida generada en el primer ejercicio del periodo considerado para la media con el ejercicio anterior. Esta limitación se aplica si el ejercicio anterior pertenece a su vez a un periodo de tres años a efectos de aplicar la media por lo que no afectaba al mismo que se trasladasen las pérdidas de 2014 a 2013 dado que, en este último, no se aplicaba la promediación de ingresos.

Tampoco se puede optar a aplicar el beneficio fiscal si se renuncia a compensar las pérdidas del segundo o tercer periodo considerado.

También para no desvirtuar el cálculo, no se tienen en cuenta ni para calcular la renta real ni la ficticia por promedio los siguientes ingresos:

a.- Las rentas extraordinarias definidas en el art. 34.2 de la EStG, esto es:

- Ganancias de capital (en el sentido de los artículos 14, 14.a.1, 16 y 18.3).
- Indemnizaciones (del art. 24.1).

- Derechos de uso e intereses pagados por un periodo superior a tres años (del art. 24.3).
- E ingresos por actividades plurianuales, esto es, superiores a doce meses y que se extiendan, al menos, a dos periodos impositivos.

b.- Los beneficios no retirados a los que se les aplica el tipo fijo del 28,25% del art. 34.a de la EStG.

c.- Las rentas por aprovechamiento extraordinario de la madera del art. 34.b.1 y 2 de la EStG.

La devolución del impuesto adicional pagado sobre la media se lleva a cabo mediante una reducción de impuestos o crédito fiscal en el último periodo de observación considerado, esto es, en 2016, 2019 y 2022.

Si el impuesto sobre la renta ficticio es superior al real, la reducción se fija en cero euros.

Con ello no se trata de un método alternativo de cálculo de la base imponible sino de un beneficio fiscal que cuando no favorece no se aplica.

1.11. BENEFICIOS FISCALES FORESTALES

Junto a la estimación de gastos ya vista del art. 51 del EStDV[192], la EStG prevé en su art. 34.b la aplicación de unos tipos impositivos para los ingresos procedentes de un uso extraordinario de la madera. Se considera uso extraordinario cuando se impone por una norma o cuando la madera está disponible para su venta por causa de fuerza mayor por algún desastre natural, esto es, procede de árboles que han sufrido daños por hielo, nieve, viento, terremotos, deslizamientos de tierra, plagas, incendios u otros desastres naturales de consecuencias comparables.

En estos casos se calcula el tipo medio que resulta de aplicar el tipo progresivo a la suma de los ingresos ordinarios y extraordinarios. Posteriormente, a los ingresos extraordinarios se les aplica la mitad de ese tipo medio y a los ordinarios la escala progresiva aparte.

192 Del 50% de los ingresos o del 20% si el comprador asume los gastos de tala y procesamiento.

Asimismo, si se sobrepasa por esa causa de fuerza mayor el uso normal y sostenible de la madera determinado conforme al art. 68 del EStDV el tipo medio se reduce en la mitad nuevamente, resultando por tanto una cuarta parte del tipo medio.

Por otro lado, para compensar los perjuicios provocados por las limitaciones de tala impuestas por la Administración forestal, la Ley de Compensación de Daños Forestales[193] (ForstSchAusglG) establece los siguientes beneficios fiscales:

- Dotación de una reserva libre de impuestos para complementar los ingresos reducidos por una restricción de tala para las explotaciones que calculen el beneficio por el método de comparación de balances del art. 4.1 de la EStG (art. 3.3.1 ForstSchAusglG). El dinero reservado se debe ingresar en una cuenta especial en el Banco.
- Opción para las explotaciones que calculen el beneficio por el método de comparación de balances del art. 4.1 de la EStG por no activar la madera disponible para su venta por causa de fuerza mayor por algún desastre natural, esto es, la procedente de árboles que han sufrido daños por hielo, nieve, viento, terremotos, deslizamientos de tierra, plagas, incendios u otros fenómenos naturales de consecuencias comparables (art. 4a ForstSchAusglG).
- Valoración a la mitad de su valor de las existencias de madera por empresas que determinen su rendimiento por el método de comparación de balances del art. 4.1 EStG (art. 7 ForstSchAusglG).
- Aumento del importe a tanto alzado de los gastos de explotación previstos en el art. 51 del EStDV para el cálculo del rendimiento de los aprovechamientos forestales durante el periodo de restricción de tala por empresas que no llevan contabilidad a una tarifa plana del 90% (antes 55%) de los ingresos de la madera si se vende cortada y del 65% (antes 20%) si se vende en el árbol (art. 4 ForstSchAusglG). A estos efectos no se tiene en cuenta el límite de 50 hectáreas de superficie forestal. Los porcentajes también se aplican a quiénes estando exentos de restricción de tala la aplican voluntariamente.

193 *Gesetz zum Ausgleich von Auswirkungen besonderer Schadensereignisse in der Forstwirtschaft* que se puede consultar aquí: http://www.gesetze-im-internet.de/forstschausglg/. Recuperado el 5 de abril de 2025.

– Aplicación del tipo impositivo del art. 34.b.3.2 de la EStG (cuarta parte del tipo medio) a todos los aprovechamientos de causa mayor en el año de restricción de tala y en el año siguiente, siempre que provengan o estén relacionados con el año de la restricción (art. 5 ForstSchAusglG).

2. AUSTRALIA

En Australia el IRPF es progresivo con una escala con cinco tramos, uno sin tributación[194] y después con unos tipos de gravamen que van del 19% al 45%[195].

Australia fue en 2021 el decimosexto país en exportaciones de productos agrícolas a nivel mundial con 46.716 millones de dólares de EE.UU. de valor de sus exportaciones.

Australia tiene adoptadas distintas e interesantes medidas en IRPF para todo el sector primario, que incluye a las actividades agrícolas, ganaderas y forestales, así como a la pesca[196].

Las medidas están enfocadas principalmente a paliar los nocivos efectos que tiene la variabilidad de los ingresos agrícolas en la aplicación de un tipo progresivo consiguiendo, entendemos que con un amplio conocimiento de la realidad agrícola, que se tribute en función de la verdadera capacidad económica del agricultor.

Pasamos a analizar las medidas que podemos destacar.

---

194 Hasta 18.200 dolares australianos (11.830 euros según cambio consultado a fecha de elaboración).

195 https://www.ato.gov.au/Rates/Individual-income-tax-rates/. Recuperado el 5 de abril de 2025.

196 El detalle de las medidas se ha consultado en febrero de 2023 en la página web de la Australian Taxation Office (2023). *Businesses and organisations - Income, deductions and concessions - Primary producers*. https://www.ato.gov.au/businesses-and-organisations/income-deductions-and-concessions/primary-producers. Recuperado el 4 de abril de 2025.

2.1. PROMEDIO DE INGRESOS: TRIBUTACIÓN POR LA MEDIA DE RENDIMIENTOS DE LOS CINCO AÑOS ANTERIORES (*TAX AVERAGING FOR PRIMARY PRODUCERS*)

Se trata de una medida dirigida a suavizar la variabilidad de los ingresos agrícolas permitiendo al agricultor tributar a lo largo del tiempo como otros contribuyentes con ingresos similares pero constantes[197].

En este régimen opcional al agricultor se le permite tributar por un tipo impositivo basado en la media de los rendimientos obtenidos en los cinco años anteriores, mediante una deducción cuando los rendimientos superan el promedio o un impuesto adicional cuando los rendimientos están por debajo.

El régimen supone un beneficio fiscal al provocarse una menor tributación con la suavización de las subidas y bajadas del tipo progresivo ya que, en conjunto, el menor impuesto que se paga en años de ingresos altos compensa el impuesto adicional que se paga en los años de ingresos bajos[198].

Para ello, se calcula la base imponible básica, que es la base imponible excluyendo las ganancias del capital, determinados ingresos extraordinarios por jubilación y fallecimiento y los ingresos de determinadas profesiones especiales que tienen su propio régimen de promediación de ingresos como autores, artistas y deportistas.

El resto de rendimientos que no proceden del sector primario entrarán en el promedio sólo si son residuales. Concretamente, entrarán íntegramente si son inferiores a 5.000 dólares australianos (3.250 euros), reduciéndose el importe que se promedia de forma paulatina hasta los 10.000 dólares australianos (6.500 euros) cantidad a partir de la cual no entrarán en el promedio.

Con la media de rendimientos del ejercicio y de los cinco ejercicios anteriores se calcula, de forma automática, un tipo de gravamen medio que provocará una deducción si la media es inferior al rendimiento del ejercicio y un impuesto adicional si es superior.

---

[197] Como destaca la propia ATO en su explicación del régimen especial en: https://www.ato.gov.au/Business/Primary-producers/In-detail/Tax-averaging-for-primary-producers/#Howtoworkouttaxpayablewithincomeaveragin. Recuperado el 5 de abril de 2025.

[198] En este sentido la obra de la OCDE, en su Capítulo 4.2 de la Parte 2 de OECD (2020) *Taxation…* op. cit.

El régimen es opcional, si bien la renuncia al mismo provoca la exclusión durante diez años.

Entendemos que con una media de ingresos de cinco años se suaviza la mayor parte de la variabilidad agraria. No obstante, para determinadas actividades forestales cuyo periodo de generación del rendimiento es todavía superior a cinco años se sigue sin amortiguar el efecto de la progresividad, para lo que la medida que sigue parece clave.

2.2. EL DEPÓSITO DE GESTIÓN AGRÍCOLA (*THE FARM MANAGEMENT DEPOSIT*)

El Depósito de Gestión Agrícola (FMD por sus siglas en inglés) es un régimen especial que permite a los agricultores incluir ingresos procedentes de ejercicios con rendimientos altos en ejercicios con rendimientos bajos.

Lo que sorprende de este régimen no es el efecto de suavización de ingresos, que ya se obtiene con otras medidas, sino que se deje a elección del agricultor tanto el ejercicio en que se aplica como su importe.

El régimen se aplica a los productores del sector primario que sean personas físicas y que no obtengan más de 100.000 dólares australianos (unos 65.000 euros) de ingresos no agrícolas en el ejercicio.

Los agricultores pueden abrir una de estas cuentas (FMD *account) en una institución de depósito autorizada (Authorised Deposit-taking Institution*) que les permite deducir los ingresos agrarios que depositen en el año en que se obtienen y tributar en el año en que se retiran.

De esta manera se difiere la tributación al momento de necesidad de tesorería, capitalizando al agricultor. Se consigue además que no se produzca una tributación excesiva en los años de bonanza a la espera de los años peores consiguiendo el objetivo de suavizar las variaciones de los ingresos agrícolas, provocando, por tanto, también una menor tributación global.

La deducción se aplica por el importe del ingreso agrario del ejercicio que se deposita. Tanto los depósitos como sus retiradas deben ser por un mínimo de 1.000 dólares australianos.

El depósito no se puede retirar en un periodo mínimo de 12 meses salvo determinadas circunstancias excepcionales como la sequía y otros desastres naturales.

La bancarrota, el cese en la actividad durante 120 días o el fallecimiento del titular provocará que se considere reembolsado el depósito y, por tanto, el devengo del ingreso diferido.

El límite máximo de depósitos se elevó desde el 1 de julio de 2016 de 400.000 dólares australianos a 800.000 (unos 520.000,00 euros)[199].

Como decíamos anteriormente, entendemos que con ese límite tan amplío de 800.000 dólares australianos se puede cubrir la variabilidad de las actividades forestales con periodo de generación superior a cinco años, pudiendo el agricultor depositar el rendimiento forestal el año en el que lo obtiene y retirarlo proporcionalmente en cada uno de los años siguientes provocando una tributación constante y conforme a su verdadera capacidad económica.

Las cuentas FMD deben ser siempre individuales y el agricultor puede disponer de varias en distintas instituciones de depósito autorizadas, siempre con el límite conjunto de 800.000 dólares australianos.

Los intereses devengados por la cuenta FMD no se pueden cobrar por la referida cuenta, constituyendo un ingreso tributable. Sin embargo, si ese interés se utiliza dentro de un acuerdo de compensación con la entidad financiera para, a su vez, compensarse con los intereses de un préstamo destinado a su actividad, no se considerarán ni ingreso el primero ni gasto el segundo a efectos del Impuesto.

Los límites establecidos pueden provocar que en las cuentas FMD existan depósitos que hayan sido deducidos y otros que, no cumpliendo los requisitos, no hayan podido deducirse, debiendo ser el agricultor el que realice el seguimiento de los mismos.

Los depósitos que fueron deducidos se consideran ingreso del ejercicio en que se retiran mientras que los que no lo fueron, lógicamente, no se consideran renta imponible.

A estos efectos, sorprende, en comparación con las soluciones habitualmente adoptadas por la normativa española, la adoptada para la consideración de las retiradas en este régimen especial: se consideran primero reintegradas las cantidades que proceden de depósitos que no fueron deducidos y, por tanto, las cantidades cuya retirada no tributa.

---

199 Apartado B37 de Commonwealth of Australia (2022). *Tax Benchmarks And Variations Statement 2021.* https://treasury.gov.au/sites/default/files/2022-01/p2022-244177_0.pdf Recuperado el 4 de abril de 2025.

2.3. OTRAS MEDIDAS ESPECÍFICAS PARA SUAVIZAR DETERMINADOS INGRESOS

Determinados tipos de ingresos tienen, asimismo, un tratamiento especial en su imputación temporal para corregir la variabilidad de ingresos.

– Beneficios derivados de la enajenación forzosa del ganado o de indemnizaciones por su sacrificio.

En supuestos tales como la expropiación de la tierra, las campañas de erradicación de epidemias y enfermedades o la pérdida de los pastos por circunstancias naturales como incendios, sequías o inundaciones, se puede provocar la venta forzada del ganado o su sacrificio indemnizado.

En estos supuestos se permite repartir los beneficios obtenidos en cinco años o diferir la ganancia hasta utilizarla para reducir el coste del ganado de reposición ya sea en el año de la venta o en cualquiera de los cinco años siguientes.

– Beneficios del esquilado anticipado de ovejas por circunstancias excepcionales.

A los ganaderos que tuvieron que esquilar a sus ovejas de manera anticipada por causa de sequía, incendio o inundación se les permite optar por diferir las ventas de la lana de ese segundo esquilado anticipado al año siguiente, distribuyendo los ingresos entre esos dos años.

– Indemnizaciones de seguros.

Las indemnizaciones de los seguros recibidas por pérdidas de ganado por catástrofes naturales o de árboles por causa de un incendio, pueden imputarse en cinco años, dando lugar a una suavización y un aplazamiento del impuesto.

2.4. OTRAS MEDIDAS

Se establecen exenciones para determinados pagos, ayudas y subvenciones.

Asimismo, se establece la amortización acelerada de instalaciones de agua, cercados, activos de almacenamiento de forraje (silos, tanques de almacenamiento de suplementos líquidos, contenedores de grano seco, cobertizos y búnkeres), plantas hortícolas, ganado equino, líneas telefónicas y conexiones eléctricas. Se establecen también determinadas deducciones y compensaciones por gastos del capital.

3. AUSTRIA

En Austria el IRPF es progresivo con una escala con siete tramos, uno sin tributación (hasta 11.000 euros) y después unos tipos de gravamen que van del 20% al 55%[200].

Austria fue en 2021 el vigesimoséptimo país en exportaciones de productos agrícolas a nivel mundial con 21.313 millones de dólares de EE.UU. de valor de sus exportaciones.

Pasamos a analizar las medidas que podemos destacar[201].

3.1. REGÍMENES SIMPLIFICADOS PARA LAS ACTIVIDADES AGRÍCOLAS, GANADERAS Y FORESTALES

Se establecen regímenes simplificados para las actividades agrícolas, ganaderas y forestales que implican menos obligaciones formales.

Para medir el tamaño de la empresa se utilizan tanto el volumen de negocios (*Umsatz*) como el valor unitario o de tasación fiscal (*Einheitswert*) del inmueble rústico.

El valor de tasación es el valor fiscal que se otorga a determinados bienes inmuebles como los agrícolas y forestales y que sirve de base uniforme en determinados impuestos como el Impuesto sobre Bienes Inmuebles (*Grundsteuer*) y el Impuesto sobre Transmisiones Inmobiliarias (*Grunderwerbsteuer*)[202]. Suele estar significativamente por debajo del valor de mercado.

Así, se establecen las siguientes formas de determinación de beneficios:

a.- Mediante una cuenta de ingresos y gastos completa.

---

200 Véase: https://www.bmf.gv.at/themen/steuern/arbeitnehmerinnenveranlagung/steuertarif-steuerabsetzbetraege/steuertarif-steuerabsetzbetraege.html. Recuperado el 5 de abril de 2025.

201 Seguimos en este apartado la información de la web https://www.usp.gv.at/themen/steuern-finanzen/einkommensteuer-ueberblick/weitere-informationen-est/einkuenfte-aus-LuF.html. Recuperado el 5 de abril de 2025.

202 Definición extraída de https://www.oesterreich.gv.at/lexicon/E/Seite.991072.html

Los agricultores con una cifra de negocios superior a 600.000 euros[203] en dos años naturales consecutivos o con un valor de tasación de sus inmuebles afectos superior a 165.000 euros[204] deben fijar el beneficio con la llevanza de una cuenta de ingresos y gastos completa.

Llama la atención, en comparación con los estrictos límites aplicables en España, no la cuantía del límite[205] sino que el límite se deba sobrepasar dos ejercicios seguidos. Incluso sobrepasando ese límite se puede aplicar el régimen de tarifa plana si el propietario lo solicita y acredita que el límite de rotación se excedió sólo temporalmente y que se debió a circunstancias especiales.

El beneficio se puede determinar de nuevo según la tarifa plana si no se superan dos años naturales consecutivos el límite.

Llama la atención aquí también la diferencia con España, donde la exclusión tiene un periodo mínimo de tres años.

Los agricultores con una cifra de negocios superior a 700.000 euros deben llevar una contabilidad completa.

b.- Mediante una tarifa plana parcial sólo de los gastos de explotación (*Teilpauschalierung*).

Los agricultores que estén por debajo del referido límite de 600.000 euros de cifra de negocios y de 165.000 euros de valor de tasación pueden aplicar una

---

203 Calculada de acuerdo con el art. 125 del Código Tributario Federal (*Bundesabgabenordnung*) que se puede consultar aquí: https://www.ris.bka.gv.at/GeltendeFassung.wxe?Abfrage=Bundesnormen&Gesetzesnummer=10003940. Recuperado el 5 de abril de 2025.

204 De acuerdo con el art. 1 de la Orden Ministerial que aprueba la tarifa plana agrícola y forestal (*Land - und Forstwirtschaft-Pauschalierungsverordnung* 2015) que se puede consultar aquí: https://www.ris.bka.gv.at/GeltendeFassung.wxe?Abfrage=Bundesnormen&Gesetzesnummer=20008404. Recuperado el 5 de abril de 2025.

205 Utilizando el índice *Purchasing power parities* (PPPs) de Eurostat usado para equiparar sueldos en la Unión Europea sobre la media de precios y gastos reales de los 27 países de la Unión, sobre un índice de 100 España está en 2021 en un 98,7 y Austria en 117,6. Esto hace que de acuerdo con este índice los 600.000 euros de Austria serían en España 503.571,43 euros y los 250.000 euros de España 297.872,34 euros Esto es, en España el límite es casi la mitad que en Austria. (https://ec.europa.eu/eurostat/databrowser/view/PRC_PPP_IND/bookmark/table?lang=en&bookmarkId=753f70cb-7960-49a6-ad89-a3d2f9b38241. Recuperado el 5 de abril de 2025).

tarifa plana parcial en la que se declaran los ingresos reales y se estiman los gastos. Asimismo, pueden aplicar el criterio de caja en lugar del de devengo.

Concretamente, en la tarifa plana parcial se deduce el 70% de los ingresos de la explotación o el 80% si la actividad es de cría y engorde de ganado (*Veredelungstätigkeiten*).

Se establecen normas especiales para las explotaciones vinícolas (70% pero mínimo de gastos 5.000 €/Ha), hortícolas y frutícolas (70% más salarios) y forestales (con distintos tipos de reducciones).

Esta tarifa plana parcial sería el método más similar a la estimación objetiva española, usando los ingresos reales pero con gastos estimados porcentualmente en función de los ingresos sin necesidad de acreditarlos documentalmente.

c.- Mediante una tarifa plana completa tanto de los ingresos como de los gastos (*Vollpauschalierung*).

Los agricultores que cumpliendo el requisito de cifra de negocios de hasta 600.000 euros tengan un valor de tasación de hasta 75.000 euros calcularán el beneficio en función del valor de tasación.

Concretamente, se calcula el beneficio en un 42% del valor de tasación y se incluyen posteriormente ingresos adicionales como serían, por ejemplo, los ingresos por actividades complementarias como el agroturismo o la transformación del producto agrícola, así como gastos adicionales deducibles como los intereses de deudas, alquileres o cotizaciones a la seguridad social.

En este caso, es el inmueble el que determina el rendimiento, con el consecuente alejamiento de la realidad que ello supone.

A determinadas actividades se les aplican normas especiales (viticultura, horticultura, fruticultura y forestal con valor unitario del monte superior a 15.000 euros), concretamente, con un cálculo de ingresos reales menos gastos a tanto alzado en un porcentaje sobre los ingresos (70% en la mayoría de los casos)[206].

Con el régimen a tanto alzado se reducen, lógicamente, también los costes de llevanza de una contabilidad.

---

206 Artículos 3 y siguientes de la Orden Ministerial que aprueba la tarifa plana agrícola y forestal.

De acuerdo con la OCDE[207], de manera similar a España, el 90% de las explotaciones agrícolas son familiares y calculan los beneficios por la normativa a tanto alzado.

3.2. DISTRIBUCIÓN UNIFORME DE BENEFICIOS A TRES AÑOS

Para suavizar la variabilidad de ingresos, se permite previa solicitud en la propia declaración de la renta la distribución de beneficios por terceras partes[208].

De esta manera, se incluye un tercio de los ingresos en el año de evaluación en el que se solicita la aplicación del régimen y los otros dos tercios en los dos años siguientes produciéndose un diferimiento de tributación.

Esto implica, necesariamente, que el primer año se impute sólo la tercera parte del beneficio, el segundo año la tercera parte del segundo pero también la tercera parte del primero y el tercer año la tercera parte del beneficio de los tres años, consiguiéndose la uniformidad a partir de ese tercer año.

La distribución de rendimientos por terceras partes termina por desistimiento (art. 37.7.e de la Ley) pero también puede finalizar de forma anticipada por otras causas como el fallecimiento del contribuyente, la enajenación de la explotación o el incumplimiento de las obligaciones de registro.

La consignación de las terceras cantidades pendientes en caso de terminación del régimen se imputarán, según los casos, en su totalidad en el año de terminación (si termina al año siguiente al primer fraccionamiento del rendimiento o por causa del incumplimiento de las obligaciones de registro) pero también, para evitar la imputación en un solo año de las rentas diferidas, por mitad en el año de terminación y en el siguiente o, incluso, en el año de terminación y en los tres siguientes por cuartas partes uniformes (si el año de terminación es al menos el segundo después del primer fraccionamiento de rendimientos).

El desistimiento implica que no se pueda solicitar de nuevo la aplicación del régimen hasta cinco años después.

---

207 Capítulo 5.2 de la Parte 2 de OECD (2020) *Taxation*... op. cit.

208 Art. 37.4 de la Ley del Impuesto sobre la Renta EStG (Einkommensteuergesetz) que se puede consultar aquí: https://www.ris.bka.gv.at/GeltendeFassung.wxe?Abfrage=Bundesnormen&Gesetzesnummer=10004570. Recuperado el 5 de abril de 2025.

4. BÉLGICA

En Bélgica el IRPF es progresivo con una escala de 4 tramos que va desde un tipo de gravamen del 25% hasta el 50%.

Bélgica fue en 2021 el undécimo país en exportaciones de productos agrícolas a nivel mundial con 57.802 millones de dólares de EE.UU. de valor de sus exportaciones.

Pasamos a analizar las medidas que podemos destacar.

4.1. DETERMINACIÓN DE LA BASE IMPONIBLE POR TARIFA PLANA (*LANDBOUWBAREMA*)

De acuerdo con el art. 340 de la Ley del Impuesto sobre la Renta de 1992[209] (CIR 92) la renta imponible puede demostrarse por cualquier medio de prueba admitido en Derecho salvo por el juramento. Esta libertad de prueba hace que la norma no contenga definición de la contabilidad mercantil sino sólo de *"todos los libros y documentos necesarios para determinar el importe de la renta gravable"* (art. 315, CIR 92) y de *"documentos probatorios"* (art. 49 y 342 CIR 92).

Para que una contabilidad sea aceptada no es necesario que cumpla con la legislación mercantil, sino que es suficiente con que se trate de un sistema de cuentas en el que los libros sean un todo coherente que permitan determinar con precisión la base imponible, teniendo las entradas respaldadas con justificantes documentales, y que las cifras se correspondan con la realidad (Comentarios 340/6 y 340/7)[210].

Por tanto, en el Impuesto sobre la Renta el método de contabilidad no es lo esencial sino que lo es la prueba del rendimiento mediante la realidad y exactitud de los asientos presentados por el contribuyente, teniendo el mismo valor una contabilidad simplificada que una completa (Comentarios 340/12 y 340/13).

209 *Wetboek Van De Inkomstenbelastingen* 1992 (WIB 92) o *Code des impôts sur les revenus* (CIR 92)

210 Los comentarios a la Ley se pueden consultar aquí: https://eservices.minfin.fgov.be/myminfin-web/pages/public/fisconet/document/3ab1d25d-9d03-4a58-bfda-9db9c5f6394a. Recuperado el 5 de abril de 2025.

En este contexto, el art. 342.1 del CIR 92 establece que a falta de otros elementos de prueba los beneficios empresariales se determinarán en relación con los beneficios normales de, al menos, tres contribuyentes similares teniendo en cuenta el capital invertido, la cifra de negocios, el número de trabajadores, la maquinaria utilizada, la renta del arrendamiento de la tierra o cualquier otra información útil.

A estos efectos, para dar seguridad jurídica, el artículo establece que la Administración podrá fijar, de acuerdo con los grupos profesionales interesados, bases imponibles fijas que podrán determinarse hasta para tres ejercicios, así como tarifas planas de determinados gastos que no es posible justificar documentalmente.

En desarrollo de dicho artículo, cada año se publican las medias sectoriales pactadas por la Administración tributaria[211] y la Unión de Agricultores de Bélgica (*Belgische Boerenbond*) y, en el caso de los sectores de engorde de terneros de Noorderkempen y de explotaciones avícolas y de conejos, también la Asociación Nacional de Avicultores y Cunicultores (*Landsbond van Bedrijfspluimveehouders en Konijnenhouders*)[212].

Indudablemente, el sistema recuerda a las evaluaciones globales en España establecidas en 1957[213] en las que también se producía una negociación con las organizaciones empresariales para la fijación del rendimiento en IRPF.

Las medias fijadas son usadas por el 80% de los agricultores[214]. La fijación de la base imponible a tanto alzado mediante acuerdos con las organizaciones empresariales no es exclusiva de las actividades agrícolas, sino que otras activida-

---

211 "*Federale Overheidsdients Financien*" o "*Service Public Fédèral Finances*".

212 Se pueden consultar en: https://eservices.minfin.fgov.be/myminfin-web/pages/public/fisconet/document/f3c3811b-5e44-4b1e-9153-9c62a3a8c756. Recuperado el 5 de abril de 2025.

213 De acuerdo con Banacloche Pérez, J. (1998) "La estimación irreal..." op. cit., en las evaluaciones globales "*en colaboración con las representaciones empresariales y profesionales, se estimaban por demarcaciones territoriales de la propia Administración los beneficios obtenidos en el año anterior por los contribuyentes censados en cada actividad*" requiriéndose también un acuerdo con los representantes de la agrupación afectada, puesto que las cifras convenidas eran globales, sin perjuicio de su posterior distribución interna, con una resolución de conflictos mediante los recursos de agravio absoluto y de agravio comparativo.

214 Capítulo 6.2 de la Parte 2 de OECD (2020) *Taxation*... op. cit.

des no agrarias también disponen de este método, actividades que en su mayoría tributan en España en estimación objetiva (carniceros, panaderos y pasteleros, cafeterías, peluquerías, zapateros, lecheros itinerantes, minoristas de alimentos generales, heladerías, freidurías, quioscos, comerciantes textiles y de marroquinería y farmacéuticos). No obstante, para las no agrarias está prevista su supresión paulatina hasta el 1 de enero de 2028[215].

El uso de las medias sólo se permite para los agricultores que sean personas físicas y que no dispongan de contabilidad.

El régimen es voluntario y se opta en la propia declaración.

A diferencia de en España, se aplica en ausencia de datos probatorios tanto aportados por el contribuyente, fijando un beneficio real mediante una contabilidad, como por la Administración cuando pruebe que el beneficio es significativamente superior.

En este sentido, la utilización de las bases imponibles a tanto alzado pactadas con las organizaciones profesionales otorga al contribuyente una presunción *iuris tantum* de exactitud del beneficio declarado que sólo puede ser revocada con prueba en contrario (Comentarios 340/38, 340/39 y 340/40).

En los Acuerdos se aclara que sólo cuando el funcionario encargado de la evaluación pueda demostrar que el beneficio real es sustancialmente superior al beneficio a tanto alzado, se podrá prescindir de este último y aplicar un método de evaluación diferente, siendo, por tanto, un número limitado de casos, sin que se pueda recomponer sistemáticamente los ingresos de los contribuyentes que ejercen su actividad en condiciones normales.

Los Acuerdos que fijan las medias de rendimientos lo hacen por sectores y regiones.

El beneficio es fijado por unidad, ya sea usando la superficie en el caso de la agricultura (se usa como medida el acre, equivalente a 0,4046 Has.) o el número de cabezas de ganado en el caso de la ganadería.

---

[215] https://financien.belgium.be/nl/Actueel/afschaffing-forfaitaire-belastingregelingen-btw-ib-2022-01-14. Recuperado el 5 de abril de 2025.

Este beneficio medio es sólo semi-bruto[216] pues posteriormente se permite la deducción de una gran variedad de gastos[217] sin que éstos puedan provocar un rendimiento negativo, en cuyo caso el resultado se fija en cero. Para declarar una pérdida son necesarios documentos probatorios.

Asimismo, la superficie utilizada es la real en función del tipo de cultivo, pero para determinados cultivos[218] a partir de 50.000 euros de volumen de negocios, se establece un método para declarar una superficie adicional ficticia en función de lo que sobrepase la facturación real obtenida a los ingresos a tantos alzados estimados por los propios Acuerdos para cada tipo de cultivo por acre, multiplicados adicionalmente por 1,15.

De acuerdo con el contenido de los Acuerdos, no se permite la utilización de las bases imponibles a tanto alzado en el caso de división artificial, esto es, cuando una empresa agrícola se divide en dos o más personas independientes jurídicamente pero no financiera, económica y organizativamente, produciéndose ventas a precios que no son de mercado.

El método de negociación con los representantes de las organizaciones agrarias condiciona también el plazo de presentación de las declaraciones. Así, la declaración del ejercicio 2021 tuvo un plazo para los agricultores, frente al general hasta el 30 de junio de 2022, hasta el 13 de enero de 2023[219].

---

216 Al igual que en las evaluaciones globales en España, en las que *"de la renta que resulte se podrá restar una serie de gastos (de personal, de Seguridad Social, por seguro y previsión, etc.)"* Alonso González, L. M. (2007). "La simplificación..." op. cit.

217 Por ejemplo, en el caso del Acuerdo de 18 de marzo de 2022 para productores de fresas de las regiones de Kempen septentrional y Pajottenlandia se permite la deducción de los alquileres, los impuestos, los intereses, las cotizaciones a la Seguridad Social, los salarios (que también se fijan parcialmente a tanto alzado), la gastos de preparación del suelo, descontaminación de suelos, asesores fiscales, colegios profesionales, seguros, investigación exploratoria, amortización o alquiler de inmovilizado, inspección obligatoria, información de cultivos, contenedores de residuos, agua, demolición de invernaderos obsoletos o viviendas de trabajadores, tasa FASFC, control biológico, transportes y medidas a causa del covid-19.

218 Cultivo de hortalizas (tanto en invernadero como al aire libre), endibias, espárragos, fresas, uvas, fruta de hueso (ciruelas, cerezas, guindas), fruta dura (manzanas, peras), bayas, horticultura ornamental (cultivo de plantas, arboricultura, crisantemos, flores cortadas).

219 De forma similar, la del ejercicio 2024 hasta el 15 de enero de 2026: https://financien.belgium.be/nl/experten_partners/economische-beroepen/indieningstermijnen-aangiften. Recuperado el 5 de abril de 2025.

En nuestra opinión, parece loable la negociación con los representantes del sector agrario que así pueden trasladar la realidad de las eventualidades de cada año sufridas en el campo. De forma similar, aunque no con tanto protagonismo pues en última instancia decide el Ministro, en España se escucha a las organizaciones agrarias en la elaboración de las Órdenes que coyunturalmente para cada ejercicio reducen determinados índices en función de las circunstancias de los distintos cultivos y regiones durante el año.

4.2. COMPENSACIÓN RETROACTIVA DE PÉRDIDAS (*ACHTERWAARTSE VERLIESAFTREK*)

Junto a la deducción de pérdidas de ejercicios posteriores, se permite desde el periodo impositivo 2019 la deducción de determinadas pérdidas de ejercicios anteriores[220] por daños ocasionados en los cultivos agrícolas por condiciones climatológicas adversas ocurridas a partir de 1 de enero de 2018.

La medida persigue proteger a los agricultores contra la pérdida de ingresos como consecuencia de condiciones meteorológicas excepcionales o de fuertes fluctuaciones de los precios en un año determinado[221].

La deducción se solicita en el periodo impositivo en el que se haya comprobado definitivamente el daño y se aplica sucesivamente a los rendimientos de los tres periodos impositivos anteriores comenzando por el más antiguo.

Para aplicar la deducción es necesario que el daño se haya sufrido en una explotación situada en una región cuyo desastre natural haya sido reconocido formalmente mediante su publicación en el Boletín Oficial de Bélgica.

La deducción se aplica si el contribuyente:

– Es una empresa mediana (plantilla media inferior a 250 personas a tiempo completo, volumen de negocios de hasta 50 millones de euros y activo de balance hasta 43 millones de euros).

– Produce productos agrícolas sin transformación.

---

220 Art. 23.2.3° y 78.2 del CIR 92.

221 Capítulo 6.2 de la Parte 2 de OECD (2020) *Taxation...* op. cit.

– No es una empresa en crisis en el momento de sufrir el daño (como las empresas con solicitud de quiebra, las disueltas y en liquidación, las que tengan pérdidas que reduzcan patrimonio neto por la mitad del capital social, etc.).

– Y no tiene una orden de recuperación pendiente por haber recibido de forma ilegal una ayuda concedida por Bélgica.

4.3. EXENCIONES PARA SUBVENCIONES DE CAPITAL Y TIPOS REDUCIDOS PARA AYUDAS DE LA UNIÓN EUROPEA

Se establece la exención de las subvenciones de capital e intereses pagados a los agricultores, por las instituciones regionales competentes con la debida observancia de las normas europeas sobre ayudas estatales, como parte del apoyo a la agricultura para la instalación y/o adquisición de activos fijos tangibles o intangibles[222].

Las ayudas directas de la Unión Europea (primer pilar de la PAC) tributan por separado a un tipo reducido de 12,5%[223]. Asimismo, el resto de ayudas y pagos para el sector agrícola de la Unión Europea (segundo pilar de la PAC) tributan por separado al tipo reducido del 16,5%[224].

5. BRASIL

En Brasil el IRPF es progresivo con una escala de 5 tramos, uno primero exento (hasta 2.112,00 reales brasileños mensuales)[225] y después con unos tipos de gravamen que van del 7,5% al 27,50%[226].

---

222 Art. 38.28° CIR 92.

223 Art. 171.4°.Bis CIR 92.

224 Art. 171.4°.i) CIR 92.

225 Equivalentes a 392,35 euros mensuales.

226 De acuerdo con el art. 1.X de la Ley n° 11.482, de 31 de mayo de 2007 que se puede consultar aquí: http://www.planalto.gov.br/ccivil_03/_Ato2007-2010/2007/Lei/L11482.htm. El Impuesto anual se calcula con la suma de las tablas mensuales (párrafo único del citado art. 1). La tabla anual se puede consultar en la redacción del Anexo VII de la Instrucción Normativa RFB n° 1500 de 29 de octubre de 2014:

Brasil fue en 2021 el tercer país en exportaciones de productos agrícolas a nivel mundial con 111.086 millones de dólares de EE.UU. de valor de sus exportaciones.

Pasamos a analizar las medidas que podemos destacar.

5.1. RESULTADO ESTIMADO A PARTIR DE LOS INGRESOS BRUTOS EN IRPF (*DO RESULTADO PRESUMIDO*)

La tributación por los rendimientos agrícolas se encuentra regulada en la Ley nº 8.023, de 12 de abril de 1990[227] y en los artículos 60 y siguientes del Reglamento del Impuesto sobre la Renta y Ganancias de Cualquier Naturaleza aprobado por el Decreto nº 9.580 de 22 de noviembre de 2018[228].

A partir de 56.000 reales brasileños[229] se está obligado a llevar un libro de caja[230] donde se contabilizan los ingresos cobrados y los gastos pagados.

Sin embargo, a opción del contribuyente de acuerdo con el art. 5º de la Ley nº 8.023 de 1990, el beneficio se puede calcular de forma simplificada en un 20% de los ingresos brutos, esto es, se estiman los gastos en un 80% de los ingresos.

De acuerdo con el art. 16º de la citada Ley la opción por este régimen simplificado implica la renuncia a la compensación de las pérdidas.

---

http://normas.receita.fazenda.gov.br/sijut2consulta/link.action?idAto=87661#1826413
Recuperados ambos enlaces el 5 de abril de 2025.

227 http://www.planalto.gov.br/ccivil_03/leis/l8023.htm. Recuperado el 5 de abril de 2025.

228 https://www.planalto.gov.br/ccivil_03/_ato2015-2018/2018/decreto/d9580.htm#:~:text=DECRETO%20N%C2%BA%209.580%2C%20DE%2022,que%20lhe%20confere%20o%20art. Recuperado el 5 de abril de 2025.

229 Unos 10.640 euros.

230 Art. 18.3º de la Ley nº 9.250 de 26 de diciembre de 1995 que se puede consultar en: https://www.planalto.gov.br/ccivil_03/leis/l9250.htm. Recuperado el 5 de abril de 2025.

Asimismo, cualquiera que sea la forma de cálculo, en caso de una explotación familiar en común, el resultado se divide proporcionalmente entre los cónyuges[231] lo que puede provocar con el tipo progresivo una menor tributación.

5.2. TRIBUTACIÓN POR EL IMPUESTO SOBRE LA RENTA DE LAS PERSONAS JURÍDICAS (IRPJ, *IMPOSTO SOBRE A RENDA DAS PESSOAS JURÍDICAS*)

De acuerdo con el art. 158.II del Reglamento del Impuesto sobre la Renta y Ganancias de Cualquier Naturaleza aprobado por el Decreto nº 9.580 de 22 de noviembre de 2018 son contribuyentes del Impuesto sobre la renta de las personas jurídicas, además de las propias personas jurídicas, los empresarios individuales.

El art. 162.1 del Reglamento define a los empresarios individuales:

- Con una delimitación positiva estableciendo que lo son:
  - Tanto los inscritos en el Registro Mercantil (*Registro Público de Empresas Mercantis*), esto es, constituidos en la forma establecida en los art. 966 a 969 de la Ley nº 10.406 de 10 de junio de 2002 por la que se establece el Código Civil.
  - Como en general las personas físicas que, sin necesidad de estar inscritas, a título individual exploten habitual y profesionalmente cualquier actividad económica de carácter civil o comercial con ánimo de lucro mediante la venta de bienes y servicios a terceros.
- Y con una delimitación negativa al excluir a un listado en el que figuran, principalmente, las profesiones liberales y artísticas.

Las explotaciones agrarias están expresamente incluidas de acuerdo con el art. 477 del Reglamento.

A estos efectos, se establece un Registro Nacional de las Personas Jurídicas que es llevado por la Secretaria de Ingresos Federales del Ministerio de Hacienda (CNPJ, *Cadastro Nacional da Pessoa Juridica*)[232].

---

231 Art. 57 del Reglamento.

232 Art. 204 y siguientes del Reglamento.

Las tarifas al tributar por este impuesto son[233]:

- Del 15%.
- Y en lo que exceda a 20.000[234] reales brasileños al mes, un 10% adicional.

La asimilación a persona jurídica va a implicar la tributación por la Contribución Social sobre el Beneficio Neto (CSLL, *Contribuição Social sobre o Lucro Líquido*)[235].

Junto al régimen de simples nacional al que nos referiremos a continuación, para determinar el rendimiento en el Impuesto sobre la Renta de las Personas Jurídicas se establecen tres regímenes: el beneficio real (*lucro real*), el beneficio presunto (*lucro presumido*) que seguidamente veremos, y el beneficio por arbitraje (*lucro arbitrado*), este último para cuando no existe una contabilidad adecuada para determinar el resultado[236].

Se establece en el IRPF una exención en el art. 8 de la Instrucción Normativa RFB nº 1500, de 29 de octubre de 2014[237] para los beneficios distribuidos por las personas jurídicas que fueron gravados en base a esos regímenes de beneficio real, presunto o por arbitrio (art. 8.I) y para las cantidades distribuidas de la microempresa o pequeña empresa que opte por el régimen Simples Nacional (art. 8.II).

---

233 Art. 3 de la Ley nº 9.249 de 26 de diciembre de 1995 que se puede consultar en: https://www.planalto.gov.br/ccivil_03/LEIS/L9249.htm#art2. Recuperado el 5 de abril de 2025.

234 Unos 3.800,00 euros.

235 Art. 1 de la Ley nº 7.689 de 15 de diciembre de 1988. Las personas físicas (art. 54.I.c Ley nº 12.350 de 20 de diciembre de 2010) no tributan por estar en suspenso por la Contribución para la Financiación de la Seguridad Social (COFINS, *Contribuição para o Financiamento da Seguridade Social*) y el Programa de Integración Social (PIS, *Programa de Integração Social*): https://www.planalto.gov.br/ccivil_03/_ato2007-2010/2010/Lei/L12350.htm. Recuperado el 5 de abril de 2025.

236 Art. 602 y siguientes del Reglamento.

237 Que se puede consultar en: http://normas.receita.fazenda.gov.br/sijut2consulta/link.action?naoPublicado=&idAto=57670&visao=anotado. Recuperado el 5 de abril de 2025.

5.3. RESULTADO ESTIMADO A PARTIR DE LOS INGRESOS BRUTOS EN IRPJ (*LUCRO PRESUMIDO*)

Pueden optar a este régimen las empresas cuyos ingresos del año anterior sean superiores a 78.000.000 de reales brasileños (unos 14.820.000 de euros)[238].

A partir de dicha cifra se debe fijar obligatoriamente el resultado por el régimen del beneficio real[239].

El beneficio se calcula en un porcentaje sobre los ingresos.

Concretamente, se establece un porcentaje del 8%[240] sobre los ingresos brutos para calcular el beneficio estimado en el Impuesto sobre la renta de las personas jurídicas, al que le son aplicables los tipos del 15% y el 10% adicional en su caso.

El beneficio presunto se utiliza también para la Contribución Social sobre el Beneficio Neto (CSLL, *Contribuição Social sobre o Lucro Líquido*) cuya base se establece en el 12% de los ingresos brutos[241] y cuyo tipo en un 9%[242].

5.4. EL *SIMPLES NACIONAL*

El Sistema Especial Unificado de Recaudación de Impuestos y Contribuciones adeudados por las Micro y Pequeñas Empresas (*Simples Nacional*) es un régimen que tiene el objetivo, como su propio nombre indica, de simplificar el régimen tributario de la microempresa y la pequeña empresa agrupando distintos impuestos estatales, federales y municipales en uno solo.

---

238 Art. 587 y siguientes del Reglamento.

239 Y también en función del tipo de actividad de acuerdo con el art. 14.I de la Ley nº 9.718 del 27 de noviembre de 1998 que se puede consultar en: https://www.planalto.gov.br/ccivil_03/LEIS/L9718.htm#art14. Recuperado el 5 de abril de 2025.

240 Art. 15 Ley nº 9.249 de 26 de diciembre de 1995. Véase también art. 258 de la Instrucción Normativa RFB nº 1700 de 14 de marzo de 2017 que se puede consultar en: http://normas.receita.fazenda.gov.br/sijut2consulta/link.action?visao=anotado&idAto=81268. Recuperado el 5 de abril de 2025.

241 Art. 20 Ley 9.249 de 26 de diciembre de 1995.

242 Art. 3.III de la Ley nº 7.689 de 15 de diciembre de 1988.

Se regula en la Ley Complementaria nº 123 de 14 de diciembre de 2006[243] por la que se instituye el Estatuto Nacional de las Microempresas y Pequeñas Empresas regulando la simplificación para estas empresas de, entre otros aspectos, su inscripción en el registro, determinadas obligaciones laborales o su tributación.

A estos efectos, de acuerdo con el art. 3º de la Ley se entiende por microempresa a la que tiene unos ingresos brutos anuales iguales o inferiores a 360.000,00 reales brasileños (unos 68.400,00 euros) y por pequeña empresa a la que tiene unos ingresos brutos anuales superiores a 360.000 reales brasileños e iguales o inferiores a 4.800.000,00 de reales brasileños (unos 912.000,00 euros).

Por el *Simples Nacional* se recaudan los siguientes impuestos y contribuciones (art. 13 de la Ley):

1º.- Impuesto sobre la Renta de las Personas Jurídicas (IRPJ, *Imposto sobre a Renda da Pessoa Jurídica*).

2º.- Impuesto sobre Productos Industrializados (IPI, *Imposto sobre Produtos Industrializados*).

3º.- Contribución Social sobre el Beneficio Neto (CSLL, *Contribuição Social sobre o Lucro Líquido*).

4º.- Contribución para la Financiación de la Seguridad Social (COFINS, *Contribuição para o Financiamento da Seguridade Social*).

5º.- Contribución al PIS/Pasep (*Contribuição para o PIS, Programa de Integração Social/Pasep, Programa de Formação do Patrimônio do Servidor Público*).

6º.- Contribución Patronal Previsional (CPP, *Contribuição Patronal Previdenciária*).

7º.- Impuesto sobre las Transacciones Vinculadas a la Circulación de Mercancías y sobre Prestaciones de Servicios de Transporte Interestatal e Interurbana y de Comunicación (ICMS, *Imposto sobre Operações Relativas à Circulação de Mercadorias e Sobre Prestações de Serviços de Transporte Interestadual e Intermunicipal e de Comunicação*).

8º.- Impuesto sobre Servicios de Cualquier Naturaleza (ISS, *Imposto sobre Serviços de Qualquer Natureza*).

---

243 http://www.planalto.gov.br/ccivil_03/leis/lcp/lcp123.htm. Recuperado el 5 de abril de 2025.

La tributación se fija tomando como base los ingresos brutos mensuales.

A estos efectos, el contribuyente puede elegir entre el criterio de devengo o el de caja[244].

A dicha base se aplica el tipo medio efectivo que resulta de aplicar la escala que corresponde a cada tipo de actividad a los ingresos brutos de los doce meses anteriores.

Concretamente, la escala para la actividad agrícola se encuadra en el Anexo I *comercio* y sería[245]:

Ingresos brutos en 12 meses (en BRL)		Tipo	Importe a deducir (en BRL)
1° Tramo	Hasta 180,000.00	4,00%	-
2° Tramo	De 180.000,01 a 360.000,00	7,30%	5.940,00
3° Tramo	De 360.000,01 a 720.000,00	9,50%	13.860,00
4° Tramo	De 720.000,01 a 1.800.000,00	10,70%	22.500,00
5° Tramo	De 1.800.000,01 a 3.600.000,00	14,30%	87.300,00
6° Tramo	De 3.600.000,01 a 4.800.000,00	19,00%	378.000,00

La tarifa se aplica utilizando el porcentaje establecido para cada tramo al volumen de ingresos y restando el importe a deducir.

Así, para unos ingresos durante los doce meses anteriores de 700.000 reales brasileños el tipo a aplicar sería del 7,52%, calculado en relación a los referidos ingresos con la cuota de 52.640,00 (700.000 x 9,50%, menos 13.860) calculada con la referida escala.

El Anexo I fija, asimismo, cómo se distribuye este impuesto único entre los impuestos a los que sustituye, fijando el porcentaje que le corresponde a cada uno:

244 Art. 16 de la Resolución CGSN nº 140 de 22 de mayo de 2018 que se puede consultar en: http://normas.receita.fazenda.gov.br/sijut2consulta/link.action?idAto=92278. Recuperado el 5 de abril de 2025.

245 Elaborada a partir de la fijada en el Anexo I de Resolución CGSN nº 140 de 22 de mayo de 2018.

Tramos	Porcentaje de desglose de impuestos					
	IRPJ	CSLL	Cofins	PIS/Pasep	CPP	ICMS
1° Tramo	5,50%	3,50%	12,74%	2,76%	41,50%	34,00%
2° Tramo	5,50%	3,50%	12,74%	2,76%	41,50%	34,00%
3° Tramo	5,50%	3,50%	12,74%	2,76%	42,00%	33,50%
4° Tramo	5,50%	3,50%	12,74%	2,76%	42,00%	33,50%
5° Tramo	5,50%	3,50%	12,74%	2,76%	42,00%	33,50%
6° Tramo	13,50%	10,00%	28,27%	6,13%	42,10%	-

La actualización de los Anexos se realiza por el Comité Directivo Nacional del Simple (CGSN, *Comitê Gestor do Simples Nacional*) formado por representantes de las distintas Administraciones implicadas y de los empresarios[246].

6. CANADÁ

En Canadá el IRPF es progresivo con una escala federal de 5 tramos que va desde el 15,00% al 33,00%, a la que hay que añadir la escala regional que resulte aplicable que va desde el 4,00% al 21,8%, provocando una tributación por ambas escalas del 19,00% al 54,80%[247].

Canadá fue en 2021 el sexto país en exportaciones de productos agrícolas a nivel mundial con 87.299 millones de dólares de EE.UU. de valor de sus exportaciones.

Pasamos a analizar las medidas que podemos destacar[248].

246 El Comité está integrado por representantes del Ministerio de Economía, de los Estados y del Distrito Federal, de los Municipios, del Servicio Brasileño de Apoyo a la Micro y Pequeña Empresa y de la Confederación Nacional de la Micro y Pequeña Empresa y del Empresario Individual de acuerdo con el art. 2 del Decreto nº 6.038 del 7 de febrero de 2007 que se puede consultar en: http://www.planalto.gov.br/ccivil_03/_ato2007-2010/2007/decreto/D6038.htm#art3ii. Recuperado el 5 de abril de 2025.

247 Con particularidades en la región de Québec.

248 Seguimos la información de la guía Canada Revenue Agency (2024). *T4002 Self-employed Business, Professional, Commission, Farming, and Fishing Income*. https://www.canada.ca/en/revenue-agency/services/forms-publications/publications/t4002.html. Recuperado el 5 de abril de 2025

6.1. CÁLCULO DE LOS BENEFICIOS POR EJERCICIOS ECONÓMICOS FISCALES QUE NO TERMINAN A 31 DE DICIEMBRE

Se permite optar por un método alternativo por el que se calculan los beneficios por ejercicios económicos que finalizan un día distinto al 31 de diciembre y, por tanto, que no coinciden con el año natural.

La opción se ejerce en el formulario T1139 que también sirve para la revocación de la opción[249]. Ahora bien, una vez cancelada la opción por este método no se puede volver a optar.

A diferencia de lo que ocurre en España, donde sólo se prevé esta posibilidad para las entidades que tributen por el Impuesto sobre Sociedades[250], dicho método es aplicable a personas físicas (o a sociedades en los que todos los socios sean personas físicas).

Nos parece muy interesante la opción para agricultores pues permite que el ejercicio fiscal coincida con la campaña agrícola que no coincide con el año natural.

Se pueden evitar así distorsiones en cultivos en los que la recogida y los ingresos se producen entre el final del año y principios del año siguiente, provocando que frecuentemente se introduzcan en un mismo ejercicio ingresos que pertenecen a dos campañas diferentes con los efectos que ello puede provocar en la elevación del tipo progresivo, al no ir los ingresos aparejados a sus correspondientes gastos. La única forma de conseguir esa correlación de ingresos y gastos y evitar esa elevación del tipo sería la acertada valoración de la variación de existencias.

Con el método alternativo canadiense no se cambia el periodo impositivo del IRPF ni los plazos de declaración, como se hace con el Impuesto sobre Sociedades español, sino que se tributa cada año por parte del beneficio del ejercicio terminado y parte del ejercicio que comienza.

El cálculo de los beneficios de cada ejercicio imputados a la declaración se realiza en el propio formulario T1139 que se presenta junto con la declaración de la renta.

---

249 Seguimos la información que figura en las instrucciones del formulario T1139 *"Reconciliation of 2022 Business Income for Tax Purposes"* para 2022 que se puede consultar aquí: https://www.canada.ca/content/dam/cra-arc/formspubs/pbg/t1139/t1139-22e.pdf. Recuperado el 5 de abril de 2025.

250 Art. 27.1 de la LIS y 26 del Texto Refundido de la Ley de Sociedades de Capital.

La parte del beneficio del ejercicio que comienza se estima por el propio ejercicio terminado salvo en el primer ejercicio en el que el agricultor debe realizar una estimación razonable (*reasonable estimated amounts*). Esa parte se estima multiplicando el beneficio total estimado por el porcentaje que representa el número de días que el nuevo ejercicio tiene en el año sobre el total del mismo. Si resulta una pérdida estimada se toma el valor 0,00.

En el formulario se fijan los beneficios del ejercicio que termina (A)[251] a los que se les suma la parte del año del beneficio estimado del ejercicio que comienza (D) y se le resta la parte del año del beneficio estimado del ejercicio que termina (F) incluido en la declaración anterior.

El resultado (G) se incluye en la línea 14100 de la declaración de la renta como ingresos agrarios de actividades económicas:

Beneficios periodo impositivo terminado en 2022	A
Beneficios estimados para el periodo impositivo 2023 por los días de 2022	D
SUMA DE A + D	E
Beneficios estimados para el periodo impositivo 2022 por los días de 2021	F
RESTA DE F - E	G

La opción tiene, como venimos diciendo, la ventaja de incluir los ingresos y gastos correlacionados de la campaña.

Sin embargo, la estimación del beneficio de la campaña que se inicia en función del resultado de la campaña que termina puede determinar supuestos de sobreimposición en casos en que se tenga un ejercicio con un beneficio extraordinario, pues ese beneficio alargaría sus efectos. No suele ser infrecuente que, con el mismo importe de gastos, se tengan ingresos muy diferentes en el mismo cultivo en una campaña y otra, pues aunque se recoja la misma cantidad de producto y por tanto sean iguales los costes, los precios de los productos agrícolas pueden tener de una campaña a otra fluctuaciones muy importantes por muy diversas causas.

251 Se parte del beneficio agrícola fijado en otros formularios en los que se detallan los ingresos y gastos, concretamente, el formulario general T2042 *"Statement of Farming Activities"* o los formularios para los programas AgriStability y AgriInvest T1163, T1164, T1273 y T1274.

Imaginemos, por ejemplo, que aplicamos el método alternativo a una explotación que en las campañas 2019-2020, 2020-2021 y 2022-2023 tienen un beneficio en cada una de 100,00, pero que en la campaña 2021-2022 por una subida de precios tuvo un beneficio de 300,00. La explotación tiene de la campaña que termina un 20% de los días del año y de la campaña que empieza un 80%. En ese caso el ejercicio 2022 en que termina la campaña 2021-2022 se produciría esa sobreimposición. Concretamente:

Beneficios campaña 2020-2021	100,00
Beneficios estimados campaña 2021-2022 (PARTE DEL AÑO 80%)	80,00
SUMA	180,00
Beneficios estimados campaña 2020-2021 (PARTE DEL AÑO 80%)	80,00
RESTA (RENDIMIENTO 2021)	100,00
Beneficios campaña 2021-2022	300,00
Beneficios estimados campaña 2022-2023 (PARTE DEL AÑO 80%)	240,00
SUMA	540,00
Beneficios estimados campaña 2021-2022 (PARTE DEL AÑO 80%)	80,00
RESTA (RENDIMIENTO 2022)	460,00
Beneficios campaña 2022-2023	100,00
Beneficios estimados campaña 2023-2024 (PARTE DEL AÑO 80%)	80,00
SUMA	180,00
Beneficios estimados campaña 2022-2023 (PARTE DEL AÑO 80%)	240,00
RESTA (RENDIMIENTO 2023)	-60,00

Como se puede observar, la alta estimación de beneficios en 2022 que se suman no se corresponde con la resta mucho menor de beneficios de la campaña anterior lo que provoca una tributación por 460,00 en lugar de por los correctos 300,00 y, en el ejercicio siguiente, una pérdida cuando se ha obtenido un beneficio de 100,00.

6.2. COMPENSACIÓN RETROACTIVA DE PÉRDIDAS

Se permite la deducción de las pérdidas obtenidas de la explotación en los tres ejercicios anteriores o en los veinte siguientes.

Los agricultores a título principal pueden aplicar las pérdidas íntegramente pero cuando los ingresos no proceden principalmente de la agricultura las pérdidas sólo se pueden deducir parcialmente en el ejercicio (*restricted farm loss*)[252], pudiendo deducirse el resto en los tres ejercicios anteriores o en los veinte siguientes.

Las pérdidas de las explotaciones que por su tamaño o alcance hacen imposible que se generen beneficios no son deducibles, considerándose gastos personales.

6.3. CONTABILIDAD DE CAJA CON AJUSTES POR EXISTENCIAS A VALOR DE MERCADO

A los agricultores se les permite, frente a la regla general del criterio de imputación de devengo, utilizar el criterio de cobros y pagos.

Al aplicar la contabilidad de caja se establecen dos ajustes para incluir como ingresos las existencias, uno obligatorio y otro opcional[253].

El ajuste de inventario obligatorio (*mandatory inventory adjustment*) se aplica sólo sobre las compras no consumidas y sólo cuando se obtiene una pérdida hasta compensarla. El ajuste se realiza hasta el importe de la pérdida por el precio de esas compras o su valor de mercado si éste es inferior[254]. El ingreso incluido[255] se incluye como gasto en el ejercicio siguiente.

---

[252] Concretamente, 17.500 dólares canadienses (unos 12.075 euros) para una pérdida de 32.500 (unos 22.425 euros) o más. Para pérdidas inferiores a 32.500 dólares canadienses se deduce la menor cantidad entre la pérdida o la fórmula: 2500 + 50% x (pérdida – 2500).

[253] Para más información: https://www.canada.ca/en/revenue-agency/services/forms-publications/publications/rc4060/rc4060-05.html#ln9941. Recuperado el 5 de abril de 2025.

[254] Salvo en el caso del ganado equino, en el que se aplica una cantidad entre el precio o el 70% del precio.

[255] Del ajuste obligatorio se incluye el ingreso en la línea 9942 y el gasto en la línea 9937. Del ajuste opcional se incluye el ingreso en la línea 9941 y el gasto en la línea 9938. El formulario de beneficios agrícolas general se puede consultar en https://www.canada.ca/content/dam/cra-arc/formspubs/pbg/t2042/t2042-22e.pdf. Recuperado el 5 de abril de 2025.

Adicionalmente, se permite un ajuste de inventario opcional (*optional inventory adjustment*).

Con el ajuste de inventario opcional se incluye como ingreso una cantidad hasta el valor de mercado del inventario, complementando el ajuste de inventario obligatorio. A diferencia del obligatorio, el ajuste opcional se permite sobre la producción en curso y terminada. El ingreso incluido (línea 9941) se incluye igualmente en el ejercicio siguiente como gasto (línea 9938).

Esta medida permite suavizar ingresos adelantándolos para que no se acumulen, por ejemplo, con los de otra campaña y no se eleve por este motivo excesivamente el tipo progresivo. Piénsese en una campaña que termina al final de año y que puede dejar ingresos tanto al principio como al final del año. En este caso no será infrecuente que ingresos de dos campañas se cobren el mismo año. Con el ajuste a valor de mercado se permite corregir esto.

6.4. FORMULARIOS COMUNES PARA SUBVENCIONES Y EL IMPUESTO SOBRE LA RENTA

Junto al formulario general para la fijación del beneficio agrícola (formulario T2042), existen otros formularios para fijar dicho beneficio aplicables para los agricultores incluidos en los programas *AgriStability* y *AgriInvest*[256] de las regiones de Prince Edward Island, Ontario, Saskatchewan y Alberta[257] (formularios T1163 y T1164) y las de British Columbia, Manitoba, New Brunswick, Nova Scotia, Newfoundland, Labrador y Yukon[258] (formularios T1273 y T1274)[259].

---

256 Junto a estos dos programas del Gobierno de gestión de los riegos empresariales agrícolas están *AgriInsurance* en el que, de manera similar a España, se cofinancia los seguros agrícolas, *AgriRecovery* para ayudas por gastos extraordinarios tras desastres naturales y *Advance Payments Program* para proporcionar préstamos a bajo interés. Información de esos programas se puede consultar aquí:
https://agriculture.canada.ca/en/programs/business-risk-management. Recuperado el 5 de abril de 2025.

257 Con su propia guía del Gobierno de Canadá *RC4060 Farming Income and the AgriStability and AgriInvest Programs Guide.*

258 Con la guía del Gobierno de Canadá *RC4408 Farming Income and the AgriStability and AgriInvest Programs Harmonized Guide.*

259 Salvo la región de Quebec que usa el general T2042.

El programa *AgriStability* está dirigido a ayudar a los agricultores que se suscriban al mismo ante una gran caída de los beneficios en relación con los propios márgenes históricos del agricultor.

Para inscribirse cada año los agricultores deben pagar una cuota que se calcula en función de sus resultados históricos (margen de referencia)[260] y si el resultado del ejercicio (margen de producción) queda por debajo del 30% de sus resultados históricos tienen derecho a recibir un pago.

Para estos cálculos el resultado del ejercicio utilizado en la comparativa y que se denomina margen de producción (*production margin*) no incluye todos los ingresos y gastos tributables en el Impuesto sobre la Renta sino sólo los que la norma considera admisibles para el cálculo, excluyéndose una lista de ingresos y gastos (por ejemplo se excluyen ingresos como los de labores agrícolas a terceros o los de determinados pagos de asistencia a desastres y se excluyen gastos como los de oficina y publicidad) y realizándose una serie de ajustes para adaptar la contabilidad de caja al devengo.

El margen de referencia (*reference margin*) se calcula con el margen de producción de los cinco últimos años, eliminando el año más alto y el más bajo y haciendo una media de los tres restantes. También se puede tomar los tres ejercicios más recientes en caso, por ejemplo, de que no se haya cultivado durante esos cinco años e, incluso, en caso de inicio de actividad se utiliza un margen estimado en función de la superficie y el tipo de cultivo. A los márgenes de referencia se les puede aplicar un ajuste de cambio estructural en los casos de cambios significativos en el tamaño de la explotación.

Como decíamos, si de la comparativa del margen de producción del año y del margen de referencia resulta una diferencia del 30%, el agricultor tiene derecho a un pago del 70% del exceso sobre esa diferencia del 30%[261].

---

260 55 dólares canadienses por costes administrativos más el 0,45% del margen de referencia del agricultor multiplicado por el 70% de nivel de apoyo, esto es, el 0,315%.

261 En casos de márgenes negativos habiendo tenido anteriormente un margen de referencia positivo o, si es negativo, con dos de los tres años positivos, si además se han seguido buenas prácticas de gestión habiéndose obtenido el margen negativo por circunstancias que estaban fuera de control del agricultor, el 70% de lo que sobrepase de cero. El pago máximo por márgenes tanto positivos como negativos es de 3 millones de dólares canadienses.

Por su parte, el programa *AgriInvest* es una cuenta de ahorros cogestionada por el agricultor y el Gobierno que tiene el objetivo de ayudar para las pequeñas caídas de ingresos y de capitalizar al agricultor para los años de riesgo.

Cada año se puede depositar en la cuenta el 100% de las ventas netas admisibles del ejercicio (Fondo 1) y el Gobierno aportará el 1% del resultado depositado (Fondo 2).

Al igual que en el *AgriStabilty*, las ventas netas admisibles (*Allowable Net Sales*)[262] se calculan sólo con determinados ingresos por venta y deduciendo sólo determinados gastos.

Los fondos se pueden retirar en cualquier momento, considerándose retirados primeros los del Fondo 2 pues la retirada tributa como ingreso en el Impuesto sobre la Renta. Las retiradas del Fondo 1, al ser los depósitos aportados por el agricultor, no están sujetos a impuestos.

En ambos programas es fundamental separar los ingresos y gastos admisibles de los que no lo son, lo que hacen los formularios T1163, T1164, T1273 y T1274 referidos.

Lo que llama la atención, en lo que nos parece un destacable ejercicio de coordinación entre administraciones, es que se realice esa separación necesaria para ayudas agrícolas en un formulario tributario que a su vez sirve para la preparación de la declaración de la renta dando detalle del beneficio agrario.

Sería tanto como si en la Declaración del IRPF en España se detallaran el contenido del margen neto y los conceptos que incluyen la renta agraria y con los que se compara a efectos de los conceptos de agricultor profesional o agricultor a título principal para las calificaciones de las explotaciones agrarias prioritarias (art. 4.2 y 5 Orden de 13 de diciembre de 1995, según redacción dada por la Orden APA/171/2006, de 26 de enero) o se detallara el cumplimiento del requisito de agricultor activo contenido en el art. 5.4 y 5 del Real Decreto 1048/2022, de 27 de diciembre.

---

[262] El límite de ventas netas admisibles es de 1 millón de dólares canadienses al año y el saldo máximo de la cuenta es del 400% de la media de las ventas netas admisibles de los tres últimos años.

7. CHILE

En Chile tanto las sociedades como las personas físicas residentes o no tributan por el mismo impuesto a la renta regulado en la Ley sobre Impuesto a la Renta (LIR)[263].

Dentro de dicho impuesto, se establecen distintas categorías o subimpuestos, tributándose en el caso de los rendimientos agrícolas primeramente por el impuesto de primera categoría (IDPC) a un tipo proporcional del 25% o el 27% según los casos[264] y, posteriormente, por un impuesto final que, para los residentes en Chile, es el impuesto global complementario[265] (IGC) a un tipo, este sí, progresivo con una escala que, tras la parte exenta[266], va del 4% al 40%.

Ciertamente, en España disponemos de un impuesto para empresas a tipo proporcional (el Impuesto sobre Sociedades) similar al impuesto de primera categoría y otro impuesto final (el IRPF) que tiene también un tipo progresivo como el impuesto global complementario.

Lo que llama la atención es que, a diferencia de lo que sucede en España, al primer impuesto están sujetas no sólo las sociedades sino también las personas físicas como empresarios individuales y las comunidades de bienes sin personalidad jurídica.

En Chile, en consecuencia, los agricultores personas físicas pueden tributar por un sistema considerado parcial o semi-integrado, en el que el impuesto final progresivo se exige sólo si se distribuyen beneficios, y también es posible tributar

---

263 Aprobada por Decreto Ley 824 de 27 de diciembre de 1974, cuya versión actualizada se puede consultar en https://www.bcn.cl/leychile/navegar?idNorma=6368&idVersion=2023-02-15&idParte=. Recuperado el 5 de abril de 2025.

264 Del que se puede deducir el impuesto territorial (similar al IBI) pagado por la explotación agrícola hasta el límite del propio IDPC, esto es, sin que esa deducción pueda dar lugar a devolución de acuerdo con el art. 20.1º.a (del art. 1) de la LIR.

265 Art. 52 (del art. 1) de la LIR.

266 Exenta hasta 13,5 unidades tributarias anuales equivalentes a 8.775.702 pesos chilenos de acuerdo con la tabla de cálculo del IGC vigente para el año 2022 (que se puede consultar en https://www.sii.cl/valores_y_fechas/renta/2022/personas_naturales.html), esto es, equivalentes a 10.259,42 euros. La unidad tributaria mensual y anual se puede consultar en: https://www.sii.cl/valores_y_fechas/utm/utm2022.htm. Ambos recuperados el 5 de abril de 2025.

dependiendo del régimen en un sistema considerado totalmente integrado, en el que se grava la renta final independientemente del reparto de beneficios.

Con la Ley N° 21.210 publicada el 24 de febrero de 2020 se modifica el régimen general de contabilidad completa, se elimina el anterior régimen simplificado que se recogía en el art. 14.Ter (del art. 1) de la LIR y se introduce un nuevo régimen denominado Régimen Pro Pyme.

Con los regímenes resultantes de las referidas modificaciones normativas tenemos que los agricultores pueden tributar:

- Por el Régimen General de contabilidad completa (art. 14.A del art. 1 de la LIR) al tipo del 27% en el IDPC y, posteriormente en función de los beneficios retirados, por el IGC al tipo progresivo pudiendo deducir sólo parcialmente el impuesto satisfecho por el IDPC[267].
- Por el Régimen Pro Pyme General (art. 14.D.3 del art. 1 de la LIR) con normas especiales para el cálculo del rendimiento y posibilidad de contabilidad simplificada al tipo del 25%[268] y, posteriormente en función de los beneficios retirados, por el IGC al tipo progresivo pudiendo deducir en este caso *totalmente* el impuesto satisfecho por el IDPC.
- Por el Régimen Pro Pyme Transparente (art. 14.D.8 del art. 1 de la LIR) fijando los rendimientos por el Régimen Pro Pyme y tributando directamente en un régimen de transparencia tributaria por el IGC al tipo progresivo.
- Y por el Régimen de rentas presuntas (art. 14.B.2 y art. 34 del art. 1 de la LIR) al tipo también del 25% y, en el mismo ejercicio, considerándose por Ley retiradas todas las rentas del ejercicio, tributándose por el IGC al tipo progresivo pudiendo deducir el IDPC salvo en la parte en que no tribute por el Impuesto Territorial.

Chile fue en 2021 el vigesimosexto país en exportaciones de productos agrícolas a nivel mundial con 23.976 millones de dólares de EE.UU. de valor de sus exportaciones.

Pasamos a analizar las medidas que podemos destacar.

---

267 Art. 56.3 LIR.

268 Durante los años 2020, 2021 y 2022 el tipo 10% según art. 1 de la Ley N° 21.256 de 27 de agosto de 2020.

7.1. EL RÉGIMEN DE RENTAS PRESUNTAS

En el régimen de presunción de rentas o de rentas presuntas los agricultores tributan en función del valor asignado fiscalmente a sus bienes inmuebles y no por los resultados reales obtenidos.

En consonancia con ello, se les exime de la llevanza de contabilidad para acreditar los rendimientos[269].

Como hemos visto, las rentas presuntas se declaran en el IDPC y el IGC en el mismo ejercicio en que se obtienen (art. 20.B.2 del art. 1 de la LIR), esto es, se entienden retirados los beneficios en el mismo ejercicio que se obtienen.

El régimen se regula en el art. 34 (del art. 1) de la LIR.

El régimen es opcional ejerciéndose la opción desde el día 1 hasta el 30 de abril del propio año de incorporación al régimen o, en los casos de inicio de actividad, en el plazo de comunicación al Servicio de Impuestos Internos (SII) de dicho inicio[270]. La posterior renuncia al régimen es irrevocable, esto es, si se opta por dejar de aplicar el régimen no se podrá reincorporar de nuevo posteriormente.

De la regulación contrasta la sencillez de la determinación del rendimiento con el complicado ámbito de aplicación.

7.1.1. Ámbito de aplicación

El régimen se aplica a las personas físicas (o *naturales*) que actúen como empresarios individuales o como empresas individuales de responsabilidad limitada pero también a comunidades, cooperativas, sociedades de personas[271] y sociedades por acciones que estén formadas sólo por personas físicas.

Para aplicar el régimen el agricultor debe:

---

269 Art. 68 (del art. 1) de la LIR.

270 Dos meses según el art. 68 del Código Tributario que se puede consultar aquí: https://www.bcn.cl/leychile/navegar?idNorma=6374. Recuperado el 5 de abril de 2025.

271 Sociedades de cualquier clase o denominación, excluyéndose únicamente a las anónimas (art. 2.6 LIR).

a.- En caso de inicio de actividad, no tener un capital efectivo el día del inicio superior a 18.000 unidades de fomento[272].

La unidad de fomento (UF) es un índice que se reajusta en función de la inflación y que se calcula diariamente por el Banco Central de Chile en pesos chilenos[273].

El capital efectivo, que se tendrá que declarar en el inicio de actividad, se define en el art. 2.5 (del art. 1) de la LIR.

De acuerdo con dicho artículo, se entenderá por capital efectivo el *"total del activo con exclusión de valores que no representen inversiones efectivas, tales como valores intangibles, nominales, transitorios y de orden"*.

Dentro de los activos que forman parte del capital efectivo pueden incluirse, por ejemplo, dinero en efectivo, maquinarias, bienes físicos del activo inmovilizado, existencias, acciones, cuotas de fondos, etc.[274]

Para calcular el valor a fecha de inicio, se utilizan las normas de corrección monetaria previstas en el art. 41 (del art. 1) de la LIR para los contribuyentes que estén sometidos a este artículo. Cuando no estén sometidos, lo que será la regla general para los contribuyentes de renta presunta, se estimará de acuerdo con el art. 2.5 (del art. 1) de la LIR el valor real vigente para los bienes del activo inmovilizado material en el valor de adquisición actualizado según IPC menos las amortizaciones anuales autorizadas. Para el activo realizable se estimará en su coste de reposición en la plaza respectiva aplicándose las normas del art. 41.3 (del art. 1) de la LIR.

Si el capital efectivo es superior al límite de 18.000 UF el día del inicio de la actividad, el agricultor no podrá aplicar inicialmente dicho régimen, teniendo que optar por el Régimen General de contabilidad completa (art. 14.A LIR) o el Régimen Pro Pyme (art. 14.D), pero podrá aplicar el Régimen de renta presunta posteriormente si cumple los siguientes requisitos.

---

272 639.902.340 pesos chilenos equivalentes a 748.091,30 euros.

273 Para más información: https://si3.bcentral.cl/estadisticas/Principal1/Metodologias/EMF/UF.pdf. Recuperado el 5 de abril de 2025.

274 Conforme a la Circular nº 62 de 24 de septiembre de 2020 que se puede consultar en https://www.sii.cl/normativa_legislacion/circulares/2020/circu62.pdf. Recuperado el 5 de abril de 2025.

b.- Obtener ventas o ingresos netos[275] anuales en el ejercicio inmediatamente anterior que no excedan de 9.000 unidades de fomento[276].

Para el límite de ingresos se computan todos los obtenidos por el contribuyente, ya provengan de su actividad agrícola o no, sin considerar las enajenaciones ocasionales de bienes muebles o inmuebles que formen parte del activo inmovilizado ni los ingresos que no constituyen renta en el impuesto de acuerdo con el art. 17 de la LIR.

Asimismo, para evitar divisiones artificiales con personas o entidades vinculadas, se computa en el límite los ingresos obtenidos por *"personas, empresas, comunidades, cooperativas y sociedades con las que esté relacionado"* el agricultor de acuerdo con el art. 8.17 del Código Tributario[277], cualquiera que sea la actividad que desarrollen y el régimen en que tributen. La vinculación o *relación* se fija en

---

275 Sin incluir el Impuesto sobre el Valor Agregado (IVA) de acuerdo con la Circular nº 37 de 28 de mayo de 2015 que se puede consultar aquí: https://www.sii.cl/documentos/circulares/2015/circu37.pdf. Recuperado el 5 de abril de 2025.

276 319.951.170 pesos chilenos equivalentes a 374.045,65 euros.

277 Son relacionadas de acuerdo con el art. 8.17 del Código Tributario:
"a) El controlador y las controladas. Se considerará como controlador a toda persona o entidad o grupo de ellas con acuerdo explícito de actuación conjunta que, directamente o a través de otras personas o entidades, es dueña, usufructuaria o a cualquier otro título posee o tiene derecho a más del 50% de las acciones, derechos, cuotas, utilidades o ingresos, o derechos a voto en la junta de accionistas o de tenedores de cuotas de otra entidad, empresa o sociedad. Estas últimas se considerarán como controladas. Para estos efectos, se entenderá que existe un acuerdo explícito de actuación conjunta cuando se verifique una convención entre dos o más personas o entidades que participan simultáneamente en la propiedad de la sociedad, directamente o a través de otras personas naturales o jurídicas controladas, mediante la cual se comprometen a participar con idéntico interés en la gestión de la sociedad u obtener el control de la misma.
b) Todas las entidades que se encuentren bajo un controlador común.
c) Las entidades y sus dueños, usufructuarios o contribuyentes que a cualquier otro título posean, directamente o a través de otras personas o entidades, más del 10% de las acciones, derechos, cuotas, utilidades o ingresos, o derechos a voto en la junta de accionistas o de tenedores de cuotas.
d) El gestor de un contrato de asociación u otro negocio de carácter fiduciario respecto de la asociación o negocio en que tiene derecho a más del 10% de las utilidades. Asimismo, los partícipes de un contrato de asociación u otro negocio de carácter fiduciario respecto de la asociación o negocio en que tengan derecho a más del 10% de las utilidades.

un porcentaje de participación de más del 10%. Entre ese porcentaje hasta el 50%, los ingresos que se incluyen son los que se corresponden con el porcentaje de participación. Cuando se supera el 50% se incluyen ya la totalidad de los ingresos de la relacionada.

La superación del límite por el agricultor implica que ni éste ni sus relacionadas puedan aplicar el régimen.

Para el límite de ingresos el agricultor y sus *relacionadas* deben recoger todas las ventas o ingresos de cada mes y calcular cuantas UF suponen según el cambio del último día del mes.

Para su control se utilizará el libro electrónico de registro de compra y ventas que se debe llevar en las operaciones sujetas a IVA de acuerdo con el art. 59 de la Ley sobre el Impuesto a las Ventas y Servicios (LIVS)[278] o, en caso de no estar obligado a su llevanza, un sistema de control de flujos de ingresos. Están exceptuados de estas obligaciones las microempresas[279].

Asimismo, las entidades relacionadas deben informar anualmente de su total de ingresos calculado en unidades de fomento mensuales.

c.- No poseer o explotar, por cualquier título, derechos sociales, acciones de sociedades o cuotas de fondos de inversión, salvo si los ingresos provenientes de tales inversiones no exceden del 10% de los ingresos brutos totales del año.

El agricultor que sobrepase estos límites no podrá aplicar el régimen de renta presunta y deberá comunicarlo, además de a la Administración, a sus personas, empresas, comunidades, cooperativas o sociedades relacionadas, las cuales también deberán informar a todos los que participen en un 10%.

Una vez sobrepasado el límite un ejercicio, el agricultor quedará excluido incluso si vuelve a cumplir los requisitos de ingresos. Concretamente, para rein-

---

e) Las entidades relacionadas con una persona natural de acuerdo a los literales c) y d) anteriores, que no se encuentren bajo las hipótesis de las letras a) y b), se considerarán relacionadas entre sí.

f) Las matrices o coligantes y sus filiales o coligadas, en conformidad a las definiciones contenidas en la ley N° 18.046".

278 Que se puede consultar en https://www.bcn.cl/leychile/navegar?idNorma=6369. Recuperado el 5 de abril de 2025.

279 Aquéllas cuyos ingresos anuales no superen las 2.400 Unidades de Fomento, equivalentes a 85.320.312 pesos chilenos y 99.745,51 euros.

corporarse al régimen se exige que no se desarrolle la actividad agrícola durante al menos 5 ejercicios.

A estos efectos, se considera que se sigue ejerciendo la actividad si se mantiene la propiedad o el usufructo de la explotación y se arrienda o cede por cualquier título la misma.

También quedará vinculado a la exclusión el arrendatario o cesionario del predio, incluso si recibe la explotación el mismo año en que se sobrepasa el límite por el propietario o usufructuario.

Igualmente, en caso de enajenación de todo o parte del predio agrícola en el último ejercicio sometido al régimen de renta presunta del transmitente o en el primero con régimen de renta efectiva, el adquirente estará obligado también a aplicar el régimen de renta efectiva[280].

En todos estos casos, el propietario, usufructuario o transmitente debe comunicar a la otra parte esta circunstancia.

Como vemos, el régimen tiene un complicado ámbito de aplicación que exige unas obligaciones formales de control de todo tipo de ingresos mensualmente, los cuales deben cambiarse cada mes de pesos chilenos a unidades de fomento, y unos cálculos anuales incluyendo los ingresos de las personas y entidades relacionadas, en función de porcentaje de participación o si se participa en más del 50% por su totalidad.

Con la salida del régimen se deberá preparar un inventario actualizado de activos y pasivos según las normas del art. 34.5 de la LIR, considerándose la diferencia capital a efectos tributarios.

La facilidad de quedar excluido del régimen, bien personalmente bien por una vinculada, contrasta con la dificultad de reincorporarse que no es posible si se optó por dejar de aplicar el régimen y que exige si la salida no fue voluntaria, prácticamente, la venta de la explotación y no desarrollar la actividad durante cinco años.

En definitiva, de la variedad de normas anti-elusión y dificultad de reincorporarse al régimen una vez excluido se deriva que se debe tratar de un régimen muy beneficioso para quien lo aplica y que la intención del Gobierno es su reducción paulatina, esto es, que se convierta en un régimen residual.

---

280 Art. 34.4 y 34.5.D.e (del art. 1) de la LIR.

7.1.2. Determinación del rendimiento presunto

Se presume que la renta líquida imponible es igual al 10% del avalúo fiscal del predio, vigente al 1 de enero del año en que debe declararse el impuesto.

El avalúo fiscal del predio se corresponde con lo que sería en España el valor catastral.

Al igual que ocurre en España con el IBI, el avalúo fiscal se fija para la contribución territorial, tributo regulado en Ley 17.235 por la que se fija el Texto Refundido Sistematizado y Coordinado de la Ley sobre Impuesto Territorial[281].

De manera similar al Catastro inmobiliario, el Servicio de Impuestos Internos (SII) fija la tasación fiscal de los bienes que puede ser impugnada en los procedimientos de tasación general[282].

Para YÁÑEZ HENRÍQUEZ[283] *"es importante hacer notar que esta tasación no corresponde a una tasación comercial, pero igual usa como referencia el valor de mercado, aunque no considera todas las variables que determinan dicho valor. La tasación, por lo general, determina un valor inferior al precio de mercado".*

En consecuencia, al igual que el valor catastral el avalúo fiscal es inferior al valor de mercado, pero utiliza variables del mismo. Asimismo se usa el valor de mercado en sus actualizaciones que se realizan cada 4 años[284].

El Impuesto Territorial deducido del IDPC no se tiene en cuenta en la deducción del IDPC sobre el IGC de acuerdo con el art. 56 de la LIR.

---

281 https://www.bcn.cl/leychile/navegar?idNorma=28849. Recuperado el 5 de abril de 2025.

282 Véase comentario de IBARRA AGUIRRE, D. en: https://revistaderechotributario.udec.cl/node/119. Recuperado el 5 de abril de 2025.

283 Página 262 Yáñez Henríquez, J. (2014) "Impuesto Territorial". *Revista de Estudios Tributarios de la Universidad de Chile* nº 11. P. 253-281. https://revistaestudiostributarios.uchile.cl/index.php/RET/article/view/40727. Recuperado el 5 de abril de 2025.

284 De acuerdo con la propia definición del SII de las actualizaciones o reavalúos: *"el Reavalúo Agrícola es el proceso mediante el cual el Servicio de Impuestos Internos determina los nuevos avalúos que se aplican a los bienes raíces agrícolas de todo el país, velando por mejorar la equidad tributaria, disminuir distorsiones entre el avalúo fiscal vigente y los precios de mercado de los bienes raíces"* (https://www.sii.cl/destacados/reavaluo_agricola/2020/index.html)

La excesiva sencillez de la determinación del rendimiento en función del valor fiscal del bien inmueble difícilmente puede medir los rendimientos reales de la actividad y, por tanto, la capacidad económica del contribuyente. Entendemos que esto justifica el complejo ámbito de aplicación.

De manera similar al art. 31.2.2º de la Ley del IRPF española, no pueden dar lugar a tributación las diferencias entre los rendimientos reales y los rendimientos presuntos obtenidos de la correcta aplicación del régimen.

Para esa no tributación por los ingresos reales, junto a la consideración, como ya hemos visto, de capital a efectos tributarios de la diferencia positiva que se determine entre los activos y pasivos registrados en el inventario que hay que realizar a la salida del régimen (art. 34.5.A.h del art. 1 de la LIR), se establece la presunción, a efectos tributarios, de que los activos del balance resultante de dicho inventario han sido adquiridos con ingresos que tributaron con anterioridad (art. 34.5.D.a del art. 1 de la LIR).

En consecuencia, todo se considera tributado con anterioridad y la diferencia entre los rendimientos reales y presuntos se considera capital y, por tanto, aportación del propietario que a su devolución no tributa.

7.2. RÉGIMEN PRO PYME GENERAL

Desde 1 de enero de 2020 los regímenes que se aplican a las empresas de forma automática son el régimen general de contabilidad completa (art. 14.A del art. 1 de la LIR) y, en función de los ingresos, el Régimen Pro Pyme General (art. 14.D.3 del art. 1 de la LIR)[285].

Los regímenes de renta presunta y Pro Pyme Transparente son, en su caso, aplicables si se opta por ellos.

En consecuencia, el Régimen Pro Pyme General es el régimen que el legislador quiere aplicar y fomentar para las micro, pequeñas y medianas empresas.

285 Los contribuyentes que a 31/12/2019 venían aplicando el régimen de renta presunta o el régimen del 14.Ter.A deben optar al Régimen Pro Pyme. Para más información sobre el nuevo régimen y el paso desde el régimen anterior véase Circular nº 62 de 24 de septiembre de 2020 que se puede consultar en: https://www.sii.cl/normativa_legislacion/circulares/2020/circu62.pdf. Recuperado el 5 de abril de 2025.

7.2.1. Ámbito de aplicación

El régimen se aplica a cualquier tipo de empresa, sin atender a su composición societaria o tipo jurídico[286].

Para aplicar el régimen el agricultor debe:

a.- En caso de inicio de actividad, no tener un capital efectivo que exceda de 85.000 unidades de fomento[287], tomándose a estos efectos el valor del primer día de mes del inicio de la actividad.

Por capital efectivo se entiende el definido en el art. 2.5 (del art. 1) de la LIR ya visto anteriormente.

b.- Tener una media de ingresos brutos percibidos o devengados de los tres ejercicios anteriores que no exceda de 75.000 unidades de fomento[288] y que ningún ejercicio exceda los 85.000 unidades de fomento[289].

Para la determinación de la media se consideran sólo ejercicios consecutivos y, si se tuviera menos de tres ejercicios por haberse iniciado la actividad, la media se calculará con los ejercicios desde que la hubiera iniciado. Asimismo, sólo se consideran los ejercicios sometidos al régimen.

A estos efectos no se aplica una elevación al año, esto es, se considera ejercicio completo el año de inicio.

El límite de ingresos puede excederse una sola vez, siempre que se cumpla el requisito de que ningún ejercicio aislado supere 85.000 UF.

Llama, pues, la atención en comparación con la rigidez del ámbito de aplicación del régimen de renta presunta, el uso de una media de tres años y que se pueda exceder por una vez.

Llama también la atención que, a diferencia del Régimen de renta presunta, en el Régimen Pro Pyme sólo se tienen en cuenta para el límite los ingresos obtenidos del giro o tráfico de la empresa, esto es, los que provienen de la actividad que habitualmente realiza el contribuyente excluyendo aquellos ingresos extraor-

---

286 Se excluyen establecimientos permanentes de empresas extranjeras que deben llevar contabilidad completa de acuerdo con el art. 38 del art. 1 de la LIR.

287 3.021.761.050 pesos chilenos equivalentes a 3.532.653,38 euros.

288 2.666.259.750 pesos chilenos equivalentes a 3.117.047,10 euros.

289 3.021.761.050 pesos chilenos equivalentes a 3.532.653,38 euros.

dinarios (como las ganancias de capital) o esporádicos (como la venta de activo inmovilizado, éste sí excluido del de renta presunta). Asimismo, se excluyen también los ingresos devengados que se correspondan con créditos que hayan devenido incobrables en el propio ejercicio.

En el límite tampoco se incluye el impuesto sobre el valor agregado, ni otros impuestos adicionales o específicos que recarguen el precio, ni las rentas con límite específico a las que nos referiremos seguidamente en la letra c.

Sigue llamando la atención que la conversión de unidades de fomento a pesos chilenos no se realiza mes a mes, como en el régimen de renta presunta, sino anualmente con el valor de la unidad de fomento del último día del ejercicio.

Al igual que en el régimen de renta presunta, para el cálculo de la media de ingresos se deben sumar los de las empresas o entidades *relacionadas* de acuerdo con el art. 8.17 del Código Tributario, incluyendo la totalidad de sus ingresos si se participa en más del 50% y sólo su porcentaje si se participa en más del 10% hasta el 50%. A estos efectos se toman los porcentajes que se ostenten a 31 de diciembre de cada año.

Los ingresos que se tienen en cuenta de las entidades vinculadas o relacionadas son los del giro, los de tenencia, rescate o enajenación de inversiones en capitales mobiliarios, enajenación de derechos sociales o acciones y de participaciones en otras empresas o entidades.

Para el control de la media de ingresos se utilizará la información del registro electrónico de compras y ventas establecido en el art. 59 de la LIVS, poniéndose a disposición en el sitio personal del contribuyente por el SII. Asimismo, las empresas o entidades relacionadas deben informar de sus ingresos.

c.- No obtener ingresos brutos que excedan del 35% del total de los ingresos brutos del giro procedentes de las siguientes actividades:

- Ingresos provenientes de los bienes raíces (inmuebles) salvo los agrícolas o de capitales mobiliarios (entendiéndose por estos últimos aquellos activos o instrumentos de naturaleza mueble, corporales o incorporales, que consistan en frutos derivados del dominio, posesión o tenencia a título precario de dichos bienes). Sería el caso en la normativa española de los rendimientos del capital inmobiliario o del mobiliario de los números 1 a 3 de la Ley del IRPF.

- Ingresos provenientes de participaciones en beneficios en contratos de asociación o cuentas en participación (se excluyen los rendimientos esporádicos de su enajenación).
- Ingresos provenientes de dividendos de fondos de inversión.

El agricultor que sobrepase estos límites no podrá aplicar el Régimen Pro Pyme pero, a diferencia del Régimen de renta presunta, podrá volver si se vuelven a cumplir los requisitos.

Con todo ello, también en los requisitos del ámbito de aplicación se aprecia que el legislador quiere fomentar este régimen.

7.2.2. Determinación del rendimiento

Los contribuyentes de este régimen fijan el rendimiento en función de la renta efectiva o real pudiendo optar por llevar una contabilidad simplificada conforme al art. 68.c (del art. 1) de la LIR o, en caso de no ejercer esa opción, llevando una contabilidad completa.

La determinación del rendimiento se fija con las normas del art. 14.D (del art. 1) de la LIR con independencia de que la contabilidad sea simplificada o completa.

Para determinar el rendimiento:

- Se tomará la información que a estos efectos el SII proporcionará en el sitio personal digital del contribuyente, en especial la contenida en el registro electrónico de compras y ventas, para que la Pyme lo complemente o ajuste.
- No se aplicará la corrección monetaria establecida en el art. 41 (del art. 1 de la LIR).
- Se amortizarán los activos del inmovilizado material completamente en el ejercicio en que sean adquiridos o fabricados siempre que sean pagados.
- Se reconocerán como gasto las existencias no consumidas o enajenadas siempre que sean pagadas.
- El rendimiento se fijará por un criterio de caja salvo operaciones con vinculadas.

El rendimiento así fijado tributará, como veremos posteriormente, por el IDPC con una deducción del 50% del rendimiento líquido imponible que se mantenga invertido en la empresa[290] y, sólo en la medida en que sea retirado, por el IGC.

7.3. RÉGIMEN PRO PYME TRANSPARENTE

Se trata de un régimen opcional recogido en el art. 14.D.8 (del art. 1) de la LIR al que pueden acogerse sólo si los propietarios de la empresa son contribuyentes de impuestos finales, esto es, no es aplicable para empresas participadas por empresas.

Por este régimen la Pyme queda liberada del IDPC y se tributa directamente por los propietarios al tipo progresivo del IGC en el ejercicio en que se obtienen los rendimientos.

El control de ingresos y gastos se lleva directamente por el registro electrónico de compras y ventas de acuerdo con el art. 59 de la LIVS y están obligados a llevar también un libro de caja. Están exonerados de llevar contabilidad completa, confeccionar inventarios y balances y efectuar depreciaciones[291].

La opción por el régimen se presenta del día 1 al 30 de abril del año en que se incorporen al régimen.

Al ingresar en el régimen deberán incluir un ingreso diferido por la parte de los beneficios que no tributaron por los impuestos finales por no ser retirados en aplicación de los Regímenes General de contabilidad completa y Pro Pyme General. El ingreso diferido se imputa como máximo en los diez primeros ejercicios desde el ingreso en el régimen de transparencia tributaria.

En caso de renunciar al régimen se podrá volver a optar tras cinco años.

---

290 Art. 14.E (del art. 1 de la LIR).

291 A partir de 50.000 UF de ingresos están obligados a determinar un capital propio tributario simplificado.

7.4. APLICACIÓN DE UN TIPO PROPORCIONAL Y, SÓLO SI SE RETIRAN LOS BENEFICIOS, DEL TIPO PROGRESIVO. NO TRIBUTACIÓN INCLUSO POR EL TIPO PROPORCIONAL DE PARTE DEL BENEFICIO NO RETIRADO

Como hemos visto anteriormente, tanto el Régimen General de contabilidad completa (art. 14.A del art. 1 de la LIR) como el Régimen Pro Pyme General (art. 14.D.3 del art. 1 de la LIR) permiten la aplicación de un tipo proporcional y, sólo en la medida en que se retiren los beneficios, de un tipo progresivo aplicando además una deducción por doble imposición del primer impuesto pagado[292].

Aunque no se trata de ninguna medida específica del sector agrario sino de la configuración general del impuesto sobre la renta en Chile, esta configuración ayuda a corregir el problema recurrente en la actividad agraria de la variabilidad de los ingresos.

Efectivamente, el agricultor puede optar en un año en que se produzcan beneficios extraordinarios en no retirarlos y tributar exclusivamente por el impuesto de primera categoría al tipo fijo del 27% o el 25% para posteriormente, en el año en que sufra una caída de ingresos, poder hacer uso de esa retirada de beneficios manteniendo el tipo progresivo constante.

Para el control de la tributación por los retiros en el impuesto final el contribuyente debe llevar los siguientes libros registros[293]:

- Registro de rentas afectas a impuestos finales (RAI) donde figuran todas las rentas acumuladas en la empresa que, en caso de ser retiradas, se afectarán al impuesto final. Se calcula anualmente por la diferencia del valor positivo del capital propio tributario (CPT) menos las rentas exentas y el capital aportado actualizado.
- Registro de diferencias entre la depreciación normal y acelerada (DDAN).

---

292 Los beneficios afectos a impuestos finales percibidos por una empresa de otras empresas están exentos en esta última, correspondiéndose el crédito por el IDPC a los propietarios de la misma.

293 Para más información véase la Circular nº 73 de 22 de diciembre de 2020 que se puede consultar aquí: https://www.sii.cl/normativa_legislacion/circulares/2020/circu73.pdf. Recuperado el 5 de abril de 2025.

- Registro de rentas exentas (REX), de ingresos no constitutivos de renta o de rentas con tributación cumplida, sin tributación por los impuestos finales.
- Registro de saldo acumulado de créditos (SAC) donde se mantiene el control y registro del saldo acumulado de créditos del IDPC a aplicar contra el impuesto final en el momento del retiro.

Los registros sirven para establecer el orden de imputación de los retiros y, así, se establece primero la imputación del saldo del RAI, después al DDAN, después al REX y después, en casos de devoluciones de capital, a utilidades de balance en exceso de las tributables (UBET) y por último a devolución del capital aportado.

O lo que es lo mismo, de manera similar que en España con la regulación de la devolución de la prima de emisión (art. 25.1.e Ley del IRPF) y de la reducción de capital (art. 33.3.a de la Ley del IRPF) aplicable para empresas no cotizadas desde 2015, primero las retiradas se imputan a rendimientos y, posteriormente, a las aportaciones.

Los contribuyentes acogidos al Régimen Pro Pyme no están obligados a llevar los tres primeros registros (RAI, DDAN y REX), salvo que tengan rentas que se deban anotar en el registro REX, y determinarán el capital propio tributario de forma simplificada. En sus retiros no se aplica orden de imputación, considerándose todos afectos a impuestos finales. Cuando se efectúe una devolución de capital, se deberá reconstituir el registro RAI y DDAN en el ejercicio en que se produzca, estando liberado de nuevo en el siguiente ejercicio de la llevanza de este registro.

Los créditos del IDPC se pueden aplicar teniendo como límite el saldo del registro SAC. Existe la posibilidad de, en ausencia de saldo, pagar a cuenta del IDPC para aplicarlo a los retiros efectuados.

A la cantidad retirada se aplica el llamado factor de crédito por IDPC, esto es, se calcula cuánto IDPC tiene la cantidad retirada en función de si se tributa por el régimen general al 27% (multiplicando por 0,369863[294]) o el Pro Pyme al 25% (0,333333[295]).

Los contribuyentes en régimen general además de aplicar un tipo superior del 27%, no pueden deducirse el IDPC totalmente, sino que tienen el denominado

[294] 27%/(100%-27%).

[295] 25%/(100%-25%).

crédito por IDPC con obligación de restitución, concretamente, del 35%. En consecuencia, sólo se deducirán el 65% del crédito por IDPC.

Para que con esa tributación adicional no se sobrepase una tributación efectiva de un máximo del 44,45%, se les reconoce una deducción adicional del 5% sobre la parte del retiro que tribute al tipo máximo del 40%, esto es, superior a 310 unidades tributarias anuales[296].

Los contribuyentes en Régimen Pro Pyme además del tipo inferior del 25% tienen el derecho a la deducción total del IDPC ostentando lo que se denomina un crédito por IDPC sin derecho a restitución. Dado que es posible pasar de un régimen a otro en el registro SAC se debe distinguir entre uno y otro.

Junto a lo anterior como decíamos, para el Régimen General de contabilidad completa y el Régimen Pro Pyme General se regula un incentivo al ahorro opcional para empresas cuya media de ingresos brutos de los tres años anteriores no exceda de 100.000 UF[297] en el art. 14.E (del art. 1 de la LIR) que permite no tributar por el IDPC por parte del beneficio no retirado en el momento en que se obtiene.

A estos efectos se tienen en cuenta, de manera similar al límite de ingresos del Régimen Pro Pyme, sólo los ingresos del giro sin IVA ni impuestos adicionales, considerando el cambio al final del año e incluyendo los ingresos de empresas relacionadas. Asimismo, no se pueden tener ingresos de instrumentos de renta fija y de posesión o explotación de derechos sociales, cuotas de fondos de inversión, cuotas de fondos mutuos, acciones de sociedades anónimas, contratos de asociación o cuentas en participación, que excedan del 20% del total de sus ingresos brutos del ejercicio.

El beneficio fiscal consiste en una deducción en el IDPC del 50% de la renta imponible líquida que se mantenga invertida en la empresa con un límite de 5.000 UF[298].

Lógicamente, cuando dicha cantidad sea retirada tributará íntegramente por el impuesto final.

---

296 Con la tabla de cálculo del IGC vigente para el año 2022, 227.504.040 pesos chilenos equivalentes a 265.968,39 euros.

297 3.555.013.000 pesos chilenos equivalentes a 4.156.062,80 euros.

298 177.750.650 pesos chilenos equivalentes a 207.803,14 euros.

8. ESTADOS UNIDOS DE AMÉRICA

En EEUU el IRPF es progresivo con una escala con 7 tramos que va del tipo del 10% al 37%.

EEUU fue en 2021 el primer país en exportaciones de productos agrícolas a nivel mundial con 201.572 millones de dólares de EE.UU. de valor de sus exportaciones.

Pasamos a analizar las medidas que podemos destacar[299]:

8.1 CONTABILIDAD DE CAJA

Aunque no llama la atención la existencia de esta medida aplicable también en España a la estimación objetiva y a la directa simplificada, sí que llama la atención el límite de ingresos brutos.

Efectivamente, la contabilidad por el criterio de devengo es obligatoria a partir de 27 millones de dólares de EE.UU. de ingresos brutos[300].

8.2. COMPENSACIÓN RETROACTIVA DE PÉRDIDAS

Las pérdidas agrícolas pueden compensarse de forma retroactiva con los dos años anteriores o, a opción del agricultor, trasladarse indefinidamente hacia adelante hasta su completa compensación[301].

La transferencia retroactiva se realiza primero al periodo más antiguo, deduciéndose en el siguiente si no se agota o en los posteriores.

---

299 Seguimos aquí la publicación IRS (2022). *Publication 225 (2022), Farmer's Tax Guide.* https://www.irs.gov/publications/p225. Recuperado el 4 de abril de 2025.

300 Apartado *Accrual Method Required* de IRS (2022). *Publication 225*...op. cit.

301 Véase Internal Revenue Service (2022). *Publication 536 (2022) Net Operating Losses (NOLs) for Individuals, Estates, and Trusts.* https://www.irs.gov/publications/p536. Recuperado el 4 de abril de 2025.

No son deducibles las pérdidas generadas de la agricultura cuando la actividad no se ejerce con ánimo de lucro, esto es, la explotación se utiliza con fines de deporte o recreo[302].

Para que sea deducible se tienen en cuenta diversos factores como la gestión profesional, el tiempo y esfuerzo dedicado, la dependencia del contribuyente de los ingresos de la agricultura, que las pérdidas se deban a circunstancias normales, etc.

Se presume ese ánimo de lucro cuando se ha obtenido beneficio en 3 de los últimos 5 ejercicios o, en el caso de actividad ganadera equina, en 2 de los últimos 7 ejercicios. En otro caso, se deberá demostrar por otros indicios.

La deducción de las pérdidas también puede limitarse por ejercer la actividad de forma pasiva sin participar materialmente en la misma[303] o por resultar una pérdida de cuantía excesiva (270.000 dólares en declaración individual y 540.000 en conjunta). También puede diferirse su compensación por realizar la actividad con riesgo (en calidad de prestatario o hipotecante, en función de la proporción del riesgo asumido en relación con el dinero y el valor de los bienes aportados a la actividad) pudiendo deducirse una vez que se ha recuperado del riesgo.

8.3. PROMEDIO DE INGRESOS: TRIBUTACIÓN DE UN RENDIMIENTO POR LAS TARIFAS DE LOS TRES EJERCICIOS ANTERIORES.

Se trata de una medida tendente a suavizar la variabilidad de los ingresos agrícolas[304].

---

302 Para HOBBS desafortunadamente el IRS no proporciona una definición clara de cuando estamos ante una actividad con ánimo de lucro. En el artículo Hobbs, J. C. (2022). "Farm Losses versus Hobby Losses: Farmers Must Plan Ahead to Avoid Adverse Tax Consequences", *Rural Tax Education* 05-2022, UtahState University que se puede consultar en https://extension.usu.edu/ruraltax/tax-topics/farm-losses-versus-hobby-losses. Recuperado el 4 de abril de 2025.

303 Apartado *Losses From Operating a Farm* de IRS (2022). *Publication 225*...op. cit. Véase también Internal Revenue Service (2022). *Publication 925 (2022) Passive Activity and At-Risk Rules*. https://www.irs.gov/publications/p925. Recuperado el 4 de abril de 2025.

304 Apartado *Income Averaging for Farmers* de IRS (2022). *Publication 225*...op. cit. e instrucciones al Anexo J (2022) que se puede consultar aquí:

Consiste en tributar por el rendimiento en función de la media de las tarifas de los tres ejercicios anteriores (años base) para calcular el impuesto, de manera que si en los ejercicios anteriores se obtuvieron menos rendimientos se tributará por un tipo progresivo menor.

Lo que llama la atención es que el rendimiento que se excluye de tributación según la tarifa del ejercicio actual y se hace tributar por las tarifas de los tres ejercicios anteriores puede ser elegido a opción del contribuyente, esto es, se puede imputar todo o parte del rendimiento con el límite, lógicamente, del propio rendimiento.

El rendimiento elegido denominado *Elected Farm Income* (EFI) se resta de la base imponible del ejercicio actual y se incluye en el Anexo J.

En este último Anexo se divide el EFI entre tres y se suma a las bases imponibles de los tres últimos ejercicios. Con ello se calcula el impuesto correspondiente al EFI como si una tercera parte del mismo se hubiera obtenido en cada uno de los tres ejercicios anteriores, aplicando las tarifas de cada ejercicio. Puede, incluso, combinarse el EFI con una base imponible negativa de ejercicios anteriores.

La opción por este promedio de ingresos es posible incluso si en los tres ejercicios anteriores no se obtuvieron ingresos de la agricultura o si el estado civil no era el mismo (lo que afecta a la escala).

8.4. ANTICIPACIÓN DE GASTOS Y AMORTIZACIONES ACELERADAS

– Deducción directa de inversiones de la sección 179.

Se trata de un beneficio fiscal que consiste en la deducción completa en el año de la compra de una gran variedad de inversiones de la llamada sección 179 cuya deducción normalmente sería a través de su amortización.

No es un beneficio exclusivo para explotaciones agrarias sino que se aplica con carácter general.

El beneficio fiscal es aplicable a los bienes muebles en general (maquinaria, equipamiento, etc) incluyendo al ganado, determinados bienes inmuebles como

---

https://www.irs.gov/instructions/i1040sj#:~:text=Use%20Schedule%20J%20(Form%201040,business%20of%20farming%20or%20fishing. Recuperado el 5 de abril de 2025.

los almacenes o las construcciones agrícolas y ganaderas de un solo uso y el software general no exclusivo. No se puede aplicar el beneficio al terreno.

Por construcción agrícola o ganadera de un solo uso se entiende la diseñada, construida y utilizada para un tipo específico de cultivo o ganado. Puede tratarse de un edificio o un recinto para un tipo específico de ganado, un invernadero para producir un tipo de plantas o una estructura para producir hongos.

Se puede deducir el coste en el año de adquisición con dos límites:

a. Un límite por el importe: con un total de deducción de la sección 179 de 1.080.000 dólares. El límite se reduce además cuando el coste de lo invertido en bienes de la sección 179 es superior a 2.700.000 de dólares paulatinamente hasta no poder deducir anticipadamente a partir de 3.780.000 de dólares.

b. Un límite por los ingresos: el coste que se puede deducir no puede exceder de los ingresos derivados de las actividades económicas ejercidas activamente, esto es, mediante participación directa en la gestión.

La parte no deducible anticipadamente se podrá deducir vía amortización por el Sistema de Recuperación de Costes Acelerado Modificado (MACRS, *Modified Accelerated Cost Recovery System*) según los porcentajes que correspondan por el sistema general (GDS, *General Depreciation System*) o alternativo (ADS, *Alternative Depreciation System*).

– Asignación especial de amortización anticipada de determinadas inversiones adquiridas desde el 27 de septiembre de 2017.

Se permite una deducción del 100% si la inversión fue adquirida desde el 27 de septiembre de 2017 y puesta en funcionamiento antes del 1 de enero de 2023 y del 80% si fue puesta en funcionamiento en 2023.

Los bienes a los que se les puede aplicar esta deducción son los bienes tangibles con periodo de amortización de 20 años o menos, instalaciones de riego, software informático y determinadas plantas que dan frutos o nueces.

– Deducción directa de gastos de conservación del suelo y el agua.

Se permite la deducción directa de gastos que normalmente hay que capitalizarlos formando parte del valor de adquisición del terreno para fomentar la conservación del suelo o del agua, la prevención de la erosión de la tierra utilizada en la agricultura o la recuperación de especies en peligro de extinción según un plan de conservación aprobado por la Administración.

El límite de la deducción es el 25% de los ingresos brutos.

Estos gastos incluyen, entre otros, la nivelación, la explanación, el abancalamiento, los surcos personalizados, la plantación de cortavientos y la construcción, el control y la protección de canales de desviación, zanjas de drenaje, zanjas de riego, presas de tierra, cursos de agua, desagües y estanques.

8.5. IMPUTACIÓN EN EL EJERCICIO SIGUIENTE DE VENTAS DE GANADO ADICIONAL O DE INDEMNIZACIONES DE SEGUROS POR PÉRDIDAS DE COSECHAS COMO CONSECUENCIA DE CONDICIONES CLIMÁTICAS ADVERSAS

Estas medidas tienden también a suavizar la variabilidad de los ingresos agrícolas[305].

Efectivamente, ante una catástrofe natural se pueden producir ingresos adicionales anticipadamente que de otra forma no se hubieran obtenido, unido a una pérdida de ingresos en el ejercicio siguiente.

Así sería el caso del ganadero que, al no poder alimentar el ganado por carecer de pastos, se ve obligado a venderlo anticipadamente.

Se establece por ello la opción de imputar al ejercicio siguiente la venta forzada de ganado ante la pérdida de pastos y, en general, de alimento como consecuencia de una catástrofe natural como una sequía, inundación u otra condición climática adversa.

Para aplicar la medida es necesario:

- Que la actividad principal sea la agricultura.
- Que se utilice el criterio de caja.
- Que la venta de ganado adicional se deba a las condiciones climáticas.
- Y que esa condición climática fuera reconocida para el área de la explotación por parte del Gobierno Federal a efectos de recibir asistencia.

Para acreditar que la venta de ganado es adicional por las condiciones climáticas se parte de la práctica comercial habitual del ganadero con el número

305 Apartados *Sales Caused by Weather-Related Conditions* y *Crop Insurance and Crop Disaster Payments* de *Internal Revenue Service (2022).* Publication 225...*op. cit.*

de cabezas de ganado vendidas en los tres años anteriores sin contar, asimismo, otras ventas adicionales por circunstancias climáticas. Si no se tiene esa práctica comercial habitual se puede utilizar la de otros ganaderos similares de la región.

El importe a posponer se calcula de forma lineal, esto es, las ventas de cada tipo de ganado del ejercicio se dividen entre el número de cabezas y se multiplica por el número de cabezas adicionales.

Asimismo, se establece la opción de imputar al ejercicio siguiente los ingresos por indemnizaciones de seguros de cultivos como consecuencia de una catástrofe natural como una sequía, inundación u otra condición climática adversa.

Para ello es necesario:

- Que se utilice el criterio de caja.
- Que se reciba el ingreso del seguro en el mismo ejercicio en que se produce el daño en la cosecha.
- Y que más del 50% de los ingresos del cultivo dañado se hubieran incluido en el ejercicio siguiente según la práctica comercial habitual.

8.6. EL IMPUESTO MÍNIMO ALTERNATIVO

No se trata de un beneficio fiscal sino todo lo contrario, de un control a la aplicación de los beneficios fiscales[306].

Con el Impuesto Mínimo Alternativo (AMT, *Alternative Minimum Tax*) se garantiza una tributación mínima a contribuyentes como los agricultores que tienen un trato favorable por la Ley fiscal.

Nos parece interesante pues se le otorga, por un lado, al agricultor de una amplía libertad para modificar a su elección la imputación de sus beneficios y pérdidas del ejercicio, de anticipar gastos e imputarlos de la forma que más le

[306] Seguimos las instrucciones al formulario 6251 (https://www.irs.gov/pub/irs-pdf/i6251.pdf) y el resumen recogido en: https://www.irs.gov/taxtopics/tc556#:~:text=Under%20the%20tax%20law%2C%20certain,a%20minimum%20amount%20of%20tax. Seguimos, asimismo, el capítulo 9 de la Guía del National Farm Income Tax Extension Committee Coord. Kantorovich, A. y Hobbs, J. C. (2023): *Tax Guide for Owners and Operators of Small and Medium Size Farms*. Rural Tax Education. https://extension.usu.edu/ruraltax/small-farm-tax-guide. Todos recuperados el 5 de abril de 2025.

interese para aplicar el tipo progresivo pero, por otro lado, se establece un límite garantizando una tributación mínima.

El AMT se configura como un impuesto adicional al impuesto regular que se impone por el exceso del impuesto mínimo sobre el impuesto regularmente calculado.

Para calcular esta tributación mínima (*tentative minimum tax*) se calcula una base imponible alternativa (*alternative mínimum taxable income*) eliminando determinadas exclusiones y deducciones que son sustituidas en ocasiones por deducciones menores (*AMT adjustments*) y sin aplicar en cualquier caso el promedio de ingresos.

A la base alternativa así calculada se le resta un mínimo exento que garantiza, por tanto, un importe de beneficio fiscal mínimo.

La exención para el ejercicio 2022 es de 75.900 dólares en solteros, 118.100 dólares para casados en tributación conjunta y 59.050 dólares por cónyuge para casados en tributación separada[307].

Posteriormente se le aplican los tipos impositivos AMT y se resta el crédito por impuesto extranjero AMT.

Los tipos impositivos del AMT se dividen en dos tramos (*AMT tax brackets*) que, para el ejercicio 2022, son: el 26% por los primeros 206.100 dólares (103.050 dólares para los casados con tributación separada) y el 28% por el resto.

Este impuesto adicional supondrá un crédito fiscal para el ejercicio siguiente siempre, claro está, que el impuesto regular del ejercicio siguiente exceda de la tributación mínima.

9. FRANCIA

En Francia el IRPF es progresivo con una escala de cinco tramos, uno sin tributación hasta 10.777,00 euros y después con unos tipos de gravamen que van

307 La exención empieza a eliminarse con 539.000 dólares (1.079.800 en tributación conjunta).

del 11% al 45% de acuerdo con el art. 197 del Código General Tributario (CGI, por las siglas de *Code général des impôts*)[308].

En Francia están reducidos al mínimo los regímenes simplificados y se opta porque la mayoría de las explotaciones tributen por la diferencia de los ingresos y gastos reales. No obstante lo anterior, se incluyen en paralelo interesantes medidas que suavizan la variabilidad de los ingresos agrarios y capitalizan al agricultor. Con ello, aunque no coincidimos con el Comité de personas expertas que en su Libro Blanco de 2022 proponía una eliminación paulatina de la estimación objetiva agrícola, sí lo hacemos con su observación de que deberían estudiarse, como complemento a un régimen fiscal opcional para actividades de escasa cuantía, medidas de la experiencia comparada como el promedio de ingresos de tres ejercicios de Francia[309].

Francia fue en 2021 el séptimo país en exportaciones de productos agrícolas a nivel mundial con 86.216 millones de dólares de EE.UU. de valor de sus exportaciones.

Pasamos a analizar las medidas que podemos destacar.

9.1. ÁMBITO DE APLICACIÓN DE LOS DISTINTOS REGÍMENES EN FUNCIÓN DE LA MEDIA DE INGRESOS DE TRES AÑOS Y LÍMITES EN FUNCIÓN DE LAS CIRCUNSTANCIAS DE LA EXPLOTACIÓN

Los beneficios de las actividades agrícolas (BA, *bénéfices de l'exploitation agricole*) constituyen una categoría de rendimientos cuyas normas para su determinación se fijan en los artículos 63 a 78 del CGI.

En dichos artículos se establecen tres regímenes cuya aplicación dependerá del volumen de ingresos, concretamente:

- El régimen micro-BA (*régime micro-BA*) que se aplica a agricultores cuyos ingresos no superen los 85.800,00 euros (art. 64.bis.1 en relación con el art. 69.1 del CGI).

308 El Código General Tributario se puede consultar en https://www.legifrance.gouv.fr/codes/texte_lc/LEGITEXT000006069577. Recuperado el 5 de abril de 2025.

309 Comité de Personas Expertas (2022). *Libro Blanco sobre la Reforma Tributaria*. Instituto de Estudios Fiscales del Ministerio de Hacienda y Función Pública. P. 140.

- El régimen del beneficio real simplificado (*régime du bénéfice réel simplifié*) que se aplica a agricultores cuyos ingresos excedan de 85.800,00 euros y no superen 365.000,00 euros (art. 69.2 del CGI).
- Y el régimen del beneficio real normal (*régime du bénéfice réel normal*) que se aplica a agricultores cuyos ingresos superen los 365.000,00 euros.

Las actividades forestales tienen su propio régimen particular y no se incluyen en estos límites.

Al igual que en España es posible renunciar a los regímenes simplificados que resultan aplicables por ingresos, optando voluntariamente por los otros regímenes más exigentes formalmente.

Para ese volumen de ingresos a considerar en los límites:

a.- Se tienen en cuenta no sólo las ventas sino también otro tipo de ingresos.

En España las sucesivas Órdenes de desarrollo de la estimación objetiva excluyen del volumen de ingresos a las indemnizaciones y las subvenciones ya sean corrientes o de capital, así como también al IVA, pero no como hemos visto, según la DGT en criterio que no compartimos, a la compensación de IVA del régimen especial.

En Francia, sin embargo, se incluyen en el límite (art. 69 y 38.sexdecies A CGI)[310]:

- Las subvenciones y ayudas destinadas a compensar pérdidas de ingresos o que tengan el carácter de suplemento de precio, esto es, las subvenciones corrientes. A estos efectos, se incluyen por ejemplo las ayudas de la PAC.
- Las indemnizaciones de seguros agrarios.
- Los pagos en especie a trabajadores o al propietario arrendador.
- Los intereses pagados por las cooperativas a sus socios.

La finalidad es incluir también a todos los ingresos que, de alguna manera, sustituyen a las ventas dejadas de realizar. Así, en el caso de expropiación se tiene

---

310 Seguimos el Comentario de la Dirección General de Finanzas Públicas (DGFiP, siglas de *Direction Gênêrale des Finances Publiques)* BOI-BA-REG-10-20-10 nº 170 a 290 que se puede consultar en https://bofip.impots.gouv.fr/bofip/2718-PGP.html/identifiant=BOI-BA-REG-10-20-10-20190515. Recuperado el 6 de abril de 2025.

en cuenta en el límite la parte de la indemnización que se corresponde con la pérdida de cosechas[311].

Entre los ingresos que se excluyen del límite[312] (autoconsumos, beneficios por enajenación de activos fijos, subvenciones de capital, ingresos accesorios, etc.) se excluye tanto al IVA como a la compensación a tanto alzado del régimen especial del IVA.

b.- Se tiene en cuenta la media de ingresos de los tres últimos años.

En el caso de inicio de actividad, también se tienen en cuenta los tres años anteriores para realizar la media considerando de importe 0,00 euros los ejercicios en los que no se obtuvieron ingresos agrícolas[313].

Utilizar una media de ingresos nos parece muy importante. Con la variabilidad de los precios agrarios es muy frecuente que de forma puntual se pueda sobrepasar un límite que, por tamaño de explotación, no se va a volver a sobrepasar en la mayoría de los ejercicios.

Dado que se trata de medir el tamaño de la explotación para eximir a las más pequeñas de obligaciones formales nos parece que con esa media de ingresos se corrigen situaciones anómalas en las que explotaciones de pequeño tamaño asumen sin aumentar el mismo obligaciones formales superiores por ingresos puntualmente superiores por circunstancias excepcionales.

Esa variabilidad también se puede dar en casos de retrasos en los pagos de las ayudas de la PAC.

Dado que para el límite del volumen de ingresos del régimen micro-BA se utiliza el criterio de cobro y no el de devengo, para los ejercicios 2019, 2020 y 2021 ante el retraso en el cobro de las ayudas de la PAC de los años 2018 y 2019,

311 Comentario de la DGFiP BOI-BA-REG-10-20-20 nº 1 que se puede consultar en https://bofip.impots.gouv.fr/bofip/2719-PGP.html/identifiant%3DBOI-BA-REG-10-20-20-20210331. Recuperado el 6 de abril de 2025.

312 300 a 400 del citado Comentario BOI-BA-REG-10-20-10.

313 De acuerdo con el Comentario de la DGFiP BOI-BA-REG-10-10 nº 20 que se puede consultar en https://bofip.impots.gouv.fr/bofip/1848-PGP.html/identifiant=BOI-BA-REG-10-10-20160907. Recuperado el 6 de abril de 2025.

se estableció de forma excepcional[314] que las ayudas a integrar en el límite fueran sólo las solicitadas en el propio ejercicio y no las cobradas.

c.- Se actualizan cada tres años los límites (art. 69.V del CGI).

Así, el límite de volumen de ingresos del régimen micro-BA de 85.800,00 euros era anteriormente de 82.800,00 euros y el del régimen del beneficio real simplificado de 365.000,00 euros era de 352.000,00 euros.

Ciertamente, llama la atención esta actualización en comparación con España donde el mismo límite se ha mantenido desde 1978 (con redondeo a euros en 2003 de los 50.000.000 de Ptas. a 300.000,00 euros) hasta 2015, para además en ese año rebajarlo en 50.000,00 euros.

d.- Se establece un límite superior para la ganadería industrial (art. 38.sexdecies A CGI)[315].

Se pretende con ello adaptar el límite a determinadas explotaciones que tienen mayores ingresos, pero un margen menor que la ganadería más vinculada al suelo.

Concretamente, se dan estas circunstancias por el modelo de explotación utilizado más industrial, que implica la compra del ganado, que permanezca en la explotación poco tiempo, que se críe en granjas y se alimenten de productos comprados.

Las explotaciones fijadas por el Ministerio[316] pueden aplicar una reducción del 30% de los ingresos a considerar en los límites siempre que el beneficio sobre los ingresos sea inferior al 20%.

e.- Se establece un límite inferior para los contratos de integración (art. 69.VI CGI)[317].

---

314 BOI-RES-BA-000042 que se puede consultar en https://bofip.impots.gouv.fr/bofip/11869-PGP.html/identifiant=BOI-RES-BA-000042-20210309. Recuperado el 6 de abril de 2025.

315 Véase Comentario de la DGFiP BOI-BA-REG-10-20-20 nº 10 a 160 en https://bofip.impots.gouv.fr/bofip/2719-PGP.html/identifiant=BOI-BA-REG-10-20-20-20210331. Recuperado el 6 de abril de 2025.

316 La lista se puede consultar en: https://www.legifrance.gouv.fr/codes/article_lc/LEGIARTI000006300229/2002-03-31. Recuperado el 6 de abril de 2025.

317 Véase el citado BOI-BA-REG-10-20-20 nº 170 a 190.

Por los mismos motivos vistos anteriormente, se intenta adaptar el límite al modelo de explotación de la ganadería integrada, esto es, la cría y engorde de animales de terceros (integrador) que proporciona normalmente también los piensos y que remunera al ganadero (integrado) con una remuneración proporcional al engorde.

Efectivamente, en estos supuestos el integrador proporciona medios de producción y servicios y el integrado se encarga del cuidado de los animales en su explotación.

En estas condiciones, los ingresos del integrado son muy inferiores a su margen, dado que no asume los costes de medios de producción, por lo que se establece que el límite del volumen de ingresos se multiplique por tres.

También se aplica el mencionado límite a contratos similares de integración agrícolas en producción de frutas, hortalizas, cultivos florales, etc.

f.- Se establece un límite superior para agrupaciones agrícolas de explotación en común (GAEC, siglas de *groupements agricoles d'exploitation en commun*)[318].

Las GAEC son sociedades civiles con objeto agrícola que tributan, salvo si optan por la aplicación del Impuesto sobre Sociedades de acuerdo con el art. 239 del CGI, por el Impuesto sobre la Renta de las Personas Físicas al igual que las sociedades civiles agrarias en España.

De acuerdo con el art. 71 del CGI, para los GAEC los límites de ingresos de los distintos regímenes se multiplican por el número de socios hasta una facturación media de 343.000,00 euros. Por encima de esa facturación media los límites se obtienen multiplicando los ingresos por el número de socios y por el 60%.

Se excluyen para ello de los socios considerados a aquéllos que excedan de la edad de jubilación.

De acuerdo con lo anterior, los límites serían en función del número de socios[319]:

---

318 Véase comentario de la DGFiP BOI-BA-REG-10-40 que se puede consultar en https://bofip.impots.gouv.fr/bofip/2721-PGP.html/identifiant=BOI-BA-REG-10-40-20160907. Recuperado el 6 de abril de 2025.

319 Actualizado a fecha de elaboración el cuadro contenido en el citado BOI-BA-REG-10-40, dado que dicho comentario es de 07/09/2016.

Número de socios (n)	2	3	4	5	6	n (>6)
Límite superior de micro-BA	171.600,00	257.400,00	343.000,00	343.000,00	343.000,00	85.800 x 60 % xn
Límite superior RSI	438.000,00	657.000,00	876.000,00	1.095.000,00	1.314.000,00	365.000 x 60 % xn

Este aumento del límite cuando la explotación se realiza por varios agricultores nos parece importante.

Efectivamente, en muchas ocasiones los agricultores que más cerca están del límite de exclusión en España son aquellos unidos en sociedades civiles o comunidades de bienes, normalmente familiares.

Con esta medida se mide la capacidad económica de la persona y se fomenta esta unión que permite una economía de escala, compartiendo medios y, por tanto, reduciendo costes para aumentar la rentabilidad de las explotaciones, evitando así divisiones perjudiciales y, en determinadas ocasiones, artificiales.

Por último, aunque no se supere el límite del volumen de ingresos, del régimen micro-BA se excluyen expresamente[320]:

- Los ganaderos que realizan el sacrificio y comercialización de su ganado en carnicerías o charcuterías (art. 69 C del CGI).
- Los agricultores sujetos por otra actividad al régimen de beneficio real (art. 64.a.II del CGI) salvo que se trate de determinadas actividades accesorias.
- Las sociedades salvo las GAEC (art. 69 D del CGI).
- Las explotaciones ganaderas dedicadas a la preparación y adiestramiento de ganado ecuestre (art. 69 E en relación con el art. 63 del CGI).
- Los agricultores con ingresos por venta de biomasa o por producción de energía a partir de productos o subproductos de su explotación (art. 69 E en relación con el art. 63 del CGI).
- Los agricultores que tienen ingresos por el alquiler de derechos de pago básico (art. 69 E en relación con el art. 63 del CGI).

320 Véase comentario de la DGFiP BOI-BA-REG-15 que se puede consultar en https://bofip.impots.gouv.fr/bofip/10614-PGP.html/identifiant=BOI-BA-REG-15-20160907. Recuperado el 6 de abril de 2025.

- Los agricultores cuyos bienes estén, en todo o en parte, en un patrimonio fiduciario dentro de una operación fiduciaria de acuerdo con el art. 2011 del Código Civil francés (art. 69 E del CGI).
- Los agricultores cuyas explotaciones estén fuera de Francia (art. 158.1 del CGI).

9.2. RÉGIMEN MICRO-BA

Este régimen sustituye al régimen a tanto alzado (*régime du bénéfice forfaitaire agricole*)[321] que estaba vigente hasta el ejercicio 2015 en una clara tendencia a la reducción de los regímenes simplificados.

En el anterior régimen a tanto alzado el beneficio se calculaba en función del rendimiento asignado a cada hectárea en función del tipo de cultivo, esto es, multiplicando las hectáreas por el beneficio estándar por hectárea.

Con el régimen micro-BA se sustituye ese sistema simplificado pasando de un rendimiento objetivo por hectárea a la consideración, como en España, de los ingresos reales multiplicados por unos coeficientes.

Ahora bien, a diferencia de lo que ocurre en España, se intenta corregir la variabilidad de los ingresos reales.

Concretamente, la base imponible en este régimen es igual a la media de los ingresos del ejercicio y los dos anteriores, minorado en una deducción del 87% de los mismos que no puede ser inferior a 305,00 euros[322].

En caso de inicio de actividad se tiene en cuenta en el primer año los ingresos del mismo y en el segundo la media del primer y segundo año, incluso si en el primer año se careció de ingresos.

Los ingresos a tener en cuenta son los importes cobrados (*sommes encaissées*) en el año natural impuestos excluidos. A estos efectos, y a diferencia del trata-

---

321 Recogido en el derogado art. 64 del CGI. Véase comentario de la DGFiP en https://bofip.impots.gouv.fr/bofip/3554-PGP.html/identifiant%3DBOI-BA-BASE-10-20160907. Recuperado el 6 de abril de 2025.

322 Art. 64.Bis CGI. Véase comentario de la DGFiP en https://bofip.impots.gouv.fr/bofip/10605-PGP.html/identifiant=BOI-BA-BASE-15-10-20160907. Recuperado el 6 de abril de 2025.

miento para el límite del régimen, la DGFiP interpreta que forma parte de esos *importes cobrados* la compensación a tanto alzado de IVA del régimen especial[323].

El art. 64.Bis.IV contempla como obligaciones formales la llevanza de un libro registro de ingresos y la conservación de los justificantes de esos ingresos.

El régimen micro-BA[324] es, con ello, generalmente ventajoso pero puede no serlo cuando el agricultor tiene ingresos bajos y gastos elevados, por ejemplo, por el inicio de su actividad o por incurrir en una inversión importante, pues este régimen no permite deducir los gastos reales y, por tanto, declarar una pérdida.

También puede no ser ventajoso al no poder aplicar otros beneficios: no se puede así determinar libremente el cierre del ejercicio, ni aplicar las deducciones por ahorro preventivo o por instalación de jóvenes agricultores, ni imputar en 7 ejercicios beneficios excepcionales, como veremos seguidamente.

9.3. RÉGIMEN DE BENEFICIO REAL SIMPLIFICADO

Al igual que en España con la estimación directa normal y simplificada, el régimen de beneficio real simplificado se remite a las normas del régimen normal pero estableciéndose determinadas normas que simplifican obligaciones contables y de información en los artículos 74 a 74 B CGI[325].

Concretamente, en el régimen simplificado:

- Se utiliza una contabilidad de caja (74.a CGI), esto es, se registran los ingresos y gastos cuando se cobran y pagan. No obstante, los créditos y deudas se contabilizan al final del ejercicio pasando en ese momento de una contabilidad de caja a una según el principio del devengo. En el caso de los gastos generales periódicos, regulares e inferiores al año (arrenda-

323 BOI-BA-BASE-15-10 nº 4 que se puede consultar en https://bofip.impots.gouv.fr/bofip/10605-PGP.html/identifiant=BOI-BA-BASE-15-10-20160907#4._Remboursement_forfaitair_37. Recuperado el 6 de abril de 2025.

324 Según la opinión en el punto 15650 de la página 336 de VVAA Coord. Loyer, S. (2021). *Mémento Pratique Fiscal 21*. Francis Lefebvre.

325 Véase comentario de la DGFiP BOI-BA-DECLA-30 en https://bofip.impots.gouv.fr/bofip/5790-PGP.html/identifiant%3DBOI-BA-DECLA-30-20220622. Recuperado el 6 de abril de 2025.

miento, seguros, suministros, etc.) se permite, a opción del agricultor, no regularizar al final del ejercicio y reconocerlos sólo con el pago[326].

- Se permite (74.b CGI), a opción del agricultor y salvo para las materias primas compradas y los anticipos a las cosechas, valorar las existencias[327] en lugar de por su coste o valor de mercado si es inferior, por el último precio o valor a fecha del cierre con un descuento del 30% para el ganado bovino y los productos vitícolas y de un 20% para el resto[328].
- Se permite (74.c CGI), a opción del agricultor, deducir los gastos de combustible por desplazamientos del propio agricultor a tanto alzado mediante un baremo que se publica anualmente por la Administración[329]. Dado que el baremo está en función del número de kilómetros, el agricultor debe poder probar que los desplazamientos se deben a la actividad desarrollada.
- No se exige la justificación documental de pequeños gastos generales accesorios pagados en efectivo (como propinas, gastos de aparcamiento, detalles con clientes, etc.) hasta un límite del 1 por mil de la facturación con un mínimo de 152,00 euros. No se trata de un porcentaje sino de un límite a gastos efectivamente contabilizados pero cuya justificación documental es dificultosa.
- Se simplifica la información anexa a la declaración, concretamente, a un cuadro de activos fijos y amortizaciones, una cuenta de resultados simplificada y un balance simplificado (art. 74 A CGI).

9.4. EJERCICIO ECONÓMICO QUE NO COINCIDE CON EL AÑO NATURAL

No se trata de una medida específica para los beneficios agrícolas.

---

326 BOI-BA-DECLA-30 nº 4.

327 Véase comentario BOI-BA-BASE-20-20-20-20 en https://bofip.impots.gouv.fr/bofip/4562-PGP.html/identifiant=BOI-BA-BASE-20-20-20-20-20120912. Recuperado el 6 de abril de 2025.

328 De acuerdo con el art. 38 sexdecies JC del Anexo III del CGI.

329 Puede consultarse el de 2022 en https://bofip.impots.gouv.fr/bofip/2095-PGP.html/identifiant=BOI-BAREME-000003-20230125. Recuperado el 6 de abril de 2025.

De hecho, la regulación está en el art. 36 y 37 del CGI, esto es, dentro de los artículos que regulan los beneficios industriales y comerciales (BIC, *bénéfices industriels et commerciaux*) y es aplicable a los beneficios agrícolas por la remisión que realiza el art. 72 del CGI.

El art. 36 establece la tributación por los beneficios obtenidos en el año natural o en el periodo de doce meses cuyos resultados hayan servido para formar el último balance, esto es, el último ejercicio cerrado en el año natural.

Así, los agricultores que tributan por beneficio real pueden elegir libremente la fecha del cierre del ejercicio[330].

En caso de ejercicios económicos superiores o inferiores al año se sigue teniendo en cuenta el ejercicio económico (art. 37 CGI). No obstante, si no se ha producido el cierre del ejercicio económico en el año natural por superar éste el año, se calcula el beneficio desde el último cierre hasta el 31 de diciembre del año natural, deduciéndose posteriormente esos beneficios en la siguiente declaración.

9.5. DEDUCCIÓN POR AHORRO PREVENTIVO

La deducción por ahorro preventivo (DEP, *déduction pour épargne de précaution*) se encuentra regulada en el art. 73 del CGI.

Sólo es aplicable a los agricultores que tributan por un régimen de beneficio real.

Los agricultores pueden aplicar una reducción[331]:

- Del 100% de la base imponible, si es inferior a 28.612,00 euros.
- De la cantidad de 28.612,00 euros más el 30% del beneficio que exceda de este límite, cuando sea superior o igual a 28.612,00 euros e inferior a 52.985,00 euros.

---

330 Comentario BOI-BA-BASE-20-10-10 nº 10 que se puede consultar en https://bofip.impots.gouv.fr/bofip/3960-PGP.html/identifiant=BOI-BA-BASE-20-10-10-20210512. Recuperado el 6 de abril de 2025.

331 Importes actualizados a 2023 de acuerdo con el comentario BOI-BA-BASE-30-45-20 nº 10: https://bofip.impots.gouv.fr/bofip/11683-PGP.html/identifiant=BOI-BA-BASE-30-45-20-20230503. Recuperado el 6 de abril de 2025.

- De la cantidad de 35.924,00 euros incrementada en un 20% del beneficio que exceda de 52.985,00 euros, cuando sea superior o igual a 52.985,00 euros e inferior a 79.478,00 euros.
- De la cantidad de 41.222,00 euros incrementada en un 10% del beneficio que exceda de 79.478,00 euros, cuando sea superior o igual a 79.478,00 e inferior a 105.970,00.
- De la cantidad de 43.872,00, cuando la base imponible sea superior o igual a 105.970,00 euros.

Para los GAEC y las explotaciones agrarias de responsabilidad limitada que no opten por el Impuesto sobre Sociedades, los límites se multiplican por el número de socios agricultores hasta un máximo de 4, sin que pueda exceder del beneficio imponible.

Para aplicar la reducción el agricultor deberá, dentro de los 6 meses siguientes al cierre del ejercicio y, en todo caso, en el plazo de presentación de la declaración, ingresar en una cuenta corriente abierta en una entidad de crédito una cantidad comprendida entre el 50% y el 100% del importe de la deducción y consignar dicho ahorro en el activo del balance.

A estos efectos se asimila a ese ahorro en dinero:

- Los costes de adquisición o producción de piensos destinados a ser consumidos por los animales de la explotación.
- los costes de adquisición o producción de existencias de productos, en particular vitícolas, o ganado cuyo ciclo de rotación sea superior al año.
- Ciertos créditos con la cooperativa de la que es socio o con la organización de productores de la que es miembro en ejecución de contrato superior al año celebrado con ellas.

No se trata de un ahorro fiscal sino de un diferimiento y, así, las cantidades deducidas se deben destinar durante los diez ejercicios siguientes a hacer frente a los gastos de la actividad, imputándose al resultado del ejercicio en que se utilizaron o al del siguiente.

Transcurridos los diez ejercicios siguientes sin utilizar las cantidades, se imputarán al décimo ejercicio siguiente al que se hubiera practicado la deducción.

9.6. DEDUCCIÓN PARA AGRICULTORES JÓVENES

La deducción para agricultores jóvenes se encuentra regulada en el art. 73 B del CGI y es sólo aplicable a los agricultores que tributan por un régimen de beneficio real.

En España existe también un beneficio para los jóvenes agricultores que reciben ayudas para su primera instalación (reducción del 25%), pero se aplica en estimación objetiva y no en estimación directa.

La DGFiP, a diferencia de lo que hace la CDGT de 08/10/2020 (V3041-20) y en consonancia con el criterio de la AEAT hasta la publicación de dicha consulta, no considera beneficiario de esta deducción a quien tenga menos de 40 años en cada uno de los ejercicios de aplicación de la misma, sino a quien sea beneficiario de la ayuda de instalación de jóvenes agricultores por tener dicha edad en el momento de la solicitud[332].

Las bonificaciones se aplican en los 60 primeros meses desde la concesión de la ayuda a la instalación mediante una reducción de la base imponible con los siguientes porcentajes[333]:

Importe de la base imponible	Porcentaje de reducción Año de concesión de la ayuda	Porcentaje de reducción Otros años
Menor o igual a 45.100€	100%	75%
Más de 45.100 €:		
`fracción de beneficio inferior o igual a 45.100€	100%	50%
`fracción de beneficio superior a 45.100€ e inferior o igual a 60.100€	60%	30%
`fracción de beneficio superior a 60.100€	0%	0%

332 De acuerdo con el comentario BOI-BA-BASE-30-10-10 nº 10 https://bofip.impots.gouv.fr/bofip/3113-PGP.html/identifiant=BOI-BA-BASE-30-10-10-20190515. Recuperado el 6 de abril de 2025.

333 Actualización con la redacción vigente a 1 de enero de 2023 del art. 73 B del CGI del cuadro contenido en BOI-BA-BASE-30-10-30 nº 10 https://bofip.impots.gouv.fr/bofip/3117-PGP.html/identifiant=BOI-BA-BASE-30-10-30-20210512. Recuperado el 6 de abril de 2025.

9.7. IMPUTACIÓN EN 7 AÑOS DE BENEFICIOS ORDINARIOS EXCEPCIONALES SUPERIORES A LOS NORMALMENTE OBTENIDOS

El art. 75-0 A del CGI prevé una norma de imputación aplicable sólo a los agricultores que tributen por el beneficio real que permite la suavización de ingresos en casos de obtención de beneficios ordinarios, esto es, no de la enajenación de inmovilizado sino de la actividad ordinaria, pero que superan los normalmente obtenidos por la explotación.

Así, a opción del agricultor se permite que estos beneficios excepcionales se imputen en el ejercicio de su obtención y en los seis siguientes por partes iguales.

Los beneficios excepcionales previstos son:

a.- Por su importe respecto al de los beneficios de ejercicios anteriores.

La irregularidad o excepcionalidad, de acuerdo con la DGFiP[334], puede proceder de una cosecha excepcional, una comercialización con precios especialmente elevados o algún acontecimiento independiente de la actuación del agricultor, pero todo ello dentro del ejercicio normal de la actividad agrícola.

Para ello se exige con respecto a los tres ejercicios anteriores:

- Que el beneficio sea superior en 25.000,00 euros.
- Que el beneficio supere en 1,5 la media de los tres ejercicios anteriores. A estos efectos a los ejercicios con pérdidas se les imputa un valor de 0,00 euros.

b.- Por proceder de indemnizaciones por sacrificio obligatorio del ganado.

Se trata de sacrificios del ganado impuestos por la Administración por motivos sanitarios para evitar la propagación de enfermedades. Para estos casos, el beneficio excepcional se calcula por la diferencia de la indemnización y el valor contable del animal sacrificado.

---

334 BOI-BA-LIQ-10 nº 80 que se puede consultar en https://bofip.impots.gouv.fr/bofip/2765-PGP.html/identifiant=BOI-BA-LIQ-10-20220622. Recuperado el 6 de abril de 2025.

9.8. RÉGIMEN DE MEDIA TRIENAL: PROMEDIACIÓN DE BENEFICIOS DE TRES AÑOS

El art. 75-0 B del CGI recoge otra norma de suavización de ingresos aplicable sólo a los agricultores que tributen por el beneficio real.

A opción del agricultor, se permite tributar por la media del beneficio del año y de los dos años anteriores. Para ello no se tienen en cuenta la compensación de pérdidas.

A diferencia del régimen micro-BA en el que la media de ingresos se aplica desde el inicio de actividad, a la promediación de beneficios reales no se puede optar en los dos primeros años de la actividad.

La DGFiP[335] ha interpretado que dado que el artículo se refiere al año, la media se realiza sobre los beneficios del año natural.

9.9. RÉGIMEN DE EXPLOTACIONES FORESTALES

Se regula en el art. 76 del CGI.

De acuerdo con dicho artículo el beneficio de la tala de madera se fija a tanto alzado en un importe igual a la renta que sirvió de base para el Impuesto sobre Bienes Inmuebles en el ejercicio fiscal. En consecuencia, la base imponible está constituida por los rendimientos catastrales de estos inmuebles[336].

Este régimen especial se aplica sólo a la tala de madera, no a los beneficios procedentes de los frutos, la corteza o resinas, así como a los de la transformación de la madera.

---

335 BOI-BA-LIQ-20-10 nº 10 https://bofip.impots.gouv.fr/bofip/12077-PGP.html/identifiant=BOI-BA-LIQ-20-10-20220622. Recuperado el 6 de abril de 2025.

336 BOI-BA-SECT-10 nº 20 https://bofip.impots.gouv.fr/bofip/3587-PGP.html/identifiant=BOI-BA-SECT-10-20160907. Recuperado el 6 de abril de 2025.

9.10. INCREMENTO DEL BENEFICIO POR NO CONFECCIONAR LA CONTABILIDAD POR PROFESIONALES AUTORIZADOS (VIGENTE HASTA 2022)

No se trataba de un beneficio fiscal sino de una medida para garantizar la calidad de la contabilidad de la empresa[337].

La medida estaba contenida en el art. 158.7.1º del CGI y se derogó con efectos desde el 1 de enero de 2023[338].

Afectaba a los beneficios agrícolas determinados por el régimen de beneficio real, a los beneficios de actividades industriales y comerciales (BIC) y a los beneficios no comerciales (BNC).

Consistía en un incremento del beneficio declarado en un 25% hasta 2019, en un 20% para 2020, en un 15% para 2021 y en un 10% para 2022, derogándose desde 2023.

El recargo era aplicable a quienes no estuvieran adheridos a un centro de gestión autorizado, a una asociación de profesionales liberales autorizada o a un organismo de gestión mixta autorizado[339] o que no utilizaran los servicios de un auditor de cuentas o de un certificador extranjero.

9.11. OTRAS DEDUCCIONES

Se establece[340]:

- Una deducción en la cuota para los agricultores con agricultura ecológica, independientemente de su régimen de determinación del rendimiento, de 4.500 euros si más del 40% de sus ingresos proceden de agricultura

---

337 El comentario a esta medida se puede consultar en https://bofip.impots.gouv.fr/bofip/1436-PGP.html/identifiant=BOI-IR-BASE-10-10-20-20210512. Recuperado el 6 de abril de 2025.

338 Por Ley nº 2020-1721: https://www.legifrance.gouv.fr/jorf/article_jo/JORFARTI000042753625. Recuperado el 6 de abril de 2025.

339 La regulación de estos centros se encontraba en el derogado Capítulo I ter del Título Primero de la Parte Tercera del Libro Primero del CDI (art. 1649 quater C y siguientes)..

340 Véase comentarios en https://bofip.impots.gouv.fr/bofip/4309-PGP.html/identifiant=BOI-BA-RICI-20-20210630. Recuperado el 6 de abril de 2025.

ecológica y de 5.000 euros si, además, reciben ayudas para el mantenimiento de esa agricultura ecológica[341].

- Una deducción en cuota para actividades agrícolas que requieren la presencia diaria del agricultor en la explotación del 50% de los gastos necesarios para sustituir al agricultor hasta un límite de 14 días de vacaciones y del 60% de los gastos para la sustitución por enfermedad o accidente de trabajo[342]. Un supuesto de presencia diaria sería la cría de ganado, que requiere la alimentación y supervisión diaria.

Asimismo, los agricultores que determinen el rendimiento por el beneficio real pueden aplicar las deducciones de la cuota aplicables a las actividades comerciales e industriales (BIC) y no comerciales (BNC) por investigación[343], por inversiones en Córcega[344], por conciliación familiar[345] y por gastos de formación del empresario[346].

10. INDIA

En India el Impuesto sobre la Renta es progresivo con una escala de cuatro tramos con unos tipos que van desde el 0% hasta el 30% a partir de 10.000.000 de rupias (unos 111.134,30 euros)[347].

India fue en 2021 el duodécimo país en exportaciones de productos agrícolas a nivel mundial con 50.490 millones de dólares de EE.UU. de valor de sus exportaciones.

---

341 Art. 244 quater I CGI.

342 Art. 200 undecies CGI.

343 Art. 244 quater B CGI.

344 Art. 244 quater E CGI.

345 Art. 244 quater F CGI.

346 Art. 244 quater M CGI.

347 Siendo aplicables unos recargos adicionales bajo determinadas circunstancias de acuerdo con la sección 2 de las distintas Leyes de Finanzas de cada año que se pueden consultar en: https://incometaxindia.gov.in/pages/indiacode/finance-indiacode.aspx. Recuperado el 6 de abril de 2025.

La Ley del Impuesto sobre la Renta de 1961 (ITA, *Income-tax Act, 1961*) recoge en su sección 14 cinco tipos de rendimientos (salarios, rentas de la propiedad inmobiliaria, beneficios y ganancias de negocios o profesión, ganancias de capital e ingresos de otras fuentes)[348].

Las principales medidas adoptadas en India son la exención de los rendimientos agrícolas y las cuentas de desarrollo de determinados cultivos parcialmente exentos. Aunque no es objeto del presente trabajo nos parece interesante destacar aquí como esa exención de los rendimientos agrarios se complementa con beneficios en las sociedades comercializadoras en las que participe el agricultor, permitiéndole desarrollar más fases del proceso productivo como actividad bonificada, así como otras medidas (exención por reinversión de terrenos y expropiaciones) que hacen que difícilmente el agricultor llegue a tributar por el Impuesto sobre la Renta.

Las referidas medidas adoptadas en India que podemos destacar son las siguientes:

10.1. EXENCIÓN TOTAL DE LOS RENDIMIENTOS AGRÍCOLAS

De acuerdo con la sección 10 (1) de la ITA no forman parte de la renta total (*total income*), esto es, de la base imponible, los rendimientos de la agricultura (*agricultural income*)[349].

Con esta medida casi no es necesario tomar ninguna medida más.

La exención se establece de su tributación, pero no de su declaración en los formularios a efectos de control[350].

---

348 La Ley se puede consultar en https://incometaxindia.gov.in/Pages/acts/income-tax-act.aspx. Recuperado el 6 de abril de 2025.

349 Aunque están exentos a nivel central, hay regiones que sí establecen tributación sobre los rendimientos agrícolas. Véase artículo de Neelanjit Das (2023). *What is agriculture income, different types of Agriculture Income?*https://economictimes.indiatimes.com/wealth/tax/what-is-agriculture-income-different-types-of-agriculture-income/articleshow/104818288.cms?from=mdr. Recuperado el 6 de abril de 2025.

350 Se declara en el formulario ITR 1 hasta 5.000 rupias y el ITR 2 si supera dicha cantidad.

En los casos en que el contribuyente obtenga rendimientos agrícolas exentos y otros ingresos tributables, los rendimientos agrícolas se tienen en cuentan a efectos de la aplicación del tipo progresivo a los no agrícolas.

Concretamente, se tienen en cuenta si esos rendimientos agrícolas fueron de, al menos, 5.000 rupias (55,62 euros) y los rendimientos no agrícolas fueron de, al menos, 2,5 lakh (unidad numérica de India equivalente al número 100.000) de rupias, esto es, 250.000 rupias (equivalentes a 2.781,05 euros)[351] para menores de 60 años, 3 lakh de rupias (equivalentes a 3.337,26 euros) para mayores de 60 pero menores de 80 y 5 lakh de rupias (equivalentes a 5.562,10 euros) para mayores de 80.

Con este beneficio fiscal resulta de mucha importancia la delimitación del concepto de renta agrícola, que se define a estos efectos en la sección 2 (1A) de la ITA.

Así, son rendimientos agrícolas:

a. Las rentas o ingresos derivados de tierras situadas en la India y utilizadas con fines agrícolas. Esto es, se eximen los ingresos del arrendamiento de fincas agrícolas.

b. Los beneficios derivados de dicha tierra por:

   (i) La agricultura[352], incluyendo de acuerdo con las explicaciones contenidas en la propia sección 2 (1A) de la ITA al cultivo en viveros que se considera rendimiento agrícola. No se incluyen en la exención, por tanto, los rendimientos de la ganadería.

---

351 Sección 2 (2) de las Leyes de Finanzas.

352 La ITA no define qué es agricultura.
De acuerdo con comentario que se puede consultar en https://cleartax.in/s/agricultural-income, el significado fue establecido por la Corte Suprema en el caso CIT contra Raja Benoy Kumar Sahas Roy, donde se explicó que la agricultura consta de dos tipos de operaciones:
– Operaciones básicas que incluirían el cultivo de la tierra y, en consecuencia, la labranza de la tierra, la siembra, la plantación y todas aquellas operaciones que requieran habilidad y esfuerzo humanos directamente en la tierra misma.
– Operaciones posteriores que incluirían operaciones que se llevan a cabo para el crecimiento y la conservación del producto, como desmalezar, excavar la tierra alrededor de los cultivos, etc., y también aquellas operaciones que harían que el producto fuera apto para su uso en el mercado, como cuidar, podar, cortar y cosechar, etc.

(ii) La realización por parte de un agricultor o de un propietario que recibe la renta en especie (cedente en aparcería) de cualquier proceso normalmente empleado para hacer que los productos sean aptos para ser llevados al mercado; o

(iii) La venta por un agricultor o un propietario que recibe la renta en especie de los productos producidos o recibidos y para los cuales no se haya efectuado ningún tratamiento distinto de los descritos en el apartado ii) del presente subapartado;

En consecuencia, se permite la transformación necesaria para que el producto agrícola sea vendible en un mercado.

c. Los beneficios obtenidos por un agricultor, un propietario que recibe la renta en especie o un arrendador, derivados de un edificio siempre que:

(i) El edificio se encuentre en el terreno agrícola o en sus inmediaciones y sea necesario para fines agrícolas como vivienda, almacén o como edificio anexo. La exención no se extiende a edificios arrendados con fines residenciales o que son utilizados para el ejercicio de una actividad empresarial o profesional distinta de la agricultura.

(ii) La tierra está sujeta a impuestos sobre tierras agrícolas en India o a una tasa local como tal, esto es, en España que estuviera calificada como rústica en el Impuesto sobre Bienes Inmuebles.

Para el caso que no estuviera sujeta a impuesto sobre la tierra o a una tasa local, también puede considerarse tierra agrícola siempre que no se encuentre cerca de un municipio de gran población para evitar intereses urbanísticos. A estos efectos se tiene en cuenta el último censo publicado con anterioridad al año anterior.

Concretamente, se establece que puede estar en cualquier zona de un municipio con una población de menos de 10.000 personas, a 2 kilómetros si la población es entre 10.000 y 1 lakh, a 6 kilómetros de 1 a 10 lakh y a 8 kilómetros con una población de más de 10 lakh.

Esto es[353]:

353 Fuente: https://tax2win.in/guide/income-tax-agricultural-income. Recuperado el 6 de abril de 2025.

Distancia aérea del municipio	Población
Dentro de 2 kilómetros	10.000 a 100.000
Dentro de 6 kilómetros	100.001 a 1.000.000
Dentro de 8 kilómetros	> 1.000.000

Como hemos visto, se permite la transformación necesaria para que el producto agrícola sea vendible en un mercado. No obstante, para otros casos de transformación, el rendimiento agrario sí seguirá estando exento. En esos casos los ingresos obtenidos serán en parte agrarios y en parte empresariales.

De manera similar a la solución adoptada para los procesos de transformación en España, en estos casos de los ingresos se deducirá el valor de mercado del producto agrario que haya sido utilizado como materia prima[354], no permitiéndose la deducción lógicamente de los gastos incurridos para la obtención de dicho producto agrario. La depreciación correspondiente al inmovilizado se considera de la parte empresarial, permitiéndose su deducción íntegra[355].

El valor de mercado se calcula:

- Cuando el producto se venda sin transformación o con la transformación necesaria para comercializarlo en un mercado, por el precio medio al que haya sido vendido de ese modo durante el año anterior.
- Cuando el producto no se venda en esas circunstancias, el valor de mercado será la suma de los gastos de cultivo, la renta de alquiler pagada y la cantidad que la Administración, concretamente un funcionario tasador (*Assesing Officer*), considere, teniendo en cuenta las circunstancias del caso, necesaria para presentar un beneficio razonable.

Determinados cultivos comerciales (caucho, café y té) tienen sus normas específicas, concretamente:

- Ingresos procedentes de la fabricación de caucho[356].

---

354 De acuerdo con la Regla 7 de las Reglas del Impuesto sobre la Renta de 1962 ITR (*Income-tax Rules*) que se puede consultar en: https://incometaxindia.gov.in/Pages/rules/income-tax-rules-1962.aspx. Recuperado el 6 de abril de 2025.

355 Explicación 7 de la sección 43 (6) de la ITA.

356 De acuerdo con la Regla 7 A de las ITR.
Se incluyen en esa regla los ingresos derivados de la venta de látex centrifugado, de láminas a base de látex (como láminas de látex pálido), de láminas marrones (como lámina

Se computan en parte como ingresos derivados de la actividad empresarial, concretamente, se establece la sujeción al Impuesto del 35% de dichos ingresos. Se tienen en cuenta a estos efectos los gastos de sustitución de plantas muertas o inservibles si no han sido abandonadas previamente, sin tener en cuenta los importes subvencionados que han estado exentos.

- Ingresos procedentes de la fabricación de café[357].

  Se computan en parte como ingresos derivados de la actividad empresarial, concretamente, se establece la sujeción al Impuesto:

  o Del 25% si se trata de café cultivado y secado[358].

  o Del 40% si se trata de café cultivado, secado, tostado y molido, con o sin mezcla de aromatizantes.

  Igualmente, se tienen en cuenta a estos efectos los gastos de sustitución de plantas muertas o inservibles si no han sido abandonadas previamente, sin tener en cuenta los importes subvencionados que han estado exentos.

- Ingresos procedentes de la fabricación de té[359].

  Se computan también en parte como ingresos derivados de la actividad empresarial, concretamente, se establece la sujeción al Impuesto del 40% de dichos ingresos e, igualmente, se tienen en cuenta los gastos de sustitución de plantas muertas o inservibles si no han sido abandonadas previamente, sin tener en cuenta los importes subvencionados que han estado exentos.

---

marrón de finca, remolida, de manta ahumada o de corteza plana) o de cauchos en bloque técnicamente especificados fabricados o procesados a partir de látex de campo o de coágulo obtenido de plantas de caucho cultivadas por el vendedor en la India.

357 Regla 7 B de las ITR.

358 Sobre el proceso de curado o secado (*curing*) la Regla se remite a la definición contenida en la sección 3 de la Ley del Café de 1942 (*Coffee Act 1942*) según la cual curado es la aplicación al café de un proceso mecánico distinto del despulpado con el fin de prepararlo para su comercialización. La referida norma se puede consultar en https://www.indiacode.nic.in/bitstream/123456789/2412/1/a1942-07.pdf. Recuperado el 6 de abril de 2025.

359 Regla 8 de las ITR.

10.2. EXENCIÓN POR REINVERSIÓN EN LA ENAJENACIÓN DE TERRENOS AGRÍCOLAS

La sección 54B de la ITA regula una exención en la venta de un terreno agrícola siempre que se cumplan los siguientes requisitos:

a.- Que el terreno haya sido utilizado para fines agrícolas en los dos años inmediatamente anteriores a la fecha de la transmisión.

b.- Que se adquiera otro terreno para ser utilizado para fines agrícolas en los dos años inmediatamente siguientes. En el caso en que la reinversión no se realice en el propio ejercicio el dinero deberá ser depositado en una cuenta bancaria específica de depósito de plusvalías y la aplicación del beneficio dependerá de la aportación del justificante de dicho depósito.

La ganancia exenta dependerá del importe reinvertido y, así:

- Si el importe de la ganancia fuera igual o inferior al valor de adquisición del terreno, la ganancia estará completamente exenta.
- Si el importe de la ganancia fuera superior al valor de adquisición del terreno, la diferencia se integrará como ganancia patrimonial.

Si el terreno así adquirido fuera enajenado en los tres siguientes años la ganancia exenta minorará su valor de adquisición a efectos del cálculo de la nueva ganancia.

10.3. EXENCIÓN POR EXPROPIACIONES DE TERRENOS AGRÍCOLAS

La sección 10(37) de la ITA regula la exención en la enajenación de un terreno agrícola siempre que se cumplan los siguientes requisitos:

a. Que el terreno esté situado a la distancia de los municipios en función de la población vista anteriormente.

b. Que el terreno haya sido utilizado para fines agrícolas en los dos años inmediatamente anteriores a la fecha de la transmisión.

c. Que la transmisión se realice de forma obligatoria por Ley o por estar así determinada por el Gobierno Central o el Banco de Reserva de la India.

10.4. DEDUCCIÓN DEL 100% DEL BENEFICIO PARA SOCIEDADES PRODUCTORAS DESDE EL 1 DE ABRIL DE 2019 HASTA EL 1 DE ABRIL DE 2025

La sección 88PA de la ITA regula una deducción para Sociedades Productoras cuyo volumen de negocios sea inferior a 100.000.000 de rupias (unos 1.104.137,92 euros) del 100% de los beneficios atribuibles desde el 1 de abril de 2019 hasta el 1 de abril de 2025.

Las Sociedades Productoras (*Producer Company*) según la definición contenida en la sección 378A[360] de la Ley de Sociedades de 2013 (*The Companies Act 2013*) son personas jurídicas cuyo objeto es, principalmente, la transformación y comercialización de los productos primarios de sus miembros, esto es, los agricultores, así como la prestación de servicios a los mismos[361].

---

360 Que se puede consultar en: https://www.indiacode.nic.in/handle/123456789/2114?sam_handle=123456789/1362. Recuperado el 6 de abril de 2025.

361 El objeto es el contenido en la sección 378B de la misma Ley de Sociedades de 2013, según el cual se pueden realizar las siguientes actividades:
(a) La producción, cosecha, adquisición, clasificación, agrupación, manipulación, comercialización, venta, exportación de productos primarios de los Miembros o importación de bienes o servicios para su beneficio, ya sea por si misma o a través de terceros.
(b) El procesamiento, incluyendo conservación, secado, destilación, elaboración de cerveza, vinificación, enlatado y envasado de productos de sus Miembros.
(c) La fabricación, venta o suministro de maquinaria, equipo o consumibles principalmente a sus Miembros;
(d) Dar educación sobre los principios de asistencia mutua a sus Miembros y otras personas;
(e) Prestar servicios técnicos, servicios de consultoría, capacitación, investigación y desarrollo y todas las demás actividades para la promoción de los intereses de sus Miembros;
(f) La generación, transmisión y distribución de energía, revitalización de los recursos terrestres y hídricos, su uso, conservación y comunicaciones relacionadas con los productos primarios;
(g) Aseguramiento de los productores o de sus productos primarios;
(h) Promover técnicas de mutualidad y asistencia mutua;
(i) Adoptar medidas de bienestar o facilidades en beneficio de los Miembros según lo decida la Junta;
(j) Cualquier otra actividad, auxiliar o incidental a cualquiera de las actividades mencionadas en las cláusulas (a) a (i) u otras actividades que puedan promover los principios de reciprocidad y asistencia mutua entre los Miembros de cualquier otra manera;
(k) La financiación de adquisiciones, procesamiento, comercialización u otras actividades especificadas en las cláusulas *(a)* a (j) que incluyan la concesión de facilidades de crédito o cualquier otro servicio financiero a sus Miembros

Los beneficios a los que se les aplica la deducción del 100% son los procedentes de:

- La comercialización de productos agrícolas cultivados por sus miembros.
- La compra de maquinaria y aperos agrícolas, semillas, ganado u otros elementos destinados a la agricultura con el fin de suministrarlos a sus miembros.
- La transformación de los productos agrarios de sus miembros.

10.5. DEDUCCIÓN DEL 100% DEL BENEFICIO PARA SOCIEDADES COOPERATIVAS

De forma muy similar a la sección 88PA de la ITA, la sección 80P regula una deducción para Sociedades Cooperativas del 100% de determinados beneficios.

Concretamente, en lo que nos interesa, las Sociedades Cooperativas dedicadas a la comercialización de productos agrícolas cultivados por sus miembros (2.a.iii), la compra de maquinaria y aperos, semillas, ganado u otros elementos destinados a la agricultura con el fin de suministrarlos a sus miembros (2.a.iv) o el procesamiento, sin ayuda de energía eléctrica, de los productos agrícolas de sus miembros (2.a.v) pueden deducirse la totalidad de los beneficios procedentes de esas actividades.

También pueden deducirse el 100% del beneficio las Sociedades Cooperativas de primer grado dedicadas al suministro de leche, oleaginosas, frutas o verduras cultivadas por sus miembros a otras cooperativas federales dedicadas a lo mismo, al Gobierno, a una autoridad local, a una empresa gubernamental o una corporación pública dedicada a lo mismo (2.b).

10.6. REGÍMENES DE CUENTAS DE DESARROLLO DEL TÉ, DEL CAFÉ Y DEL CAUCHO (*TEA DEVELOPMENT ACCOUNT, COFFEE DEVELOPMENT ACCOUNT AND RUBBER DEVELOPMENT ACCOUNT*)

Junto a la medida ya vista de considerar exentos los ingresos de estas industrias en un porcentaje entre el 60% y el 75%, la sección 33AB regula las cuentas de desarrollo de estos cultivos.

De manera similar a otras cuentas bancarias especiales, como las existentes en Australia y Nueva Zelanda, los depósitos a estas cuentas especiales son deducibles tributándose en el momento de su retiro. Sin embargo, los retiros para determinados fines específicos no van a estar sometidos a tributación, produciéndose en ese caso la exención y no el diferimiento del rendimiento.

Los depósitos deben realizarse en los seis meses siguientes a la finalización del ejercicio o en la fecha límite de presentación de la declaración si es anterior.

Los depósitos deben ser realizados:

- En una cuenta especial del Banco Nacional para la Agricultura y el Desarrollo Rural (*National Bank for Agriculture and Rural Development*) dependiente del Ministerio de Economía del Gobierno de la India. El importe a depositar y los fines a los que se destinarán los mismos deben acogerse a un plan de la Junta del Té (*Tea Board India*), del Café (*Coffee Board India*) o del Caucho (*Rubber Board India*) según los casos[362].
- En una cuenta abierta por el contribuyente para un plan específico para ese depósito elaborado por la Junta del Té, del Café o del Caucho previa aprobación por el Gobierno Central.

La deducción tiene como límite la cantidad depositada o el 40% del beneficio del ejercicio si es menor.

Para ello se prevé que las cuentas estén auditadas y que, junto al informe de auditoría general, se realice un informe específico.

La retirada de los depósitos se puede realizar:

a.- Para los fines aprobados en los planes de la Junta del Té, del Café o del Caucho.

En este caso, con la retirada no se imputa ningún ingreso. No obstante, si finalmente no se aplica en todo o en parte al fin previsto la parte no aplicada deberá integrarse como ingreso, salvo que no se haya podido aplicar por muerte del contribuyente, partición de proindiviso familiar hindú o liquidación de sociedad.

Los activos adquiridos con los depósitos en ejecución de un plan deben ser mantenidos durante 8 años pues, en caso de ser vendidos con anterioridad, se considera la parte del precio de adquisición financiado con la retirada ingreso del año de la venta.

---

362 Los planes (*schemes*) del té y el caucho se pueden consultar en: https://www.teaboard.gov.in/home y http://rubberboard.org.in/public. Recuperados el 6 de abril de 2025.

Es posible incumplir el plazo de mantenimiento de 8 años si el activo es vendido al Gobierno, a una autoridad local, a una corporación pública o una empresa pública. Asimismo, en caso de sucesión de empresas en los que se venden todos los activos y pasivos de la explotación se permite el cumplimiento por el adquirente.

b.- Por cese en la actividad o disolución de la entidad.

En estos casos lo retirado se considera ingreso del ejercicio.

c.- Por muerte del contribuyente, extinción de proindiviso familiar hindú y liquidación de sociedad.

En estos casos no se prevé su integración como ingreso.

d.- Para la adquisición de maquinaria e instalaciones.

Se permite la retirada para la adquisición de maquinaria o instalaciones para cualquier local de oficina o alojamiento residencial, para material de oficina que no sean ordenadores, para maquinaria e instalaciones cuyo valor de adquisición se deduzca totalmente, o que vaya a instalarse en una empresa industrial con fines de construcción, fabricación o producción de cualquier artículo de los especificados en el Anexo 11 (*The Eleventh Schedule*).

En dicho Anexo 11 se recogen productos variados como cerveza, vino y demás bebidas alcohólicas, tabaco, cosméticos, pasta de diente, jabón, etc.

En este caso los depósitos retirados se integran como ingreso.

11. ITALIA

En Italia el IRPEF es progresivo con una escala de cuatro tramos, que van desde un tipo del 23% hasta el 43% a partir de 50.000 euros[363].

El Texto Refundido del Impuesto sobre la Renta (TUIR, *Testo Unico Delle Imposte Sui Redditi*)[364] aprobado por el Decreto del Presidente de la Repúbli-

363 Art. 11 del TUIR al que nos referiremos seguidamente.

364 Dicho TUIR se puede consultar en: https://def.finanze.it/DocTribFrontend/getAttoNormativoDetail.do?ACTION=getSommario&id={31D694E8-4398-4030-873B-FEAF5A6647F9}. Recuperado el 6 de abril de 2025.

ca (DPR, *Decreto del Presidente della Repubblica*) de 22 de diciembre de 1986, nº 917, recoge la regulación tanto del Impuesto sobre la Renta de las Personas Físicas (IRPEF, *Imposta Sul Reddito Delle Persone Fisiche*) como del Impuesto sobre Sociedades (IRES, *Imposta Sul Reddito Delle Societa'*), que se aplican tanto a residentes como a no residentes.

Dentro de las 6 categorías de rentas del IRPEF establecidas en el art. 6 del TUIR, los ingresos agrarios se califican dentro de los rendimientos de la tierra (*redditi fondiari*), categoría diferente a la de los rendimientos empresariales (*redditi d'impresa*).

Italia fue en 2021 el décimo país en exportaciones de productos agrícolas a nivel mundial con 63.664 millones de dólares de EE.UU. de valor de sus exportaciones.

Pasamos a analizar las medidas que podemos destacar.

11.1. DETERMINACIÓN DEL RENDIMIENTO POR UNA RENTA PRESUNTA FIJADA POR CATASTRO

Los rendimientos de la tierra (*redditi fondiari*) se regulan en los artículos 25 a 43 del TUIR.

Del régimen previsto de renta fijada catastralmente se puede destacar, en comparación con la normativa española, tanto el amplio ámbito de aplicación, como la determinación puramente objetiva del rendimiento, teniendo sólo en cuenta el tipo de terreno agrícola.

11.1.1. Ámbito de aplicación

La extensión del ámbito de aplicación llama la atención tanto desde un punto de vista subjetivo como objetivo.

11.1.1.1. Ámbito de aplicación subjetivo. Aplicación con independencia del volumen de negocios. Aplicación a sociedades mercantiles

Desde un punto de vista subjetivo el régimen se aplica, cualquiera que sea el volumen de ingresos que se tenga, no sólo a las personas físicas sino también a sociedades y, dentro de ellas, no sólo a sociedades civiles sino también a determinadas sociedades mercantiles.

Por un lado, el TUIR contempla un régimen similar al que tienen las entidades en atribución de rentas en España para las denominadas sociedades de personas (*società di persone*)[365] que incluyen las sociedades simples (*società semplici*), en nombre colectivo (*in nome colectivo*) y en comandita simples (*in accomandita semplice).*

La primera sería similar a la sociedad civil en España y la segunda y tercera, a la colectiva y comanditaria simple.

Efectivamente, las sociedades simples tienen por objeto exclusivamente actividades económicas no comerciales y, por tanto, principalmente el ejercicio de actividades agrícolas. Asimismo, no limitan la responsabilidad de sus socios, carecen de capital mínimo y de particulares formalidades en su constitución y son inscribibles en el Registro Mercantil[366].

Los rendimientos, como en el régimen de atribución de rentas de España, se determinan por dichas sociedades con las mismas normas aplicables a las personas físicas y luego se atribuyen a sus socios en proporción a su participación (art. 5.1 del TUIR), presumiéndose la distribución por partes iguales si no se establece otra proporción (art. 5.2 TUIR). Su cálculo, por tanto, se realiza como para las personas físicas por renta presunta catastral.

A las sociedades simples se equiparan, asimismo, las sociedades de hecho (*società di fatto*) cuando no tengan por objeto actividades comerciales (art. 5.3.b TUIR). Estas sociedades son las que no cumplen las formalidades para su constitución.

Por otro lado, la determinación del rendimiento por renta catastral es aplicable, no de forma automática sino mediante opción del contribuyente con el cumplimiento de determinados requisitos, al resto de sociedades de personas (sociedades colectivas y sociedades comanditarias simples), a sociedades de responsabilidad limitada (*società a responsabilità limitata*) y a sociedades cooperativas (*società cooperative*)[367].

---

365 Véase breve comentario al concepto en la página del Consejo Nacional del Notariado (*Consiglio Nazionale del Notariato*) en https://notariato.it/it/impresa/societa-di-persone/. Recuperado el 6 de abril de 2025.

366 Descripción de acuerdo con https://notariato.it/it/impresa/societa-semplice/ Recuperado el 6 de abril de 2025.

367 De acuerdo con el art. 1,c, 1093 Ley nº 296/2006. La Ley se puede consultar en: https://www.normattiva.it/uri-res/N2Ls?urn:nir:stato:legge:2006-12-27;296!vig=. Recuperado el 6 de abril de 2025.

Quedan, por tanto, sólo fuera por su forma jurídica las sociedades anónimas (*società per azioni*) y las comanditarias por acciones (*società in accomandita per azioni*) que tendrán que tributar por sus rendimientos reales según sus estados financieros.

Como explica FONTANA[368] en la reforma tributaria italiana de 1973 la configuración del sujeto pasivo se consideraba irrelevante a efectos del tratamiento fiscal de las rentas agrarias, tributándose con independencia de la forma jurídica del mismo por el régimen de rendimientos presuntos calculados por Catastro.

En los años 90, según explica la autora, con las críticas por dar ese régimen fiscal favorable que tradicionalmente era reservado a los empresarios agrícolas individuales también a las grandes empresas, se modificó el mismo radicalmente y se impuso la determinación analítica de la renta en base a los resultados de los estados financieros a las sociedades de capital, las colectivas y las comanditarias simples que realizaban actividades agrícolas.

En 2006 se vuelve a modificar el régimen estableciendo el art. 1 párrafo 1093 de la Ley de 27 de diciembre de 2006 nº 296[369] la opción vigente actualmente de tributar por renta catastral a las sociedades de personas, de responsabilidad limitada y cooperativas que tengan la consideración de sociedades agrícolas conforme al art. 2 del Decreto Legislativo de 29 de marzo de 2004 nº 99.

Esta modificación, según explica FONTANA, tenía como objetivo fomentar la transición a la forma societaria de las empresas individuales.

Para esta autora se elimina en parte la discriminación normativa que existía en función de la forma jurídica del contribuyente que realizaba la actividad agrícola, pudiéndose objetar todavía que se mantenga la discriminación para las sociedades anónimas y las sociedades comanditaria por acciones[370].

---

368 Páginas 291 y siguientes de Fontana, C. (2017). *La fiscalità delle imprese agricole*. G. Giappichelli Editore-Torino, que se puede consultar en: https://www.iris.unina.it/retrieve/handle/11588/683089/134888/FISCALITA%27%20DELLE%20IMPRESE%20AGRICOLE. Recuperado el 4 de abril de 2025.

369 Norma derogada por el art. 1 párrafo 513 de la Ley de 24 de diciembre de 2012 nº 228 y, de nuevo, restaurada por el art. 1 párrafo 36 de la Ley de 27 de diciembre de 2013 nº 147.

370 Páginas 30 y 31 y páginas 298 y siguientes Fontana, C. (2017). *La fiscalità*... op. cit.

Entiende la autora que un tratamiento fiscal diferenciado en función del tipo de forma jurídica utilizado genera dudas de inconstitucionalidad por violación de los artículos 3 y 53 de la Constitución y de incompatibilidad con lo dispuesto en el art. 107.1 del Tratado de Funcionamiento de la Unión Europea. Asimismo, entiende que ese tratamiento diferenciado dificulta el acceso de grandes capitales a las empresas que desarrollan actividades agrícolas.

No obstante, para la autora se mantiene el desequilibrio evidente con otros sectores económicos que siguen tributando según su capacidad económica real y no por criterios generalmente más favorables.

Con ello, en Italia a diferencia de en España, no sólo no se ha restringido el régimen simplificado, sino que se ha ampliado su ámbito de aplicación. Esto es, en lugar de acercar como es tendencia en España el régimen de las grandes empresas al de las pequeñas empresas, en Italia se ha realizado justo el movimiento contrario.

Lo que sorprende, además, es que las entidades que se acojan a la opción mantienen sin cambios sus obligaciones contables, por lo que la opción no se presta para una simplificación de obligaciones formales sino para una tributación más favorable.

Para que estas entidades mercantiles apliquen el régimen deben ser "sociedades agrícolas" (*società agricole*) que, conforme al art. 2 del Decreto Legislativo de 29 de marzo de 2004 nº 99[371], son aquéllas cuyo objeto social es en exclusiva el ejercicio de actividades agrarias según se definen en el art. 2135 del Código Civil[372], esto es, el cultivo de tierras, la silvicultura y la cría de animales y las actividades conexas a éstas tal y como son definidas en el referido artículo[373].

371 Que se puede consultar en: https://def.finanze.it/DocTribFrontend/getAttoNormativoDetail.do?ACTION=getArticolo&id={76D7B966-BD7B-4A39-991B-3C408467D3C7}&codiceOrdinamento=200000200000000&articolo=Articolo%202. Recuperado el 6 de abril de 2025.

372 El artículo se puede consultar aquí: https://www.normattiva.it/uri-res/N2Ls?urn:nir:stato:codice.civile:1942-03-16;262~art2135. Recuperado el 6 de abril de 2025.

373 El art. 2135 del Código Civil es importante por las constantes remisiones que la normativa tributaria realiza al mismo.
La siguiente traducción al castellano la tenemos en Brebbia, F. (2002). *Empresa y actividad agraria*. Microjuris:

Lógicamente, no es suficiente con contemplar dicho objeto social sino que se exige que estas sociedades materialmente sólo realicen esas actividades. Así lo contempla la Circular de la *Agenzia delle Entrate* (Administración Tributaria) de 01/10/2010 nº 50/E[374].

Junto a ese objeto social exclusivo estas sociedades deben incluir en su denominación social la indicación *società agricole*[375].

La exclusividad de la actividad agraria no se pierde con el arrendamiento o préstamo de construcciones residenciales y de terrenos o construcciones agríco-

---

"Es empresario agrícola quien ejercita una de las siguientes actividades: cultivación del fundo, silvicultura, cría de animales y actividad conexa.
Por cultivación del fundo, por silvicultura y por cría de animales se entiende la actividad dirigida al cuidado y al desarrollo de un ciclo biológico o de una fase necesaria del ciclo mismo de carácter vegetal que utilizan o pueden utilizar el fundo, el bosque o las aguas dulces, saladas o marinas.
Se entiende de cualquier modo conexa la actividad ejercitada por el mismo empresario agrícola, dirigido a la manipulación, conservación, transformación, y valorización que tengan por objeto productos obtenidos prevalentemente de la cultivación del fundo o del bosque o de la cría de animales, como también las actividades dirigidas a la provisión de bienes o servicios mediante la utilización prevalente de equipos o recursos de la hacienda normalmente empleados en la actividad agrícola ejercida, comprendidas la actividad de valorización del territorio y del patrimonio rural y forestal, o bien de la recepción de hospedaje como lo define la ley.
2.- Se consideran empresarios agrícolas las cooperativas de empresarios agrícolas y sus consorcios cuando utilizan para el desenvolvimiento de la actividad a que se refiere el art. 2135 del cód. civil sustituido por el inc. 1° del presente artículo prevalentemente de productos de los socios o bien, suministren prevalentemente a los socios bienes o servicios dirigidos al cuidado y desarrollo del ciclo biológico."

374 En este sentido la Circular considera que, con independencia de su objeto social, no constituyen "sociedades agrícolas" las que realicen las actividades del art. 2.195 del Código Civil y del art. 55.2.a y b del TUIR. La Circular se puede consultar en: https://def.finanze.it/DocTribFrontend/getContent.do?id=%7BC1F6F903-2DF7-4DDD-AFD4-12BE6D21C8F5%7D. recuperado el 6 de abril de 2025.

375 Se estableció para las sociedades que cumplieran los requisitos materiales de ejercicio de la actividad, pero no los formales de denominación y objeto social la opción de optar mediante la adaptación de sus estatutos en el art. 6 del Decreto de 27/09/2007 nº 213 del Ministro de Economía y Finanzas que se puede consultar en. https://def.finanze.it/DocTribFrontend/getAttoNormativoDetail.do?ACTION=getArticolo&id={A5D14B09-7D28-4FD9-AF8C-18E1BF7D764E}&codiceOrdinamento=200000600000000&articolo=Articolo%206, Recuperado el 6 de abril de 2025.

las siempre que se realice de forma residual, lo que se entiende cuando los ingresos provenientes de dichas actividades sean inferiores o iguales al 10% de los de la actividad agrícola realizada.

Asimismo, de acuerdo con la referida Circular no se incumple el requisito de exclusividad por la realización de actividades instrumentales, esto es, que contribuyen a la realización de la actividad agrícola principal. Si se incumple, sin embargo, si se participa en otras entidades salvo que sean a su vez sociedades agrícolas y los dividendos sean inferiores a los ingresos de la actividad agrícola realizada directamente.

La opción de estas sociedades agrícolas se ejerce en la primera declaración de IVA, o dentro del plazo de esa primera declaración en los modelos específicos, si se está exento de presentar declaraciones de IVA, y se mantiene mientras se cumplan los requisitos para considerarse sociedad agrícola. Una vez ejercitada la opción por el régimen, la sociedad queda obligada a la aplicación del mismo durante un mínimo de tres años[376].

Con ello la doctrina en Italia ha destacado que a estas sociedades (colectivas, comanditarias simples, de responsabilidad limitada y cooperativas) se les ofrece la posibilidad de oscilar de un régimen a otro según su conveniencia lo que hace claramente más probable que opten por la tributación por contabilidad analítica cuando tienen pérdidas y por el régimen de renta presunta cuando son rentables[377].

Ciertamente, esa opción no la tienen las personas físicas o las sociedades civiles que tributaran siempre por rentas catastrales, por los que, respecto a ellas, también se produce cierta discriminación.

También es destacable la postura mantenida por la Administración Tributaria en su Resolución de 28/04/2008 nº 177/E[378].

---

376 Art. 2 y 3 del DPR 11/10/1997 nº 442 aplicable por remisión del art. 2 del Decreto 27/09/2007 nº 213 del Ministro de Economía y Finanzas: https://def.finanze.it/DocTribFrontend/getAttoNormativoDetail.do?ACTION=getArticolo&id={C3F2BB7B-D1E2-4C77-B707-F5C696457A49}&codiceOrdinamento=200000300000000&articolo=Articolo%203. Recuperado el 6 de abril de 2025.

377 Página 298 Fontana, C. (2017). *La fiscalità...* op. cit.

378 Que se puede consultar en. https://www.agenziaentrate.gov.it/portale/documents/20143/306121/Risoluzione+n+177+2008_ris+177e+del+28-04-2008.pdf/493769f8-92ca-4427-1d8d-bb53203acfcb. Recuperado el 6 de abril de 2025.

En dicha Resolución se contesta a la consulta formulada por un contribuyente en aplicación del art. 21.9 de la Ley de 30/12/1991 nº 413[379], esto es, con carácter previo a la realización de la operación para ver si a la misma le es aplicable la norma antielusión.

La operación consistía en la transformación de una sociedad anónima en sociedad de responsabilidad limitada con el único fin de acogerse al régimen de rentas catastrales.

La Administración Tributaria considera que la operación proyectada conlleva un plan elusivo conforme a lo dispuesto en el art. 37.Bis del Decreto del Presidente de la República (DPR) nº 600/73[380], esto es, realizado en abuso de derecho o de elusión fiscal. En consecuencia, de manera similar a lo que sucede en España con el conflicto en aplicación de la norma tributaria (y anteriormente con el fraude de ley), al producirse el abuso de derecho no se aplica la ventaja fiscal, esto es, no se permite la opción por el régimen de rentas catastrales.

La Resolución considera que la norma tiene como objetivo fomentar el desarrollo corporativo de la actividad agraria a través, en el caso de sociedades capitalistas, de sociedades de responsabilidad limitada excluyendo a las sociedades anónimas para las que se prevé la aplicación de la normativa fiscal ordinaria. Con la operación considera que se estarían utilizando indebidamente instrumentos jurídicos civiles para conseguir un ahorro fiscal con la tributación catastral, provocando resultados económicos distintos a los queridos por el legislador.

De esta Resolución nos llama la atención como se considera el régimen de rentas catastrales un ahorro fiscal, esto es, no como una forma simplificada de tributación sino como una tributación menor a la real.

Asimismo, llama la atención que parece que se considera a la sociedad anónima como una sociedad de gran tamaño que el legislador no quiere que acceda a

[379] Que se puede consultar en: https://def.finanze.it/DocTribFrontend/getAttoNormativoDetail.do?ACTION=getArticolo&id={6ED848C8-3F00-419A-878E-48A21EF67300}&codiceOrdinamento=200002100000000&articolo=Articolo%2021. Recuperado el 6 de abril de 2025.

[380] Conforme al art. 1.2 del Decreto Legislativo de 05/08/2015 nº 128 las referencias a ese artículo deben entenderse referidas al art. 10.Bis (*Disciplina dell'abuso del diritto o elusione fiscale)* de la Ley de 27/07/2000 nº 212 que se puede consultar aquí: https://www.normattiva.it/uri-res/N2Ls?urn:nir:stato:legge:2000-07-27;212~art10bis. Recuperado el 6 de abril de 2025.

ese beneficio fiscal reservado para las empresas de menor tamaño, cuando nada impide que una sociedad limitada tenga un mayor volumen a una sociedad anónima.

Parte de la doctrina italiana[381] ha considerado que la exclusión de las sociedades anónimas constituye un intento tardío pero burdo de distinguir en función del tamaño de la empresa pues nada impide, como decimos, que una sociedad limitada tenga un volumen de negocios superior a los de una sociedad anónima.

Así, se ha considerado[382] que, aunque las sociedades anónimas tienen un capital mínimo más alto y, generalmente, se utilizan para actividades económicas de mayor calibre que otras formas jurídicas, la irracionalidad de la regulación permite que sociedades de responsabilidad limitada con un volumen de negocios muy elevado derivado del ejercicio de la actividad agrícola accedan a la opción negándosela a sociedades anónimas quizás mucho más pequeñas.

Para FONTANA resulta reprobable esta solución del legislador de ignorar la dimensión de la empresa y hubiera sido mejor, en lugar de vincular el acceso al régimen opcional a la forma jurídica, hacerlo a la no superación de ciertos límites dimensionados como, por ejemplo, la combinación del volumen de ingresos con el coste laboral o de los activos.

11.1.1.2. Ámbito de aplicación objetivo. Aplicación a la ganadería dependiente determinando la proporción cabezas de ganado/hectáreas. Posibilidad de transformar el producto

El art. 27.2 y, por remisión, el art. 32.3 del TUIR, delimitan negativamente el ámbito objetivo considerando que se excluyen los terrenos anejos a edificaciones urbanas, los arrendados para fines no agrarios y los que produzcan rentas empresariales de acuerdo con el art. 55.2.c del TUIR.

Por su parte, el art. 32.2 del TUIR delimita positivamente el ámbito objetivo definiendo qué se considera actividad agraria a efectos de acogerse al régimen de rentas presuntas catastrales. Concretamente, se consideran actividades agrarias incluidas en la tributación por renta catastral:

---

381 Página 31 y 298 Fontana, C. (2017). *La fiscalità...* op. cit.

382 Stevanato, D. (2008) "Capacità economica agricola e forma societaria tra criteri catastali ed effettivi", *Dialoghi tributari*, Vol. 1, Fascicolo 1, P. 41.

a.- Las actividades de cultivo de la tierra y las forestales.

Conforme al art. 2135 del Código Civil italiano por cultivo de la tierra, silvicultura y ganadería se entienden las actividades encaminadas al cuidado y desarrollo de un ciclo biológico, de naturaleza vegetal o animal, o una fase necesaria del mismo, que utilizan o pueden utilizar la tierra, el bosque o el agua dulce, salobre o marina.

La doctrina italiana[383] destaca que ni el legislador civil ni el tributario han querido definir la actividad agrícola sin perjuicio de adoptar el criterio biológico como elemento distintivo, lo que ha permitido clarificar y ampliar con la práctica y la jurisprudencia tributaria la lista de supuestos incluidos en la misma, incluso a actividades no mencionadas en el art. 2135 del CC italiano o el art. 32.2 del TUIR.

FONTANA destaca[384], como ejemplo en este sentido, como la Administración Tributaria en su Resolución de 7 de febrero de 1981 nº 9/2810 incluyó el cultivo de flores y la colocación de las plantas vendidas por los viveros en los terrenos de los compradores como actividad agrícola[385], excluyendo eso sí el mantenimiento de parques y jardines o la plantación cuando va unida a un fin comercial o industrial autónomo, con ayuda de obras y medios ajenos al cultivo. Asimismo, destaca la Resolución de 16 de febrero de 1983 nº 9/2335 que consideró incluido el secado, envasado y clasificación para el muestreo del tabaco.

b.- La cría de animales con piensos obtenidos en, al menos, una cuarta parte de su alimentación de los que se obtengan directamente de la tierra.

Con ello, al igual que en España se descarta a la ganadería independiente, pero ésta no se define en función de la regla del 50% sino que es posible mantener el régimen con un 75% de alimentación de piensos adquiridos a terceros.

---

383 Página 157 Fontana, C. (2017). *La fiscalità...* op. cit.

384 Páginas 158, 159 y 161 Fontana, C. (2017). *La fiscalità...* op. cit.

385 Aunque sea discutido por la Administración Tributaria de acuerdo con comentario Consulenza Agricola (2016). *Florovivaismo. Vasi e servizi di piantumazione fuori dalla determinazione del reddito catastale.* https://consulenzaagricola.it/circolari/fiscale/5397-circ-n-80-2016-florovivaismo-vasi-e-servizi-di-piantumazione-fuori-dalla-determinazione-del-reddito-catastale. Recuperado el 6 de abril de 2025.

Nuevamente, queda patente el mayor ámbito de aplicación en Italia del régimen simplificado agrícola, ahora para distinguir la ganadería dependiente de la tierra de la más industrial.

Asimismo, el art. 32.3 del TUIR dispone que por Decreto del Ministro de Hacienda (*Ministro delle Finanze*), en concierto con el de Agricultura, se establecerá para cada especie el número de animales que se pueden tener por hectárea en función del potencial productivo del terreno determinado en función del cultivo.

Así, el Decreto clasifica[386] a los distintos cultivos en seis grupos según su calidad, les asigna las unidades forrajeras producibles por hectárea según cada grupo y, posteriormente, a cada especie se le asigna el número de unidades forrajeras que consume al año.

Para el control de todo ello el ganadero debe llevar un registro cronológico de carga y descarga de los animales criados distinguiendo en función de la especie y la fase de la cría en que se encuentren, en el que se reflejen los aumentos y disminuciones del periodo impositivo[387].

La delegación en el Decreto del Ministerio ha sido criticada por la doctrina italiana[388] por la discrecionalidad que otorga al Ministro, pues la cría de especies que no estén incluidas en el mismo no será clasificada de actividad agraria a los efectos de aplicar el régimen de renta presunta catastral. Esto podría entrar, según denuncian, en colisión con el principio de reserva de ley tributaria recogido en el art. 23 de la Constitución italiana.

No obstante lo anterior, nos parece muy interesante la medida en comparación con la normativa española.

Por un lado, se salvan las dificultades de prueba que tiene en España demostrar, tanto para la Administración como para el contribuyente, el porcentaje de piensos que se ha adquirido de terceros en relación con los producidos por la propia finca. En efecto, como ya hemos comentado, en los producidos por la

---

386 El último aprobado de 15 de marzo de 2019 se puede consultar aquí: https://www.finanze.gov.it/export/sites/finanze/.galleries/Documenti/Varie/D.M.-15-marzo-2019.pdf. Recuperado el 6 de abril de 2025.

387 De acuerdo con el art. 18.bis del Decreto del Presidente de la República del 29/09/1973 nº 600.

388 Páginas 165 y siguientes Fontana, C. (2017). *La fiscalità*... op. cit.

propia finca no hay, como en los piensos adquiridos a terceros, una factura de adquisición en la que se detallen los kilogramos adquiridos, a lo que hay que unir que incluso la misma especie, en distintas fases del crecimiento, no engorda lo mismo por kilogramo consumido.

Por otro lado, al establecerse una producción potencial y no la real, se salvan también los problemas que la normativa española tiene para los ejercicios en los que, de forma excepcional como en los años de sequía, se ha tenido que adquirir una mayor cantidad de piensos de terceros de la que sería la normal.

c.- La actividad de producción de plantas en invernaderos mediante la utilización de estructuras fijas o móviles, incluidas las provisionales, si la superficie utilizada para la producción no supera el doble de la superficie de la tierra en la que se sitúa la misma.

De este modo se limitan estas estructuras capaces de multiplicar la superficie productiva de la explotación.

d.- Las actividades mencionadas en el párrafo tercero del art. 2135 del Código Civil, destinadas a la manipulación, conservación, transformación comercialización y valorización, aunque no se realicen en la tierra, de productos obtenidos principalmente del cultivo de la tierra o del bosque o de la cría de animales, en relación con los productos determinados, cada dos años y teniendo en cuenta los criterios enunciados en el 32.1 del TUIR, mediante decreto del Ministro de Economía y Hacienda, a propuesta del Ministro de Políticas Agrícolas y Forestales.

Se mantiene así, tanto civil como tributariamente, la condición de empresario agrícola a aquél que, junto a las actividades agrícolas principales, realiza actividades conexas a las mismas, aunque estas últimas realizadas aisladamente pudieran ser consideradas comerciales.

Con ello, se permite al agricultor participar en más fases del proceso productivo, con la evidente mayor rentabilidad que se puede obtener al evitar la participación de otros agentes en el mismo que incluyan sus márgenes y depender menos de terceros para el tratamiento de productos pereceros.

Como destaca FONTANA[389] la calificación de actividad agraria requiere dos condiciones: una subjetiva pues el ejercicio de esas actividades debe ser realizado por quien se dedica principalmente a actividades agrarias y otro objetivo pues la actividad desarrollada debe ser coherente con la actividad agrícola principal.

---

389 Páginas 68 y 177 y siguientes Fontana, C. (2017). *La fiscalità...* op. cit.

La actividad conexa debe ser instrumental o complementaria funcionalmente a la actividad agrícola principal.

Los bienes producidos y las actividades agrarias conexas se determinan en Decreto Ministerial, concretamente el último de 13/02/2015[390], en cuyo Anexo figuran las distintas actividades.

Las actividades de transformación o manipulación no contenidas en los Decretos Ministeriales no tributan por renta presunta catastral sino conforme al art. 56.Bis del TUIR.

El Decreto contempla un amplio abanico de actividades como la producción de carne, la fabricación de zumos, aceite o vino, la producción de pan, el tratamiento de la leche y la elaboración de productos lácteos, el refinado de miel, etc.

Las actividades incluidas como conexas a la actividad agrícola principal están en continua evolución no sólo por los distintos Decretos Ministeriales sino también por la interpretación que realiza la propia Agencia Tributaria.

Esa ampliación de actividades puede afectar a otros empresarios que, tributando por sus ingresos reales según una contabilidad analítica, ven como el empresario agrícola puede acceder a hacerles la competencia en la misma actividad sin declarar ingresos adicionales.

En consecuencia, también se produce la corriente contraria, tanto doctrinal como jurisprudencial, que tiende a restringir las operaciones sometidas a renta catastral agraria basándose en la propia normativa civil y tributaria pero también en la violación de los principios de competencia nacionales y comunitarios[391].

En este sentido, por ejemplo, la Federación italiana de panaderos, pasteleros y productos afines (FIPPA) impugnó los dos Decretos Ministeriales anteriores

---

390 Que se puede consultar en: https://def.finanze.it/DocTribFrontend/getAttoNormativoDetail.do?id=%7BDC899E8D-91C6-4F4B-B2E0-DEA35148F58E%7D. Recuperado el 6 de abril de 2025.

391 Véase comentario en Consulenza Agricola (2022). *Speciale Redditi 2022 | Attività agricole connesse: manipolazione, trasformazione, commercializzazione e prestazioni di servizi.* https://consulenzaagricola.it/circolari/fiscale/17521-speciale-redditi-2022-attivita-agricole-connesse-manipolazione-trasformazione-commercializzazione-e-prestazioni-di-servizi Recuperado el 6 de abril de 2025.

al de 13/02/2015, de 05/08/2010[392] y de 17/06/2011[393] por incluir la actividad de producción de pan[394]. Consideraban que al incluir el pan no se estaba incluyendo una sola transformación del producto agrícola, sino que existía una segunda transformación, una del cereal a la harina y otra de la harina al pan, o incluso se podía considerar una tercera transformación si incluíamos del trigo crudo al trigo. La Sentencia nº 4916 de 28 de abril de 2021 del T.A.R. de Lazio-Roma[395] estimó el recurso anulando los referidos Decretos Ministeriales exclusivamente en cuanto a la inclusión de la referida actividad.

Las referidas actividades de manipulación, conservación, transformación, comercialización y valorización pueden ser realizadas por el empresario agrícola incluso con productos adquiridos a terceros y, no sólo del mismo tipo de los producidos por el agricultor, sino también de otros productos distintos para mejorar la gama global de bienes ofrecidos siempre que sean dentro de un mismo sector.

La Agencia Tributaria ha aclarado el concepto de la prevalencia que deben tener los productos propios con respecto de los de terceros para mantener el régimen en las Circulares del 14/05/2002 n. 44 y del 15/11/2004 n. 44[396].

---

392 Que se puede consultar en: https://def.finanze.it/DocTribFrontend/getAttoNormativoDetail.do?ACTION=getSommario&id={89D84FE0-F741-498C-8558-646451F749DC}. Recuperado el 6 de abril de 2025.

393 Que se puede consultar en: https://def.finanze.it/DocTribFrontend/getAttoNormativoDetail.do?ACTION=getSommario&id={59E65063-46F0-45A8-B528-730CB161195C}. Recuperado el 6 de abril de 2025.

394 Con anterioridad el Decreto de 11/07/2007 no incluía dicha actividad: https://def.finanze.it/DocTribFrontend/getAttoNormativoDetail.do?ACTION=getSommario&id={6ACC5182-D86C-43D8-A6EB-D208C7829C74}. Recuperado el 6 de abril de 2025.

395 Que se puede consultar en: https://consulenzaagricola.it/files/file/sentenze/tar%20roma%204916%202021%20(002).pdf. Recuperado el 6 de abril de 2025.

396 Que se puede consultar en: https://def.finanze.it/DocTribFrontend/getPrassiDetail.do?id={30DCAD7A-54A6-4EA2-B05F-91E207C4BCF7} y https://def.finanze.it/DocTribFrontend/getPrassiDetail.do?id=%7BC557CF06-2EC1-40EA-9699-1B4AC3B7501B%7D
Recuperados el 6 de abril de 2025.

Así, se establece que, si se trata del mismo tipo de producto, se cumplirá con el requisito siempre que sean utilizados en mayor medida los productos propios, esto es, una mayor cantidad de producto propio.

En el caso de productos diferentes a los producidos por el agricultor se deberá utilizar el criterio del valor, esto es, el coste de los productos adquiridos a terceros no debe ser superior al valor normal de los obtenidos de la actividad agrícola principal.

e.- Las ganancias de capital de elementos afectos a la empresa agrícola.

Las ganancias de capital no se contemplan expresamente en el art. 32.2 del TUIR.

Sin embargo, las ganancias de capital de elementos afectos a la actividad agrícola se entienden absorbidas por las rentas catastrales y, por tanto, no tributan[397].

El TUIR sólo contempla las ganancias que sí tributan por estar excluidas del régimen de rentas catastrales.

Concretamente, el art. 67.1.b del TUIR establece la tributación como rentas diversas (*redditi diversi*) de las ganancias patrimoniales derivadas de transmisiones a título oneroso de bienes inmuebles adquiridos con una antigüedad menor a cinco años, así como las de terrenos calificados como urbanizables en el momento de la transmisión. A estos efectos, no se considera la antigüedad de cinco años en los inmuebles adquiridos por herencia y, en caso de adquisición por donación, se considera el plazo desde la adquisición del donante y no del donatario.

Con ello, se excluyen, por un lado, operaciones especulativas al limitar el plazo a cinco años y, por otro, operaciones en las que el valor económico no es agrario sino urbanístico.

El resto de ganancias del capital sí se entienden incluidas en la tributación por renta catastral.

Inicialmente, fue la Administración Tributaria en su Circular de 21/03/1980 la que fijó el criterio de que la transmisión de la empresa agrícola dentro de los límites del art. 32 TUIR no generaba plusvalías.

Este criterio fue posteriormente confirmado por la jurisprudencia[398].

---

397 Páginas 217 y siguientes Fontana, C. (2017). *La fiscalità*... op. cit.

398 Véase comentario en el que se citan Sentencias de 09/02/2010 del CIR de Piamonte y de 13/01/2016 del CIR de Basílicata en Consulenza Agricola (2023). *La cessione*

La no tributación de estas ganancias se extiende, no sólo a los bienes muebles o inmuebles, sino también a los activos intangibles como sería el caso de las cesiones de las "cuotas lácteas", de los derechos de replantación de viñedos y de los derechos de pago en el marco de la PAC[399].

11.1.2. Determinación del rendimiento

Conforme al art. 25.2 del TUIR componen la renta de la tierra (*redditi fondiari*): la renta dominical (*redditi dominicali*), las rentas agrarias (*redditi agrari*) y las rentas de las construcciones (*redditi dei fabbricati*).

Sobre estas últimas, sin embargo, no se consideran que generen rentas de la construcción las construcciones agrarias, considerándose como tales a las viviendas para los que trabajan en la explotación, los establos y los almacenes, (art. 42 TUIR). En consecuencia, las rentas de las construcciones se destinan a construcciones urbanas.

La tributación de la renta de la tierra no se fija en función de los rendimientos reales sino que se fija, con independencia de su percepción (art. 26.1 TUIR), en función de los rendimientos medios ordinarios (art. 27 y 32 TUIR).

A estos efectos, se distingue entre la parte de rendimiento atribuible estrictamente al terreno (renta dominical) y la parte que le corresponde al ejercicio de la actividad agraria (renta agraria).

Así, si un propietario realiza la explotación de sus propias tierras tributará por la renta dominical y la renta agraria, pero si arrienda el terreno será el arrendatario el que tribute por la renta agraria (art. 33.1 TUIR) manteniendo la renta dominical el propietario.

Los rendimientos medios ordinarios se fijan mediante las tarifas estimadas (*tariffe d'estimo*) asignadas por Catastro a cada parcela en función de su clase y calidad (art. 28.1 y 34.1 del TUIR).

Para ello el Catastro, de forma similar a lo que se hace en España, realiza un levantamiento topográfico de parcelas individuales subdividiéndolas en función

---

dell'azienda agricola può non generare plusvalenze. https://consulenzaagricola.it/circolari/fiscale/19631-la-cessione-dell-azienda-agricola-puo-non-generare-plusvalenze. Recuperado el 6 de abril de 2025.

399 Páginas 195 y siguientes Fontana, C. (2017). *La fiscalità...* op. cit.

de su calidad y tipo de cultivo, contemplando además las construcciones de las que dispone, para posteriormente asignarles un rendimiento objetivo en función de la zona censal.

Los rendimientos dominicales y agrarios pueden ser consultados en la web de la Administración tributaria por su titular[400], pudiéndose consultarse también por la localización y los datos catastrales[401].

En caso de cambios de cultivos, ya provoquen mayores (art. 29.1 TUIR) o menores rendimientos (art. 29.2.a TUIR), se utilizan las tarifas estimadas para los nuevos cultivos asignadas al municipio o sección censal o, en caso de carecer el mismo de ese tipo de cultivos, los de otros municipios o secciones censales dentro de la misma provincia (art. 29.3 TUIR). Si el cultivo no se practica en la provincia se toma la tarifa estimada del municipio o sección censal donde las rentas sean comparables por cuantía[402].

También se tiene en cuenta la disminución de la capacidad productiva por agotamiento natural u otra causa de fuerza mayor, sin que se tengan en cuenta las variaciones por deterioros intencionados o circunstancias transitorias (art. 29.2.b y 3 TUIR).

Estas variaciones en los terrenos, tanto las que dan lugar a un incremento como un decremento de los rendimientos, deber ser comunicadas por el propietario (art. 30 y 34.3 TUIR) a la Oficina Técnica Tributaria indicando las parcelas catastrales afectadas. La comunicación la puede realizar también, en su caso, el arrendatario.

Las tarifas estimadas asignadas catastralmente están sujetas a actualización cuando se producen variaciones en los precios, los medios de producción o la estructura empresarial y, en todo caso, cada diez años (art. 28.2 y 34.2 del TUIR). La revisión se realiza mediante Decreto del Ministro de Hacienda previo dictamen de la Comisión Central del Censo y puede hacerse de oficio o a instancia de los municipios afectados.

---

400 https://www.agenziaentrate.gov.it/portale/it/web/guest/schede/fabbricatiterreni/visura-catastale/risultanze-catastali. Recuperado el 6 de abril de 2025.

401 https://www.agenziaentrate.gov.it/portale/it/web/guest/schede/fabbricatiterreni/visura-catastale/consultazione-rendite-catastali. Recuperado el 6 de abril de 2025.

402 De acuerdo con las instrucciones del modelo que se pueden consultar en https://infoprecompilata.agenziaentrate.gov.it/portale/web/guest/appendice. Recuperado el 6 de abril de 2025.

La crítica doctrinal es que el procedimiento referido, lejos de servir para acercar la renta catastral a la real, constituye una válvula de escape para la actualización de las rentas según se prefiera[403]. Efectivamente, en las revisiones se han establecido porcentajes distintos para agricultores profesionales o de menos de 40 años, lo que más parece un beneficio fiscal que un acercamiento de la renta a la real.

También se prevé en caso de pérdidas por eventos naturales del 30% de la producción de la explotación, tomando como base las tarifas estimadas catastrales, que el rendimiento se considere inexistente.

Las circunstancias naturales perjudiciales deben ser comunicadas por el propietario a la Oficina Técnica en los tres meses siguientes a que se produzcan o, si no es posible determinar la fecha del evento, en todo caso, al menos 15 días antes del inicio de la recolección. En caso de que afecte a una pluralidad de explotaciones también puede ser solicitada por los alcaldes de los municipios interesados (art. 31.2 y 35 TUIR).

Con anterioridad el art. 31.1 TUIR preveía también la posibilidad de considerar rendimiento inexistente en los casos de falta voluntaria del cultivo pero la misma fue eliminada por considerarse que podría otorgar beneficios indebidos[404].

11.1.3. Críticas doctrinales a la determinación del rendimiento

La primera regulación de las operaciones, geométricas topográficas y técnico-estimativas, se remontan a 1931, estableciéndose los criterios básicos actuales en Decreto de 29 de septiembre de 1973[405], por lo que se puede considerar una forma de determinación del rendimiento tradicional.

Se ha destacado que con ese método de determinación objetivo del rendimiento en función de la renta ordinaria media se está recompensando a los agricultores más diligentes, cuyos ingresos superiores no están sujetos a tributación, penalizando a aquéllos que no han sabido explotar el potencial de la tierra[406].

---

403 Páginas 134 y siguientes de Fontana, C. (2017). *La fiscalità...* op. cit.

404 Página 145 de Fontana, C. (2017). *La fiscalità...* op. cit.

405 Páginas 108 y 141 Fontana, C. (2017). *La fiscalità...* op. cit.

406 NICHETTI citado en página 150 Fontana, C. (2017). *La fiscalità...* op. cit.

Sin embargo, aunque desconocemos en cuanto se separan esos rendimientos medios estimados de los reales, lo cierto es que en la doctrina italiana se reconoce abiertamente que son sensiblemente inferiores a los reales.

Y no sólo desde Italia sino incluso a nivel internacional la OCDE ha destacado que los rendimientos estimados por Catastro son muy bajos, ofreciendo un tratamiento preferente a la agricultura[407].

Ese pago de impuestos en función de una capacidad remota o meramente presumida fijada previamente y no de la riqueza superior realmente producida ha provocado dudas en la doctrina italiana sobre la adecuación de este régimen a los principios constitucionales de igualdad tributaria y de capacidad económica[408] y a la prohibición europea de otorgar ayudas estatales que afecten a la competencia en el mercado común contenida en el art. 107 del Tratado de Funcionamiento de la Unión Europea[409].

---

407 En este sentido se pronuncia el trabajo de la OCDE en su Capítulo 22.2 de la Parte 2 de OECD (2020) *Taxation...* op. cit.

408 Concretamente, los principios de igualdad y capacidad económica contenidos en los artículos 14 y 31.1 de la CE se contienen en los artículos 3 y 53 de la Constitución de la República Italiana.
Así, dice el art. 3 de la Constitución Italiana:
"Todos los ciudadanos tienen la misma dignidad social y son iguales ante la Ley, sin distinción por razones de sexo, raza, lengua, religión, opiniones políticas ni circunstancias personales y sociales. Corresponde a la República suprimir los obstáculos de orden económico y social que, limitando de hecho la libertad y la igualdad de los ciudadanos, impiden el pleno desarrollo de la persona humana y la participación efectiva de todos los trabajadores en la organización política, económica y social del País".
Por su parte, el art. 53 de la Constitución Italiana establece:
"Todos estarán obligados a contribuir a los gastos públicos en proporción a su capacidad contributiva. El sistema tributario se inspira en criterios de progresividad."

409 Según el cual:
"Salvo que los Tratados dispongan otra cosa, serán incompatibles con el mercado interior, en la medida en que afecten a los intercambios comerciales entre Estados miembros, las ayudas otorgadas por los Estados o mediante fondos estatales, bajo cualquier forma, que falseen o amenacen falsear la competencia, favoreciendo a determinadas empresas o producciones.
2. Serán compatibles con el mercado interior:
a) las ayudas de carácter social concedidas a los consumidores individuales, siempre que se otorguen sin discriminaciones basadas en el origen de los productos;
b) las ayudas destinadas a reparar los perjuicios causados por desastres naturales o por otros acontecimientos de carácter excepcional;

Las críticas se plantean primero dentro del propio sector agrario, pues el régimen se aplica en función de la forma jurídica sin tener en cuenta el volumen de operaciones.

La situación sería similar a la que se produce en España, donde las sociedades agrarias de transformación y las sociedades mercantiles agrarias no tienen en el Impuesto sobre Sociedades ningún régimen especial.

Sin embargo, como hemos visto, en Italia el régimen se aplica no sólo a las personas físicas y las sociedades civiles sino también a las sociedades colectivas, comanditarias simples y, cumpliendo determinados requisitos, también a las sociedades de responsabilidad limitada y cooperativas.

En consecuencia, sólo por dejar fuera a las sociedades anónimas y las comanditarias por acciones no parece que se produzca una discriminación demasiado criticable.

Más justificadas parecen las críticas cuando se comparan con otros sectores, sobre todo por dos características específicas del régimen en Italia: el amplio ámbito objetivo que abarca actividades típicamente comerciales y la ausencia de un límite en función del volumen de operaciones.

---

c) las ayudas concedidas con objeto de favorecer la economía de determinadas regiones de la República Federal de Alemania, afectadas por la división de Alemania, en la medida en que sean necesarias para compensar las desventajas económicas que resultan de tal división. Cinco años después de la entrada en vigor del Tratado de Lisboa, el Consejo podrá adoptar, a propuesta de la Comisión, una decisión por la que se derogue la presente letra.

3. Podrán considerarse compatibles con el mercado interior:

a) las ayudas destinadas a favorecer el desarrollo económico de regiones en las que el nivel de vida sea anormalmente bajo o en las que exista una grave situación de subempleo, así como el de las regiones contempladas en el artículo 349, habida cuenta de su situación estructural, económica y social;

b) las ayudas para fomentar la realización de un proyecto importante de interés común europeo o destinadas a poner remedio a una grave perturbación en la economía de un Estado miembro;

c) las ayudas destinadas a facilitar el desarrollo de determinadas actividades o de determinadas regiones económicas, siempre que no alteren las condiciones de los intercambios en forma contraria al interés común;

d) las ayudas destinadas a promover la cultura y la conservación del patrimonio, cuando no alteren las condiciones de los intercambios y de la competencia en la Unión en contra del interés común;

e) las demás categorías de ayudas que determine el Consejo por decisión, tomada a propuesta de la Comisión".

Estas dos medidas (mayor abanico de actividades y ausencia de límite por volumen de operaciones) favorece sin ninguna duda el crecimiento del sector, pues el agricultor no se va a perjudicar por crecer, lo que hace que las explotaciones puedan ser más rentables y sostenibles.

Sin embargo, lo que se critica es que al desarrollar esas otras actividades el que fuera, en principio, agricultor, se está introduciendo en otros sectores empresariales en los que sus competidores tienen que declarar sus rendimientos reales en función de una contabilidad analítica.

FONTANA entiende que la supuesta marginalidad del sector agrario que justifica ésta y otras medidas en favor de dicho sector debe ser fuertemente cuestionada tanto por el crecimiento del tamaño medio y el número de asalariados de las empresas agrícolas como por su multifuncionalidad[410].

Esta autora considera que la actividad agrícola ha sido regulada desde hace mucho tiempo preferentemente como uno de los derechos de disfrute de la aristocracia y la burguesía terrateniente conservadora. Asimismo, critica en general las razones que justifican el tratamiento diferenciado de la actividad agrícola frente a la comercial pues, a pesar de depender de factores aleatorios como el cambio climático o las epidemias, considera que esos factores han sufrido una notable reducción por el progreso tecnológico y la mecanización de los equipos agrícolas[411].

El progreso tecnológico también es un argumento utilizado en la doctrina española para la eliminación de los métodos simplificados de determinación de los rendimientos.

Sin embargo, ese progreso no ha eliminado la variabilidad de ingresos en la actividad agrícola en función de factores que no dependen de la voluntad del agricultor por lo que, en nuestra opinión, se sigue manteniendo la necesidad de métodos simplificados que mitiguen esa variabilidad y el de Italia lo hace. Otra cosa es que se critique la competencia desleal que pueda suponer con otros sectores o regiones o la ausencia de cualquier componente de la renta real, como podrían ser los ingresos, que facilitaría el acercamiento a la realidad.

---

410 Página 12 de Fontana, C. (2017). *La fiscalità*... op. cit.

411 Páginas 41 y siguientes de Fontana, C. (2017). *La fiscalità*... op. cit.

En España LÓPEZ ESPADAFOR[412] también ha destacado ese tratamiento preferente de los rendimientos agrícolas en Italia sobre los comerciales *"dado que su tributación se realizaría esencialmente por unos rendimientos estimados derivados de los datos catastrales de su explotación; de esta forma, de manera parecida a lo que sucede con el analizado régimen de estimación objetiva en el Impuesto sobre la Renta de las Personas Físicas español, no hay que contabilizar los gastos, porque se parte de una renta estimada, cifrada de forma más beneficiosa. Digamos que en Italia se han sacado del resto de rentas empresariales las rentas agrícolas con la manifiesta justificación de proteger este sector productivo o vista la necesidad de su protección".*

Como decimos, en nuestra opinión no se puede considerar que se realice de forma similar a la estimación objetiva en España donde sí se tiene en cuenta un elemento esencial en la determinación de la renta como son los ingresos reales y cuyos índices se refieren no sólo a los cultivos concretos sino también a los distintos factores de producción —inmovilizado, personal o medios ajenos, arrendamiento, etc.— de la concreta explotación.

11.2. EXENCIÓN PARA EL AGRICULTOR DIRECTO Y EL EMPRESARIO AGRÍCOLA PROFESIONAL

La Ley de 11 de diciembre de 2016 nº 232 de Presupuestos del Estado para el ejercicio 2017 estableció en su art. 1.44[413] la exención en el IRPEF para los ejercicios 2017, 2018 y 2019 tanto de las rentas dominicales como de las rentas agrarias de los agricultores directos y los empresarios agrícolas profesionales inscritos en la seguridad social agraria.

Posteriormente, la exención se ha ido prorrogando a los ejercicios 2020, 2021, 2022 y 2023 (esta última por el art. 1.80 de la Ley de 29 de diciembre de 2022 nº 197 de Presupuestos del Estado para el ejercicio 2023)[414].

Para aplicar la exención se debe ser cultivador directo o empresario agrícola profesional.

---

412 López Espadafor, C. M. (2016). "La tributación ...op. cit..

413 Que se puede consultar en https://www.gazzettaufficiale.it/eli/id/2016/12/21/16G00242/sg. Recuperado el 6 de abril de 2025.

414 Que se puede consultar en https://www.gazzettaufficiale.it/eli/id/2016/12/21/16G00242/sg. Recuperado el 6 de abril de 2025.

El agricultor directo (*coltivatore diretto*) es aquél que cultiva la tierra con su propia mano de obra o la de su familia, siempre que esta mano de obra constituya, al menos, un tercio de la requerida para las necesidades normales de cultivo[415].

Por tanto, se trata de pequeñas explotaciones que pueden ser llevadas por sus propios propietarios o arrendatarios y su familia, sin utilizar mano de obra de terceros, al menos de forma permanente, sólo trabajadores estacionales o temporales[416] .

La tierra debe requerir trabajarla al menos 104 días al año para entrar en la definición[417].

Por su parte, por empresario agrícola profesional (*imprenditore agricolo professionale, IAP*) conforme al art. 1 del Decreto Legislativo de 29 de marzo de 2004, nº 99[418] se entiende la persona:

- Que tenga la capacidad y conocimientos agrarios a los que se refiere el art. 5 del Reglamento (CE) nº 1257/1999 del Consejo, de 17 de mayo de 1999.
- Que dedique, al menos, el 50% de su tiempo total de trabajo directamente o como socio de una sociedad a las actividades agrarias definidas en el art. 2135 del Código Civil italiano.

---

415 Definición contenida en el art. 6 de la Ley 3 de mayo de 1982, n. 203 que se puede consultar en https://def.finanze.it/DocTribFrontend/getAttoNormativoDetail.do?ACTION=getArticolo&id={142779C7-0BDD-4DC4-8250-3C1DD0654986}&codiceOrdinamento=200000600000000&articolo=Articolo%206.
Recuperado el 6 de abril de 2025.

416 Véase artículo Migliorini, E. (2024). *Coltivatore diretto: requisiti, vantaggi e agevolazioni*. https://fiscomania.com/coltivatore-diretto/. Recuperado el 6 de abril de 2025.

417 Aunque su regulación no está en una sola norma, sus principales Leyes serían la Ley 604/1954, Ley 454/1961 y Ley 590/1965 de acuerdo con comentario recogido en la siguiente web de la Dirección General de Agricultura, Caza y Pesca de la Región de Emilia-Romagna:
https://agricoltura.regione.emilia-romagna.it/aiuti-imprese/temi/il-coltivatore-diretto. Recuperado el 6 de abril de 2025.

418 Art. 1 del Decreto Legislativo de 29 de marzo de 2004, nº 99 que se puede consultar en: https://def.finanze.it/DocTribFrontend/getAttoNormativoDetail.do?ACTION=getSommario&id=%7B76D7B966-BD7B-4A39-991B-3C408467D3C7%7D. Recuperado el 6 de abril de 2025.

- Que obtenga, al menos, el 50% de sus rendimientos globales del trabajo de las referidas actividades agrarias, excluyéndose las rentas de pensiones y asignaciones equivalentes a éstas, las remuneraciones de cargos públicos o de empresas, asociaciones y organismos que operen en el sector agrícola.

Para los agricultores que operan en zonas desfavorecidas conforme al art. 17 del Reglamento (CE) nº 1257/1999 del Consejo, de 17 de mayo, los requisitos se reducen al 25%.

La regulación es, por tanto, similar a la regulación en España del agricultor profesional y el agricultor a título principal de la Ley 19/1995, de 4 de julio, de Modernización de las Explotaciones Agrarias, que requiere que más del 50% de los rendimientos proceda de actividades agrícolas (pudiendo realizar actividades complementarias en el caso del agricultor profesional de acuerdo con el art. 2.5) y, para el agricultor a título principal, también que más de la mitad del tiempo de trabajo total (art. 2.6) sea dedicado a la agricultura, exigiéndose para la calificación de prioritario entre otros requisitos poseer un nivel de capacitación agraria suficiente de acuerdo con criterios de formación lectiva y experiencia profesional.

Sin embargo, a diferencia de la regulación en España[419], en Italia no se tienen en cuenta los rendimientos del capital.

11.3. REGÍMENES ESPECIALES PARA LAS ACTIVIDADES QUE SOBREPASAN LOS LÍMITES O QUE NO ESTÁN INCLUIDAS EN LA RENTA CATASTRAL

Nos parece interesante destacar el tratamiento especial y simplificado de las actividades que realiza el agricultor sobrepasando los límites establecidos en el ámbito objetivo del régimen de determinación de la renta presunta fijada catastralmente o de otras actividades no incluidas en ese ámbito.

---

419 Contenida en el art. 5 de la Orden de 13 de diciembre de 1995 según redacción dada por la Orden APA/171/2006, de 26 de enero según el cual:
"1. A los efectos de los apartados 5 y 6 del artículo 2 de la Ley 19/1995, se entenderá como renta total del titular de la explotación la fiscalmente declarada como tal por el titular de la misma en el último ejercicio, excluyendo del cómputo los incrementos y disminuciones patrimoniales. A estos efectos se imputará al titular de la explotación: ...c) El 50 por 100 de las rentas del capital mobiliario e inmobiliario en el caso de régimen de gananciales y el 100 por 100 de sus rentas privativas..."

Entendemos especialmente destacable que al sobrepasar los límites no se pierde la aplicación del régimen de renta catastral para toda la actividad, sino sólo para la parte que excede de los mismos. Asimismo, es destacable como el régimen especial para los rendimientos que sobrepasen sea, en muchos casos, una extensión de la renta catastral:

a.- Actividades ganaderas del art. 55.5 TUIR.

Dicho artículo regula el régimen aplicable a las actividades ganaderas que sobrepasan los límites establecidos en el 32.2.b del TUIR, esto es, cuando el ganado se alimente de piensos obtenidos de terceros en más de tres cuartas partes de su alimentación de acuerdo con los criterios del Decreto del Ministerio que fija la producción potencial de la tierra.

El régimen es opcional y sólo se aplica a personas físicas y sociedades civiles[420].

El régimen especial se aplica sólo al excedente de ganado, manteniéndose el resto del ganado incluido en la renta catastral.

Para ello, el art. 55.5 del TUIR establece que se atribuirá por Decreto del Ministerio[421] a cada animal que sobrepase del límite un rendimiento medio. Este rendimiento es igual al valor medio de las rentas agrícolas catastrales correspondientes a cada animal criado dentro del límite, con lo que se extiende el cálculo catastral a los animales que sobrepasen el límite.

El valor medio se multiplica por un coeficiente que tenga en cuenta la incidencia en los costes, esto es, los menores costes que se obtienen al aplicar una economía de escala. Actualmente el coeficiente lo fija el Decreto en 2[422].

Los gastos, al tratarse también de un rendimiento presunto, obviamente no se deducen[423].

---

420 Dado que la remisión del art. 1093 de la ley nº 296/2006 era sólo al art. 32.2 TUIR y no al 55.5.

421 El Decreto es el mismo en el que se regula el límite, esto es, el último aprobado es el citado de 15 de marzo de 2019.

422 Art. 2.2 del Decreto de 15 de marzo de 2019.

423 Véase comentario sobre el cálculo en Consulenza Agricola (2022). *Speciale Redditi 2022 | Le attività agricole di allevamento*. https://consulenzaagricola.it/circolari/fiscale/17549-speciale-redditi-2022-le-attivita-agricole-di-allevamento. Recuperado el 6 de abril de 2025.

b.- Otras actividades agrícolas del 56.Bis TUIR.

Dicho artículo establece la posibilidad de utilizar para personas físicas y sociedades simples[424], a opción del contribuyente, reglas simplificadas de cálculo del rendimiento de las siguientes actividades:

– Invernaderos.

El art. 56.Bis.1 TUIR regula el tratamiento de los rendimientos de los invernaderos cuando superan los límites del art. 32.2.b TUIR, esto es, cuando la superficie utilizada para la producción mediante estructuras fijas o móviles supera el doble de la superficie de la tierra en la que se sitúa la misma.

Al igual que en el caso de los animales que sobrepasen el límite, se establece aquí una extensión de la renta catastral: el rendimiento de la superficie excedente se fija en el importe de su renta agraria relativa, teniendo en cuenta la superficie en la que existe producción en exceso.

– Actividades de manipulación, conservación, transformación, valorización y comercialización no contenidas en el Decreto Ministerial.

Decíamos que para las actividades de transformación o manipulación que se encuentran incluidas en el rendimiento presunto catastral, los bienes producidos y las actividades agrarias conexas se determinaban en Decreto Ministerial, concretamente el último de 13/02/2015.

Las actividades no contenidas en los Decretos Ministeriales tributan conforme al art. 56.Bis.2 del TUIR.

Concretamente, dichas actividades no contenidas en el Decreto realizadas sobre productos principalmente agrícolas, ganaderos o forestales tributan aplicando a los ingresos obtenidos por sus ventas un coeficiente de rentabilidad del 15%.

A las actividades de comercialización de plantas vivas y flores se les aplica un coeficiente de rentabilidad del 5% sobre los ingresos obtenidos de las ventas de productos adquiridos a terceros siempre que los mismos no supongan más del 10% de las ventas totales (art. 56.Bis.3.bis TUIR).

---

424 Además de la falta de remisión del art. 1093 de la ley nº 296/2006, se excluyen expresamente por el art. 56.bis.4 TUIR los sujetos del art. 73.1.a, b y d del TUIR así como sociedades colectivas y en comandita.

Así, de forma similar a España, estas actividades se calculan en función de los ingresos reales estimándose sólo los gastos.

Si el producto obtenido no se obtiene principalmente de la agricultura, ganadería o silvicultura o si se produce una transformación excesiva se considerarán rendimientos empresariales y se tributará por el beneficio real. También tributa por el beneficio real cuando no se cumpla con el principio de prevalencia, esto es, en los casos en que la actividad agrícola, ganadera o forestal no sea principal con respecto a las restantes actividades.

– Prestaciones de servicios con los medios de la explotación.

Las prestaciones de servicios realizadas predominantemente con los medios utilizados normalmente en la explotación agrícola se consideran actividad agrícola civilmente (párrafo tercero del art. 2135 del Código Civil italiano[425]).

Los medios utilizados normalmente en la explotación son los elementos materiales e inmateriales necesarios para la actividad, incluyéndose por ejemplo la tierra, los edificios, la maquinaria, los trabajadores, el know-how, etc.[426]

El art. 56.Bis.3 TUIR establece que para estas actividades de prestación de servicios se aplique un coeficiente de rentabilidad del 25%.

c.- Agroturismo.

La actividad de agroturismo se encuentra entre las actividades conexas del art. 2135 del Código Civil italiano.

La actividad se regula en la Ley de 20 de febrero de 2006, nº 96[427]. Se define como la actividad de recepción y hostelería realizada por agricultores según el

---

425 Que se puede consultar aquí: https://www.gazzettaufficiale.it/dettaglio/codici/codiceCivile. Recuperado el 6 de abril de 2025.

426 Respuesta nº 446/2021 de la Administración Tributaria a consulta de contribuyente que se puede consultar en: https://www.agenziaentrate.gov.it/portale/documents/20143/3534876/Risposta+n.+446+del+2021.pdf/0dbe0aad-c796-b730-c0a4-a6879e8e58c7. Recuperado el 6 de abril de 2025.

427 Que se puede consultar en: https://www.gazzettaufficiale.it/atto/serie_generale/caricaDettaglioAtto/originario?atto.dataPubblicazioneGazzetta=2006-03-16&atto.codiceRedazionale=006G0117&elenco30giorni=false. Recuperado el 6 de abril de 2025.

art. 2135 del Código Civil mediante la utilización de sus explotaciones (art. 2.1 de la Ley), incluyéndose ofrecer alojamiento, suministro de comidas fundamentalmente propios o de la zona, organizar degustaciones de productos incluida catas de vino y organizar actividades recreativas, culturales, educativas, deportivas, senderismo, también mediante acuerdos con entidades locales destinados a valorizar el territorio y el patrimonio rural.

Conforme al art. 5.1 de la Ley de 30 de diciembre de 1991, nº 413[428], el rendimiento de estas actividades se fija para personas físicas y sociedades de personas (excluyéndose por tanto las anónimas) multiplicando los ingresos por el coeficiente de rentabilidad del 25%.

d.- Producción de energías renovables.

Para favorecer la producción de energías renovables por los propios agricultores, la normativa italiana establece un tratamiento preferente incluyendo sus rendimientos en la renta catastral agraria hasta unos límites y aplicando un régimen a tanto alzado a partir de ellos.

Conforme al art. 1423 de la Ley de 23 de diciembre de 2005, nº 266 la producción y comercialización de energía eléctrica y calórica, procedente con unos límites de fuentes agroforestales renovables y de instalaciones fotovoltaicas, así como la producción y comercialización de combustibles (como el bioetanol) y productos químicos (como biopolímeros) de origen agroforestal procedentes principalmente de la tierra, cuando son realizados por empresarios agrícolas constituyen actividades conexas de acuerdo con el art. 2135 del Código Civil y sus rendimientos se entienden incluidos en el rendimiento agrario catastral.

Se exige que no se superen los siguientes límites:

- Hasta 2.400.000 kWh al año si la energía procede de fuentes agroforestales renovables (biomasa).
- Y hasta 260.000 kWh al año si la energía procede de instalaciones fotovoltaicas.

---

428 Que se puede consultar en: https://www.normattiva.it/uri-res/N2Ls?urn:nir:stato:legge:1991;413~art5!vig=. Recuperado el 6 de abril de 2025.

Más allá de ese límite, tanto las personas físicas como las sociedades que pueden utilizar el régimen de renta catastral, pueden optar por un régimen a tanto alzado multiplicando el valor de la energía vendida en exceso por un coeficiente de rentabilidad del 25%.

El régimen a tanto alzado se aplica siempre que se cumpla con el requisito de prevalencia de la actividad agraria sobre la actividad de producción de energía[429] pues en otro caso la actividad se convierte en industrial y los rendimientos se determinan como las rentas empresariales por sus rendimientos reales.

De acuerdo con la Circular nº 32/E de 6 de julio de 2009 de la Administración tributaria[430], la actividad de producción de energía mediante instalaciones fotovoltaicas se considerará conexa a la actividad principal agraria por los primeros 200 kW de potencia nominal total instalada. La producción que supere los primeros 200 kW de potencia nominal total también puede considerarse vinculada a la actividad agraria si se cumple alguno de los siguientes requisitos:

- Que la producción de energía fotovoltaica derive de sistemas con integración arquitectónica o de sistemas parcialmente integrados, tal como se definen en el art. 2 del Decreto ministerial de 19 de febrero de 2007, construidos sobre estructuras empresariales existentes.
- Que el volumen de negocios derivado de la actividad agrícola (excluida la producción de energía fotovoltaica) sea superior al volumen de negocios de la producción de energía fotovoltaica superior a 200 kW.
- Que dentro del límite de 1 MW por empresa, por cada 10 kW de potencia instalada que supere el límite de 200 kW, el empresario posea al menos 1 hectárea de terreno destinado a la actividad agrícola.

---

429 Véase Respuesta nº 319/2022 de la Administración Tributaria a consulta de contribuyente en: https://www.agenziaentrate.gov.it/portale/documents/20143/4495892/Risposta+319+del+2022.pdf/a2ae691e-da57-b4c5-e8eb-9a3bc008904a. Recuperado el 6 de abril de 2025.

430 Que se puede consultar en: https://def.finanze.it/DocTribFrontend/getPrassiDetail.do?id=%7BBF0F52B4-1C31-4E94-89AC-7A4332704A15%7D. Recuperado el 6 de abril de 2025.

11.4. RÉGIMEN A TANTO ALZADO PARA SOCIEDADES QUE REALIZAN MANIPULACIÓN, CONSERVACIÓN, TRANSFORMACIÓN, COMERCIALIZACIÓN Y VALORIZACIÓN DE LOS PRODUCTOS AGRÍCOLAS VENDIDOS POR SUS SOCIOS

El art. 1 párrafo 1094 de la Ley de 27 de diciembre de 2006 nº 296 establece que las sociedades de personas y las sociedades de responsabilidad limitada, constituidas por empresarios agrícolas y que realicen exclusivamente actividades encaminadas a la manipulación, conservación, transformación, comercialización y valorización de los productos agrícolas vendidos por sus socios, pueden optar por determinar los ingresos aplicando un coeficiente de rentabilidad del 25 por ciento al importe de los ingresos.

Esta norma, como el ya referido párrafo 1093, fue derogada por el art. 1 apartado 513 de la Ley de 24 de diciembre de 2012, nº 226 y luego reestablecida por el art. 1 párrafo 36 de la Ley de 27 de diciembre de 2013, nº 147.

12. MARRUECOS

En Marruecos el Impuesto sobre la Renta (*l'impôt sur le revenu*) es progresivo con una escala de seis tramos, el primero sin tributación hasta 30.000 dírham (unos 2.705,21 euros) y después con unos tipos de gravamen que van del 10% al 38% de acuerdo con el art. 73 del Código General Tributario (CGI, por las siglas de *Code général des impôts*)[431].

No obstante, a los beneficios de las explotaciones agrícolas (*revenus provenant des exploitations agricoles*), que constituyen una categoría de renta de acuerdo con el art. 22 del CGI, les es aplicable un tipo específico proporcional.

El Impuesto se aplica tanto a residentes como a no residentes por las rentas que obtengan en Marruecos (art. 23 CGI).

---

431 Las distintas versiones del CGI se pueden consultar aquí: https://tax.gov.ma/wps/portal/DGI/Documentation-fiscale/Arretes
Ha sido consultada la versión de 2022 que se puede consultar aquí:
https://tax.gov.ma/wps/wcm/connect/2558129d-4a94-416b-9219-8aea4a9ceb4c/CGI+2022+FR+act.pdf?MOD=AJPERES&CACHEID=ROOTWORKSPACE-2558129d-4a94-416b-9219-8aea4a9ceb4c-nXEwTFQ
Ambos recuperados el 6 de abril de 2025.

Marruecos fue en 2021 el quincuagésimo cuarto país en exportaciones de productos agrícolas a nivel mundial con 7.403 millones de dólares de EE.UU. de valor de sus exportaciones siendo el principal país exportador de productos hortofrutícolas a España, por delante de Francia y Portugal[432].

Pasamos a analizar las medidas que podemos destacar.

12.1. EXENCIÓN PERMANENTE HASTA 5.000.000 DE DÍRHAMS

Tanto para el Impuesto sobre Sociedades (art. 6.I.A.29° CGI) como para el Impuesto sobre la Renta (art. 47.I del CGI) se establece una exención permanente para el contribuyente con rentas agrícolas cuyo volumen de negocios anual sea inferior a 5.000.000 de dirhams (unos 449.653,06 euros).

El volumen de negocios se debe mantener durante tres ejercicios consecutivos.

Con anterioridad esta exención era total sin depender del volumen de negocios, estableciéndose el impuesto para rentas agrícolas gradualmente desde 2014.

Así, se establecía una exención temporal[433]:

- Desde el 1 de enero de 2014 hasta el 31 de diciembre de 2015, para agricultores que tengan una facturación inferior a 35.000.000 de dírhams (unos 3.147.427,26 euros).
- Desde el 1 de enero de 2016 hasta el 31 de diciembre de 2017, para agricultores que tengan una facturación inferior a 20.000.000 de dírhams (unos 1.798.526,32 euros).

---

432 De acuerdo con noticia publicada en La Razón en 2023: https://www.larazon.es/economia/marruecos-principal-exportador-espana-productos-hortofruticolas_202303096409ec7e96c07c000176a0fc.html#:~:text=Puesto%20de%20frutas%20y%20hortalizas%20le360&text=De%20un%20total%20de%201,los%20930%20millones%20de%20euros. Recuperado el 6 de abril de 2025.

433 Fuente página de la DIRECTION GENERALE DES IMPOTS apartado *revenus agricoles*: https://tax.gov.ma/wps/portal/DGI/Vos-impots-procedures/Impots-sur-le-revenu. Recuperado el 6 de abril de 2025.

- Desde el 1 de enero de 2018 hasta el 31 de diciembre de 2019, para agricultores que tengan una facturación inferior a 10.000.000 de dírhams (unos 899.305,97 euros).

Hasta el 31 de diciembre de 2022 la exención lo era también de la obligación de declarar de acuerdo con el art. 86.1° del CGI derogado por el art. 6 de la Ley de Finanzas de 2023 (*Loi de Finances nº 50-22 pour L'Année Budgetaire 2023*[434]), derogándose desde el 1 de enero de 2023 esa exención por lo que las rentas agrarias a partir de ahora se deberán declarar aunque estén exentas.

12.2. TIPO PROPORCIONAL DEL 20%

Se establece el mismo tipo proporcional del 20% aplicable en el Impuesto sobre Sociedades (art. 19.I.A.8° CGI) para las rentas agrarias en el Impuesto sobre la Renta (art. 73.II.F.7° CGI).

Con independencia de la opinión que se pueda tener de esta medida en relación con la capacidad económica, con la aplicación de un tipo proporcional se corrigen los perjuicios que el tipo progresivo provoca sobre la variabilidad de los ingresos agrarios, por lo que entendemos que se trata de una medida positiva.

12.3. RÉGIMEN A TANTO ALZADO (NO APLICABLE)

Se establece un régimen a tanto alzado regulado en los artículos 49 a 51 del CGI.

En el régimen se tributa en función del beneficio estimado por hectárea, tipo de cultivo y municipio (art. 49 CGI) fijado por una comisión de 5 miembros compuesta por representantes de la autoridad local (1), de los agricultores (3) y de la Inspección de Hacienda (1).

No obstante, de acuerdo con el art. 48.II.a del CGI están obligatoriamente sujetos al régimen de renta neta real los agricultores con un volumen de negocios superior a 2.000.000 de dírhams.

---

434 Página 2.158 del Boletín Oficial del Reino de Marruecos que se puede consultar aquí: https://www.finances.gov.ma/Publication/db/2023/BO_7154-bis_Fr.pdf. Recuperado el 6 de abril de 2025.

En consecuencia, dado que los agricultores con un volumen inferior a 5.000.000 de dírhams están exentos del Impuesto, el régimen especial a tanto alzado no es aplicable en ningún caso.

Especialmente crítica ha sido con ello MIMOUN[435] que solicita la eliminación de esta contradicción calificándola de escoria fiscal (*«scories» fiscales*).

En consecuencia, todos los agricultores tributarán por el régimen de renta neta real regulado en los artículos 52 y siguientes, que se remiten en la determinación de los ingresos y los gastos deducibles y no deducibles a la normativa del Impuesto sobre Sociedades.

13. MÉXICO

En México el Impuesto sobre la Renta (ISR) es progresivo con una escala con 11 tramos que van del 1,92% al 35%[436].

México fue en 2021 el decimoquinto país en exportaciones de productos agrícolas a nivel mundial con 47.255 millones de dólares de EE.UU. de valor de sus exportaciones.

Pasamos a analizar las medidas que podemos destacar.

13.1. EXENCIÓN HASTA 900.000 PESOS

El art. 113 E de la Ley del Impuesto sobre la Renta (LISR)[437] aunque se ubica dentro del Régimen Simplificado de Confianza, establece una exención del Impuesto sobre la Renta.

---

435 Opinión en Mimoun, Z. (2019). *L'Imposition à l'IR des exploitants agricoles: Je flotte dans le brouillard fiscal.* https://ecoactu.ma/limposition-a-lir-des-exploitants-agricoles-je-flotte-dans-le-brouillard-fiscal/. Recuperado el 6 de abril de 2025.

436 Art. 152 de la LISR a la que nos referimos seguidamente.

437 La LISR recoge la regulación tanto para las personas físicas como jurídicas, residentes o no. Nos referimos ahora a la regulación de las personas físicas residentes contenida en el Título IV:
https://mexico.justia.com/federales/leyes/ley-del-impuesto-sobre-la-renta/titulo-iv/capitulo-ii/seccion-iv/. Recuperado el 6 de abril de 2025.

Concretamente, establece que las personas físicas que se dediquen exclusivamente a las actividades agrícolas, ganaderas, silvícolas o pesqueras cuyos ingresos en el ejercicio no excedan de 900.000 pesos mexicanos (unos 49.791,97 euros) efectivamente cobrados, no pagarán el impuesto sobre la renta por los ingresos provenientes de dichas actividades.

13.2. EL RÉGIMEN SIMPLIFICADO DE CONFIANZA

El Régimen Simplificado de Confianza sustituyó desde el 1 de enero de 2022 al Régimen de Actividades Agrícolas, Ganaderas, Silvícolas y Pesqueras.

El régimen se regula en los artículos 113 E a 113 J de la LISR y se aplica siempre que los ingresos del ejercicio inmediato anterior no hubieran excedido de 3.500.000 pesos mexicanos (unos 193.635,42 euros)[438].

No pueden aplicar el régimen las personas físicas:

- Que sean socios, accionistas o integrantes de personas jurídicas (*morales*) o cuando sean partes vinculadas (*relacionadas*) en los términos del art. 90 de esta Ley.
- Que sean residentes en el extranjero con uno o varios establecimientos permanentes en el país.
- Que cuenten con ingresos sujetos a regímenes fiscales preferentes.
- Que perciban los ingresos a que se refieren las fracciones III (los honorarios a miembros de consejos directivos, de vigilancia, consultivos o de cualquier otra índole, así como los honorarios a administradores, comisarios y gerentes generales), IV (los honorarios a personas que presten servicios preponderantemente a un prestatario, siempre que los mismos se lleven a cabo en las instalaciones de este último), V (los honorarios que perciban las personas físicas de personas morales o de personas físicas con actividades empresariales a las que presten servicios personales independientes, cuando comuniquen por escrito al prestatario que optan por pagar el impuesto en los términos del Capítulo I de la LISR) y VI (los ingresos que perciban las personas físicas de personas morales o de perso-

438 Por encima de ese límite se determina el rendimiento en función de los ingresos y gastos reales de acuerdo con las normas previstas en los artículos 100 a 110 de la LISR, aplicando la escala del art. 152 de la misma Ley.

nas físicas con actividades empresariales, por las actividades empresariales que realicen, cuando comuniquen por escrito a la persona que efectúe el pago que optan por pagar el impuesto en los términos del Capítulo I) del art. 94 de la LISR.

El Régimen es extraordinariamente sencillo: se paga un porcentaje sobre los ingresos.

Concretamente, se ingresan mensualmente pagos a cuenta cuyo plazo es para cada mes hasta el día 17 del mes posterior, según la siguiente tabla de porcentajes sobre ingresos mensuales (art. 113 E LISR):

TABLA MENSUAL

Monto de los ingresos amparados por comprobantes fiscales efectivamente cobrados, sin impuesto al valor agregado (pesos mensuales)	Tasa aplicable
Hasta 25,000.00	1.00%
Hasta 50,000.00	1.10%
Hasta 83,333.33	1.50%
Hasta 208,333.33	2.00%
Hasta 3,500,000.00	2.50%

También tienen las personas jurídicas (*morales*) pagadoras la obligación de retener un 1,25% de los pagos que efectúen, sin considerar el IVA, a los contribuyentes sometidos a este régimen (art. 113 J LISR).

Posteriormente, en el mes de abril del año siguiente se presenta la declaración anual deduciendo los pagos a cuenta mensuales.

TABLA ANUAL

Monto de los ingresos amparados por comprobantes fiscales efectivamente cobrados, sin impuesto al valor agregado (pesos anuales)	Tasa aplicable
Hasta 300,000.00	1.00%
Hasta 600,000.00	1.10%
Hasta 1,000,000.00	1.50%
Hasta 2,500,000.00	2.00%
Hasta 3,500,000.00	2.50%

14. NUEVA ZELANDA

En Nueva Zelanda el IRPF es progresivo con una escala con cinco tramos[439], que va del 10,50% al 39%[440].

Nueva Zelanda fue en 2021 el vigesimoprimer país en exportaciones de productos agrícolas a nivel mundial con 33.678 millones de dólares de EE.UU. de valor de sus exportaciones.

Al igual que en Australia, se prevén medidas para paliar los efectos de la variabilidad de los ingresos agrícolas en la aplicación de un tipo progresivo.

Pasamos a analizar las medidas que podemos destacar.

14.1. REGÍMENES DE CUENTAS DE NIVELACIÓN DE INGRESOS Y DE RESTAURACIÓN AMBIENTAL (*INCOME EQUALISATION SCHEMES AND ENVIRONMENTAL RESTORATION ACCOUNTS SCHEMES*)

Para evitar la variabilidad de ingresos se permite deducir de los ingresos el importe depositado en unas cuentas especiales[441], debiendo tributarse en el momento en que se retiren los fondos de las referidas cuentas[442].

Estos regímenes especiales se regulan en la subparte DQ (que consta de 3 secciones vigentes), la EH (que consta de 79 secciones) y la EK (que consta de

---

439 El primer tramo al tipo del 10,5% hasta 14.000 dólares neozelandeses (unos 7.881,77 euros), el segundo al tipo del 17,5% hasta 48.000 $ (unos 27.023,22 €), el tercero del 30% hasta 70.000 $ (unos 39.408,86 €), el cuarto del 33% hasta 180.000 $ (unos 101.337,08 €) y, en adelante, al 39%.

440 De acuerdo con el Anexo I de la ITA a la que nos referiremos seguidamente.

441 Véase comentarios de la Administración Tributaria en: https://www.ird.govt.nz/income-tax/income-tax-for-businesses-and-organisations/income-equalisation-scheme. Recuperado el 6 de abril de 2025.

442 Los depósitos y reembolsos pueden solicitarse a través de la página de la Administración tributaria, concretamente para depósitos:
https://www.ird.govt.nz/income-tax/income-tax-for-businesses-and-organisations/income-equalisation-scheme/deposits/make-a-deposit
Y para reembolsos:
https://www.ird.govt.nz/income-tax/income-tax-for-businesses-and-organisations/income-equalisation-scheme/refunds/request-a-refund
Ambos recuperados el 6 de abril de 2025.

23 secciones) de la Ley del Impuesto sobre la Renta de 2007 (ITA, *Income Tax Act 2007*)[443].

Los regímenes son aplicables tanto a personas físicas como a sociedades.

Existen dos tipos de cuentas especiales: cuentas de nivelación de ingresos (EQU, *income equalisation account*) y cuentas de restauración medioambiental (ERA, *environmental restoration accounts*).

14.1.1. Regímenes de nivelación de ingresos (income equalisation schemes)

Para estos regímenes se utilizan las cuentas de nivelación de ingresos (EQU, *income equalisation account*).

Los depósitos se consideran dinero público y se deben realizar al Comisionado (la Administración tributaria)[444] en una cuenta del Crown Bank (EH 2 ITA).

Los regímenes de nivelación de ingresos (*income equalisation schemes*) son a su vez dos (EH1 ITA):

- El régimen principal de nivelación de ingresos (*the main income equalisation scheme*) regulado en las secciones DQ 1, EH 3 a 36 y EZ 80 de la ITA.
- Y el régimen de nivelación de ingresos por operaciones de aclareo (*the thinning operations income equalisation schem*) regulado en las secciones DQ 3 y EH 63 a 79.

14.1.1.1. Régimen principal de nivelación de ingresos (*main income equalisation schemes*)

Se regula en las secciones DQ 1, EH 3 a 36 y EZ 80 de la ITA.

---

443 Que se puede consultar en: https://www.legislation.govt.nz/act/public/2007/0097/latest/DLM1512301.html. Recuperado el 6 de abril de 2025.

444 Concretamente, el Comisionado de Hacienda (*Commissioner of Inland Revenue*) es la dirección ejecutiva del departamento de Hacienda, de acuerdo con la sección 5B de la TAA, Ley a la que nos referiremos seguidamente, y las secciones 42 y siguientes de la Ley del servicio público de 2020. Esta última Ley se puede consultar en:
https://www.legislation.govt.nz/act/public/2020/0040/latest/LMS106159.html#LMS106157
Recuperado el 6 de abril de 2025.

El régimen principal de nivelación de ingresos (*main income equalisation scheme*) se aplica a los agricultores y ganaderos (*farmers*), a los pescadores (*fisher*) y a los silvicultores (*forester*) de acuerdo con la sección EH 3 ITA.

Concretamente, los ingresos forestales que se incluyen (EH 34 ITA) son los procedentes de la madera en pie, cortada o caída en su estado natural cultivada en el terreno por su propietario.

El Comisionado mantiene una cuenta principal de nivelación de ingresos (*main income equalisation account*) por cada persona, donde el contribuyente realizará sus depósitos (EH 5 ITA). Esta cuenta es personal y sólo se podrán ingresar los depósitos de la propia persona y los intereses que genere.

Los depósitos tienen un límite mínimo y otro máximo (EH 4 ITA):

- Uno mínimo de 200 dólares neozelandeses (unos 112,94 euros).
- Uno máximo del rendimiento neto del ejercicio procedente de las actividades agrícolas, ganaderas y forestales, pudiendo establecerse por Orden una cantidad mayor e, incluso, ilimitada para agricultores y ganaderos (EH 35 ITA).

En caso de que se produzca un exceso de depósito, el Comisionado reembolsará el mismo "*tan pronto como sea posible*" (EH 8 ITA). Lógicamente, ese exceso no se deduce cuando se ingresa ni tributa cuando se devuelve (EH 9 ITA).

Los depósitos se pueden realizar a lo largo del ejercicio contable pero también con posterioridad al cierre del mismo, lo que permite al agricultor evitar los efectos de la variabilidad de ingresos con mayor facilidad.

Cuando se realizan con posterioridad al cierre, el agricultor debe comunicar al Comisionado que el depósito se aplica al ejercicio ya cerrado, pues en otro caso sería aplicable al ejercicio en curso (EH 4.4 ITA).

Los depósitos posteriores se deben realizar por regla general en el *periodo especificado* de la sección EH 36 de la ITA para cada ejercicio que es la fecha anterior entre (EH 4.4.b):

- Los seis meses posteriores a la fecha de cierre del ejercicio contable.
- Y un mes después de la fecha límite de presentación de la declaración de acuerdo con el art. 37 de la Ley de Administración Tributaria de 1994 (TAA, *Tax Administration Act 1994*)[445].

---

445 La TAA se puede consultar en:

El Comisionado está facultado para fijar para determinados casos un plazo posterior incluso mayor (EH 4.4.c ITA)[446].

Los depósitos devengan un interés por Ley del 3% anual (EH 6 ITA). Para que se devengue el interés es necesario que se mantenga el depósito al menos un año.

Los intereses se devengan el 31 de marzo de cada año o a la fecha de reembolso del depósito, si esta es anterior. Los intereses se pagan en la propia cuenta principal de nivelación de ingresos acumulándose, por tanto, a su saldo.

Los reembolsos de los depósitos pueden realizarse en cualquier momento previa solicitud del interesado o, en todo caso, de forma automática transcurridos cinco años desde el cierre del ejercicio contable en el que se dedujo el mismo (EH 10).

Para solicitar el reembolso debe haber transcurrido, al menos, un año desde que se realizó el depósito (EH 13.2 ITA).

No obstante, se permite solicitar el reembolso en un plazo inferior al año en los siguientes casos:

- A partir de los seis meses desde que se realizó el depósito:
  - o Para realizar, inmediatamente después del reembolso trabajos de desarrollo o mantenimiento de la propia explotación agrícola, ganadera, pesquera o forestal (EH 15.1.a ITA).
  - o Para comprar, inmediatamente después del reembolso, ganado para su explotación agrícola o ganadera (EH 15.1.b ITA).
- Independientemente del tiempo que haya transcurrido desde que se realizó el depósito:
  - o Para comprar, inmediatamente después del reembolso, ganado para su explotación agrícola o ganadera que sustituya al enajenado o per-

https://www.legislation.govt.nz/act/public/1994/0166/latest/DLM348343.html. Recuperado el 06 de abril de 2025.

446 Se permite así realizar depósitos o retiradas fuera de plazo para atender a circunstancias excepcionales. Los plazos especiales adoptados, por ejemplo, por el COVID, inundaciones o la reciente sequía se pueden consultar en: https://www.ird.govt.nz/income-tax/income-tax-for-businesses-and-organisations/income-equalisation-scheme/discretionary-relief. Recuperado el 6 de abril de 2025.

dido como consecuencia de un acontecimiento adverso (EH 15.3.a ITA).

- o Para evitar que se sufran graves dificultades (EH 15.3.b ITA).
- o Para aquellos casos que determine el Comisionado (EH 15.3.c ITA).
- o En caso de jubilación de la actividad agropecuaria o pesquera del titular de la cuenta (EH 17 ITA).
- o En caso de fallecimiento del titular de la cuenta (EH 19 ITA).
- o En caso de quiebra del titular de la cuenta (EH 23 ITA).
- o En caso de liquidación de la sociedad titular de la cuenta (EH 25 ITA).

Los reembolsos tienen un límite mínimo, al igual que en los depósitos, de 200 dólares neozelandeses (EH 28 ITA). El límite no se aplica cuando finaliza el depósito, bien por el transcurso del plazo de 5 años, bien por otras causas sobrevenidas (fallecimiento, jubilación, etc.), en cuyo caso se devuelve el saldo.

Para el plazo de 5 años, en los reembolsos se utiliza el criterio FIFO, de manera que cada reembolso recibido se considera que procede de los importes depositados en el orden en que se realizaron (EH 29 ITA).

La imputación como ingreso en la declaración del reembolso del depósito dependerá del tipo de reembolso llevado a cabo, concretamente:

- Reembolso mediante solicitud general o para los casos en que se permite con anterioridad al año desde el depósito (EH 14 y EH 16 ITA). Al igual que al deducir el depósito, en el reembolso se permite la imputación posterior para que el agricultor decida a qué ejercicio imputar el ingreso una vez conocido el resultado del mismo. Así pues, se imputará a opción del contribuyente:
  - o Al año de la solicitud de reembolso.
  - o Al periodo especificado de la sección EH 36 ITA, esto es, en los seis meses posteriores a la fecha de cierre del ejercicio contable o al mes de la fecha límite de presentación de la declaración si esta segunda fecha es anterior.

  También al igual que con los depósitos, en estos reembolsos el Comisionado puede fijar un periodo mayor para determinados casos.

- Reembolso por el trascurso del plazo de cinco años: se imputa como ingreso en el ejercicio en que se abona el reembolso (EH 11 ITA).
- Reembolso por jubilación. Se imputa a elección del contribuyente (EH 18 ITA):
  - o Al año de jubilación:
  - o O, mediante opción ejercitada en el plazo de presentación de la declaración del ejercicio en que se jubila, a los años en que se dedujeron los depósitos. El Comisionado puede acordar ampliar el plazo para ejercitar la opción.
- Reembolso en caso de fallecimiento. Como norma general se entiende obtenido y, por tanto, se imputa en el momento inmediatamente anterior al del fallecimiento (EH 20 ITA).

  No obstante, también es posible imputarlo a elección del administrador de la herencia a un momento anterior e, incluso posterior, ejercitando la opción en el plazo de presentación del ejercicio del fallecimiento o en el más amplio otorgado por el Comisionado. Concretamente, es posible:
  - o Optar por imputarlo en todo o en parte al ejercicio anterior al fallecimiento (EH 21 ITA).
  - o Si no se ha optado por la opción anterior, optar por imputarlo dentro de los tres ejercicios siguientes, siempre con el límite de cinco años desde que se realizó el depósito, imputándose al ejercicio contable en que se reembolsa al administrador de la herencia (EH 22 ITA).
- Reembolso por quiebra: se entiende obtenido en el momento inmediatamente anterior a que comience la quiebra (EH 24 ITA).
- Reembolso por liquidación de sociedades: se entiende obtenido en el momento inmediatamente anterior a que comience la liquidación (EH 26 ITA).

Con la libertad que se otorga al agricultor para realizar e imputar a un ejercicio los depósitos que suponen un ahorro fiscal (*tax saving*) y, asimismo, los reembolsos que suponen una tributación adicional (*extra tax*), lo normal es que se produzca una tributación global inferior y una suavización del tipo progresivo del Impuesto sobre la Renta.

No obstante, nos parece también sorprendente del sistema que para cuando esto no sea así y se produzca una tributación mayor a la que correspondería de haber incluido los rendimientos en cada ejercicio en el que fueron generados, esa tributación adicional se corrija otorgándole al agricultor el crédito fiscal regulado en las secciones EH 30 a EH 33 de la ITA.

El crédito fiscal se genera en todos los tipos de reembolsos (EH 31.1.a ITA), esto es, reembolsos por el transcurso de los 5 años (EH 10 ITA), por solicitud con el plazo mínimo de un año general (EH 13 ITA) o en los plazos reducidos para circunstancias especiales (EH 15 ITA), por jubilación (EH 17 ITA), por fallecimiento en ejercicios contables antes (EH 19 ITA) o después del fallecimiento (EH 22.3 ITA), por quiebra (EH 23 ITA) y por liquidación de sociedades (EH 25 ITA).

El importe del crédito fiscal es el importe del impuesto adicional de los reembolsos sobre el ahorro fiscal de los depósitos (EH 33 ITA).

14.1.1.2. Régimen de nivelación de ingresos por operaciones de aclareo (*the thinning operations income equalisation schem*)

Se regula en las secciones DQ 3 y EH 63 a 79.

El régimen se aplica a las operaciones de aclareo forestal que son aquéllas (EH 79 ITA) por las que se talan algunos árboles de una masa arbórea más inmadura con el fin de mejorar el crecimiento y la forma de los árboles restantes, y no de acabar permanentemente con la cubierta forestal.

Con estas operaciones, por tanto, al bajar la densidad de árboles por hectárea se disminuye la competencia por los recursos disponibles, permitiendo que los árboles restantes tengan más agua para mejorar su crecimiento.

El régimen es prácticamente idéntico al de la cuenta principal de nivelación de ingresos.

Así, el silvicultor puede realizar depósitos en una cuenta de nivelación de ingresos de operaciones de aclareo (*thinning operations income equalisation account*) manteniendo el Comisionado una cuenta por persona donde sólo se pueden ingresar sus depósitos y sus intereses (EH 65).

Los depósitos por operaciones de aclareo tienen también un límite mínimo de 200 dólares neozelandeses y un máximo de los rendimientos obtenidos por esas operaciones (EH 64 y EH 78 ITA).

También se devuelven los excesos de depósito por el Comisionado "*tan pronto como sea posible*" (EH 68 ITA) excluyéndose esos reembolsos de excesos de tributación (EH 69 ITA).

Los depósitos se pueden realizar a lo largo del ejercicio contable o en el *periodo especificado*, esto es, en los seis meses posteriores a la fecha de cierre del ejercicio contable o el mes después de la fecha límite de presentación de la declaración si es anterior, pudiendo establecer el Comisionado un plazo superior (EH 64.4 y EH 79 ITA).

Los depósitos devengan el interés si se mantienen un mínimo de un año del 3% anual, devengándose el 31 de marzo de cada año o a la fecha de reembolso, intereses que se van acumulando al saldo de la cuenta (EH 66 ITA).

Por su parte, los reembolsos de los depósitos pueden realizarse en cualquier momento previa solicitud del interesado, debiendo haber transcurrido por regla general, al menos, un año desde que se realizó el depósito (EH 71 ITA) pero estableciéndose las siguientes excepciones a ese plazo si se solicita el reembolso:

- A partir de los seis meses desde que se realizó el depósito con el fin de realizar, inmediatamente después del reembolso, trabajos de desarrollo o mantenimiento previstos para la explotación forestal (EH 73.1 y 2 ITA).
- E independientemente del tiempo que haya transcurrido desde que se realizó el depósito para evitar que se sufran graves dificultades o cualquier otro supuesto que determine el Comisionado (EH 73.3 y 4 ITA).

No existe, a diferencia del régimen principal de nivelación de ingresos, un reembolso automático una vez transcurrido un plazo máximo desde que se realizó el depósito.

Evidentemente el tipo de ingresos forestales a los que se les aplica este régimen tienen un periodo de generación superior a los cinco años por lo que la norma ha preferido no establecer un plazo máximo de reembolso que no permitiría imputar los rendimientos en función de su periodo de generación.

La imputación como ingreso en la declaración del reembolso del depósito dependerá del tipo de reembolso llevado a cabo, concretamente:

- El reembolso mediante solicitud general o para los casos en que se permite con anterioridad al año desde el depósito (EH 72 y EH 74 ITA) se imputa:
  - o Al año de la solicitud de reembolso.
  - o Al periodo especificado (seis meses posteriores a la fecha de cierre del ejercicio contable o al mes de la fecha límite de presentación de la declaración si esta segunda fecha es anterior) o al periodo mayor aprobado por el Comisionado.

- El reembolso por liquidación de sociedades: se entiende obtenido en el momento inmediatamente anterior a que comience la liquidación (EH 76 ITA).

Se reconoce, asimismo, el crédito fiscal por la diferencia de la tributación adicional (*extra tax*) del reembolso sobre el ahorro fiscal (*tax saving*) de la constitución del depósito, remitiéndose la regulación (EH 77 ITA) a las secciones EH 30 a EH 33 ITA del régimen principal de nivelación de ingresos.

14.1.2. Régimen de restauración ambiental (environmental restoration accounts schemes)

Se regula en la subparte DQ 4 y la EK 1 a 23 de la ITA.

El régimen de restauración ambiental se utiliza para que algunas actividades comerciales que causan daños ambientales puedan reservar dinero para poder cubrir los futuros costes de la restauración ambiental[447].

En consecuencia, no se trata de un beneficio a actividades agrícolas, ganaderas o forestales sino comerciales e industriales que provoquen daños ambientales para luego restaurarlos.

El régimen es muy similar: ingresándose en una cuenta del Crown Bank (EK 1 ITA), proporcionando un interés del 3% (EK 6 ITA), teniendo un depósito y reembolso mínimo de, en este caso, 1.000 dólares neozelandeses (EK 3 y EK 17 ITA), etc.

14.2. IMPUTACIÓN DE INGRESOS FORESTALES A EJERCICIOS ANTERIORES

Se prevé para los ingresos por venta de madera la posibilidad de imputar los ingresos entre el año que se obtienen y los tres anteriores, a elección del contribuyente (EI 1 ITA).

La opción se puede ejercitar hasta un año después del final del año en que se obtuvieron los ingresos.

---

447 Los gastos en los que se puede incurrir son los previstos en la sección EK 2 ITA.

14.3. EJERCICIO FISCAL QUE NO COINCIDE CON EL ESTÁNDAR

El ejercicio fiscal es, por regla general en Nueva Zelanda, desde el 1 de abril hasta el 31 de marzo del año siguiente, de acuerdo con la sección YE 1.2 ITA.

Sin embargo, se permite utilizar un ejercicio fiscal no estándar adaptado a la actividad del contribuyente (YE 1.5 ITA) mediante su solicitud al Comisionado de acuerdo con lo dispuesto en la sección 38 de la TAA.

A estos efectos se distingue entre (YE 1.6 y 7 ITA):

- Fechas de cierre anticipadas (*early balance date)* que son aquéllas en las que el cierre se produce entre el 1 de octubre y el 30 de marzo siguiente. En estos casos, como en los ejercicios estándar, las declaraciones deben presentarse hasta el 7 de julio de cada año (37.1.c TAA)
- Y las fechas de cierre atrasadas (*late balance date*) que son aquéllas en las que el cierre se produce entre el 1 de abril y el 30 de septiembre. En estos casos las declaraciones deben presentarse como máximo el séptimo día del cuarto mes siguiente al final del correspondiente ejercicio fiscal.

Aunque se pueden solicitar fechas diferentes, las siguientes actividades tienen fechas de cierres reconocidas[448]:

Actividad	Fecha del cierre
Apicultura	30 de noviembre o 31 de diciembre
Ganadería bovina	31 de mayo
Ganadería lechera	31 de mayo, 30 de junio o 31 de julio
Ganadería ovina	30 de junio
Cria de caballos	31 de julio
Cultivo de kiwis	31 de enero, 28 de febrero o 31 de marzo
Transformación o exportación de carne	31 de agosto o 30 de septiembre
Cultivo de frutas de pepita	31 de marzo, 30 de junio o 31 de diciembre
Preparación de semillas	30 de noviembre
Cultivo de tabaco	31 de julio

448 Fuente: https://www.ird.govt.nz/income-tax/income-tax-for-businesses-and-organisations/balance-dates. Recuperado el 6 de abril de 2025.

14.4. LIBERTAD DE AMORTIZACIÓN DE DETERMINADAS INVERSIONES Y MEJORAS EN EL TERRENO

Se establece la deducción directa de determinados gastos e inversiones dejando sin efecto para estos casos la limitación a su deducción directa y su deducción por deterioro conforme a los apartados DA 2 (1), DA 4 y DO 4 y siguientes de la ITA.

Concretamente, se permite deducir directamente los gastos en los que se incurre para conseguir las siguientes mejoras en el terreno (DO 1 ITA):

- La destrucción de malas hierbas o plantas perjudiciales para la tierra.
- La destrucción de plagas animales perjudiciales para la tierra.
- La reparación de daños causados por inundaciones o erosión del terreno.
- La destrucción de matorrales, cepas o maleza en el terreno.
- La limpieza o arranque del terreno de matorrales, cepas o maleza.
- La construcción en el terreno de cercas con fines agrícolas o ganaderos, incluida la compra de alambre o malla metálica con el fin de hacer vallas nuevas o que las existentes lo sean a prueba de conejos.
- El resembrado y abonado de todo tipo de pastos, si el gasto no se realiza en el curso de una actividad de capital significativa.

Se permite la deducción directa de los gastos de plantación o mantenimiento de árboles y plantas que tengan por objeto (DO 2 ITA):

- Prevenir o combatir la erosión del terreno.
- Proporcionar protección al terreno.
- Prevenir o mitigar los efectos perjudiciales sobre un río o cauce de agua procedente del vertido de contaminantes agrícolas o ganaderos.

Asimismo, se permite la deducción directa de los gastos de plantación o mantenimiento de árboles y plantas con un límite de 7.500 dólares neozelandeses (unos 4.235,27 euros) para árboles que no sean los referidos anteriormente del apartado DO 2, ni árboles frutales ni árboles plantados en virtud de un acuerdo de fomento forestal con arreglo a la Ley de Fomento Forestal de 1962 (DO 3 ITA). Estos últimos también tienen deducción directa por el DP 5 ITA.

15. PAÍSES BAJOS

En los Países Bajos el IRPF es progresivo con una escala para los rendimientos agrarios[449] de tan solo dos tramos, uno hasta 73.031 euros del 36,93% y otro en adelante del 49,50%.

Los rendimientos de las actividades económicas se catalogan dentro de los rendimientos del trabajo y del hogar (*inkomen uit werk en woning*) dentro del cuadro 1 (*box 1*) y tributan por tarifas diferentes a los otros dos tipos de rendimientos.

Los Países Bajos fueron en 2021 el segundo país en exportaciones de productos agrícolas a nivel mundial con 129.038 millones de dólares de EE.UU. de valor de sus exportaciones.

Pasamos a analizar las medidas que podemos destacar.

15.1. EJERCICIO ECONÓMICO QUE NO COINCIDE CON EL AÑO NATURAL

La Ley de Impuesto sobre la Renta de 2001 (*Wet inkomstenbelasting 2001*)[450] aplicable a las personas físicas, sean residentes o no, establece en su art. 3.66 la posibilidad de utilizar para el cálculo de los beneficios de un negocio un ejercicio económico no coincidente con el año natural si la naturaleza de la empresa lo justifica.

Lógicamente, la naturaleza de la empresa agraria justifica esa opción dado que la campaña agrícola frecuentemente no coincide con el año natural.

Esto permite incluir en un mismo ejercicio económico los ingresos y gastos de la campaña evitando las desvirtuaciones que provoca la no relación de los gastos con sus ingresos.

En ese caso el ejercicio económico sustituye al año natural y se considera de un año natural el beneficio del ejercicio económico finalizado en el mismo.

---

449 Los jubilados y otras fuentes de renta tienen tramos distintos que se pueden consultar aquí: https://www.belastingdienst.nl/wps/wcm/connect/nl/werk-en-inkomen/content/hoeveel-inkomstenbelasting-betalen. Recuperado el 6 de abril de 2025.

450 Que se puede consultar en https://wetten.overheid.nl/BWBR0011353/2023-01-01. Recuperado el 6 de abril de 2025.

Si el ejercicio económico excede de 12 meses se divide en dos partes considerándose ejercicios económicos separados cada parte. La primera parte será de 12 meses siempre que las dos partes terminen en años naturales diferentes. El beneficio de la primera parte se determina por estimación, imputándose el resto del beneficio a la segunda parte.

15.2. IMPORTES A TANTO ALZADO PARA LA VALORACIÓN DE EXISTENCIAS Y DE DETERMINADOS COSTES

La Administración tributaria de Países Bajos (*Belastingdienst*) y la principal organización patronal de agricultores (*LTO Nederland, Land - en Tuinbouw Organisatie Nederland*) tienen firmada una asociación denominada Plataforma Agrícola (*Platform Landbouw*) mediante la cual elaboran cada año las normas agrícolas nacionales (*Landelijke Landbouwnormen*) fijando reglas de valoración e importes a tanto alzado de costes y de valoraciones de existencias[451].

En la elaboración de las normas también participa una asociación para el cultivo de bulbos de flores (*KAVB, Koninklijke Algemeene Vereeniging voor Bloembollencultuur*) y tres asociaciones de contables, asesores fiscales y consultores (*SRA Samenwerkende Registeraccountants en Accountants administratieconsulenten, TAAK, Tuinbouw Accountants en Administratie Kantoren* y *VLB, Vereniging van Accountants - en Belastingadviesbureaus*).

Llama la atención, como en Bélgica, que la determinación de presunciones que van a afectar a la base imponible se establezca de forma pactada con el sector empresarial afectado.

Los agricultores como regla general deben utilizar las normas para determinar el beneficio anual en la declaración de la renta.

No obstante, estos importes estandarizados fijados en las normas suponen una presunción *iuris tantum* y es posible no aplicarlos si se hace de forma motivada, justificando la razón por la que se usan otros importes.

---

451 Que se pueden consultar aquí: https://www.belastingdienst.nl/wps/wcm/connect/bldcontentnl/belastingdienst/zakelijk/bijzondere_regelingen/landbouw/landelijke_landbouwnormen/landelijke_landbouwnormen. Recuperado el 6 de abril de 2025.

Se establecen normas de valoración del ganado (bovino, porcino, aves de corral, ovino, caprino y conejos) distinguiendo el ganado de cría o de carne y regulando dos métodos de valoración, de forma individual o por valor medio, para posteriormente aprobar unas tablas en las que se establece la valoración por cabeza en función del tipo de ganado y la fase de crecimiento en la que se encuentre.

Para explotaciones agrícolas, se establecen normas para la valoración de producciones en curso, regulando los gastos que se incluyen en su valoración (semillas, plantones, costes de personal, abonos, trabajos de preparación del suelo, etc.), normas para la valoración de existencias de productos no consumidos utilizados en la explotación, normas para la valoración de las existencias de producto agrícola (maíz, heno, champiñones, espárragos, bulbos de flores) y normas para la activación y amortización de determinados bienes (inversiones para horticultura de invernadero, árboles frutales y resto de árboles, edificios agrícolas, maquinaria, derechos de producción) para posteriormente aprobar unas tablas en las que se establece la valoración por hectárea de las producciones en curso, un valor por hectárea y fase de la producción (si está cortado, ensilado y seco por ejemplo) para las existencias de productos agrícolas y, en el caso de las flores, por ramo, y de las inversiones los porcentajes de amortización.

Entendemos loable el esfuerzo en la preparación de estas normas que facilitan la declaración de los agricultores proporcionando seguridad jurídica.

15.3. PROMEDIACIÓN DE INGRESOS (DEROGADO)

El régimen de promediación de ingresos (*Middeling*) estaba regulado en los artículos 3.154 y 3.155 de la Ley del Impuesto sobre la Renta de 2001 que han sido derogados con efectos desde el 1 de enero de 2023.

No se trataba de un beneficio fiscal exclusivo para la actividad agrícola sino que era una opción a la que se podía acceder previa solicitud con carácter general para todas las actividades económicas.

El régimen se aplicaba de tres años en tres años de manera que un año que pertenecía a un periodo de promediación no se incluía en otro periodo de promediación. Los tres años debían ser consecutivos.

La solicitud se presentaba una vez transcurridos los tres ejercicios si compensaba[452].

Con la derogación, el último periodo de promediación en que se puede aplicar el régimen es 2022, 2023 y 2024.

El beneficio consistía en una devolución una vez transcurridos los tres años de la diferencia entre lo tributado y lo que se hubiera tributado si la totalidad de los rendimientos de los tres ejercicios se hubieran dividido entre tres por partes iguales.

A estos efectos, se tienen en cuenta todos los rendimientos que van a la misma tarifa, no sólo los de actividades económicas, esto es, los llamados rendimientos del trabajo y del hogar y si en un ejercicio se han obtenido rendimientos negativos se toma para dicho ejercicio un importe de cero euros[453].

Para poder solicitar el promedio la diferencia debía superar, en todo caso, un mínimo de 545,00 euros.

Lo cierto es que no se entiende muy bien como un beneficio fiscal que corrige tan eficientemente la variabilidad de los ingresos en las actividades agrarias, provocando una tributación efectiva como si los ingresos fueran constantes, ha sido eliminado.

Puede deberse a que el beneficio era aplicable de forma general y no sólo a las actividades que específicamente tenían este problema. Asimismo, puede deberse también a que la opción era posterior en función de si se produce una devolución o no de impuestos, por lo que si la tributación era superior no se optaba por el promedio.

---

452 Véase sobre la solicitud: https://www.belastingdienst.nl/wps/wcm/connect/nl/werk-en-inkomen/content/hoe-kan-ik-mijn-inkomen-middelen-en-geld-terugkrijgen. Recuperado el 6 de abril de 2025.

453 Véase sobre el cálculo: https://www.belastingdienst.nl/wps/wcm/connect/bldcontentnl/belastingdienst/prive/werk_en_inkomen/bijzondere_situaties/teruggaaf_door_middeling_berekenen/teruggaaf-door-middeling-berekenen. Recuperado el 6 de abril de 2025.

15.4. COMPENSACIÓN RETROACTIVA DE PÉRDIDAS

Se regula en el art. 3.150 de la Ley del Impuesto sobre la Renta de 2001.

Conforme al mismo se permite la compensación de las pérdidas con los beneficios de los tres años anteriores o de los nueve años siguientes.

La compensación se establece obligatoriamente por orden de antigüedad, esto es, primero los tres anteriores y después los nueve siguientes.

Esta medida no sólo ofrece una suavización de la variabilidad de los ingresos agrarios sino que establece globalmente un periodo de compensación mucho más amplio que la legislación española (un total de 12 ejercicios, frente a 4).

Aunque no son supuestos habituales, piénsese en un contribuyente que sólo obtuviera rendimiento de actividades forestales con periodo de generación, como en el caso del corcho, de 9 años. En España no se podrían trasladar las pérdidas generadas en las labores de los 4 primeros años mientras que en los Países Bajos no existe ese problema.

15.5. RESERVAS FISCALES

Se establecen tres reservas fiscales que permiten diferir la tributación[454]:

- La reserva de reinversión (*Herinvesteringsreserve*): por la que se difiere la tributación de la venta de activos a la deducción de los activos en los que se haya reinvertido.
- La reserva de estabilización (*Egalisatiereserve*): por la que se permite el establecimiento de una reserva para futuras reparaciones extraordinarias, por ejemplo a realizar cada 10 ó 15 años, calculadas en función de una estimación razonable.

[454] Véase para las dos primeras art. 3.53 y siguientes y, para la de jubilación, art. 3.67 y siguientes, todos de la Ley del Impuesto sobre la Renta de 2001, así como los comentarios a las normas recogidos aquí: https://www.belastingdienst.nl/wps/wcm/connect/bldcontentnl/belastingdienst/zakelijk/winst/inkomstenbelasting/inkomstenbelasting_voor_ondernemers/fiscale_reserves/. Recuperado el 6 de abril de 2025.

- La reserva de jubilación (*Oudedagsreserve*): aplicable sólo hasta 2022. Esta reserva permitía reservar parte de los beneficios[455] para una futura jubilación, aplicándose la reserva al constituir una renta vitalicia o al ser lo reservado superior al patrimonio de la empresa si se cesa en la actividad, se alcanza la edad de jubilación o no se cumple un número de horas de trabajo al año[456].

15.6. REDUCCIONES DE LA BASE DE LOS EMPRESARIOS

Los empresarios tienen derecho a una serie de reducciones de la base, concretamente:

- La reducción del empresario[457]: la integran, entre otras posibles reducciones (por investigación y desarrollo, cooperación o cese de actividad), una reducción por cuenta propia aplicable a empresarios que cumplan un mínimo de horas de dedicación[458] y que es de una cuantía fija de 5.030 euros.
- La reducción de resultados de pymes[459]: se aplica una reducción del 14% de los resultados una vez aplicada la deducción del empresario. La reducción se aplica tanto cuando se producen beneficios como cuando se producen pérdidas.

---

455 Para 2022 un 9,44% del beneficio con un máximo de 9.632,00 euros.

456 1225 horas al año de acuerdo con el art. 3.6 de la Ley del Impuesto sobre la Renta de 2001.

457 Art. 3.74 y siguientes Ley del Impuesto sobre la Renta 2001. Véase también comentarios en: https://www.belastingdienst.nl/wps/wcm/connect/bldcontentnl/belastingdienst/zakelijk/winst/inkomstenbelasting/verandering_inkomstenbelasting_vorige_jaren/veranderingen-inkomstenbelasting-2023/ondernemersaftrek-2023//. Recuperado el 6 de abril de 2025.

458 1225 horas al año de acuerdo con el art. 3.6 de la Ley del Impuesto sobre la Renta de 2001.

459 Art. 3.79 de la Ley del Impuesto sobre la Renta 2001. Véase también comentarios en: https://www.belastingdienst.nl/wps/wcm/connect/bldcontentnl/belastingdienst/zakelijk/winst/inkomstenbelasting/inkomstenbelasting_voor_ondernemers/mkb_winstvrijstelling. Recuperado el 6 de abril de 2025.

No es posible aplicar estas reducciones con el tipo más elevado, aplicándose sólo el tipo del 36,93% de acuerdo con el art. 2.10.3 de la Ley.

15.7. BENEFICIOS AGRÍCOLAS EN LA BASE

Adicionalmente a los beneficios anteriores, existen los siguientes beneficios específicos para agricultores:

- Exención forestal[460]: los resultados forestales están exentos. No se incluyen en la base ni los beneficios ni las pérdidas. Por ello, para poder compensar las pérdidas, es posible solicitar que no sea aplicable la exención.
- Exención de cambios de valor agrícolas[461]: no se incluyen en la base las plusvalías o minusvalías de la tierra por la evolución del valor económico de la misma por su uso agrícola continuado, esto es, los que vengan producidos por el simple paso del tiempo. No están exentos los que vengan producidos por un cambio de uso como, por ejemplo, por la implementación de riego en la finca.
- Amortización libre de activos medioambientales[462]: se pueden amortizar libremente hasta en un 75% los costes de producción de activos de interés para proteger el medio ambiente.

---

460 Art. 3.11 de la Ley del Impuesto sobre la Renta de 2001. Véase también comentario en: https://www.belastingdienst.nl/wps/wcm/connect/bldcontentnl/belastingdienst/zakelijk/winst/inkomstenbelasting/inkomstenbelasting_voor_ondernemers/objectieve_vrijstellingen/bosbouwvrijstelling. Recuperado el 6 de abril de 2025.

461 Art. 3.12 de la Ley del Impuesto sobre la Renta de 2001. Véase también comentario en: https://www.belastingdienst.nl/wps/wcm/connect/bldcontentnl/belastingdienst/zakelijk/winst/inkomstenbelasting/inkomstenbelasting_voor_ondernemers/objectieve_vrijstellingen/landbouwvrijstelling. Recuperado el 6 de abril de 2025.

462 Art. 3.31 de la Ley del Impuesto sobre la Renta de 2001. Véase también comentario en: https://www.belastingdienst.nl/wps/wcm/connect/bldcontentnl/belastingdienst/zakelijk/winst/inkomstenbelasting/inkomstenbelasting_voor_ondernemers/investeringsaftrek_en_desinvesteringsbijtelling/milieu_investeringsaftrek_mia_willekeurige_afschrijving_milieu_investeringen_vamil. Recuperado el 6 de abril de 2025.

16. PORTUGAL

En Portugal el IRPF es progresivo con una escala de 9 tramos, con tipos de gravamen que van desde el 13,25% hasta el 48,00%[463].

Los rendimientos agrícolas se consideran de la categoría B, como rendimientos empresariales y profesionales de acuerdo con los artículos 3º y 4º del Código del Impuesto sobre la Renta de las Personas Físicas (CIRS, *Código do Imposto sobre o Rendimento das Pessoas Singulares*)[464].

Portugal fue en 2021 el cuadragésimo octavo país en exportaciones de productos agrícolas a nivel mundial con 82.273 millones de dólares de EE.UU. de valor de sus exportaciones.

Pasamos a analizar las medidas que podemos destacar[465].

16.1. EXENCIÓN TOTAL PARA RENTAS BAJAS

El apartado 4 del art. 3º del CIRS establece una exención para rentas bajas.

Concretamente, establece que los rendimientos de las actividades agrícolas, forestales y ganaderas quedan excluidos de gravamen cuando el valor de las rentas o ingresos, aisladamente o en concurrencia con las rentas brutas sujetas, aunque estén exentas, a ésta u otras categorías que deban incluirse o se hayan incluido, no exceda de cuatro veces y medio el valor anual del IAS por hogar.

El IAS o Índice de Apoyo Social (*Indexante dos Apoios Sociais*) fue creado por la Ley nº 53-B/2006[466] y se publica cada año.

---

463 De acuerdo con el art. 68 del Código del Impuesto sobre la Renta de las Personas Físicas. El art. 68-A prevé unas tarifas adicionales de 2,5% y 5% para bases imponibles superiores a 250.000 euros.

464 Que se puede consultar en: https://diariodarepublica.pt/dr/legislacao-consolidada/lei/2014-70048167. Recuperado el 6 de abril de 2025.

465 Un estudio comparado con la normativa vigente en 2013 se puede consultar en García-Torres Fernández, M. J. (2013). "La tributación de la actividad agrícola en Portugal: un estudio comparado". *Quincena Fiscal* núm. 3/2013.

466 Que se puede consultar en: https://diariodarepublica.pt/dr/legislacao-consolidada/lei/2006-105770345. Recuperado el 6 de abril de 2025.

Para el ejercicio 2024 se fijó en 509,26[467], por lo que el límite exento sería 27.500,04 euros (509,26 x 12 x 4,5).

16.2. RÉGIMEN SIMPLIFICADO

La determinación de los rendimientos de la categoría B, esto es, no sólo los rendimientos agrícolas sino de todos los rendimientos empresariales o profesionales se pueden determinar en base a contabilidad o por un régimen simplificado.

Se pueden acoger al régimen simplificado quienes no superen en el ejercicio anterior el límite de 200.000 euros de ingresos (art. 28.2 CIRS).

Para la exclusión es necesario sobrepasar el límite de 200.000 euros durante dos ejercicios seguidos o cuando en un solo año se exceda un 25%, esto es, a partir de 250.000 euros.

El Régimen simplificado consiste en la multiplicación de los ingresos por unos índices.

El apartado 1 del art. 31 del CIRS prevé los índices aplicables a los ingresos para calcular la base imponible, entre los que podemos destacar:

Letra a) 0,15 para las ventas de productos y mercancías.

Letra e) 0,30 para las subvenciones y ayudas no destinadas a explotación, esto es, las subvenciones de capital. Para este tipo de ingresos se prevé su imputación temporal en cinco años en fracciones iguales en el año de percepción de la subvención y en los cuatro siguientes (31.5 CIRS), imputándose en caso de cese en el régimen simplificado los importes pendientes en el año del cese (31.8 CIRS).

El mismo tratamiento de inclusión en cinco años se prevé para las subvenciones abonadas en un único plazo en forma de primas por abandono de la actividad agrícola, ganadera, forestal o pesquera, por instalación de plantaciones o sacrificio de ganado en la medida que superen los costes (art. 36 CIRS).

Letra f) 0,10 para las subvenciones de explotación y otros ingresos no previstos. Se prevé que estos rendimientos se reduzcan en un 50% en el año de inicio de

467 https://files.diariodarepublica.pt/1s/2023/12/23700/0004300043.pdf. Recuperado el 6 de abril de 2025.

la actividad y en un 25% en el siguiente, salvo que el sujeto pasivo hubiera cesado en su actividad con menos de cinco años de antelación.

Capítulo V
CONCLUSIONES

Del presente trabajo se pueden extraer las siguientes conclusiones:

La delimitación del ámbito de aplicación del régimen de estimación objetiva en IRPF debería ser, tratándose de un régimen simplificado, simple: complejidad de la delimitación de las actividades incluidas en el régimen.

La delimitación del ámbito de aplicación debería ser de fácil compresión para quien lo tiene que aplicar.

Ningún sentido tiene que un régimen dirigido a quienes más necesitan de simplificación tenga un ámbito de aplicación tan complejo, lleno de remisiones normativas, con limitaciones injustificadas, con conceptos jurídicos indeterminados, con contradicciones entre las distintas normativas y, en ocasiones, con unos requisitos cuya prueba de su cumplimiento sólo puede realizarse por prueba pericial.

Así, para la determinación de qué actividades agrícolas pueden aplicar el método de estimación objetiva, la Ley del IRPF se remite al Reglamento, el Reglamento a su vez a lo que determine el Ministerio y las Órdenes Ministeriales de cada año se remiten al IVA[468] y al IAE[469], sin remitirse la Orden a otra normativa sólo para las actividades de servicios de cría, guarda y engorde de ganado y de aprovechamientos que correspondan al cedente en las actividades agrícolas o forestales desarrolladas en régimen de aparcería.

---

468 Para las actividades agrícola, ganadera o forestal susceptibles de estar incluidas en el REAGP y otros trabajos, servicios y actividades accesorios realizados por agricultores, ganaderos o titulares de explotaciones forestales que estén excluidos o no incluidos en el REAGP

469 Para la ganadería independiente clasificada en la División 0 del IAE y los procesos de transformación, elaboración o manufactura de productos naturales, vegetales o animales, que requieran el alta en un epígrafe correspondiente a actividades industriales en las Tarifas del IAE y se realicen por los titulares de las explotaciones de las cuales se obtengan directamente dichos productos naturales

Para las actividades agrícolas, ganaderas y forestales y los servicios accesorios acogidos al REAGP se recogen las listas de actividades de la Directiva del IVA[470] estableciéndose, en este sentido, una buena coordinación. No obstante, han existido supuestos dudosos, como el de los resineros, que obligaron a una aclaración normativa.

Para otros trabajos, servicios o actividades accesorios excluidos o no incluidos en el REAGP no hay, sin embargo, una definición en la normativa[471] que, entendemos, es necesaria. Es cierto que su accesoriedad la delimitan sus ingresos (que deben ser inferiores a la actividad principal), pero la falta de definición hace que todo dependa del parecer de la DGT, que igual puede considerar un servicio accesorio la retirada por un apicultor de abejas de la vía pública, que no considerarlo cuando se trata de un taller que realice sobre abejas en un colegio, o que puede considerar también servicio accesorio un taller de micología, pero no un curso de fruticultura.

Por su parte, la ganadería independiente sí tiene una definición, pero ésta genera muchos más problemas.

El primer problema se produce con la imposibilidad de simultanear ganadería dependiente e independiente[472]. El segundo (y más grave) problema es que para distinguir una de otra se toma el criterio de que el ganado se alimente de piensos no producidos en la finca en más del 50% de los consumidos, expresados en kilogramos. Dado que esto sólo se puede probar con una compleja prueba pericial el requisito no puede estar más alejado de un régimen de simplificación de obligaciones formales y de los costes indirectos asociados al tributo.

A esto hay que unir que la norma no contempla excepciones para supuestos en que el ganado no se ha alimentado de piensos producidos en la finca por circunstancias excepcionales, como es el caso de la pérdida de pastos por la sequía.

Entendemos, en este sentido, que debería producirse una modificación normativa para contemplar estas situaciones excepcionales.

---

470 Directiva 2006/112/CE del Consejo, de 28 de noviembre de 2006.

471 Las Órdenes sí ofrecen ejemplos, concretamente: agroturismo, artesanía, caza, pesca y, actividades recreativas y de ocio, en las que el agricultor o ganadero participe como monitor, guía o experto, tales como excursionismo, senderismo, rutas ecológicas, etc.

472 Conforme al 126.Dos.3º de la Ley del IVA, cosa que en IAE sí es posible.

Dicha modificación normativa si se quisiera atajar ambos problemas (seguridad jurídica y situaciones excepcionales), entendemos que debería seguir la solución adoptada en Alemania e Italia.

Efectivamente, en ambos países la distinción de ganadería dependiente e independiente del suelo se fija en función del número de cabezas de ganado por hectárea.

Así, en Alemania se establece un número de unidades ganaderas (*Vieheinheiten*) por hectárea y una conversión de cada tipo de ganado en unidades ganaderas.

De manera similar en Italia, donde la ganadería dependiente llega al que se alimente al menos en un 25% (no un 50%) directamente de la finca, se establece por Decreto del Ministro de Hacienda para cada especie el número de animales que se pueden establecer por hectárea en función del potencial productivo que el terreno tiene por el tipo de cultivo.

Entendemos que en España, en el que ya la normativa de la PAC para cobrar ecoregímenes limita el número de animales (concretamente, de UGM, unidades de ganado mayor) por hectárea y se tiene un control del número de cabezas de ganado que existen por hectáreas a través de los libros registro de las explotaciones ganaderas, no sería difícil el establecimiento del requisito de número de cabezas de ganado por hectárea y su comprobación, frente al sistema actual.

Otra de las actividades acogidas a estimación objetiva en IRPF y, en este caso, al régimen simplificado en IVA serían los procesos de transformación, elaboración o manufactura de productos propios. Junto con su delimitación positiva de estar incluidas esas actividades en un epígrafe de actividad industrial de IAE, tenemos una delimitación negativa en función de qué supuestos no se consideran transformación en el Reglamento del IVA. El problema estriba en que en ese Reglamento existen unos supuestos que no se consideran transformación diferentes para el REAGP (art. 45) y para el recargo de equivalencia (art. 54) y la DGT ha utilizado indistintamente unos u otros[473].

Para los cedentes de aparcería el problema no está en cuándo estamos ante una cesión en aparcería sino en cuándo, de acuerdo con el criterio de la DGT, se realiza como actividad económica o supone un rendimiento del capital mobiliario o inmobiliario. En función de ello el ingreso será: un rendimiento de actividades económicas que podrá tributar en estimación objetiva en IRPF y en

473 Como en la CDGT 02/06/2010 (V1239-10).

régimen simplificado en IVA y por el que se deberá emitir factura con IVA y retención a cuenta de IRPF del 2%, un rendimiento del capital inmobiliario en IRPF exento de IVA y sin retención a cuenta de IRPF o, incluso como arrendamiento de negocio, un rendimiento del capital mobiliario en IRPF, por el que se emitirá factura con IVA y retención del 19%.

El ámbito de aplicación debería incluir más actividades accesorias y permitir actividades en estimación directa residuales.

En nuestra opinión no deberían quedar fuera del REAGP en IVA y tampoco suponer, en caso de ser eventualmente en un ejercicio ingresos principales, una posible causa de exclusión de la estimación objetiva en IRPF determinadas contraprestaciones percibidas por agricultores por el propio ejercicio de la actividad agraria, aunque ejercida de determinada manera. Sería el caso de la retribución por usar una determinada semilla de un laboratorio concreto o de la retribución por la realización de prácticas medioambientales en la actividad agrícola retribuidas por empresas contaminantes o que, por cualquier otro motivo, necesitan ese gasto medioambiental. En estos supuestos el agricultor es retribuido por ejercer la actividad agraria por lo que no se entiende que, sin dejar de realizar la actividad, sea excluido del REAGP e, incluso, de la estimación objetiva[474].

Junto a ello entendemos que no queda justificada la exclusión de pequeñas actividades accesorias, todas como hemos visto excluidas por la DGT, como la realización de talleres sobre abejas en colegios, la realización de cursos de fruticultura, la venta de agua sobrante del pozo o la organización de jornadas de degustación de productos ecológicos.

En el mismo sentido, entendemos que no permite crecer a las explotaciones las exclusiones, aunque sean realizadas de forma accesoria, de la comercialización junto con los productos naturales propios de otros adquiridos a terceros, la comercialización de los productos naturales en establecimientos fijos situados fuera del lugar donde radique la explotación o en los que realice además otras actividades empresariales o profesionales distintas.

---

474 Piénsese en el caso de que la semilla o la practica beneficiosa para el medio ambiente provoque que no se tenga cosecha y que la renta principal provenga, precisamente, de estas empresas. En estos casos esa retribución, como lo haría una indemnización de un seguro, viene a sustituir a las ventas de la producción agrícola.

En estos casos el producto vendido tributará en estimación directa en IRPF provocando además la exclusión de la actividad agrícola de la estimación objetiva.

Para favorecer el crecimiento de los agricultores, nos parece muy interesante el concepto de actividad agrícola tomado por Italia.

En Italia el régimen simplificado basado en una renta objetiva fijada catastralmente se aplica a las actividades agrícolas, ganaderas y forestales, pero también a la manipulación, conservación, transformación, comercialización y valorización, aún fuera de la explotación, de productos obtenidos, considerándose estas actividades conexas a las agrícolas principales, aunque aisladamente pudieran ser consideradas comerciales. Estas actividades pueden ser realizadas incluso con productos adquiridos de terceros lo que permite, por ejemplo, para una tienda de productos ecológicos, mejorar la gama global de bienes ofrecidos siempre dentro de un mismo sector. Lo único que se exige es la prevalencia de los productos propios con respecto a los de terceros.

En Italia, además, ejercer otras actividades fuera de los límites no excluye la aplicación a la actividad agrícola del régimen simplificado.

Concretamente, en el caso de la ganadería y de los invernaderos más industriales, se traslada el rendimiento medio fijado catastralmente y, por tanto, se prolonga la forma de cálculo objetivo al exceso del límite.

Para otras actividades que no entran dentro del concepto de actividad agrícola y que no tributan por renta catastral se contemplan, normalmente sólo si no son actividades principales, regímenes basados en la estimación de gastos sobre un coeficiente de rentabilidad sobre los ingresos reales.

Así, se fijan coeficientes de rentabilidad para las actividades de manipulación, conservación, transformación, valorización y comercialización a las que no se les aplica la renta catastral por no estar contenidas en el Decreto Ministerial, a la actividad de comercialización de plantas vivas y flores en la parte procedente de productos adquiridos a terceros, a las prestaciones de servicios con los medios de la explotación, al agroturismo o la producción de energías renovables en la parte que exceda de los límites para aplicar la renta catastral.

También nos parece interesante que esos mismos agricultores puedan ejercer la actividad a través de sociedades incluso mercantiles tributando por renta catastral o que puedan constituir sociedades para comercializar sus productos tributando también por los ingresos reales multiplicados por un coeficiente de rentabilidad[475].

Esto favorece, entendemos, el crecimiento del agricultor como empresario al que, en España, entendemos, se le ponen demasiadas trabas.

En nuestra opinión, debería fomentarse que el agricultor interviniera en más procesos de la cadena productiva para mejorar sus márgenes y hacer las explotaciones más rentables y no penalizarse cualquier actividad extra, por poco rentable que sea, realizada por el mismo.

Otra exclusión que no se entiende es la motivada por el ejercicio de una actividad en estimación directa.

En el REAGP no hay incompatibilidad con otras actividades en régimen general, siempre que el resto de actividades no superen los 250.000 euros.

Esa compatibilidad debería estar también en IRPF en función de la importancia de las actividades en estimación directa o el volumen de ingresos de las mismas.

Si el motivo de la exclusión es que se sometan a todas las actividades a estimación directa porque, al estar ya sometido a las obligaciones formales por una actividad, esas obligaciones no serían tan gravosas para el resto, la actividad en estimación directa debería tener importancia y no ser, en ningún caso, residual.

La delimitación del ámbito de aplicación del régimen de estimación objetiva en IRPF debería ser, tratándose de un régimen simplificado, simple: complejidad de los conceptos que se incluyen y del importe del límite de volumen de ingresos.

Si compleja nos parece la delimitación de las actividades incluidas en el método de estimación objetiva, todavía más lo es la regulación del límite por volumen de ingresos.

La Ley y el Reglamento del IRPF se refieren genéricamente a un volumen de *rendimientos íntegros* para el conjunto de sus actividades agrícolas, ganaderas y forestales de 250.000 euros. Por tanto, al tratarse de *rendimientos* íntegros sin realizar ninguna salvedad incluye todos los ingresos, no excluyéndose ingresos

---

475 En India también se promueve esa comercialización a través de sociedades estableciéndose una deducción del 100% de los beneficios de la comercialización de productos de sus miembros por sociedades productoras o cooperativas.

tan importantes como las subvenciones de la PAC o las indemnizaciones de los seguros agrarios. La Ley del IRPF se remite al Reglamento a estos efectos, pero el Reglamento no se remite en su redacción actual a la Orden ministerial.

Las Órdenes ministeriales que desarrollan el método de estimación objetiva en IRPF y el régimen especial simplificado en IVA se refieren al volumen de *ingresos* para el conjunto de actividades agrícolas, forestales y ganaderas de 250.000 euros y excluyen expresamente a las subvenciones, a las indemnizaciones y al IVA y el recargo de equivalencia para las actividades que tributen en régimen simplificado en IVA. No hacen ninguna mención expresa a la compensación a tanto alzado del REAGP.

Por su parte, la Ley del IVA se refiere al regular el REAGP al volumen de *operaciones* remitiéndose al Reglamento en cuanto a su cifra. Los conceptos computables en el volumen de operaciones están expresamente regulados en la Ley e incluyen las entregas de bienes y prestaciones de servicios, incluso las exentas, excluyéndose expresamente el propio IVA, el recargo de equivalencia y la compensación a tanto alzado.

La Ley del IVA se refiere al regular el régimen especial simplificado, en similares términos a las Órdenes ministeriales, al volumen de *ingresos* excluyendo a las subvenciones, a las indemnizaciones, al IVA y al recargo de equivalencia, sin mencionar, lógicamente al tratarse de otro régimen especial, a la compensación a tanto alzado del REAGP.

El Reglamento del IVA al regular el REAGP no se limita a determinar la cifra del volumen de operaciones, sino que:

- Fija la cifra para las actividades agrícolas, ganaderas y forestales acogidas al REAGP en 250.000 euros pero se remite, si la cifra fuera distinta, a la normativa reguladora del IRPF. En este sentido, la normativa de IRPF no fija cifra para las actividades acogidas al REAGP sino para el *conjunto* de las actividades agrícolas, ganaderas y forestales (en régimen simplificado y REAGP) y no fija cifra para otros sujetos del REAGP como el caso de los pescadores o las Entidades Locales.
- Fija la cifra para el resto de actividades no acogidas al REAGP en 250.000 euros.
- Regula los conceptos computables, pero sólo aportando adicionalmente que se excluyan para el resto de actividades a los ingresos de arrendamientos de inmuebles que no sean actividades económicas en IRPF.

Hubiera sido deseable, por tanto, que contuviera la norma una mención expresa al resto de actividades agrícolas que tributan por régimen simplificado que, a la vez, pueden incluirse en el primer límite por remisión a la normativa del IRPF y en el segundo por la propia redacción reglamentaria.

El Reglamento del IVA al regular el régimen simplificado ya no habla de ingresos sino de *importes* de operaciones para el conjunto de actividades agrícolas, ganaderas y forestales de 250.000 euros, estableciendo el límite del resto de actividades acogidas al régimen en 150.000 euros y permitiendo compatibilizar el régimen con actividades acogidas al REAGP, al recargo de equivalencia, actividades por las que se realice operaciones exclusivamente exentas en virtud del art. 20 de la Ley del IVA y arrendamientos de bienes que no supongan actividad económica conforme la normativa del IRPF.

En consecuencia con lo anterior, no nos puede parecer más desacertada y menos adecuada para regular un régimen simplificado de declaración de rendimientos la confusa regulación en la que usa para el mismo límite distintos conceptos (*rendimientos*, *operaciones* e *ingresos*), en continuas remisiones.

Ciertamente, el caso más extremo del juego de remisiones es el límite del volumen de operaciones del REAGP en IVA, cuyos 250.000 euros no pueden ser diferentes a los 250.000 euros de la estimación objetiva en IRPF. Para dicho límite, partiendo por jerarquía normativa, tendríamos que habría que consultar la siguiente normativa: la Ley del IVA, el Reglamento del IVA por remisión de la Ley del IVA en cuanto a su cifra, la Ley del IRPF por remisión del Reglamento del IVA en cuanto a su cifra si fuera distinta y el Reglamento del IRPF por remisión de la Ley del IRPF.

Y después de todo ello, sin habilitación del Reglamento del IRPF o del Reglamento del IVA, habría que acudir también, dado que el límite no puede ser distinto, al art. 3 de las distintas Órdenes Ministeriales que desarrollan la estimación objetiva en IRPF y el régimen simplificado en IVA, pero no el REAGP en IVA.

Esta deficiente regulación provoca una enorme confusión en qué conceptos son computables.

Entendemos que debería existir una normativa clara que regulara de forma unificada tanto la cifra como todos los conceptos computables en dicha cifra, y que coordinara de forma unificada los límites para compatibilizar otras actividades. También sería preferible que esa normativa sea aprobada en las propias Leyes para evitar las contradicciones que se han ido produciendo en su desarrollo.

Prueba de esta confusión son los criterios de la DGT para incluir determinados conceptos en el límite que no miden el tamaño de la explotación: incluye en el límite a las indemnizaciones por servidumbres a pesar de tratarse de un ingreso aislado; incluye a la compensación a tanto alzado del REAGP a pesar de ser una recuperación del IVA soportado e ir en contra de la neutralidad del Impuesto, o incluye las devoluciones de impuestos indirectos declarados contrarios al Derecho de la Unión Europea a pesar de que con ello no se reestablece la situación jurídica, pues el restablecimiento sería tratar el impuesto contrario al Derecho de la Unión Europea como si no se hubiera producido, no como un ingreso que pueda excluir al indemnizado del régimen de estimación objetiva.

A lo anterior hay que unir la norma antielusión por la que hay que incluir también los ingresos de otros familiares o entidades en atribución de rentas que realicen actividades similares compartiéndose medios con una dirección común. Entendemos que se necesita clarificar qué se entiende a estos efectos como actividades *idénticas o similares* dado que la remisión que hace la norma a los grupos del IAE no sirve para las actividades agrícolas. Asimismo, entendemos que para facilitar su más sencillo cumplimiento, tratándose de una cuestión de hecho, se deberían establecer presunciones de cuándo estamos y cuándo no ante un dirección común (¿acuerdo escrito o poderes?, ¿apoderamientos en las cuentas bancarias?, ¿retribuciones por la gestión?, etc.) y unos medios compartidos (¿misma maquinaria o copropiedad de la misma?, ¿mismo personal fijo o también el eventual por peonada que suele ser el mismo para las mismas zonas?, etc.).

Las modificaciones que son necesarias en el límite de ingresos.

El uso de los ingresos del agricultor para medir el tamaño de la explotación a efectos de los límites de los regímenes simplificados es, como hemos visto, una norma general en el Derecho comparado.

Existen otros indicadores, que entendemos, miden peor la capacidad del agricultor para asumir obligaciones formales.

Así, en Alemania se utiliza el número de hectáreas y de cabezas de ganado, pero sólo para la tarifa plana de pequeños agricultores (hasta 20 hectáreas y 50 cabezas de ganado). En Austria, junto al volumen de ingresos, se utiliza también el valor de tasación fiscal de la finca. Se aparta claramente de esa norma general de utilizar los ingresos la normativa italiana, con no pocas críticas de su propia doctrina. Efectivamente, en Italia se puede utilizar el régimen de renta presunta catastral cualquiera que sea el volumen de ingresos del agricultor. La exclusión se produce sólo por la forma jurídica siendo aplicable el régimen a las personas físicas, a las sociedades simples (*società semplici*) y, a opción del contribuyente siempre que tengan como objeto exclusivamente las actividades agrarias, a sociedades en nombre colectivo (*in nome colectivo*), a sociedades en comandita simples (*in accomandita semplice)*, a sociedades de responsabilidad limitada (*società a responsabilità limitata*) y a sociedades cooperativas (*società cooperative*), sólo quedando fuera las sociedades anónimas (*società per azioni*) y las comanditarias por acciones (*società in accomandita per azioni*).

En nuestra opinión nos parece acertada la elección del legislador español del volumen de ingresos para establecer los límites a la aplicación del régimen de estimación objetiva, pero entendemos necesarias ciertas modificaciones.

Primeramente, como decíamos anteriormente, se hace necesaria una regulación más clara que enumerare de forma unificada todos los conceptos computables en el límite de ingresos y todos los conceptos que se excluyen. Esos conceptos deberían, en todo caso, medir el tamaño de la explotación excluyéndose por ello otros conceptos que no la miden. La claridad también debería alcanzar a la norma antielusión de cómputo familiar del volumen de ingresos y compras.

Asimismo, el límite de ingresos debería tener en cuenta la variabilidad de los ingresos agrícolas.

Para ello, nos parece muy acertada la regulación en Francia donde los límites de ingresos de los distintos regímenes se aplican sobre la media de los ingresos de los tres años anteriores y son, en todo caso, actualizados cada tres años. En Francia, asimismo, se establece un límite superior para la ganadería industrial por tener más ingresos con menos margen, al tener que adquirir el pienso de terceros, y un límite inferior para la ganadería integrada por tener más margen y menos gastos al ser asumidos por el integrador. También de Francia muy interesante nos parece, el límite aplicable a las agrupaciones agrícolas de explotación en común (*groupements agricoles d'exploitation en commun*), entidades similares a las sociedades civiles españolas, en las que el límite se calcula multiplicándolo por el número de socios. Este límite podría ser aplicable a las sociedades civiles y las comunidades de bienes que son las formas asociativas más comunes de los agricultores en España. Con la elevación del límite en función de sus miembros, se incentiva la unión de agricultores con el ahorro de costes que ello supone, evitando la atomización de las empresas que provoca una menor rentabilidad.

Junto al sistema adoptado en Francia, también se puede plantear para corregir esa variabilidad, un régimen de *tarjeta amarilla* y *tarjeta roja*, esto es, que se deban sobrepasar al menos dos ejercicios seguidos el límite. En Portugal se opta por este sistema, si bien estableciendo dos límites: uno menor que se debe sobrepasar dos ejercicios seguidos y otro mayor que no se puede sobrepasar en un ejercicio aislado[476]. En nuestra normativa también existe algo similar al regularse los límites para considerar las entidades de reducida dimensión en el Impuesto sobre Sociedades (art. 101.4 de la LIS).

Junto a esa necesaria corrección de la variabilidad, entendemos que se deberían recoger también dos supuestos especiales:

- Una norma especial para los ingresos forestales de las explotaciones corcheras que, dado que son generados cada nueve años, deberían computarse divididos entre los años de generación. Esta norma especial, que ya se deriva en parte de las Consultas de la DGT, debería incluirse expresamente.
- Una excepción a la norma especial de elevación al año de los ingresos en el año de comienzo de las actividades, cuando son actividades que concentran sus ingresos al final del año.

Otra de las modificaciones necesarias es la actualización del importe del límite de 250.000 euros vigente desde 2016.

El anterior límite de 300.000 euros había permanecido desde 2003, sustituyendo al límite de 50.000.000 de Ptas. (300.506,05 euros) que había estado vigente desde el inicio del régimen en 1995. Sin embargo, con anterioridad a 1995, otros regímenes simplificados aplicables a las actividades agrícolas o ganaderas también tenían 50.000.000 de Ptas. de límite. Concretamente, al regularse la estimación objetiva singular el art. 22.Tres de la Ley 44/1978 consideraba que debe ser aplicable a *"rendimientos de pequeña cuantía"*.

Con ello los 50.000.000 de Ptas. considerados de pequeña cuantía en 1978, en 2024 se consideran rendimientos excesivos. Una actualización de los anteriores 300.000 euros según IPC del periodo enero-1995 a enero-2024 daría lugar a un nuevo límite de 594.900,00 euros.

Nuestro límite se puede considerar reducido si lo comparamos con los 600.000 euros de la tarifa plana parcial de Austria o la ausencia de límite del régimen de renta presunta catastral de Italia y excesivo si lo comparamos con los 85.800 euros del régimen micro-BA de Francia.

---

476 Para la exclusión del régimen simplificado es necesario sobrepasar 200.000 euros durante dos ejercicios seguidos o un 25% más (250.000 euros) un solo año.

Sin embargo, si se optara por el legislador español como se ha hecho en Francia por reducir al mínimo el régimen simplificado y que la mayoría de las explotaciones tributen por la diferencia de los ingresos y gastos reales, esto habría que hacerlo incluyendo en paralelo otras medidas que suavicen la variabilidad de los ingresos agrarios y capitalicen al agricultor[477].

Junto a la simplificación de las obligaciones formales, es en que la alternativa sea la estimación directa a un tipo progresivo tributando de media por encima de los beneficios reales donde entendemos que está el problema y lo que justifica, si no se quieren implantar otras medidas, que se eleve el límite de volumen de ingresos de la estimación objetiva.

Se debería eliminar el límite de compras.

No entendemos la utilidad de este límite para medir el tamaño de las explotaciones agrícolas, ganaderas o forestales.

En las actividades comerciales en las que se compra y se vende las compras sí pueden ser un indicio del tamaño de la empresa. Sin embargo, en las actividades agrícolas, ganaderas y forestales no se compra, sino que se cultiva o cuida y se obtienen productos naturales, por lo que este indicador no mide el tamaño de la explotación, sino que provoca distorsiones y situaciones injustas.

Así, por ejemplo, no se computa el personal laboral contratado directamente pero sí el contratado indirectamente a través de empresas de labores, lo que no implica mayor tamaño de explotación sino la asunción o no de riesgos laborales. Tampoco implica mayor tamaño que la tierra en lugar de ser propia sea ajena y se explote mediante un contrato de arrendamiento. Tampoco que se contrate un seguro agrario o a un asesor para presentar la declaración. O los supuestos en que se adquieren mayores piensos de terceros en los años de sequía ante la ausencia de pastos, provocando la injusta situación de que en los peores años se le excluya al ganadero de la estimación objetiva.

477 Como en Francia la promediación de beneficios de tres años, la deducción por ahorro preventivo, la imputación en 7 de años de beneficios ordinarios excepcionales, un régimen especial para explotaciones forestales y la aplicación de un ejercicio económico agrícola que no coincide con el año natural.

La doctrina española es mayoritariamente contraria al régimen de estimación objetiva.

La doctrina española se posiciona mayoritariamente en contra de la estimación objetiva con tres argumentos principales: supone una bolsa de fraude fiscal, hace tributar por una renta ficticia inferior a la real y no existe la ausencia de medios que justifica el régimen.

A la estimación objetiva los autores la han descrito con expresiones tales como foco *de fraude fiscal,* herramienta *nacida para defraudar* y de *generación de dinero negro oficial* o *fórmula idónea para exonerar de gravamen todas las rentas de discutible procedencia.*

En nuestra opinión, la mayor parte de esta doctrina parte de un error de base: mezclar la estimación objetiva agrícola con la del resto de actividades.

Esto se hace para considerar que no existe esa ausencia de medios que justifica la simplificación de obligaciones formales en pleno siglo XXI, sin analizar las dificultades frente a otras actividades que tiene la agricultura que se desarrolla en un medio rural.

Pero también se hace para asignarle formas de fraude de las que no participa. Efectivamente, frente a otras actividades, las agrícolas no presentan riesgos de facturas falsas, tanto por la declaración de los ingresos reales en IRPF como por la trazabilidad de los productos agrarios y el cooperativismo existente en el sector.

Esto ha hecho que el legislador no haya reducido tanto el límite de ventas para las actividades agrarias como lo ha hecho con otras actividades y que tampoco le haya establecido un límite adicional cuando el destinatario sea un empresario. Esto último llama más la atención cuando la mayoría de las ventas agrícolas, al tratarse de sector primario, son a empresarios.

Sí inciden en formas de fraude que se pueden dar algunos autores, aunque le otorgan una magnitud significativa que no está justificada.

Los posibles fraudes vendrían, ante la estimación de gastos que supone la estimación objetiva, por la falta de repercusión del IVA por los proveedores ante la falta de interés en acreditar los gastos de la explotación del agricultor y la falta de alta de los trabajadores por los mismos motivos.

Ciertamente, esa falta de repercusión del IVA se podría dar en todas las operaciones en las que el destinatario sea un consumidor o un empresario que no se pueda deducir el IVA (por realizar operaciones exentas o por los supuestos de los artículos 94 y 95 de la Ley del IVA). En un impuesto al consumo en el que siempre terminará la cadena en un sujeto que no se podrá deducir el IVA, esto no es infrecuente sino la regla general, por lo que no se puede establecer una presunción de fraude generalizado porque el destinatario no se pueda deducir el IVA.

Los agricultores en estimación objetiva, además, sí necesitan determinados gastos e inversiones para la aplicación de índices y amortizaciones en el cálculo del rendimiento en IRPF y para justificar los requisitos para la percepción de ayudas y subvenciones.

Sobre el índice del personal asalariado, no obstante, consideramos que sí debería haber una modificación normativa. Este índice que tiene en cuenta los costes del personal, entendemos que debería ser sustituido por una deducción directa de esos gastos porque provocaría un mayor incentivo del agricultor en el alta del trabajador, sin ampliar con ello unas obligaciones formales que ya tiene por el cálculo de las retenciones y de la cotización a la Seguridad Social.

También entendemos que se vuelve a mezclar la estimación objetiva agrícola con la del resto de actividades cuando considera la doctrina mayoritaria que el método de estimación objetiva no permite una tributación cercana a la realidad y que produce una discriminación con un proteccionismo fiscal contrario a la Constitución por tributarse por debajo de la capacidad económica.

El método parte de una referencia tan importante del rendimiento como son los ingresos reales. Cada año además las Órdenes estructurales que desarrollan el método y luego las coyunturales que adaptan los índices suponen un esfuerzo importante para acercar el rendimiento a la realidad, esfuerzo que no se produce en la mayoría de países con métodos similares. Asimismo, si se produjera un cierto proteccionismo fiscal éste estaría justificado en la propia Constitución (art. 130), en el intento de equiparar el nivel de vida al de otros sectores que no tienen las particularidades del sector agrícola.

La existencia de regímenes en el Derecho comparado que se alejan más de la renta real: exenciones totales o parciales.

Lo cierto es que, sin que sea analizado por esta doctrina mayoritaria, en el Derecho comparado hay regímenes que se alejan más de la realidad que la estimación objetiva española con un proteccionismo también más acentuado del sector agrícola. En ocasiones se beneficia, como en el caso de las empresas italianas dedicadas al aceite de oliva, a directos competidores de los agricultores españoles.

A estos efectos, hay países que directamente establecen una exención para las rentas agrarias.

En algunos países la exención se establece por escasa cuantía. Sería el caso de Alemania, que establece una exención por escasa cuantía de 900 euros (1.800 euros en tributación conjunta) de los beneficios agrícolas y forestales exentos por escasa cuantía (900 euros y 1.800 en conjunta). También de Portugal, que establece una exención de los rendimientos que no excedan de cuatro veces y media el valor anual del Índice de Apoyo Social (*Indexante dos Apoios Sociais*) por hogar que, dado que para el ejercicio 2024 se fijó en 509,26, daría un límite exento de 27.500,04 euros (509,26 x 12 x 4,5).

En México se eleva la exención hasta 900.000 pesos mexicanos (unos 49.791,97 euros) para personas físicas que se dediquen exclusivamente a las actividades agrícolas, ganaderas, forestales o pesqueras. Todavía de mayor importe es la exención permanente de Marruecos, de hasta 5.000.000 de dírhams (unos 449.653,06 euros).

Sin límite de importe están exentos en Italia los rendimientos, tanto rentas dominicales como rentas agrarias, del agricultor directo (*coltivatore diretto*) y el empresario agrícola profesional (*imprenditore agricolo professionale*) inscritos en la seguridad social agraria en los ejercicios 2017 a 2023.

En India la exención es también total, sin límite de importe, y se aplica a todos los rendimientos agrícolas, incluyendo el arrendamiento de tierras, pero no los rendimientos de la ganadería, permitiendo la transformación necesaria para que sea vendible en un mercado. Los rendimientos agrícolas se tienen en cuenta sólo a los efectos de la aplicación del tipo progresivo a los no agrícolas. Otros casos de transformación no incluidos en la exención no afectan a la exención del rendimiento agrario, debiendo separarse del ingreso obtenido la parte agraria de la empresarial. Para esa distinción, determinadas actividades establecen porcentajes específicos como la fabricación del caucho (35% empresarial resto exento), el café (25-40% empresarial en función de si se tuesta y muele) y el té (40% empresarial). Las medidas de India hay que relacionarlas para completar ese proteccionismo con la exención por reinversión en la enajenación de terrenos agrícolas, la exención por expropiaciones de terrenos agrícolas y la deducción del 100% del beneficio para sociedades productoras y sociedades cooperativas, por la comercialización de productos agrícolas cultivados por sus miembros.

Asimismo, algunos países establecen exenciones en determinados tipos de rendimientos, como en el caso de España con ciertas subvenciones de la PAC (especialmente los eco-regímenes) y subvenciones forestales. Sería el caso de Bélgica, donde existen exenciones para subvenciones de capital y tipos reducidos para las ayudas de la Unión Europea, concretamente con un tipo del 12,5% para el primer pilar y del 16,5% para el segundo pilar. También en Australia se establecen exenciones para determinados pagos, ayudas y subvenciones. En los Países Bajos se establece la exención de los resultados forestales y de los cambios de valor agrícolas, consistente en las plusvalías o minusvalías de la tierra por la evolución del valor económico de la misma por su uso agrícola continuado, esto es, los que vengan producidos por el simple paso del tiempo.

La existencia de regímenes en el Derecho comparado que se alejan más de la renta real: estimaciones objetivas de rendimientos por hectárea o número de cabezas de ganado.

En Alemania, se aplica un régimen muy simplificado consistente en aplicar un importe fijo por hectáreas y cabezas de ganado. El régimen se aplica sólo a pequeños agricultores (hasta 20 hectáreas y hasta 50 cabezas de ganado).

En Bélgica, sin embargo, la determinación de la base imponible por tarifa plana (*landbouwbarema*), es usada por el 80% de los agricultores. La base imponible se fija mediante acuerdos de la Administración con las organizaciones agrarias en un sistema que recuerda a las evaluaciones globales en España establecidas en 1957. Se fija, al igual que en Alemania, un beneficio por unidad, ya sea usando la superficie en el caso de la agricultura (se usa como medida el acre, equivalente a 0,4046 Has.) o el número de cabezas de ganado en el caso de la ganadería. Este beneficio medio es sólo semi-bruto pues posteriormente se permite la deducción de una gran variedad de gastos sin que éstos puedan provocar un rendimiento negativo. Para declarar una pérdida son necesarios documentos probatorios.

La existencia de regímenes en el Derecho comparado que se alejan más de la renta real: estimaciones objetivas de rendimientos por valores catastrales.

En determinados casos la renta se fija totalmente de forma objetiva en función de un valor fiscal fijado al inmueble, similar al valor catastral en España, con valores muy inferiores a los de mercado.

Así, en Austria con la tarifa plana completa (*Vollpauschalierung*) se estima el beneficio en un 42% del valor unitario o de tasación fiscal (*Einheitswert*) incluyéndose después ingresos adicionales[478].

En Chile, en el régimen de presunción de rentas o de rentas presuntas se fijan también los rendimientos en función del valor asignado fiscalmente al inmueble, concretamente, en el 10% del avalúo fiscal del predio.

En Italia, sin límite de volumen de ingresos, se fija el rendimiento con independencia de su percepción en función de los rendimientos medios ordinarios fijados en las tarifas estimadas (*tariffe d'estimo*) asignadas por Catastro a cada parcela en función de su clase y calidad.

En Francia, para los beneficios procedentes de la tala de madera, se fijan los rendimientos catastralmente mediante un importe igual a la renta que sirvió de base en el Impuesto sobre Bienes Inmuebles en el ejercicio fiscal.

Los regímenes que usan ingresos reales estimándose objetivamente sólo los gastos del Derecho comparado son más simples y no se acercan tanto a la realidad como el régimen de estimación objetiva en España.

Como hemos visto el régimen de estimación objetiva en España parte de unas Órdenes estructurales que desarrollan el método y luego otras coyunturales que adaptan los índices en función de las circunstancias de los cultivos en el año, si bien sólo para la reducción de los índices y no para su elevación, pudiendo producirse un beneficio fiscal cuando el año ha sido mejor de lo previsto. A estos índices aplicados por cultivos, se unen otros índices que permiten adaptar el rendimiento a las circunstancias concretas de la explotación[479].

Ese esfuerzo realizado, incluso llegando a un detalle de índice en función del tipo de cultivo/municipio como se puede comprobar en el Anexo, no es habitual

478 El régimen se aplica a agricultores con una cifra de negocios de hasta 600.000 euros que tengan un valor de tasación de hasta 75.000 euros.

479 Concretamente, junto a las reducciones excepcionales por gasóleo y fertilizantes y las de carácter general o agricultores jóvenes, están los índices por utilización exclusiva de medios de producción ajenos (sin tener en cuenta el suelo), utilización de personal asalariado, cultivos realizados en tierras arrendadas, piensos adquiridos a terceros, agricultura ecológica, cultivos en tierras de regadío que utilicen, a tal efecto, energía eléctrica, empresas cuyo rendimiento neto minorado no supere 9.447,91 euros y el índice aplicable a determinadas actividades forestales.

en el Derecho comparado cuando se regulan regímenes que estiman los rendimientos en función de un porcentaje de los ingresos reales.

Concretamente, en Austria en el régimen de tarifa plana parcial sólo de los gastos de explotación (*Teilpauschalierung*), se deducen de los ingresos en concepto de gastos estimados un 70% de los ingresos de la explotación o el 80% si la actividad es de cría y engorde de ganado. Se establecen también normas especiales para las explotaciones vinícolas (70% pero mínimo de gastos 5.000 €/ Ha), hortícolas y frutícolas (70% más salarios) y forestales (con distintos tipos de reducciones).

En Brasil el resultado estimado en IRPF (*do resultado presumido*) se estima de forma simplificada en un 20% de los ingresos brutos, el resultado estimado en IRPJ (*lucro presumido*) en un 8% sobre los ingresos brutos y el Simples Nacional establece una tributación global por todos los Impuestos aplicando a los ingresos brutos mensuales el tipo medio efectivo de la escala para la actividad agrícola que va del 4% al 19%.

En México, en el régimen simplificado de confianza, se aplica un porcentaje sobre los ingresos que va del 1% al 2,5%.

En Francia, donde con anterioridad tenían un régimen con un rendimiento asignado por hectárea (*régime du bénéfice forfaitaire agricole*), con el cambio al régimen micro-BA, se sustituye ese sistema simplificado calculándose la base imponible por la media de los ingresos del ejercicio y de los dos anteriores, minorado en una deducción del 87% de los mismos que no puede ser inferior a 305,00 euros.

En Italia, donde el régimen es totalmente objetivo, se recogen distintos coeficientes de rentabilidad para aplicar a los ingresos de actividades que no entran en la tributación por renta catastral. Así, a las actividades de manipulación, conservación, transformación, valorización y comercialización no contenidas en el Decreto Ministerial se les aplica por sus ventas un coeficiente de rentabilidad del 15%. A la comercialización de plantas vivas y flores en la parte que procede de productos adquiridos a terceros, que no debe exceder del 10% de las ventas totales, se aplica un coeficiente de rentabilidad del 5%. A las prestaciones de servicios con los medios de la explotación, al agroturismo y a la producción de energías renovables fuera de los límites se les aplica un coeficiente de rentabilidad del 25%. Llama la atención que también a las sociedades que realizan manipulación, conservación, transformación, comercialización y valorización de los productos agrícolas vendidos por sus socios se les aplica una estimación de rendimientos consistente también en aplicar a los ingresos un coeficiente de rentabilidad del 25%.

En Portugal, el régimen simplificado consiste en la multiplicación de los ingresos por un índice del 0,15 para las ventas de productos y mercancías, del 0,30 para las subvenciones de capital y de un 0,10 para las subvenciones de explotación y otros ingresos no previstos.

Medidas del Derecho comparado que se podrían adoptar en España.

Decíamos anteriormente que no se puede reducir al mínimo el régimen simplificado en España sin adoptar otras medidas que suavicen la variabilidad de los ingresos agrarios y permitan capitalizar al agricultor en los años de bonanza para afrontar los años peores. Esto es, no se trata sólo (que también) de una necesidad de simplificación de las obligaciones formales sino de que la alternativa no puede ser la estimación directa a un tipo progresivo tributando de media por encima de los beneficios reales.

Esa variabilidad se corrige en parte con la estimación objetiva española donde un aumento excepcional de ingresos lleva aparejado un aumento porcentual de gastos.

Entre las medidas recogidas en el Derecho comparado que, entendemos, se podrían adoptar en España tendríamos:

a.- Promediación de ingresos.

Nos parece de las medidas más acertadas y que más pueden incidir en corregir la aplicación de tipos progresivos a la variabilidad de los ingresos agrarios. El periodo normalmente considerado es de tres ejercicios, aunque algunos países llegan a cinco ejercicios. Se puede establecer como devolución de impuestos después de cada periodo o, directamente, como tributación ejercicio a ejercicio.

En Alemania se establece la medida mediante una devolución del impuesto adicional pagado sobre el que resultaría de beneficios constantes durante tres años. La devolución del impuesto adicional pagado sobre la media se lleva a cabo mediante una reducción de impuestos o crédito fiscal en el último periodo de observación considerado. Si el impuesto sobre la renta ficticio es superior al real, la reducción se fija en cero euros. Con ello no se trata de un método alternativo de cálculo de la base imponible sino de un beneficio fiscal que cuando no favorece no se aplica.

En Australia, se tributa por un tipo impositivo calculado con la media de rendimientos de los cinco años anteriores (*Tax averaging for primary producers*).

En Austria se permite una distribución de beneficios por terceras partes, tributándose por un beneficio formado por la tercera parte del beneficio de tres años. El primer año se imputa sólo la tercera parte del beneficio, el segundo año la tercera parte del segundo pero también la tercera parte del primero y el tercer año la tercera parte del beneficio de los tres años, consiguiéndose la uniformidad a partir de ese tercer año.

En Estados Unidos, se puede optar por tributar por las tarifas de los tres ejercicios anteriores. Concretamente, el contribuyente elige la parte del rendimiento del ejercicio (*Elected Farm Income*) que quiere hacer tributar en función de la media de las tarifas de los tres ejercicios anteriores en lugar de por la tarifa del ejercicio actual, mediante la suma de una tercera parte del mismo a los rendimientos anteriores para fijar el tipo como si una tercera parte del mismo se hubiera obtenido en cada uno de los tres ejercicios anteriores, aplicando las tarifas de cada ejercicio. Puede combinarse con una base imponible negativa de ejercicios anteriores, con ejercicios en los que no se obtuvieron ingresos de la agricultura o en los que el estado civil no era el mismo (lo que afecta a la escala).

En Francia, tanto el régimen micro-BA como el de beneficio real prevén la tributación por la media de los ingresos del ejercicio y los dos anteriores.

En los Países Bajos existe el régimen por tres ejercicios hasta 2024, mediante la devolución de lo pagado en exceso.

b.- No tributación por beneficios depositados en cuentas especiales o reservados y tributación cuando se retiren.

Estas medidas permiten al agricultor reservar beneficios de los años de altos ingresos para determinadas inversiones o, simplemente, para estar capitalizado en años peores.

En Australia se prevé para ello el Depósito de Gestión Agrícola (*The Farm Management Deposit*). Los agricultores pueden abrir una de estas cuentas (FMD *account) en una institución de depósito autorizada (*Authorised Deposit-taking Institution) que les permite deducir los ingresos agrarios que depositen en el año en que se obtienen y tributar en el año en que se retiran.

En Francia se establece una deducción por ahorro preventivo (*déduction pour épargne de précaution*) sólo aplicable a agricultores que tributen por un régimen de beneficio real. Se les permite una deducción total de hasta 28.612,00 euros y, en la parte de la base imponible que exceda de esa cuantía, de un porcentaje que se va reduciendo del 30% al 10% hasta no generar deducción la parte de la base imponible que exceda de 105.970,00 euros, quedándose a partir de ahí la deducción en 43.872,00 euros. Para las GAEC y las explotaciones agrarias de responsabilidad limitada que no opten por el Impuesto sobre Sociedades, los límites se multiplican por el número de socios agricultores hasta un máximo de 4. Para ello deberán ingresar en una cuenta corriente abierta en una entidad de crédito una cantidad comprendida entre el 50% y el 100% del importe de la deducción y consignar dicho ahorro en el activo del balance. Las cantidades deducidas se deben destinar durante los diez ejercicios siguientes a hacer frente a los gastos de la actividad, imputándose al resultado del ejercicio en que se utilizaron o al del siguiente y, en todo caso, transcurridos diez ejercicios sin utilizar las cantidades.

En India se establecen cuentas especiales de desarrollo del té, del café y del caucho (*tea development account, coffee development account and rubber development account*). Se deduce la cantidad depositada o el 40% del beneficio del ejercicio si es menor. La retirada de los depósitos se puede realizar por motivos tasados y no todas las retiradas tributan. Así, no se tributa si se retira para los fines aprobados en los planes de la Junta del Té, del Café o del Caucho, si se retiran por muerte del contribuyente, extinción de proindiviso familiar hindú y liquidación de sociedad. Se permite con tributación su retirada por cese en la actividad o disolución de la entidad o para la adquisición de maquinaria e instalaciones.

En Nueva Zelanda se permite también deducir de los ingresos el importe depositado en unas cuentas especiales, debiendo tributarse en el momento en que se retiren los fondos de las referidas cuentas. Existen distintos tipos de cuentas especiales. En el régimen principal de nivelación de ingresos (*main income equalisation scheme*) aplicable a agricultores, pescadores y titulares de explotaciones forestales se puede ingresar en estas cuentas un máximo del rendimiento procedente de estas actividades pudiendo ampliarse por Orden la cantidad. Los reembolsos de los depósitos pueden realizarse de forma voluntaria previa solicitud o de forma automática transcurridos cinco años desde el cierre del ejercicio contable en el que se dedujo el mismo. En el régimen de nivelación de ingresos por operaciones de aclareo forestal (*the thinning operations income equalisation schem*) se aplican las mismas normas, pero sin que exista el reembolso automático a los cinco años. En ambos casos se reconoce un crédito fiscal por la diferencia de la tributación adicional (*extra tax*) del reembolso sobre el ahorro fiscal (*tax saving*) de la constitución del depósito.

En los Países Bajos se prevén distintas reservas fiscales que permiten diferir la tributación. Así, la reserva de reinversión (*Herinvesteringsreserve*) por la que se difiere la tributación de la venta de activos a la deducción de los activos en los que se haya reinvertido; la reserva de estabilización (*Egalisatiereserve*) por la que se permite el establecimiento de una reserva para futuras reparaciones extraordinarias; o la derogada reserva de jubilación (*Oudedagsreserve*) aplicable hasta 2022 que permitía reservar parte de los beneficios para una futura jubilación.

c.- Tipos fijos por beneficios no retirados y tributación adicional cuando se retiren.

La variabilidad de ingresos es corregida por algunos países mediante la aplicación de un tipo proporcional en lugar de progresivo.

En Alemania, se puede optar por aplicar un tipo fijo del 28,25% para los beneficios no retirados, tributándose adicionalmente al retirarse los mismos a un tipo del 25% sin aplicar deducción por doble imposición. La tributación global es, sin embargo, superior a la máxima de la escala progresiva (45%) pues sería un 28,25% inicial y de un 17,94% adicional (el 71,75% restante al tipo del 25% adicional), lo que hace una tributación global del 46,19%. En consecuencia, se está permitiendo un diferimiento a cambio de una mayor tributación.

En otros países se aplica directamente el mismo Impuesto que el de las personas jurídicas.

En Brasil, se puede tributar por el Impuesto sobre la renta de las personas jurídicas (*Imposto sobre a renda das pessoas jurídicas*) al 15% y un 10% adicional en lo que exceda de 20.000 reales brasileños.

En Chile, se aplica un impuesto de primera categoría al tipo para quienes apliquen el Régimen Pro Pyme General del 25% y para los que apliquen el Régimen General de contabilidad completa del 27%. Posteriormente, en la medida en que se retiren los beneficios, se aplica el tipo progresivo del impuesto global complementario con una escala que va, tras la parte exenta, del 4% al 40% con una deducción por doble imposición por el impuesto de primera categoría. A opción del contribuyente, se puede tributar directamente por el tipo progresivo del impuesto global complementario aplicando el Régimen Pro Pyme Transparente.

En Marruecos, se establece el mismo tipo proporcional del 20% aplicable en el Impuesto sobre Sociedades para las rentas agrarias en el Impuesto sobre la Renta.

d.- Ejercicio económico distinto al año natural.

Dado que el año agrícola frecuentemente no coincide con el año natural, con esta medida se permitiría una mejor correlación de los ingresos y los gastos, sin necesidad de una compleja valoración de las existencias.

Se puede establecer de forma libre para el contribuyente y por ejercicios previamente fijados por sectores. Asimismo, se puede establecer una tributación en función del año natural, con parte del ejercicio cerrado y una estimación del que comienza o con el ejercicio completo cerrado.

La medida se recoge en Alemania prefijado del 1 de julio al 30 de junio, pero pudiéndose modificar para grupos de agricultores como así ha sido para cultivos herbáceos (1 de mayo al 30 de abril), explotaciones forestales (1 de octubre al 30 de septiembre) y explotaciones vitícolas (1 de septiembre al 31 de agosto). Se tributa por parte del ejercicio terminado y una estimación del que comienza.

En Canadá, el cierre del ejercicio lo fija el contribuyente, tributándose también por parte del ejercicio terminado y una estimación del que comienza.

En Francia, los agricultores que tributan por beneficio real pueden elegir también libremente la fecha del cierre del ejercicio. Se tributa por el último ejercicio cerrado en el año natural.

En Nueva Zelanda, el ejercicio es por regla general desde el 1 de abril hasta el 31 de marzo. Aunque se pueden solicitar fechas diferentes, determinadas actividades tienen fechas de cierres reconocidas. Se tributa en función del ejercicio completo, modificándose el plazo de declaración en función del cierre de ejercicio.

En los Países Bajos, el ejercicio económico sustituye al año natural y se considera de un año natural el beneficio del ejercicio económico finalizado en el mismo.

e.- Compensación retroactiva de pérdidas.

La compensación retroactiva de pérdidas permite, ante años anteriores de bonanza que deben servir para afrontar los años siguientes, compensar las pérdidas de esos peores años posteriores recuperando el impuesto pagado en los años anteriores.

En Alemania y en Estados Unidos, se permite la compensación retroactiva de pérdidas en los dos ejercicios anteriores o, indefinidamente, hacia delante.

En Canadá se permite la compensación en los tres ejercicios anteriores o en los veinte siguientes.

En los Países Bajos se permite la compensación con los beneficios de los tres años anteriores o de los nueve años siguientes.

f.- Medidas excepcionales por catástrofes y circunstancias excepcionales.

En España se prevé cada año una reducción de los índices de la estimación objetiva cuando se producen circunstancias excepcionales como sequía, inundaciones, incendios, etc. Sin embargo, ninguna medida excepcional se prevé para la estimación directa salvo las exenciones de la D. A. 5ª de la Ley del IRPF para determinadas ayudas para afrontar esas circunstancias excepcionales[480].

En nuestra opinión las medidas deberían ir, sobre todo, por una imputación de los ingresos excepcionales en varios ejercicios, pero también por una ampliación de los supuestos de rendimientos notoriamente irregulares previstos en el art. 25 del Reglamento del IRPF.

También entendemos que deberían tener una norma especial de imputación los ingresos derivados de explotaciones forestales corcheras generados durante 9 años.

En este sentido, en Nueva Zelanda se prevé la posibilidad de imputar ingresos forestales por venta de madera en el año que se obtienen y en los tres anteriores.

Esto es, la imputación de beneficios debe ser en varios ejercicios para conseguir suavizar el tipo, pero no tienen por qué ser ejercicios posteriores. Así, en las explotaciones corcheras se podría tributar como si el ingreso se hubiera obtenido en el año de obtención y en los ocho anteriores.

Sobre estas medidas excepcionales, por ejemplo, en Alemania se prevé un tipo reducido a la mitad o a la cuarta parte del tipo progresivo que correspondería por la venta de madera por causa de fuerza mayor por algún desastre.

En Australia, se prevé que los beneficios derivados de la enajenación forzosa del ganado por circunstancias excepcionales o de indemnizaciones por su sacri-

480 La percepción de ayudas públicas que tengan por objeto reparar la destrucción, por incendio, inundación, hundimiento, erupción volcánica u otras causas naturales, de elementos patrimoniales y la percepción de indemnizaciones públicas, a causa del sacrificio obligatorio de la cabaña ganadera (sólo las destinadas a reproducción), en el marco de actuaciones destinadas a la erradicación de epidemias o enfermedades.

ficio se repartan en cinco años o diferir la ganancia hasta utilizarla para reducir el coste del ganado de reposición ya sea en el año de la venta o en cualquiera de los cinco años siguientes. Asimismo, por las mismas circunstancias se permite diferir las ventas de lana de un segundo esquilado anticipado al año siguiente, distribuyendo los ingresos entre esos dos años.

En términos similares, en Estados Unidos se permite la imputación al ejercicio siguiente de las ventas de ganado adicional o de indemnizaciones de seguros por pérdidas de cosechas como consecuencia de condiciones climáticas adversas.

En Bélgica, se ha previsto una compensación retroactiva excepcional de pérdidas (*achterwaartse verliesaftrek*) por los daños ocasionados por condiciones climatológicas adversas ocurridas a partir de 1 de enero de 2018.

En Francia se prevé la interesante imputación en el año de su obtención y en los seis siguientes de beneficios ordinarios excepcionales superiores a los normalmente obtenidos por proceder de indemnizaciones por sacrificio obligatorio del ganado, pero también simplemente por ser superiores a los de los ejercicios anteriores (concretamente, en un 1,5 de la media de los tres ejercicios anteriores con un mínimo de 25.000).

g.- Incentivos para inversiones.

Frecuentemente, se permite anticipar gastos y amortizar libremente determinadas inversiones.

Sería el caso en Alemania de las deducciones para pequeñas y medianas empresas del 50% del coste de grandes inversiones hasta 200.000 euros. En Australia, de la amortización acelerada de instalaciones de agua, cercados, etc. En Estados Unidos, la deducción directa de inversiones de la sección 179, la asignación especial de amortización anticipada de determinadas inversiones adquiridas desde el 27 de septiembre de 2017 o la deducción directa de gastos de conservación del suelo y el agua. En Nueva Zelanda la libertad de determinadas inversiones y mejoras en el terreno. O en Países Bajos, la amortización libre de activos medioambientales.

REFERENCIAS BIBLIOGRÁFICAS

Abella Poblet, E. y Del Pozo López, J. (1986). *Manual del IVA*. Publicaciones Abella.

Adame Martínez, F. (2012). "Política fiscal y lucha contra la crisis económica: análisis de las medidas fiscales adoptadas por el Estado y las Comunidades Autónomas y perspectivas de futuro". *Quincena Fiscal* núm. 6/2012.

Agencia Estatal de Administración Tributaria. (2024). *Manual práctico de Renta 2023.* https://sede.agenciatributaria.gob.es/Sede/Ayuda/23Manual/100.html.

Recuperado el 4 de abril de 2025.

Alonso González, L. M. (2007). "El fraude fiscal en las estimaciones objetivas (Impuestos sobre la Renta y sobre el Valor Añadido)". *Temas Tributarios de Actualidad de la AEDAF* núm. 22/2007.

Alonso González, L. M. (2007). "La simplificación de la tributación de las empresas en España". *Crónica Tributaria* núm. 124/2007.

Alonso Ortega, J. M. (2016). "El «onus probandI» en los procedimientos tributarios". *Quincena Fiscal* núm. 18/2016.

Álvarez Arroyo, F. (2016). "Medidas antifraude fiscal: propuestas de diverso calado y aplicación en España de las adoptadas en otros países". *Quincena Fiscal* núm. 15/2016.

Australian Taxation Office (2023). *Businesses and organisations - Income, deductions and concessions - Primary producers.* https://www.ato.gov.au/businesses-and-organisations/income-deductions-and-concessions/primary-producers. Recuperado el 4 de abril de 2025.

Badás Cerezo, J. y Marco Sanjuán, J. A. (2015). "Régimen de estimación objetiva". *Renta y Patrimonio 2015*. Lex Nova.

Banacloche Pérez, J. (2014). "Cuestiones Tributarias". *Revista Impuestos* nº 1, Sección Editorial.

Banacloche Pérez, J. (2012). "Fiscalidad de la familia rural". *Revista Impuestos* nº 1, Sección Editorial.

Banacloche Pérez, J. (1998) "La estimación irreal de las bases imponibles". *Revista Impuestos*, D-13, tomo 1.

Batanero Hernán, A. I. (2018). "El método de estimación objetiva en el sector agrario: fundamentación y necesidad de revisión". *Revista de Derecho, Empresa y Sociedad* núm. 13/2018.

Bengochea Sala, J. M. (2018). *Memento Experto. Tributación de las actividades agrícolas, ganaderas y forestales*. Francis Lefebvre.

Brebbia, F. (2002). *Empresa y actividad agraria.* Microjuris. https://www.unidroit.org/english/documents/2013/study80a/bibliogr-references/s-80a-brebbia-empresa.pdf. Recuperado el 4 de abril de 2025.

Bundesministerium Der Finanzen (2022) *BMF Amtliches Einkommensteuer-Handbuch 2021.* https://esth.bundesfinanzministerium.de/esth/2021/home.html

Recuperado el 4 de abril de 2025.

Calvo Ortega, R. (2012). *¿Hay un Principio de Justicia Tributaria?* Cuadernos Civitas.

Campabadal, C. (2009). *Guía técnica para alimentación de cerdos.* Ministerio de Agricultura y Ganadería del Gobierno de Costa Rica. http://www.mag.go.cr/bibliotecavirtual/L02-7847.pdf. Recuperado el 4 de abril de 2025.

Campos Campillo, E. (2014). *La decisión fiscal del agricultor: estimación directa frente a estimación objetiva. Análisis de neutralidad tributaria.* TFM en Universitat Politécnica de Valencia. https://riunet.upv.es/handle/10251/44286. Recuperado el 4 de abril de 2025.

Canada Revenue Agency (2024). *RC4060 Farming Income and the AgriStability and AgriInvest Programs Guide.* https://www.canada.ca/en/revenue-agency/services/forms-publications/publications/rc4060.html. Recuperado el 4 de abril de 2025.

Canada Revenue Agency (2024). *RC4408 Farming Income and the AgriStability and AgriInvest Programs Harmonized Guide.* https://www.canada.ca/en/revenue-agency/services/forms-publications/publications/rc4408.html. Recuperado el 4 de abril de 2025.

Canada Revenue Agency (2024). *T4002 Self-employed Business, Professional, Commission, Farming, and Fishing Income.* https://www.canada.ca/en/revenue-agency/services/forms-publications/publications/t4002.html. Recuperado el 5 de abril de 2025.

Casquet Morate, E. y Gómez Limón Rodríguez, J. A. (2001). "La aplicación de IRPF a la actividad agraria. Comparación cuantitativa de los sistemas de Estimación Directa y de Estimación Objetiva por Módulos". *Investigación Agraria. Producción y protección de vegetales,* volumen 16, nº 2.

Comisión de expertos para la reforma del sistema tributario español presidida por Lagares Calvo, M. (2014). *Informe.* Ministerio de Hacienda y Administraciones Públicas.

Comisión para la reforma del Impuesto sobre la Renta de las Personas Físicas presidida por Lagares Calvo, M. (2002). *Informe para la reforma del Impuesto sobre la Renta de las Personas Físicas.* Instituto de Estudios Fiscales.

Comité de personas expertas presidido por Ruiz-Huerta Carbonell, J. (2022). *Libro Blanco sobre la Reforma Tributaria.* Instituto de Estudios Fiscales.

Commonwealth of Australia (2022). *Tax Benchmarks And Variations Statement 2021.* https://treasury.gov.au/sites/default/files/2022-01/p2022-244177_0.pdf Recuperado el 4 de abril de 2025.

Consulenza Agricola (2016). *Florovivaismo. Vasi e servizi di piantumazione fuori dalla determinazione del reddito catastale.* https://consulenzaagricola.it/circolari/fiscale/5397-circ-n-80-2016-florovivaismo-vasi-e-servizi-di-piantumazione-fuori-dalla-determinazione-del-reddito-catastale. Recuperado el 6 de abril de 2025.

Consulenza Agricola (2023). *La cessione dell'azienda agricola può non generare plusvalenze.* https://consulenzaagricola.it/circolari/fiscale/19631-la-cessione-dell-azienda-agricola-puo-non-generare-plusvalenze. Recuperado el 6 de abril de 2025.

Consulenza Agricola (2022). *Speciale Redditi 2022 | Attività agricole connesse: manipolazione, trasformazione, commercializzazione e prestazioni di servizi.* https://consulenzaagricola.it/circolari/fiscale/17521-speciale-redditi-2022-attivita-agricole-connesse-manipolazione-trasformazione-commercializzazione-e-prestazioni-di-servizi. Recuperado el 6 de abril de 2025.

Consulenza Agricola (2022). *Speciale Redditi 2022 | Le attività agricole di allevamento.* https://consulenzaagricola.it/circolari/fiscale/17549-speciale-redditi-2022-le-attivita-agricole-di-allevamento. Recuperado el 6 de abril de 2025.

Cruz Padial, I. (2006). "Simplificación tributaria: viabilidad de las estimaciones objetivas". *Quincena Fiscal núm. 14/2006.*

Cubero Truyo, A. M. (1997). *La simplificación del ordenamiento tributario (desde la perspectiva constitucional).* Marcial Pons.

De La Peña Velasco, G. (1999). "Los rendimientos del capital inmobiliario en el nuevo IRPF". *Revista Impuestos* D-122, Tomo 2.

Del Hoyo Ortigosa, C. (2011). "El método de estimación objetiva: análisis de su ámbito de aplicación". *Carta Tributaria* número 1/2011.

Direction Gênérale des Finances Publiques (2024). *Bulletin Officiel des Finances Publiques - impôts.* https://bofip.impots.gouv.fr/plan-de-classement. Recuperado el 4 de abril de 2025.

Englisch, J. y Sánchez Blázquez, V. M. (2005). "El proyecto de Colonia de una Ley del Impuesto sobre la Renta". *Quincena Fiscal* núm. 19/2005.

Fernández López, R. I. (2007) "La exención de las rentas reales que exceden de las derivadas del régimen de estimación objetiva y las nuevas medidas antifraude introducidas en la última reforma tributaria". *Materias 10/07 AEDAF.*

Ferreiro Lapatza, J. J. (2005). "Apología contracorriente de la estimación objetiva". *Crónica Tributaria* núm. 116/2005.

Ferreiro Lapatza, J. J. (2007). "La estimación objetiva en la nueva Ley de IRPF". *Quincena Fiscal* núm. 15/2007 y 16/2007.

Ferreiro Lapatza, J. J. (2006). "Simplificación: base imponible y renta empresarial". *Quincena Fiscal* núm. 21/2006.

Fontana, C. (2017). *La fiscalità delle imprese agricole.* G. Giappichelli Editore-Torino. https://www.iris.unina.it/retrieve/handle/11588/683089/134888/FISCALI-

TA%27%20DELLE%20IMPRESE%20AGRICOLE. Recuperado el 4 de abril de 2025.

Gabinete de Estudios AEDAF (2005). "Informe de la Asociación Española de Asesores Fiscales sobre el Borrador del Plan de Prevención del fraude". *Revista Técnica Tributaria* nº 68.

García Novoa, C. (2006) "El Proyecto de Ley de Prevención del Fraude (II)". *Quincena Fiscal* núm. 10/2006.

García Novoa, C. (2008). "Hacia un Estatuto fiscal del autónomo. Reflexiones de fututo sobre el régimen fiscal del autónomo". *Revista de Estudios Cooperativos* núm. 96.

García Novoa, C. (2003). "Los métodos de simplificación fiscal en la experiencia latinoamericana. Referencia comparativa a los casos brasileño y argentino". *Revista de Contabilidad y Tributación CEF* núm. 247, P. 67-112. https://doi.org/10.51302/rcyt.2003.16285. Recuperado el 6 de abril de 2025.

García-Torres Fernández, M. J. (2013). "La tributación de la actividad agrícola en Portugal: un estudio comparado". *Quincena Fiscal* núm. 3/2013.

Gascón Catalán, J (2013). *Diagnóstico y propuestas para una reforma fiscal*. Aranzadi.

Gómez Aragón, D. (2001). "El régimen especial de la agricultura, ganadería y pesca". *Carta Tributaria* núm. 13/2001.

Haberstock, G. (2020) "Vorteil für kleine Land - und Forstwirte". *Datev Magazin*.

https://www.datev-magazin.de/praxis/vorteil-fuer-kleine-land-und-forstwirte-2535. Recuperado el 5 de abril de 2025.

Hobbs, J. C. (2022). "Farm Losses versus Hobby Losses: Farmers Must Plan Ahead to Avoid Adverse Tax Consequences", *Rural Tax Education* 05-2022 *UtahState University*. https://extension.usu.edu/ruraltax/tax-topics/farm-losses-versus-hobby-losses. Recuperado el 4 de abril de 2025.

Internal Revenue Service (2022). *Publication 225 (2022), Farmer's Tax Guide*. https://www.irs.gov/publications/p225. Recuperado el 4 de abril de 2025.

Internal Revenue Service (2022). *Publication 536 (2022) Net Operating Losses (NOLs) for Individuals, Estates, and Trusts*. https://www.irs.gov/publications/p536. Recuperado el 4 de abril de 2025.

Internal Revenue Service (2022). *Publication 925 (2022) Passive Activity and At-Risk Rules*. https://www.irs.gov/publications/p925. Recuperado el 4 de abril de 2025.

Juliá Igual, J. F. y Marí Vidal, S. (2002). "La neutralidad fiscal de las especialidades tributarias en la determinación de los rendimientos neto de las actividades agrarias (Un análisis dinámico en el sector hortofrutícola de la Comunidad Valenciana a partir de los datos de la RECAN)". *Revista Española de Estudios Agrosociales y Pesqueros* nº 197.

López Díaz, A. (2008). "Determinación y estimación de la base imponible: conceptos diferentes y regímenes diferentes". *Civitas. Revista Española de Derecho Financiero* núm. 137/2008.

López Espadafor, C. M. (2016). "La tributación de las empresas agrícolas dedicadas al aceite de oliva en España: elementos comparativos con Italia". *Nueva Fiscalidad* núm. 2-2016.

López Molino, A. M. en VVAA Coord. Sánchez Galiana, J. A. (2004). "El método objetivo y la evaluación indiciaria de las rentas de las PYME en el IRPF". *Estudio sobre fiscalidad de las PYMES*. Universidad de Granada.

Marí Vidal, S. (2008). "Análisis de la neutralidad de los regímenes simplificados tributarios en la determinación del rendimiento neto de la actividad agraria en el sector del ovino de carne". *Revista Española de Estudios Agrosociales y Pesqueros* nº 217.

Martín García, M. (2000). "Algunos aspectos de la tributación de la ganadería en España". *Revista Española de Estudios Agrosociales y Pesqueros* nº 188.

Martín García, M. (2000). "El régimen de estimación objetiva para el cálculo de los rendimientos de las actividades agrarias". *Revista Española de Estudios Agrosociales y Pesqueros* nº 189.

Martínez-Carrasco Pignatelli, J. M. (2016). "Nuevo ámbito objetivo y subjetivo de las actividades en estimación objetiva en el IRPF y en el régimen simplificado del IVA". *Quincena Fiscal* núm. 7/2016.

Martos García, J. J. (2019). "Opciones para combatir el fraude y blanqueo de capitales ¿restricción o eliminación de la estimación objetiva en IRPF?". *Crónica Tributaria* núm. 172/2019.

Menéndez Moreno, A. (2014). "De la anécdota a la categoría (a propósito de las consultas vinculantes y del régimen de estimación objetiva". *Quincena Fiscal* núm. 12/2014.

Migliorini, E. (2024). *Coltivatore diretto: requisiti, vantaggi e agevolazioni*. https://fiscomania.com/coltivatore-diretto/. Recuperado el 6 de abril de 2025.

Mimoun, Z. (2019). *L'Imposition à l'IR des exploitants agricoles: Je flotte dans le brouillard fiscal.* https://ecoactu.ma/limposition-a-lir-des-exploitants-agricoles-je-flotte-dans-le-brouillard-fiscal/. Recuperado el 6 de abril de 2025.

Mories Jiménez, M. T. (2024). *Las ayudas derivadas del plan estratégico de la Política Agraria Común (PEPAC 2023-2027) y sus implicaciones en el IRPF*. Editorial Reus.

Múzquiz Vicente-Arche, J. I. (2003). "La afección de bienes a la actividad forestal y sus consecuencias tributarias en la imposición directa". *Revista Española de Estudios Agrosociales y Pesqueros* nº 198.

National Farm Income Tax Extension Committee Coord. Kantorovich, A. y Hobbs, J. C. (2023): *Tax Guide for Owners and Operators of Small and Medium Size Farms. Rural Tax Education*. https://extension.usu.edu/ruraltax/small-farm-tax-guide. Recuperado el 5 de abril de 2025.

Navarro Faure, A. (1993). "La adecuación del método de estimación objetiva de la base imponible por signos, índices y módulos a los principios de Justicia Tributaria". *Revista Valenciana de Hacienda Pública* nº 21.

Neelanjit Das (2023). *What is agriculture income, different types of Agriculture Income?*https://economictimes.indiatimes.com/wealth/tax/what-is-agriculture-income-different-types-of-agriculture-income/articleshow/104818288.cms?from=mdr. Recuperado el 6 de abril de 2025.

Organisation for Economic Co-operation and Development (2020) *Taxation in Agriculture*. OECD Publishing. https://www.oecd.org/en/publications/taxation-in-agriculture_073bdf99-en.html. Recuperado el 5 de abril de 2025.

Orón Moratal, G. (1997). "Beneficios fiscales en favor de las explotaciones agrarias". *Anuario Jurídico de La Rioja* núm. 3.

Palao Taboada, C. (1974). «La estimación objetiva singular». *Revista Española de Derecho Financiero* núm. 2.

Palma Hernández, J. L. (2013). *Derecho Administrativo Agrario*. Ministerio de Agricultura, Alimentación y Medio Ambiente.

Pérez Arraiz, J. (2007). *Problemas que plantea el método de estimación objetiva en la cuantificación del Impuesto sobre la Renta de las Personas Físicas a la luz de la Constitución Española*. https://www.aedf-ifa.org/ficherosvisiblesweb/doctrinas/archivodoctrina10.pdf. Recuperado el 5 de abril de 2025.

Plaza Vázquez, A. L. (2012). "El régimen de módulos en España: ¡anacronismo injusto, herramienta de blanqueo, y lacra para la competitividad!". *Actualidad Jurídica Aranzadi* núm. 844/2012.

Plaza Vázquez, A. L. (2011). "Los inconcebibles mecanismos de generación de dinero negro oficial en la legislación tributaria". *Quincena Fiscal* núm. 5/2011.

Rodríguez Alonso, I. (2012). "Régimen de estimación objetiva". *Actualidad Jurídica Aranzadi* núm. 844/2012.

Sainz de Bujanda, F. (1976). «Los métodos de determinación de la base imponible y su proyección sobre la estructura del Sistema tributario». *Hacienda y Derecho* Tomo VI. Instituto de Estudios Políticos.

Sánchez Huete, M. A. (2012). "Estimación objetiva, prevención del fraude y blanqueo". *Quincena Fiscal* núm. 11/2012.

Sánchez Pedroche, J. A. (2012). "Primeras y preocupantes impresiones sobre el anteproyecto de ley de modificación de la normativa tributaria y presupuestaria para la lucha contra el fraude". *Quincenal Fiscal* núm. 11/2012.

Simón Acosta, E. (2008). "Los módulos y la crisis". *Actualidad Jurídica Aranzadi* núm. 762/2008.

Smarteuer (2024). *Steuerlexikon von smartsteuer*. https://www.smartsteuer.de/online/lexikon/. Recuperado el 5 de abril de 2025.

Soler Belda, R. R. (2013). "IVA, Módulos y Fraude Fiscal". *Quincena Fiscal* núm. 6/2013.

Soler Belda, R. R. (2014). "La progresividad en el informe de los expertos". *Quincena Fiscal* núm. 11/2014.

Stevanato, D. (2008) "Capacità economica agricola e forma societaria tra criteri catastali ed effettivi", *Dialoghi tributari* Vol. 1, Fascicolo 1.

Tejerizo López, J. M. (2015) "La reforma del Impuesto sobre la Renta de las Personas Físicas de 2014. Principales novedades y análisis crítico". *Carta Tributaria*, Revista de Opinión nº 8.

Vaquero García, A. (2011). "Reformas fiscales para el fomento de la actividad emprendedora". *Diario La Ley* nº 7600.

VVAA Coord. Romero García, F. (2007). *La fiscalidad de la Agricultura y la Ganadería*. CISS.

VVAA (2003). *Libro blanco de la agricultura y el desarrollo rural*. Ministerio de Agricultura, Pesca y Alimentación.

VVAA Coord. Loyer, S. (2021). *Mémento Pratique Fiscal 21*. Francis Lefebvre.

VVAA Coord. Sciara, A. (2022). *Memento Pratico Fiscale 2022 marzo*. Giuffrè Francis Lefebvre.

VVAA Coord. Mellado Benavente, F. M. (2022). *Todo Fiscal*. CISS.

Yáñez Henríquez, J. (2014) "Impuesto Territorial". *Revista de Estudios Tributarios de la Universidad de Chile* nº 11. P. 253-281.

https://revistaestudiostributarios.uchile.cl/index.php/RET/article/view/40727. Recuperado el 5 de abril de 2025.